Friedrich W. Doucet

Das große Buch der Traumdeutung

Friedrich W. Doucet

Das große Buch der Traumdeutung

Gondrom

Sonderausgabe für den Gondrom Verlag, Bindlach 1991
© 1978 by Verlag Kremayr & Scheriau, Wien
Schutzumschlag: Lothar Mielau
Gesamtherstellung: Wiener Verlag, Himberg bei Wien
ISBN 3-8112-0458-0

INHALT

Vom Sinn der Träume

Der Ödipuskomplex, den Ödipus nicht hatte – Freuds Theorie
der infantilen Sexualität – Das Kollektive Unbewußte und der
Traum – Die Muster der Mythen und der Träume – Wenn Sie
von Perry Rhodan träumen – Der praktische Nutzen der
Deutungsmethodik Jungs – Der wissenschaftliche Wert der
Jungschen Methodik

Träume deuten, aber wie?

Ein Traum vom Stierkampf und vom Labyrinth – Was der
Traum sagt, gilt wortwörtlich – Von der Bedeutung des
Schattens – Theseus und der Minotauros – Der Ariadnefaden
und das Schwert – Die Aufgliederung des Traumes für die
Deutung – Wie finden Sie für die Deutung eine »heiße« Spur?
– Der LKW-Chauffeur und die »Standesehre« – Träume von
Dieben und vom Lieben – Das Traumhaus und sein Dach –
Splitternackt im Traum und andere Peinlichkeiten – Kleid,
Anzug und die »Persona« – Sterben und Beerdigung im Traum
bedeuten eine Wandlung – Die Todesdrohung im Traum –
Wann zeigt ein Traum Rotlicht an? – Alpträume – Wenn ein
Traum Lebensgefahr signalisiert – Warn- und Wandlungsträu-
me – Todesbotschaften erscheinen Jahre und Jahrzehnte zuvor
– Ein diagnostischer und prognostischer Traum – Gefühle,
Affekte und Stimmungen im Traum – Die Todesbotschaft und
der Todesbote – Der Tod als Rückkehr zu den Anfängen des
Lebens – Zeitangaben in Träumen – Träume müssen ausgedeu-
tet werden – Der Absturz mit der Lokomotive – Beachten Sie
Traumlänge und Handlungsreichtum – Die vereisten Gleise

Das archetypische Muster der Heldenfahrt – Das Leben als
abenteuerliche Reise – Ein auffällig langer Traum – Wenn der
Träumer einen Sündenbock sucht – Die »Anima« und der

9

im Traum die Idee zu einer Erfindung – Warum die Deutung auf der Subjektstufe nicht stimmt – Der Traum von der Venuspriesterin – Das Opfer nach dem Bild von Isaak und Abraham – Die Zahlensymbolik und die Bedeutung der Dreizehn – Das Deuten von Zukunftsträumen – Der Amerikatraum – Eine merkwürdige Zahlenkombination – Vom Geheimnis der Gegensätze

Ein Weg zur Selbsterkenntnis – Traumdeutung statt Kreuzworträtsel – Der Traum als Nachrichtenmedium – Die Formel, mit der Sie Träume richtig verstehen

Anhang

Vom Sinn der Träume

Der Trend zur Bewußtheit

»*Wie glücklich bin ich, ein Delphin zu sein*«. Mit diesem Gedanken erwachte die Träumerin. Sie hatte sich im Traum als Delphin in einem Wasserbecken getummelt, das nach dem Meer hin offen war. In der Mitte des Beckens befand sich eine Fontäne. Wenn sie sich mit kräftigen Sprüngen in den Wasserstrahl schnellte, breitete sich dieser wie ein Fächer auf aus Milliarden

Die »Fischfrau« ist ein weltweites Symbol der weiblichen Naturseite. Hier nach einem alten Holzschnitt aus Japan.

von Wassertröpfchen, die in allen Farben des Regenbogens funkelten, wie Edelsteine. Und jedesmal öffnete sich der Fächer in der Mitte ein wenig und gab ihr den Blick auf die dahinter stehende Sonne frei. »*Dieses Erlebnis des Lichts war es, das mich mit einem unglaublichen und ungekannten Gefühl des Glücks erfüllte*«, berichtete die Träumerin. »*Und ich empfinde es noch immer, wenn ich nur an diesen Traum denke.*«

Die Träumerin – übrigens keine Patientin und nicht durch eine psychotherapeutische Beratung dazu angeregt, sich mit ihren Träumen zu befassen – ist eine erfolgreiche Geschäftsfrau Anfang der Vierzig. Sie ist sich durch mancherlei Umstände ihres Lebensalters bewußt geworden. Dies hat zu einer Änderung in ihrer Lebenseinstellung geführt. Sie hat sich überschaubare Ziele und Grenzen gesetzt, eine allzu starke, aber unadäquate persönliche Bindung in eine mehr kameradschaftliche Beziehung umgewandelt und liebgewordene Gewohnheiten aufgegeben. Das alles ist ihr nicht leichtgefallen. Es hat seine Zeit gedauert. Sie hat Tage der Niedergeschlagenheit und der Verzweiflung erlebt, an denen ihr die ganze Welt grau in grau erschienen ist. Oft genug hat sie Kämpfe mit sich selbst bestehen müssen, um weiterzumachen und den notwendigen Alltagspflichten in ihrem Betrieb nachzugehen, erzählt sie. Doch nun, sagt sie, fühle sie sich wie befreit.

»Manchmal verspüre ich einen regulären ›Lichthunger‹«, fährt die Dame – nennen wir sie Frau T. – in ihrem Bericht fort. *»Besonders zu den Zeiten meiner tiefsten Niedergeschlagenheit war das der Fall. Wissen Sie, was ich da mache? Sie werden es vermutlich für anormal halten. Ich habe es auch noch niemandem erzählt. Aber Ihnen kann ich es doch sagen? Ich sammle sämtliche Kerzenleuchter, die sich in meiner Wohnung befinden, ein und stelle sie in meinem Schlafzimmer auf. Dann zünde ich die Kerzen an und stelle mich nackt vor den Spiegel. Das ist ein wundervolles Erlebnis, wenn die vielen Flammen mein Spiegelbild umhüllen. Ich habe das Gefühl, als ob ich im Licht bade. Aber es muß Kerzenlicht sein. Elektrisches Licht käme mir unnatürlich vor. Nur die Flamme lebt. Und Licht ist doch Leben!?«* Halb triumphierend, halb fragend, stößt Frau T. diesen letzten Satz heraus.

Auf die Frage, ob sie es nicht merkwürdig finde, daß sie, statt von einem Delphin zu träumen, sich selbst als einen Delphin erlebt habe, meint Frau T.: *»Aber nein. Wenn ich von einem Tier träume, bin ich es immer selbst. Früher war ich eine Katze im Traum.«* Und sie erläutert, das sei öfters der Fall gewesen, als sie feststellen mußte, daß der Mann, ohne den sie nicht leben zu können glaubte, ihr junge Mädchen vorzog.

Tierträume kommen häufig vor. Aber daß sich jemand im Traum mit einem Tier identifiziert und das Traumgeschehen unmittelbar als Tier erlebt, ist überaus selten. Was bedeutet das?

Entwicklungsgeschichtlich ist das Leben auf unserer Erde vor Urzeiten im Wasser entstanden. Es hat sich allmählich von Wassertieren über Amphibien zu Landtieren stufenweise weiterentwickelt, um schließlich als höchste Stufe der Säugetiere den Menschen hervorzubringen. Jedenfalls läßt sich so erklären, warum der Mensch vom Augenblick der Befruchtung an im Mutterleib eine Reihe von primitiven tierischen Zustandsformen durchläuft, bis das Ungeborene um die Mitte der Schwangerschaft die menschliche Gestalt erreicht. Gegen Ende des ersten Monats nach der Befruchtung – und damit des Beginns seines Lebens – hat der werdende Mensch die Gestalt eines kleinen Fisches mit vier Kiemen auf jeder Seite unterhalb des bereits erkennbaren Köpfchens. Aus den Kiemenbögen werden dann Unterkiefer, Gehörknöchel, Zungenbein und Kehlkopf und aus den Kiemenbuchten die Ohrenkanäle, die Speicheldrüsen, Nebenschilddrüsen sowie die Thymusdrüse.

Das weibliche Ei und der männliche Samen, exakter die Chromosomen ihrer Zellen, enthalten also nicht nur den Bauplan eines fertigen Menschen, sondern auch den Entwurf des Lebendigen einschließlich seiner Entwicklungsmuster einprogrammiert.

Das bedeutet, daß jeder Mensch rein biologisch neben Zehntausenden von anderen Erbfaktoren auch tierische Erbfaktoren, gewissermaßen ein unbewußtes tierisches Ahnenerbe, besitzt. Wodurch sich der Mensch vom Tier dann grundsätzlich unterscheidet, ist ja nicht sein körperliches Sein, sondern das, was wir als Seele, Geist und menschliches Bewußtsein bezeichnen.

In grauer Vorzeit – bewußtseinsgeschichtlich in den Kindertagen der Menschheit – stand das Tier dem Menschen noch sehr viel näher als heute. Es wurde als gleichwertig angesehen. Und Tiere, die dem Menschen an Kraft und Stärke oder durch sonstige Eigenschaften überlegen waren, wurden zu Göttern erhoben. Bei Kindern können wir diese Einstellung zum Tier als einem gleichwertigen Partner noch beobachten. Ein Kind von vier bis sechs Jahren, und oft noch darüber hinaus, erzählt dem Hund oder der Katze seine Sorgen und Nöte, wenn es sich von den Eltern unverstanden fühlt. Und merkwürdigerweise verstehen die Tiere das Kind. Es ist eine wortlose, gefühlsmäßige Verbundenheit da.

Wenn auch die Tiere ihren Status der Gleichwertigkeit oder gar der Göttlichkeit verloren haben – ihren Charakter als *Symbole* bestimmter Eigenschaften und Wesenszüge haben sie behalten. Denken wir nur an die Verwendung von Beinamen wie Albrecht der *Bär* oder Heinrich der *Löwe*. Die Werbewirtschaft nutzt mit Vorliebe die Wirkung von Tiersymbolen, um einem Erzeugnis den Status des Besonderen zu verleihen. Die Esso-Benzingesellschaft startete vor Jahren eine Werbung mit dem Slogan »Pack den Tiger in den Tank« und verteilte Tigerschwänze aus Plüsch, die an der Tankdeckelklappe befestigt wurden. Kaum ein Vater, der nicht bei Esso tankte, weil seine Kinder darauf bestanden, daß auch aus dem Tank ihres Autos ein Tigerschwanz herausluge. Und so wurde zum Entzücken der Kinder aus dem ältesten Vehikel ein schneller Tiger, schnurrte der klapprigste Motor behaglich wie die mächtige Raubkatze.

Doch um auf Frau T. und ihre Träume zurückzukommen: Sie empfindet die Tiere in ihren Träumen nicht als Symbole für bestimmte Eigenschaften, sondern sie erlebt sich selbst als Delphin (und zuvor als Katze). Diese Identifikation mit einem Tier ist bei primitiven Volksstämmen auch heute noch üblich, soweit sich primitive Eingeborenenkulturen noch erhalten haben und der Zerstörung durch die Einflüsse moderner Ideologien entgangen sind. Ein afrikanischer Medizinmann, der bei kultischen Zeremonien eine Löwenmaske trägt, will damit nicht etwa nur andeuten, daß er Löwenkräfte besitzt. Er hält sich wirklich für einen Löwen.

Die *psychische Identifikation* mit einem Tier oder auch mit einer anderen Person wird von den Tiefenpsychologen als *participation mystique* bezeichnet. Diese mystische Teilnahme an Objekten der Umwelt, wie sie als Erlebniszustand eines noch mit der Natur Verhaftetseins bei Naturvölkern beobachtet werden kann, ist das Kennzeichen für ein noch *undifferenziertes* Bewußtsein. Ein Bewußtsein, das noch nicht so weit entwickelt ist, um eindeutig zwischen der eigenen Person und der Umweltnatur zu unterscheiden. Auch bei Kindern bis etwa zum schulpflichtigen Alter ist dies der Fall. Und nicht nur bei Kindern. Wer am Bildschirm die Übertragung eines Fußball-Länderkampfes verfolgt, kann ähnliches beobachten. Die Zuschauer im Stadion identifizieren sich mit den Spielern, manche sogar mit dem Ball. Und bewußtseinsmäßig verschmelzen sie miteinander zu einer Einheit. Zehntausende von Zuschauern reagieren auf die Vorfälle auf dem Spielfeld wie ein Mann.

Da haben wir eine solche *participation mystique*. Das Bewußtsein der Einzelpersonen geht im *Kollektiv-Bewußtsein* der Masse auf. Nur daß es sich bei diesen Erlebniszuständen von Menschen der hochentwickelten Zivilisationsstufe unserer Zeit – im Gegensatz zu Primitiven und Kindern – nicht um entwicklungsbedingte Bewußtseinszustände handelt, sondern um Rückfälle auf eine archaische oder primitive Stufe. Psychologisch gesehen, handelt es sich hier um eine Überschwemmung des Bewußtseins durch das Unbewußte.

Sollen wir jetzt annehmen, daß auch Frau T. nur über ein undifferenziertes Bewußtsein verfügt? Daß sie in ihrer Persönlichkeitsentwicklung gewissermaßen auf einer kindlichen Bewußtseinsstufe stehengeblieben ist? Das wäre falsch. Denn ihre Identifikation mit dem Delphin findet ja im Traum statt und nicht im Wachzustand. Der Traum aber ist das Ergebnis einer anderen Art von Bewußtseinstätigkeit als die gewohnte. Wir können diese als *Traumbewußtsein* bezeichnen oder schlicht von einer Tätigkeit des *Unbewußten* sprechen. Und für dieses ist die zuvor erklärte *participation mystique* eine Voraussetzung zur wirklichkeitsgerechten und sinnvollen Traumtätigkeit.

Daß Frau T. sich im Traum mit einem Tier identifiziert, läßt in ihrem Fall den Schluß zu, daß sie eine natürliche Einstellung zu ihrem Unbewußten und zu der Tatsache des Träumens besitzt. Noch immer halten ja viele Menschen das Träumen für eine sinnlose, weil unkontrollierte Phantasietätigkeit. Sogar Psychologen bilden da keine Ausnahme. Im »Wörterbuch zur Psychologie« von James DREVER heißt es in der völlig neu bearbeiteten Auflage von 1971 zum Stichwort *Traum* lapidar: »Bezeichnung für halluzinationsartige, mehr oder weniger zusammenhängende Empfindungen und Vorstellungen, die meist bizarren und konfusen Charakter aufweisen und während des Schlafes und schlafähnlicher Zustände auftreten.« Und zum Stichwort *Traumdeutung* schreibt der Verfasser: ». . . Versuch, durch *freies Assoziieren* verschiedene Traumerscheinungen oder Traumelemente zu erklären . . . Die Inhalte selbst stammen aus während des Schlafens empfangenen Sinneseindrücken und aus den ›Tagesresten‹. *Freud* und seine Schüler nahmen an, daß sich *verdrängte Wünsche* mit diesen Inhalten vermengen.«

Das hört sich in etwa so an, als ob im neuesten Lexikon der Maschinenbautechnik zum Stichwort *Eisenbahn* zu lesen wäre: »Pferdeloses Fortbewegungsmittel auf Schienen, bei dem mehr oder weniger viele hölzerne Wagen von einer Maschine gezogen werden, in der mittels Holz- oder Kohlenfeuer aus in einem Kessel befindlichem Wasser Dampf erzeugt wird . . . usw. Der Erfinder *Stephenson* hält seine Eisenbahn für ein zukunftweisendes Transportmittel. Doch bedeutende Ärzte weisen bereits auf die gesundheitlichen Gefahren für die Reisenden durch die hohe Geschwindigkeit von 16 Meilen (20 km/h) hin.«

Frau T. würde in diesem Fall vermutlich fragen: »Ja, hat denn der Herausgeber dieses Lexikons noch nichts von *Diesel* und seinem Diesel-Motor oder von *Siemens* und dem Elektromotor gehört? Sollte er wirklich noch nie mit einem elektrischen D-Zug gereist sein? Frau T. interessieren die logischen Überlegungen von Wissenschaftlern nicht, die vor über hundertundfünfzig Jahren beweisen wollten, daß die Eisenbahn keine Zukunft hat. Sie hält sich schlicht an die Tatsachen, die sie wahrnehmen kann. Und unbezweifelbare Tatsachen sind, daß sie im letzten Viertel des 20. Jahrhunderts lebt und nicht mehr mit der Dampfeisenbahn reist.

Auch der Delphin-Traum und das beim Erwachen damit verbundene Glücksgefühl sind für Frau T. schlichte Tatsachen. Sie empfand diesen Traum weder als bizarr noch als konfus. Im Gegenteil! Er erscheint ihr als Bestätigung, daß ihr Verhalten, um die von ihr durchgemachte Lebenskrise zu überwinden, richtig war. Mit der Erklärung, daß der Traum eine halluzinationsartige Vorstellung sei, kann sie nichts anfangen. Das hat sie bereits im *Brockhaus* von 1895 gelesen, den sie von ihren Großeltern geerbt hat. Sie weiß auch, daß die vor fast hundert Jahren von *FREUD* entwickelte Methode des *freien Assoziierens* überholt ist und daß seine Theorie von den *verdrängten* Wünschen für die Traumdeutung nicht stimmt. Denn, wie gesagt, sie lebt nicht mehr im Zeitalter der Dampfeisenbahn.

Frau T. hat sogar davon gehört, daß die meisten der großen Naturwissenschaftler und Nobelpreisträger unseres Jahrhunderts, wie *HEISENBERG, SCHRÖDINGER, PAULI,* und viele andere bedeutende Forscher sich sehr eingehend mit ihren Träumen befaßten und diese als eine überaus nützliche Informationsquelle, vor allem auch für schöpferische Einfälle, ansahen. Doch nun möchte auch sie mehr wissen. Sie möchte vor allem wissen, wie sie sich ihren Delphin-Traum deuten kann.

Das Traumbewußtsein bedient sich für seine Botschaften einer *Bildersprache*. Diese Bilder stammen aus dem persönlichen Erfahrungsschatz eines Menschen, doch ebenso aus den Erfahrungen der gesamten Menschheit. Alle Erfahrungen und die daraus abgeleiteten Vorstellungen, die der Mensch als Art im Verlauf seiner Geschichte – und diese ist für den Tiefenpsychologen eine Geschichte der Bewußtseinsentwicklung – sammelte, nutzt das Traumbewußtsein als *»Archiv«* für seine Bildinformation. Die Bildvorstellungen vergangener Zeiten, seien es religiöse Vorstellungen und Kultsymbole primitiver Eingeborenenstämme oder untergegangener Hochkultur-Völker, gehören ebenso dazu wie die Bilder aus Sagen, Märchen, Mythen und Legenden. Selbst die in bestimmte Moleküle der menschlichen Zellen einprogrammierten Baumuster des Lebendigen können im Traum als Bildsymbole erscheinen. Das alles ist durch eine von der Öffentlichkeit kaum beachtete Forschungstätigkeit bedeutender Wissenschaftler in den letzten fünfzig Jahren eindeutig belegt.

Von *Fischen* wird überaus häufig geträumt. Das *Wasser* ist im Traum fast immer ein symbolisches Bild des Unbewußten. Und der *Fisch,* im Traum von Frau T. ein Delphin, ist ein sichtbarer und agierender Inhalt des Unbewußten. Das eingegrenzte Wasserbecken, in dem sich der Delphin tummelt, deutet auf den Bereich des *persönlichen Unbewußten* von Frau T. Es ist nach dem *Meer* hin offen. Das heißt, daß der unbewußte Bereich der Psyche der Träumerin, der zusammen mit dem Ich-Bewußtsein ihre Gesamtpersönlichkeit repräsentiert, einen freien Zugang zu einem weiten, unbegrenzten und allumfassenden Bereich des Unbewußten hat, eine Verbindung mit dem *überpersönlichen* Feld des sogenannten *Kollektiven Unbewußten.*

Der Fisch in diesem Traum ist ein besonderer Fisch. Es ist ein *Delphin.* Die Delphine gehören zur Familie der Walfische und sind Säugetiere. Sie sind auch weder taub noch stumm, wie von Fischen angenommen wird, obwohl

sie keine Stimmbänder haben. Ihr Gehör ist das umfangreichste aller
Lebewesen und umfaßt den Frequenzbereich von 150 bis 150 000 Hertz. Wie
sie ihre Ticklaute im Ultraschallbereich erzeugen, ist nicht erforscht. Doch
verfügen Delphine über eine »Radaranlage« zur Orientierung, die jedes von
Menschen gebaute Radar bei weitem an Exaktheit übertrifft.

Die hohe Intelligenz von Delphinen ist bekannt, seit die US-Marine nach
dem letzten Krieg mit ihnen zu experimentieren begann. Ihr Gehirn ist
gleich groß und sogar windungsreicher als das des Menschen. So gesehen
stehen sie dem Menschen näher als die Affen. Hätte Charles *DARWIN* dies
gewußt, hätte er vermutlich Zweifel an seiner Theorie gehegt, daß eines
urzeitlichen Tages eine »echte und schmalnasige« Äffin ein humanoides
Wunderkind gebar und somit zur Stamm-Mutter des Menschengeschlechts
wurde. Denn was nun wirklich die schmalnasigen Affen bewogen haben
mag, in grauer Vorzeit ihr Fellkleid abzulegen und ein menschliches
Bewußtsein auszubilden, bleibt rätselhaft bis auf den heutigen Tag.

Die kleine Abschweifung zu *DARWIN* und seiner Abstammungslehre soll
lediglich darauf aufmerksam machen, daß trotz des hohen Standes der
Wissenschaft unserer Zeit das wohl wichtigste Forschungsobjekt am
wenigsten erforscht ist: der Mensch. Wohlgemerkt, wir meinen damit nicht
die Biologie und die Funktionen des körperlichen Organismus des Menschen, sondern das, was den Menschen erst zum Menschen macht:
Bewußtsein, Geist und Seele. Warum das so ist, werden wir noch ausführlicher
erklären. Es wird uns zeigen, warum der Beschäftigung mit den Träumen
eine weitaus größere Bedeutung zukommt, als bislang bekannt ist.

Das Unbewußte von Frau T. erweist sich jedenfalls im Traum klüger als
alle die logischen Spekulationen des Verstandes. Denn es wählt als
Symbolbild für eine der menschlichen vergleichbare, aber nicht bewußte
Intelligenz den Delphin und nicht einen Affen. Der *Affe* hätte im Traum
eine negative Bedeutung, und zwar die Bedeutung eines Zerrbildes des
Menschen oder eines »äffischen« Verhaltens.

In der Mitte des Wasserbeckens befindet sich eine *Fontäne.* Um eine
Fontäne laufen zu lassen, bedarf es einer treibenden Energie. Das kann die
Schwerkraft sein, die Wasser aus einem am Berg gelegenen Reservoir oder
von einem Wasserturm her, durch Rohre geleitet, als Fontäne in die Höhe
schießen läßt, oder eine mit elektrischer Energie betriebene Pumpe. So auch
hier. Das Bild der Fontäne zeigt, daß im Zentrum des Unbewußten *psychische
Energie* in Bewegung geraten ist und *nach oben* strebt.

Soweit unsere Überlegungen zu den Örtlichkeiten des Traumes – wir
können auch sagen zur *Traumlandschaft* – und zu den darin auftretenden

Personen oder Lebewesen, welcher Art auch immer. Diese Abklärung bildet den Anfang jeder Traumdeutung. Als nächstes überlegen wir, was nun im Traum geschieht. Denn der Traum hat ja eine Handlung. Wir können ihn durchaus mit einer Fernsehsendung vergleichen, die sich auf dem *»inneren Bildschirm«* unserer Psyche *abspielt.*

Die Träumerin selbst tritt in diesem Traum auf, in der Gestalt eines Delphins. Das heißt, sie zeigt sich in einer ursprünglich naturhaften, animalischen und unbewußten Seite ihres *Ich.* Sagen wir: in ihrer *Instinkthaftigkeit.* Und instinktiv springt sie in diesen Quell belebender psychischer Energie hinein, der in ihrer Psyche aufgebrochen ist. Damit fächert sich der Energiestrahl zu einem farbigen Regenbogenvorhang auf und gibt ihr den Blick auf den Ursprung allen Lichts und Lebens frei, auf die Sonne.

Die *Sonne,* der wir das *Licht des Tages* verdanken, repräsentiert hier als Traumsymbol die *Bewußtheit,* so wie die Zeit der *Nacht* im Traum einen Zustand der *Unbewußtheit* andeutet. Doch das ist etwas anderes als *das Unbewußte.* Das Unbewußte, verbildlicht zuvor durch das Wasser, ist ein vitaler Bereich oder ein Feld der Seele, genauso lebenswichtig wie Wasser. Unbewußtheit aber ist ein psychischer *Zustand* im Sinne einer geistigen Verdunkelung oder mangelnder Bewußtseinseinsicht. Und bei dieser Gelegenheit noch ein Hinweis: Falls Sie je etwas über *Traumentstellung,* Verhüllung, latente Trauminhalte und *Traumzensur* gelesen haben, vergessen Sie es! Es ist falsch! Die Traumbilder bedeuten das, was sie zeigen. Nicht mehr und nicht weniger. Es ist nicht so schwierig, Träume richtig zu deuten, wenn Sie es sich von Anfang an zur Regel machen, nichts hineinzurätseln, auf jede Einzelheit zu achten und die Begriffe exakt zu unterscheiden.

Aus den *Regenbogenfarben* setzt sich das Licht zusammen. Wir wissen noch aus der Schule, daß das, was unser Auge als Tageslicht empfindet, alle Farben von Rot bis Violett enthält. Nur deshalb ist unsere Welt farbig und bunt. Auch das, was wir von den Lebenserscheinungen und Vorgängen mit dem Bewußtsein registrieren, ergibt kein eindeutiges oder einfärbiges inneres Bild, sondern eine durch Gefühle, Empfindungen, spontane Einfälle und logische Denkakte vielfach gefärbte Vorstellung. Wenn ein Mensch nur noch »rotsieht«, dann wissen wir, daß sein Bewußtsein von dem Gefühl der Leidenschaft überschwemmt ist, so daß alle anderen Bewußtseinsfunktionen davon überdeckt sind. Sein Bewußtsein ist getrübt. Denn zur *Bewußtseinsklarheit* gehört das ungetrübte Zusammenspiel aller seelischen Funktionen und Bereiche.

Das ist es, was die Regenbogenfarben im Traum von Frau T. bedeuten: daß ein gesunder und natürlicher Instinkt sie die Vielfarbigkeit des Lebens erkennen läßt und ihr damit zu einer klaren Sicht ihrer Lebenssituation verhilft. Und wenn wir den Traum mit einem Fernsehspiel vergleichen, das auf dem *inneren* Bildschirm unseres Traumbewußtseins abläuft, um so in unserer Erinnerung nach dem Erwachen haftenzubleiben, dann hat auch der Traum, wie jedes sinnvolle Spiel, einen Schlußakt. Ob Theaterstück, Fernsehspiel oder Traum – stets zeigt der Schluß das Ergebnis der Spielhandlung, die *Lösung* aller durch das Spielgeschehen aufgeworfenen Fragen, gezeigten Verwicklungen oder dargestellten Konfliktsituationen an.

Das Traumspiel vom Delphin ergibt ein seltenes »Happy-End«. *Ein ungekanntes Glücksgefühl,* das ist die Lösung, die *Botschaft,* die Frau T. vom Traum empfängt. Doch daß eine berufstätige Frau in unserer Zeit die eintretende *Krise der Lebensmitte* so instinktsicher meistert, und zwar ohne seelsorgerischen oder psychotherapeutischen Beistand, ist ebenso selten. Es zeigt, daß Frau T. ein Mensch ist, der die *Begabung zum Glück* besitzt.

Zuvor, als Frau T. immer häufiger erleben mußte, daß ihr junge Mädchen vorgezogen wurden, kurzum, daß der einige Jahre jüngere und als leidenschaftlicher Liebhaber geschätzte Lebensgefährte sie betrog, hatte sie sich im Traum als *Katze* erlebt. Die Katze ist als Symbol ein typisch weibliches Tier. Wenn eine Frau von einer Katze träumt oder sich gar mit der Katze identifiziert, dann will ihr das Traumbewußtsein ihre eigene *Katzenhaftigkeit* vor Augen führen. Katzen sind bekanntlich höchst eigenwillig, wenn nicht gar egozentrisch. Launenhaft sind sie auch. Vom zärtlichen Anschmiegen und wollüstigen Schnurren bis zum bösartigen Fauchen reichen ihre meist spontanen Gefühlsäußerungen. Und unter ihren weichen Samtpfoten verbergen sie scharfe Krallen. Kurzum, wer sich nicht eingehend mit dem Wesen von Katzen befaßt hat, für den haben sie etwas Unberechenbares an sich.

In Altägypten war die Katze ein heiliges Tier und genoß göttliche Verehrung. Sie galt als die Verkörperung der Mondgöttin *Bastet,* die stets mit einem Katzenkopf dargestellt wurde. Die Verehrung des Mondes als Gottheit gehört zur matriarchalischen Gesellschaftsstruktur. Im Matriarchat aber herrscht die Frau. Der Mann wird wegen seiner nützlichen Eigenschaften und männlichen Kraft durchaus geschätzt, und dies natürlicherweise nicht zuletzt als unerläßlicher Partner für sexuelle Erfüllung. Doch er wird nie zum einzigen oder wichtigsten Lebensinhalt für die Frau.

Zutiefst gebunden und damit zur Treue verpflichtet fühlt sich die »Katzenfrau« an ihre Familie, an Heim und Haus, aber nicht an einen einzigen Menschen und schon gar nicht an einen einzigen Mann als Sexualpartner. Das alles muß wohl Frau T. bewußt geworden sein, als sie in

»Früher war ich eine Katze im Traum.« Illustration zu den Katzenträumen von Frau T.

die eingangs erwähnte *Lebenskrise* geriet, sicher mehr *intuitiv* erfassend und verstehend, als durch verstandesmäßige Überlegungen.

Die Krise, die Frau T. erlebte, ist eine Begleiterscheinung des *seelischen Wandlungsprozesses* um die Zeit der *Lebensmitte*, dem jeder Mensch unterliegt. Bekannt ist ein solcher Wandlungsvorgang zu dieser Zeit seit eh und je unter dem Begriff der *Wechseljahre*, nur daß bislang diese Tatsache vornehmlich unter dem Aspekt einer biologischen Umstellung gesehen wurde, die in erster Linie für die Frau von einschneidender Bedeutung ist. Gewiß treten die biologischen Veränderungen bei der Frau auffälliger und zwingender in Erscheinung als beim Mann. Die *Menopause* (Aussetzen der Monatsregel und Funktionsnachlaß der Eierstöcke) läßt sich weder verheimlichen noch rückgängig machen. Beim Mann vermindert sich lediglich die Potenz, doch er behält seine Zeugungsfähigkeit bei. Dafür aber sind die psychischen Auswirkungen des Überganges in die zweite Lebenshälfte beim Mann oft sehr viel stärker als bei der Frau. Sie äußern sich in Minderwertigkeitsgefühlen, Depressionen und psychosomatischen Erkrankungen mannigfacher Art. Denn der Mann, dessen biologischer Umstellungsprozeß sich unauffälliger vollzieht, mag sich mit dem Altwerden noch weniger abfinden als die Frau – eine Tatsache, die erst allmählich in das Bewußtsein der Öffentlichkeit rückt.

Amerikanische Psychologen haben für diese Problematik den Begriff der *midlife crisis* geprägt und ihr in jüngster Zeit besondere Beachtung geschenkt. Hierzulande hat sich Hermann SCHREIBER in seinem 1976 veröffentlichten Buch »Die Krise in der Mitte des Lebens« mit diesem Thema auseinandergesetzt. Weniger bekannt dagegen ist, daß vor nun mehr als fünfzig Jahren der Mitbegründer der modernen Tiefenpsychologie, der große Schweizer Seelenarzt C. G. *JUNG*, bereits auf die Krisenerscheinungen zur Zeit der Lebensmitte aufmerksam machte und daß diese im Rahmen der seelischen Entwicklung des Menschen – mit ihren unterschiedlichen Entfaltungs- und Erlebnisphasen von der frühen Kindheit bis zum Lebensende – von C. G. *JUNG* und seiner Schule eingehend untersucht und psychologisch abgeklärt worden waren.

JUNG entdeckte die verblüffende Tatsache, daß der mit den körperlichen Wachstums- und Reifungsphasen einherlaufende seelisch-geistige Entwicklungsprozeß im Menschenleben einem *Ziel* zustrebt. Verblüffend jedenfalls war diese Entdeckung für das Jahr 1920, als *JUNG* sie in seinem Buch »Psychologische Typen« veröffentlichte. Denn die kraß materialistisch orientierte Wissenschaft der damaligen Zeit befaßte sich mit dem Menschen und dem Verlauf des menschlichen Lebens lediglich unter dem Aspekt von

Ursache und Wirkung. Das Leben als solches wurde dem Zufall zugeschrieben.

Das *Ziel* des seelischen Entwicklungs- und Reifungsprozesses, so stellte *JUNG* in jahrzehntelanger Forschungsarbeit fest, ist die Vervollständigung der Persönlichkeit durch größtmögliche *Bewußtheit*. Die *Träume* aber sind eine überaus wichtige Hilfe bei diesem Prozeß, das Feld des Bewußtseins zu erweitern. Denn in ihnen spiegeln sich die vielfältigen Auswirkungen wider, die diesen Entwicklungsvorgang im menschlichen Leben begleiten.

In der ersten Lebenshälfte ist der Mensch *ich-zentriert*. Er strebt nach Vervollständigung seiner Persönlichkeit in bezug auf die äußere Stellung in seiner Umwelt und nach materieller Sicherung. In der zweiten Lebenshälfte strebt der Mensch mehr nach geistigen Werten. Er beschäftigt sich zunehmend mit kulturellen und religiösen Problemen. Der Versuch vieler Menschen, ewig jung zu bleiben, indem sie das Materielle überbewerten und ein der ersten Lebenshälfte adäquates Verhalten beibehalten, widerspricht der Natur der Psyche. Daher die gegenwärtig so auffällig gewordene Krise der Lebensmitte.

Wie hilfreich Träume in einer Krisensituation sein können, zeigt uns der Fall von Frau T. Geholfen haben ihr darüber hinaus ihre seltsamen *»Lichtbäder«* vor dem Spiegel. Sie hat sich diese nützliche Antidepressionstherapie selbst ausgedacht. Wie sie darauf kam, vermochte sie nicht zu sagen. Es handelt sich also um einen schöpferischen Einfall ihres Unbewußten, und wir können diese *Intuition* ebenso interpretieren wie ein Traumgeschehen.

Wenn eine Frau von über vierzig Jahren sich im hellen Licht nackt vor dem Spiegel betrachtet, so hat das kaum etwas mit einem narzißtischen In-sich-selbst-Verliebtsein zu tun. Es handelt sich vielmehr um eine kritische Prüfung der eigenen Person, in ihrer von allen beschönigenden Zutaten enthüllten, nackten Wirklichkeit. Diese Selbstprüfung allerdings mag sich für Frau T. eher unbewußt als bewußt vollziehen. Denn was sie besonders hervorhebt, ist das Erlebnis, sich inmitten der vielen Kerzenflammen zu sehen. Sie hat das Gefühl, im *»Licht der Flammen zu baden«*, und setzt die Flamme mit dem Leben gleich. Was bedeutet das?

Frau T. wäre sicher verwundert, zu erfahren, daß sie ein uraltes Einweihungsritual praktiziert, das in vielen Religionen eine besondere Rolle spielt. Es ist die archetypische Vorstellung der reinigenden Kraft der lodernden Flamme und einer Wandlung und damit Wiedergeburt im Feuer, die diesen Ritualen zugrunde liegt.

In der *eleusinischen* Religion des antiken Griechenland beispielsweise erlebten die Gläubigen alljährlich, wenn am Höhepunkt des mitternächtlichen Mysterienkults die vom Hohepriester entzündete Flamme hell auflioderte bis zum Dach des Tempels, die *Geburt des göttlichen Kindes* im Feuer.

In der *buddhistischen* Religion wird der Lebensweg *BUDDHAS* stets in acht Stufen dargestellt. Die letzte und achte Stufe ist seine Verbrennung im Feuerofen, im *Stupa*. Dieses Wort wird später zum Symbolbegriff für die acht Stufen des buddhistischen Erkenntnisweges. Das letzte Stupa, die Verbrennung, gilt der Erkenntnis, daß der Tod nur ein Wandlungsvorgang ist zur Wiedergeburt. Bewirkt wird diese Wandlung durch die *geistige Kraft,* die dem Feuer innewohnt, und für die das Feuer zum Symbol wurde.

Flamme, Feuer und Licht stehen in ihrer Symbolbedeutung eng beieinander. Wir finden diese auch in der *christlichen* Religion. Denken wir nur an die mächtigen Osterkerzen, die zur Feier der Auferstehung Christi entzündet werden. Oder an Pfingsten, als der *Heilige Geist* in der Gestalt von *Feuerzungen* über die Jünger kam und ihnen die Fähigkeit verlieh, in fremden Sprachen zu reden. So nachzulesen im Kapitel 2 der Apostelgeschichte des Lukas.

Die Betrachtung des Himmelslichts und der Blick in die Sonne gehören zu den Meditationsübungen tibetanischer Lamas. Sie legen sich dabei auf den Rücken, damit nichts anderes in ihr Blickfeld tritt. Der so erlebte ekstatische Zustand dient einer Erweiterung des Bewußtseins zur Wahrnehmung der Unendlichkeit des Kosmos wie der Ewigkeit des Lebens.

In der *altpersischen* Religion des *ZARATHUSTRA,* ebensoalt wie die Lehre Buddhas, wurde ein *Feuerkult* praktiziert. Doch waren die Anhänger *ZARATHUSTRAS* keine *Feueranbeter,* wie es früher allgemein angenommen wurde. Was sie bereits in vorchristlicher Zeit in ihren Feuertempeln verehrten, war der *göttliche Geist* in der Symbolerscheinung der *reinen* Flamme. Nur in der Gegenwart des von Priestern ständig am Brennen gehaltenen Ewigen Feuers durften die heiligen Schriften, die *Avesta,* verlesen werden.

Kurzum, seit Urzeiten und bei allen Völkern ist mit dem Feuer und seinem Licht die bildhafte Vorstellung einer geistigen Kraft verbunden, die auch dem Menschen zu einer geistigen *Erleuchtung,* das heißt zu einer *Bewußtheit* verhilft. Praktiziert werden Feuerrituale nach wie vor, nur ist ihre Bedeutung verlorengegangen. Wer macht sich schon Gedanken darüber, warum bei festlichen Anlässen Fackelumzüge stattfinden, warum in Lourdes oder anderen Wallfahrtsorten Lichterprozessionen veranstaltet werden, weshalb bei den Olympischen Spielen die olympische Flamme entzündet wird?

Was Frau T. praktiziert, ist als meditative Übung in *esoterischen* Gesellschaften seit langem bekannt: die Konzentration auf eine vor einen Spiegel gestellte Kerzenflamme, wodurch visionäre Bilder erzeugt werden sollen. Diese Bilder sind ebenso Produkte des Unbewußten wie die Bilder des Traums, nur daß der Meditierende sein Unbewußtes gezielt anzapft, mit dem *Ziel* einer *Problemlösung,* die ihn beschäftigt. Dieses Verfahren ist ähnlich der von der analytischen Psychologie entwickelten *aktiven Imagination.* Die Seele denkt nun einmal in Bildern.

Wir werden diese Techniken im dritten Teil des Buches im Zusammenhang mit den praktischen Hilfsmitteln für das richtige Deuten von Träumen noch eingehend erklären. Zuvor aber, gewissermaßen zum Eindenken in das Wissensgebiet der Traumforschung und Traumdeutung, wollen wir uns einen kurzen Überblick über die Grundlagen der »Wissenschaft vom Traum« verschaffen. Diese reichen weit in die Vergangenheit zurück.

In diesem ersten Kapitel haben Sie ohne weitere Umschweife einen Einblick in die Praxis der Traumanalyse erhalten. Sie haben erfahren, welche mehr allgemeine und grundsätzliche Überlegungen ein Tiefenpsychologe anstellt, wenn ihm ein so *irrealer* Traum vorgelegt wird, wie es der Delphin-Traum von Frau T. ist. Denn auf den ersten Anschein besteht zwischen diesem Traum und dem tatsächlichen Lebensgeschehen bei Frau T. keine Beziehung. Außer der Träumerin selbst, und auch sie nur in der Gestalt eines Fisches, tauchen weder Personen noch Ereignisse auf, die in ihrem realen Leben eine Rolle spielen. Doch außer dem Traum sind noch die ergänzenden Angaben von Frau T. vorhanden, und ebenso ist ihre Lebensgeschichte dem Analytiker bekannt. Dieses zusätzliche Material ist überaus wichtig. Denn es enthält die entscheidenden Hinweise, auf welche Vorfälle in der Lebenswirklichkeit sich der Traum mit seiner Information bezieht. Auch wird so der Sinn verständlich, der hier dem durch den Traum bewirkten Glückserlebnis zukommt.

Wir fassen zusammen:

Der Traum ist eine sinnvolle Botschaft des Traumbewußtseins. Die Information erfolgt durch bildhafte Szenen, die wie eine Spielhandlung auf einem »inneren« Bildschirm ablaufen. Das Bildarchiv umfaßt persönliche Lebenserfahrungen des Träumers und entwicklungsgeschichtlich bedeutsame Erfahrungen der Menschheit.

Für die Traumdeutung sind zu beachten: Die Traumlandschaft, die Zeit, die auftretenden Personen oder Tiere, ferner die Traumhandlung und ihr Verlauf sowie die Schlußszene, die in der Regel die Lösung enthält. Unerläßlich für eine Deutung sind die Einfälle des Träumers sowie die Kenntnis seiner Lebenssituation und Lebensgeschichte.

Von Babylon bis zur Gegenwart

»Ein Baum stand inmitten der Erde. Der Baum wuchs und wurde gewaltig, sein Gipfel reichte an den Himmel, und zu sehen war er bis ans Ende der Erde. Sein Laub war schön und seine Frucht reichlich, und Nahrung für alle befand sich an ihm. Unter ihm suchten Schatten die Tiere des Feldes, und in seinen Zweigen nisteten die Vögel des Himmels, und von ihm bezog Nahrung alles, was lebte.«

So beginnt ein Traum des *Nebukadnezar*, Königs von Babylon, der uns von dem griechischen Geschichtsschreiber *HERODOT* überliefert ist. Doch dann stieg ein Mann vom Himmel herab, welcher den Befehl gab, den Baum zu fällen und seine Äste abzuschlagen. *»Der Wurzelstock aber bleibe in der Erde, in einer Fessel von Eisen und Erz. Sein Menschenherz soll er verlieren, und ein Tierherz wird ihm gegeben, und sieben Zeiten sollen über ihn hingehen!«* So befahl dann noch der himmlische Mann im Traum, *»damit die Lebenden erkennen, daß der Höchste Herr ist über das Reich der Menschen und es geben kann, wem er will, und den niedrigsten der Menschen darüber setzen kann«.*

Daniel deutet Nebukadnezars Traum. Nach einem Kupferstich von Matthäus Merian (1593–1650).

Der König war äußerst bestürzt über diesen Traum, denn nach babylonischer Auffassung galten die Träume als Botschaften der Götter. So ließ er den Großmeister der Traumdeuter, *Daniel,* genannt Belsazar, kommen und befahl die Auslegung seines Traums.

»*Der Baum, den Du sahst, der wuchs und gewaltig wurde, dessen Gipfel an den Himmel reichte und der zu sehen war bis an das Ende der ganzen Erde, der bist Du, oh König, der Du groß und mächtig bist, Du, dessen Größe wuchs und bis an den Himmel reicht und dessen Macht sich bis an das Ende der Erde erstreckt.*« So lautete die Auslegung für den ersten Teil des Traums. Für den zweiten Teil, in dem ein Wächter des Himmels erscheint und befiehlt, den Baum umzuhauen, gibt Daniel dem König folgende Deutung:

»*Du wirst aus der Gemeinschaft der Menschen ausgestoßen und bei den Tieren des Feldes hausen, und sieben Zeiten werden über Dich dahingehen, bis Du erkennst, daß der Höchste über das Reich der Menschen Macht hat und es geben kann, wem er will. Der Befehl aber, den Wurzelstock des Baumes zu belassen, bedeutet: Dein Reich verbleibt für Dich aufbehalten, sobald Du erkennst, daß der Himmel mächtig ist. Darum, oh König, laß Dir meinen Rat gefallen: Löse Deine Sünden ab durch gute Werke und Deine Missetaten durch Barmherzigkeit gegen Elende, ob vielleicht Deinem Wohlbefinden Dauer beschieden wird.*«

»*Das alles erfüllte sich an dem König Nebukadnezar*«, heißt es abschließend sowohl bei *HERODOT* als auch in der Bibel, Prophetische Bücher, Daniel, Kap. 4,25.

Diese Traumdeutung mutet überaus modern an. Der *Baum* wird im Sinne des bekannten *Lebensbaumes* als Symbol des Lebensverlaufs des Träumers gedeutet. Diese Symbolbedeutung läßt sich in den Träumen von Menschen unserer Zeit ebenso feststellen. Auf dem Land ist es auch heute noch da und dort Brauch, bei der Geburt eines Kindes einen Baum als Symbol zu pflanzen. Ein ausführlicher Beitrag zur »Geschichte und Deutung des Baumsymbols« findet sich bei C. G. *JUNG* in dessen Werk »Von den Wurzeln des Bewußtseins«.

Die Traumdeutung des ersten Teils durch *Daniel* ist auch aus heutiger Sicht durchaus zutreffend. *Nebukadnezar II.* (605–562 v. Chr.) war der bedeutendste der babylonischen Herrscher. Er unterwarf die Kulturvölker Kleinasiens und Ägypten. Durch geschickte Diplomatie erhielt er den Frieden mit der benachbarten und verbündeten Großmacht der Meder, den heutigen Persern. Doch über sein persönliches Leben ist wenig bekannt.

Ob sich der zweite Teil seines Traumes auf eine Palastintrige oder den Ausbruch einer zeitlich begrenzten Geistesstörung bezieht, vielleicht im Sinne einer *endogenen Depression* – das ist eine von *innen* her entstandene

Lähmung der Lebensaktivität ohne reale äußere Ursachen –, läßt sich schwer sagen. In jedem Fall hat sich der Traum mit der von ihm angebotenen *Lösung,* sich von einer übersteigerten Selbstüberschätzung zu befreien, als hilfreich erwiesen. Darauf zielt ja letztlich auch die Deutung des *Daniel.* Die diplomatische Friedenspolitik des *Nebukadnezar* mag die Folge gewesen sein. Das Reich Babylon ging erst Jahrzehnte nach seinem Tod unter.

Das Beispiel zeigt, daß bereits die vorchristlichen Kulturvölker Träume beachteten und auf ihre Informationsbedeutung untersuchten. Die Traumwissenschaft ist jedoch noch älter, vermutlich so alt wie die Menschheit selbst, wenn wir die Entstehung der Menschheit als das in jeder Hinsicht revolutionäre Ereignis ansehen, als zum erstenmal ein menschliches Wesen sich *seiner selbst bewußt* wurde. Mit anderen Worten: als der Mensch ein *Ich-Bewußtsein* entwickelte und diese besondere Bewußtseinsfähigkeit auf Dauer behielt. Denn das beständige und im Bedarfsfall jederzeit vorhandene Ich-Bewußtsein macht den Menschen erst zum Menschen und unterscheidet ihn von jedem uns bekannten Lebewesen.

Die Entstehung einer *Traumwissenschaft* bereits in grauer Vorzeit läßt sich insofern vermuten, als bei den steinzeitlichen Jäger- und Nomadenvölkern das Bemühen um eine Erkenntnis der Traumbilder und Traumerlebnisse vorhanden war und sie sogar Experimente durchführten, mittels Drogen traumartige Zustände zu erzeugen. Wir wissen das durch die Forschungen der Anthropologen und Ethnologen und durch deren Berichte über die psychotechnischen Praktiken der *Schamanen.* Das sind die – modern ausgedrückt – Priesterärzte der Nomaden Nordsibiriens, Alaskas und anderer primitiver Volksstämme.

Mit der fortschreitenden Entwicklung einer persönlichen Bewußtseinsfähigkeit ist sich der urzeitliche Mensch auch seiner Träume bewußt geworden. Aus der sinnvollen und positiven Tätigkeit des Traumbewußtseins, als welche sie die moderne Traumwissenschaft in allerjüngster Zeit wiederentdeckt hat, läßt sich schließen, daß die frühesten Erfindungen (Knochengeräte, Feuersteinmesser sowie Faustkeil) und später die steinzeitliche Kunst (Elfenbein- und Kalksteinplastiken sowie die Höhlenmalereien) auf schöpferischen Einfällen im Traum beruhen.

Das früheste schriftliche Zeugnis über die Bedeutung der Träume, das wir kennen, stammt ebenfalls aus Babylon. Es ist das vor über 5000 Jahren in Keilschrift auf Tontäfelchen aufgezeichnete *Gilgamesch-Epos.* Dieses erzählt von einer Unterweltreise des Helden und Königs von Ur, wo er *Ea,* dem Gott der Wassertiefe, begegnet, der ihm Träume schenkt, die *Gilgamesch* die geheimen Absichten der Götter verraten.

Steinzeitliche Felsmalerei zum Zwecke eines wachtraumartigen Imaginierens und der dadurch bewirkten »psychischen Anregung« für die Jagd. Fundort Sahara, durch die Expedition Henri Lhotes im Jahre 1956.

Doch *Ea* ist gleichzeitig auch die altbabylonische Gottheit des *Wissens*. Das Wissen, das *Ea* personifiziert, stammt also aus der *Wassertiefe*. Erinnern Sie sich, was wir im vorherigen Kapitel bei der Besprechung des Delphin-Traumes über die Symbolbedeutung des Wassers gesagt haben? Das Bild des Wassers bedeutet das *Unbewußte*. Und das *Meer* mit seiner Weite und *Tiefe* bezieht sich auf den überpersönlichen Bereich eines *Kollektiven Unbewußten*. *Ea* ist auch ein Gott der Träume, da er ja *Gilgamesch* die Absichten der anderen Götter, also ein überpersönliches Wissen, durch Träume vermittelt.

Das Erstaunliche an diesem Keilschrift-Epos ist, daß vor über 5000 Jahren die alten Babylonier bereits einen Zusammenhang zwischen – modern ausgedrückt – dem Gesamtfeld des Unbewußten, der Traumtätigkeit und der Vermittlung von Wissen sahen, nur daß sie sich diese Dreiheit in *Ea* als einer göttlichen Person vereint vorstellten. Erstaunlich, weil es für die moderne Tiefenpsychologie einer jahrzehntelangen, mühseligen Forschungsarbeit bedurfte – des wissenschaftlichen Vergleichs von Hunderttausenden von Träumen –, um diesen Zusammenhang zu entdecken und zu bestätigen.

Der babylonische Wassergott »Ea«, der Gott des Wissens und der Träume. Hier auf einem fast 5000 Jahre alten Rollsiegel.

Bei dem Wissen, das *Gilgamesch* durch seine Träume vermittelt wurde, handelt es sich um ein *Erkennen* der kosmischen Ordnung, der zyklischen Wiederkehr der Jahreszeiten mit allen Naturvorgängen, die für Saat und Ernte und somit für das Überleben von Mensch und Vieh zur damaligen Zeit von höchster Bedeutung waren. Und natürlich auch um eine Erkenntnis der Naturgewalten aller Art sowie um das Wissen, deren Möglichkeiten zu nutzen und ihre Gefahren abzuwenden. Denn dies war die Aufgabe der Helden und Könige der Frühzeit: die Ordnung der Natur zu erhalten oder wiederherzustellen und so das Leben ihres Volkes zu garantieren.

Inzwischen sind eine Fülle von Keilschriftdokumenten ausgegraben worden, die zeigen, wie wichtig die alten Babylonier, Assyrer und Juden die Träume und ihre Deutung nahmen. Ebenso bestand im alten Ägypten eine hochentwickelte Traumforschung, wie unzählige auf Grabkammern und Tempelwände, auf Leinen oder Papyri gemalte Berichte beweisen.

»Mir träumte, ich stand am Ufer bei dem Wasser und sah aus dem. Wasser steigen sieben schöne, fette Kühe; die gingen auf der Weide im Grase. Und nach ihnen sah ich andere sieben dürre und magere Kühe heraussteigen. Ich habe in ganz Ägyptenland nicht so häßliche gesehen. Und die sieben mageren und häßlichen Kühe fraßen auf die sieben ersten, fetten Kühe. Und da sie hineingefressen hatten, merkte man es ihnen nicht an, daß sie gefressen hatten. Sie waren so häßlich wie zuvor. Da wachte ich auf.

Und ich sah abermals in meinem Traum sieben Ähren auf einem Halm wachsen, voll und dick. Danach gingen auf sieben dürre Ähren, dünn und versengt. Und die sieben dünnen Ähren verschlangen die sieben dicken Ähren.«

So lautete ein Traum des Pharao, der in den Geschichtsbüchern des Alten Testaments aufgezeichnet ist. (Erstes Buch Mose, Kap. 41,17–24.) Und es findet sich dort auch die Deutung, die *Joseph,* der als ehemals israelitischer Sklave zum Hofmeister des königlichen Kämmerers aufgestiegen war, dem Pharao gab. *Joseph* erkannte, daß sich der Traum auf die jährlichen Überschwemmungen des Nils bezog, der mit seinem Schlamm das Uferland befruchtet und von dem der Ausgang der Ernten abhängt. Schwillt der Strom in regenreichen Jahren an, führt er viel fruchtbaren Schlamm mit sich und bewässert sehr viel mehr Land als in regenarmen, trockenen Jahren. In solchen aber reicht die Ernte für die Ernährung der Bevölkerung nicht aus, und Hungersnöte sind die Folge.

Da der Pharao im Traum am Ufer stand und die sieben fetten wie die sieben mageren Kühe aus dem Wasser stiegen, war für *Joseph* der Zusammenhang klar und ebenso, daß dieser Traum ganz konkret und wörtlich zu verstehen sei. Denn für Ägypten sind Wasser und Nil identisch. Und ebenso unmittelbar ist der Zusammenhang zwischen dem Strom und der Ernährung, denn für Ägypten stellt der Nil die einzige lebenspendende Wasserquelle dar.

»Die sieben schönen und fetten Kühe« deutet *Joseph* als sieben fruchtbare Jahre mit reichen Ernten, *»die sieben häßlichen und mageren Kühe«* als sieben Jahre der Trockenheit mit entsprechenden Mißernten. Und die Tatsache, daß sich der Traum beim Wiedereinschlafen des Pharao wiederholt und beim zweitenmal mit dem Bild einer vollen, ausgereiften Weizenfrucht und danach mit dem Bild einer dürren, von der Hitze versengten Ähre unmittelbar auf den Ausgang der Ernten hinweist, deutet *Joseph* durchaus in einem auch für uns gültigen Sinne, daß – wörtlich – »solches Gott gewiß und eilend tun wird«. Modern ausgedrückt bedeutet dies, daß das Traumbewußtsein durch Wiederholung und anschaulichere Symbolbilder die Wichtigkeit der Traumbotschaft unterstreicht.

Es ist eine bekannte Erfahrungstatsache, daß sich bestimmte Träume wiederholen, sei es unmittelbar in den folgenden Nächten, sei es erst nach Monaten oder Jahren. Besonders Menschen, die ihren Träumen keine Beachtung schenken, erleben eine mehrfache oder gar stete Wiederkehr sich gleichender Szenen und Vorfälle im Traum. Das dauert so lange an, bis das Problem, mit dem sich das Traumbewußtsein beschäftigt, weil der Träumer es mit dem Wachbewußtsein nicht angeht und unerledigt vor sich herschiebt, sich entweder – auf welche Art auch immer – von selbst löst oder dem Träumer der Sinn seines Traumes gedeutet wird. Ist beides nicht der Fall, erzwingen nur zu häufig Ärgernisse und Mißgeschick eine Stellungnahme, oder es bilden sich Krankheitssymptome aus.

Hätte der Pharao seinen Traum ungedeutet gelassen, wäre es für das gesamte Land zu einer Katastrophe gekommen. Dies hatte *Joseph* erkannt. Er erwies sich nicht nur als begabter Traumdeuter, sondern ebenso als ein genialer Wirtschaftspolitiker, denn er verband seine Traumdeutung mit einer Wirtschaftsprognose. Er kündigte eine Zeit der Hochkonjunktur und des Wohlstandes an. Doch die darauffolgende Zeit der Mißernten würde als Folge der Lebensmittelknappheit eine Preisinflation bei gleichzeitiger Arbeitslosigkeit mit sich bringen. Er empfahl dem Pharao, die damals übliche Einkommensteuer von 10 Prozent während der Zeit der Hochkonjunktur auf 20 Prozent zu erhöhen und einen Reservefonds zu bilden. Da zur damaligen Zeit die Steuer in Naturalien entrichtet wurde, hieß es nun, Lagerhäuser zu bauen und für die ober- und unterägyptische Wirtschaftsgemeinschaft einen Getreideberg anzulegen.

Für die nach sieben fetten Jahren eintretende Phase des Konjunkturumschwungs und Produktionsrückganges empfahl er Steuerbefreiung für die in der Schlüsselindustrie der Getreideproduktion tätigen – vorwiegend kleinen und mittleren – Unternehmen sowie die Rückzahlung der zuvor gehorteten Steuer an die durch den Wirtschaftsrückgang arbeits- oder beschäftigungslos gewordene Stadtbevölkerung. Daß *Joseph* aus psychologischen Gründen – Arbeitslosigkeit erzeugt Minderwertigkeitskomplexe und damit Aggressionen oder führt zu Depressionen – ein Arbeitsbeschaffungsprogramm durch Staatsinvestitionen in der Form von Pyramidenbau vorgeschlagen haben wird, steht zwar nicht in der Bibel, läßt sich jedoch durchaus vermuten.

Der Pharao muß jedenfalls ein kluger Mann gewesen sein. Er begriff die Richtigkeit und Wichtigkeit der Deutung seines Traumes. Und ebenso begriff er die Nützlichkeit einer langfristigen Wirtschaftsplanung durch Sparsamkeit des Staates in Zeiten der Hochkonjunktur und Steuersenkung im Fall eines rückläufigen Wirtschaftswachstums. Er ernannte *Joseph* zu seinem Wirtschaftsminister und Stellvertreter.

Damit erfüllte sich ein anderer Traum, den *Joseph* in seiner Jugend hatte, als er noch im Elternhaus lebte. Ein Traum, der sich auf sein späteres Leben bezog und seinen Aufstieg vom Hirtenjungen zum Vizekönig von Ägypten vorwegnahm. *»Ich träumte, wir banden Garben auf dem Feld, und meine Garbe richtete sich auf und stand, und Eure Garben umher neigten sich vor meiner Garbe«*, erzählte er seinen Brüdern. Da sprachen seine Brüder zu ihm: *»Solltest Du unser König werden und über uns herrschen?«* Auch dieser Traum wiederholte sich in etwas abgewandelter Form. *»Ich träumte, die Sonne und der Mond und elf Sterne neigten sich vor mir.«*

Bei der Erzählung dieser zweiten Traumversion hörte auch der Vater von *Joseph* zu. Er wurde sehr ärgerlich. *»Was ist das für ein Traum, der Dir geträumt hat? Sollen ich und Deine Mutter und Deine Brüder kommen und vor Dir niederfallen?«* Der Vater strafte ihn, und seine Brüder waren ihm feind, heißt es dazu (Erstes Buch Mose, Kap. 37,7–10).

Dennoch sollte sich der Traum erfüllen. Die Zeit der Dürre und der Mißernten, die *Joseph* später durch seine richtige Traumdeutung und seine klugen Vorschläge von Ägypten abgewendet hatte, war für die benachbarten Länder eine Zeit der Lebensmittelknappheit und Hungersnot. So zogen Josephs Brüder nach Ägypten, um dort Getreide einzukaufen. *Joseph* war, wie wir wissen, inzwischen zum Stellvertreter des allmächtigen Pharao ernannt worden. Ohne auf die etwas verwickelten Umstände dieser Geschichte einzugehen: es kam dazu, daß die Brüder ihrem hochgestellten Bruder vorgeführt wurden und vor ihm niederfielen, um dem Vizekönig ihren Respekt zu erweisen.

Diese beiden Träume von *Joseph* und ihre Deutungen sind recht lehrreich, und zwar aus mehreren Gründen. Seine Brüder wie auch der Vater messen den Träumen ebenfalls eine Bedeutung zu und deuten sie auch spontan. Doch sie deuten sie lediglich persönlichkeitsbezogen, als eine Aussage, die eine unbewußte Eigenschaft ihres Bruders offenbart. Sie verstehen die Traumhandlung wörtlich, wogegen nichts einzuwenden ist. Doch sie übersehen die Symbolik der Traumbilder. Sie sehen in diesen Träumen einen Beweis für den Hochmut von *Joseph*. Damit zeigen sie in etwa die gleiche Auffassung wie zweieinhalb Jahrtausende später Sigmund *FREUD*: Träume bedeuten die Erfüllung *verdrängter Wünsche*.

Es ist überaus töricht, ein Kind oder einen Jugendlichen – *Joseph* war siebzehn Jahre alt – wegen seiner Träume zu tadeln oder gar zu bestrafen, wie es *Joseph* laut Bibel geschah. *Kinderträume*, die Träume von Jugendlichen in der Zeit während und kurz nach der *Pubertät* und dann noch die Träume zur Zeit der *Lebensmitte* sind überaus bedeutungsvolle Träume. Sie enthalten fast immer Bilder von einer tiefen Symbolik und beziehen sich auf die zukünftige Entwicklung sowie auf das spätere Lebensschicksal. Wie es möglich ist, daß das Traumbewußtsein mit einer oft verblüffenden Treffsicherheit zukünftige Ereignisse vorhersieht und anzeigt, werden wir noch anhand einer Traumserie und dem Lebensweg des Träumers, und zwar aus unserer Zeit, sehr eingehend erklären.

Jedenfalls war die Deutung von *Israel,* Josephs Vater, und den Brüdern eine *Fehldeutung.* Wenn sie auch als Juden die religiöse Symbolbedeutung der Korngarbe und von Sonne, Mond und Sternen nicht anerkannten, so zeugt es doch von einer erheblichen Selbstüberschätzung, diese Traumbilder auf sich selbst zu beziehen. Wir sehen: die Überheblichkeit, die *Joseph* angelastet wurde, war offensichtlich eine Charaktereigenschaft seiner Brüder, welche diese unbewußt auf ihn *projizierten.*

Die Träume von den *Korngarben* und den *Himmelsgestirnen* deuten auf ein sehr viel weitreichenderes, unpersönliches und öffentliches Geschehen. Denn diese Dinge spielen ja nicht nur für einen einzelnen Menschen, sondern für alle eine Rolle. Es sind Naturerscheinungen von größter Bedeutung für die menschliche Gesellschaft insgesamt. Die sich aufrichtende Garbe zeigt, ganz vordergründig gedeutet, daß der Träumer im Umgang mit Getreide ein großes Geschick beweist und es später einmal im Leben weiter bringen wird als seine Brüder. Das Bild, wie sich Sonne, Mond und Sterne vor ihm verneigen, die bei allen anderen Kulturvölkern der damaligen Zeit als Götter galten, deutet darauf, daß der Träumer für eine ganz besondere Leistung von höchster kultureller Bedeutung ausersehen ist. Ein *ägyptischer* Traumdeuter hätte gesagt, die höchsten Götter sind dem Träumer geneigt. Er ist einer der Ihren, wie der Pharao und die Mitglieder der königlichen Familie, und wird durch seine Heldentaten zu göttlichen Ehren gelangen. Und so geschah es ja.

Doch um auch dies für eine richtige Traumdeutung hier zur Sprache zu bringen: Hätte jemand jetzt, bei uns diesen Traum, wäre eine gegenteilige Deutung angezeigt. Der Traum wäre ein *Warntraum,* der größte Vorsicht anrät und höchste Gefahr signalisiert. Wir wissen, daß Sonne, Mond und Sterne keine Götter sind und kein menschliches Verhalten annehmen können. Wir wissen ebenso, daß normalerweise ein Mensch im Weltraum nicht existieren kann. Für einen Durchschnittsbürger, der nichts mit der Raumfahrt zu tun hat, wäre dieser Traum – mit den sich vor ihm verneigenden Himmelsgestirnen – das Signal für eine sich ankündigende *Psychose,* der Hinweis für einen *Realitätsverlust,* einen geistigen Verwirrungszustand, gepaart mit *Größenwahnvorstellungen.* Es sei denn, es handelte sich um einen genialen jungen Mann mit überragender Begabung für Astrophysik oder Mathematik, gewissermaßen um einen künftigen *EINSTEIN* oder neuen Wernher von *BRAUN.*

Das Alte Testament enthält eine Fülle von Träumen und ihren Deutungen, besonders die *Prophetischen Bücher.* Denn die Vorausschau in die Zukunft – durch das Medium Traum – war auch für die Juden eine Erfahrungstatsache von hohem Wert, galten doch auch für sie die Träume als göttliche Offenbarung. Die Kunst der Deutung allerdings überließen sie den wenigen begnadeten und von Gott auserwählten frommen Männern, die entsprechende Traumgesichte und visionäre Zukunftserlebnisse hatten.

Die alten Ägypter gingen sehr viel systematischer vor. Sie taten etwas, was die vergleichende Traumforschung von heute ebenfalls unternimmt: sie sammelten Träume nebst den dazugehörigen Deutungen und zeichneten sie schriftlich auf. Dies geschah in wissenschaftlichen Instituten – vergleichbar den heutigen Universitätsinstituten –, deren Aufgabe die Ausbildung fähiger Studenten in den Fächern *Magie* und *Mantik* war. Der Begriff *Mantik* ist von dem griechischen Wort *mantikos* für Seher- und Weissagekunst abgeleitet.

Das Ergebnis dieser Vergleichsforschung auf dem Gebiet des Forschungsobjekts *Traum* ist das sogenannte *Hieratische Traumbuch,* das zur Zeit des *Mittleren Reiches* (2052–1778 v. Chr.) – also vor rund 4000 Jahren – entstand. Es ist in der Art eines Lexikons angelegt. Jede Zeile beginnt mit der Redewendung: »Wenn ein Mensch im Traum sieht . . .« Dann folgt die Beschreibung einer bestimmten Traumszene, knapp formuliert, und daneben: »Das bedeutet . . .« Natürlich handelt es sich um keine alphabetische Aufeinanderfolge, wie wir sie bei einem Lexikon gewohnt sind. Denn das Buchstaben-Alphabet war noch nicht erfunden, und die Schrift der alten Ägypter ist eine Bilderschrift. Dennoch folgt das Hieratische Traumbuch einem Klassifizierungssystem. Es unterscheidet zwischen *guten* und *schlechten* Träumen, wobei die guten Träume mit schwarzer Farbe und die schlechten Träume durch Verwendung von roter Malfarbe gekennzeichnet sind.

Das Original befindet sich im Britischen Museum und wurde 1935 von dem Ägyptologen A. *GARDINER* entziffert. Für die Tiefenpsychologen war die Entdeckung dieses *Urtextes* aller späteren ägyptischen Traumbücher – bis zu den *Volkstraumbüchern* der Gegenwart – eine Sensation. Denn der Vergleich dieses viertausend Jahre alten »Lexikons der Traumsymbole« mit den Ergebnissen der modernen Traumforschung ergab in vielem eine verblüffende Übereinstimmung. Die sorgfältige Beachtung der Person des Träumers hinsichtlich seiner Charakteranlagen und seiner Lebensumstände

Die frühesten Schriften waren Bilderschriften, so wie auch das Traumbewußtsein noch immer durch Bilder zu uns spricht. Hier die Einweihung in das Mysterium von Schlaf und Tod durch den hundeköpfigen Unterweltgott Anubis auf einem altägyptischen Papyrus. Über dem Novizen der Seelenvogel, der im Schlaf die Träume bringt.

für die Deutung, die Heranziehung von *Analogien,* also von Ähnlichkeiten, Entsprechungen und Übereinstimmungen von Traumbildern und Lebensvorgängen und ebenso die Hervorhebung der *Ambivalenz* der Traumsymbole, das ist die *Gegensätzlichkeit* aller Erscheinungen (Feuer ist z. B. eine hilfreiche wie zerstörende Kraft) – das alles mutet überraschend modern an.

Modern insoweit, als dieser jahrtausendealte Text ein systematisches Vorgehen in der Beschäftigung mit den Träumen beweist – Kennzeichen jeglicher wissenschaftlichen Forschungsarbeit – und *psychologische* Überlegungen erkennen läßt, die auch heute noch gültig sind. Doch wenn wir den Begriff *modern* verwenden und – wie der Leser inzwischen bemerkt hat – Ereignisse aus ferner Vergangenheit *modernisieren*, also auf die Verhältnisse der Gegenwart übertragen, ist eine zusätzliche Erklärung geboten.

Der Vergleich von Ereignissen, von Lebensumständen, von technischen

Errungenschaften wie von religiösen Kultvorgängen und allen damit verbundenen Vorstellungen – kurzum der Vergleich von Leben und Erleben, Dichten und Denken – zur Zeit der Antike mit entsprechenden Vorgängen in unserer Zeit ist überaus nützlich. Die uralten Keilschriften und Hieroglyphentexte, von den Altertumsforschern so wortgetreu wie möglich enträtselt, sind im Original für den Laien kaum verständlich. Sie wirken mysteriös, befremdend oder trocken und langweilig. Durch die Übertragung in für uns gewohnte Redewendungen und Begriffe werden sie anschaulich und verstehbar.

Der Kunstgriff, dessen wir uns bedienen, um eine leicht verständliche Vorstellung von Unbekanntem und Ungewohntem zu vermitteln, beruht auf der Technik der zuvor erwähnten *Analogie,* eine Technik, ohne die auch ein sinnvolles Deuten von Träumen gar nicht möglich wäre. Doch sie hat ihre Grenzen.

Mit der Verwendung der *Analogie* als wissenschaftlichem Verfahren ist die Methode gemeint, ein Forschungsobjekt auf Entsprechungen, Gemeinsamkeiten und Gleichheiten mit anderen Objekten – das können materielle Dinge wie geistig-seelische Fakten, beispielsweise Gedanken, Gefühlsregungen und anderes mehr, sein – zu untersuchen und auszuwerten. Das heißt in der Praxis, daß wir bei der Feststellung von Ähnlichkeiten und Gemeinsamkeiten von Eigenschaften und Verhaltensweisen auf ähnliche und gemeinsame *Bedeutungen* schließen. Und so übertragen wir Begriffe, Worte und Bilder von einem Objekt auf das andere. Schlicht gesagt, wir nehmen eine *Übersetzungstätigkeit* vor. Allerdings eine Übersetzungstätigkeit besonderer Art. Denn da uns kein Lexikon zur Verfügung steht, in dem wir uns von der Richtigkeit einer auf dem Wege der *Analogie* gefundenen *Bedeutung* überzeugen können, müssen wir das irgendwie selbst überprüfen.

Eine Schlußfolgerung ist kein Beweis, sondern eine Vermutung. Es kann auch ein Trugschluß sein. *Mars und Erde sind Planeten. Das haben sie gemeinsam. In ihrer Kugelgestalt sind Mars und Erde einander ähnlich. Auf der Erde leben Menschen. Folglich müssen auch auf dem Mars Menschen oder menschenähnliche Wesen leben.* Da haben wir ein Beispiel für eine falsche Schlußfolgerung. Denn seit Raumroboter den Mars untersucht haben, wissen wir, daß dies nicht zutrifft. Und zuvor war dieser *Analogieschluß* bestenfalls eine Hypothese.

Wenn wir noch weitere Eigenschaften von Mars und Erde auf Gemeinsamkeiten überprüfen, und zwar jene Eigenschaften, die für das Leben von Menschen von Bedeutung sind – das Vorhandensein von Luft und Wasser –, wissen wir sofort, daß weitere Überlegungen sinnlos wären.

»Alle in die Länge reichenden Objekte, Stöcke, Baumstämme, Schirme (des der Erektion vergleichbaren Aufspannens wegen!), alle länglichen und scharfen Waffen: Messer, Dolche, Picken, wollen das männliche Glied vertreten.« So ist es in dem Buch »Die Traumdeutung« von Sigmund *FREUD* im Kapitel »Die Darstellung durch Symbole im Traum« zu lesen. Ein aufsehenerregendes Buch, als es 1899, gerade zur Jahrhundertwende, erschien. Denn es stellte den ersten Versuch dar, Träume mit modernen wissenschaftlichen Methoden zu deuten.

Doch *FREUD* unterlag dem gleichen Irrtum, wie er oben erklärt wurde. Von den äußeren Ähnlichkeiten verschiedener Gegenstände hinsichtlich ihrer »Länge« und »Schärfe« auf eine gemeinsame Symbolbedeutung zu schließen ist unsinnig. Und ebenso unsinnig ist es, wenn *FREUD* folgert: »Dosen, Schachteln, Kästen, Schränke, Öfen entsprechen dem Frauenleib, aber auch Höhlen, Schiffe und alle Arten von Gefäßen.« Der Sinn eines Stockes ist es, zu stützen, und der eines Schirmes, vor Regen oder Sonne zu schützen. Ein Ofen ist zum Wärmen da, ein Schiff für Transporte und Reisen.

Warum *FREUD* in derartige Fehler verfiel und von äußeren Ähnlichkeiten auf die Wesenheit *echter* Symbole schloß, werden wir noch erklären.

Doch etwas müssen wir uns hier merken. Wenn wir uns der Technik der Analogie bedienen, genügt es nicht, nur ein oder zwei Eigenschaften zu vergleichen. Wir müssen möglichst *alle,* in jedem Fall *so viele Eigenschaften wie nur möglich* untersuchen. Und wir müssen vor allem den *Sinnzusammenhang* beachten.

Wir sagten zuvor, daß das von dem Ägyptologen *GARDINER* entzifferte, etwa 4000 Jahre alte *Hieratische Traumbuch* der alten Ägypter gewissermaßen den Urtext aller späteren ägyptischen Traumbücher bis zu den *Volkstraumbüchern* unserer Tage darstellt. Wir meinen damit die Volkstraumbücher, wie sie Großmutter oder die traumkundige Tante in der Küchenschublade haben, bestimmt, den Liebeskummer von Enkeln, Nichten und Neffen zu lindern oder bei sonstigen Kümmernissen guten Rat durch Traumauslegung zu erteilen. Was sie enthalten, hat aber mit dem Urtext kaum noch etwas zu tun. Denn diese ursprünglichen Traumsammlungen wurden über die Jahrhunderte und Jahrtausende hinweg immer wieder abgeschrieben und in andere Sprachen übersetzt, und zwar ohne jegliches Verständnis der echten Symbolbedeutung und meist auch in völliger Unkenntnis der geheimen Nebenbedeutung. Zwar hielten sich Schreiber und Übersetzer getreulich an das Wort und die äußere Form. Doch das genügt eben nicht. Was heute an derartigen Traumbüchern existiert, mögen sie sich ägyptisch, babylonisch oder auch arabisch nennen, ist bis zur Unkenntlichkeit entstellt und schlicht gesagt als Humbug zu bezeichnen.

Das Studium alter und fremder Kulturen ist ungemein interessant und überaus nützlich, vor allem, wenn wir Experten in der Kunst der Traumdeutung werden wollen. Denn die *Seele denkt in zeitlosen Bildern.* Immer wieder tauchen in den Träumen heutiger Menschen Bilder auf, die Symbole und Verhaltensmuster vergangener Zeiten und untergegangener Kulturen gewesen sind. Sich damit zu beschäftigen gehört gewissermaßen zur Grundlagenforschung einer *Schule zur Bewußtheit.* Denn die Kenntnis von Symbolen und Mustern erweitert das Wissen um verborgene Sinnzusammenhänge und führt zu echter Bewußtheitserweiterung. Und das ist weit mehr, als mit dem gegenwärtig so beliebten Schlagwort einer *Bewußtseinserweiterung* gemeint wird.

Um den Sinn von Bildern zu verstehen, die als Pyramidenbauten, Tempel, Kirchen, Kathedralen oder als das Kunstwerk in Museen bildlich zu uns sprechen, oder um das Sprachbild alter Schriften zu erfassen, müssen wir auch etwas von dem Seelenglauben ihrer Schöpfer wissen. Wie stellten sich die Menschen der damaligen Zeit die *Seele* vor, die ja die Empfängerin der Träume ist? Anders gesagt, wie steht es um die Psychologie der damaligen Zeit? Auch hier hilft uns ein uralter Pyramidentext. Es ist der Berliner »*Hieratische Papyrus*«, der das »*Gespräch eines Lebensmüden mit seiner Seele*« enthält, interpretiert von dem Ägyptologen H. *JACOBSON* in »Zeitlose Dokumente der Seele«, Zürich 1952.

Hier findet sich die erste exakte Information über den Begriff *Seele* in einer Bedeutung, wie sie noch heute der allgemeinen Vorstellung entspricht. Wer der Autor dieser frühesten psychologischen Betrachtung war, wissen wir nicht. Doch es handelte sich weder um einen Pharao noch um einen Vertreter der altägyptischen Theokratie. Das »Gespräch« wurde auch nicht verfaßt, um religiöse Glaubensgrundsätze zu postulieren, sondern es enthält – modern ausgedrückt – die selbstanalytische Auseinandersetzung eines gebildeten Ägypters mit seinem *Unbewußten.*

Der Anlaß für das Streitgespräch mit seinem *Ba,* seiner Seele, das der unbekannte Verfasser der Nachwelt zu überliefern für notwendig hielt, waren die revolutionären Wirren gegen Ende der 5. Dynastie vor rund viertausendeinhundert Jahren. Es war die Zeit der ersten gewaltigen, geschichtlich bekannten Kulturrevolution, die den Untergang des sogenannten Alten Reiches herbeiführte.

Verehrte man vorher den Pharao als lebenden Gott, die Priester, Beamten und Großgrundbesitzer als Halbgötter, so sah man sie jetzt zwar als höherstehende, aber eben doch nur als Menschen an. Die Masse der Bevölkerung, die zuvor ein Sklavendasein – präziser: ein Dasein ohne Individualität – gefristet hatte, beginnt sich ihrer selbständigen Persönlichkeit bewußt zu werden. Die Folge ist eine soziale Umschichtung und Änderung der Besitzverhältnisse mit den üblichen Begleiterscheinungen eines solchen Kulturumbruchs, also Anwachsen von Verbrechen und Terror sowie ein Ansteigen der Selbstmorde.

Auch der Verfasser des erwähnten Papyrus will seinem Leben ein Ende setzen. Angesichts der Gottlosigkeit, Unmoral und des Traditionsverlusts seiner Zeit erscheint es ihm sinnlos, weiterzuleben.

Für das Verständnis dieser frühesten geschichtlich belegten Kulturkrise sind die äußeren Umstände gewiß recht aufschlußreiche historische Fakten. Weitaus interessanter aber ist die in dem Text enthaltene Schilderung, wie sich dieser lebensmüde Ägypter mit seinen Depressionen auseinandersetzt und wie er sie überwindet. Er beschreibt alle Phasen seiner – für heutige Begriffe – *zeitbedingten Neurose* eingehend und vermittelt uns so eine recht genaue Kenntnis der damaligen Vorstellung von der Seele. Die Selbstheilung gelingt ihm durch die *Bewußtwerdung* psychischer Tendenzen, die er *personifiziert* vor sich hinstellt und beschreibt.

Die Bedeutung dieses Papyrus ist aber noch umfassender, denn die Entzifferung des Textes ermöglichte es auch, die tausend Hieroglyphensprüche und Hymnen der Unas-Pyramide aus der Zeit der 5. Dynastie, die sich ebenfalls mit der Seele befassen, und darüber hinaus noch frühere Pyramidentexte zu verstehen. So lieferte dieser Papyrus sozusagen den Schlüssel für ein psychologisches Verstehen der altägyptischen Kultur und der Bewußtseinsentwicklung ihrer Menschen.

Die Ägypter unterschieden zwischen *Ka* und *Ba*. *Ka,* das war die schöpferische Kraft im Menschen: die sexuelle Potenz wie die kreative Intelligenz. Beides fiel noch zusammen. Der *Ka* tritt zwar in den Pyramidentexten als eine Person auf, aber für unsere Vorstellung müssen wir *Ka* mehr als eine Kraft ansehen, als eine Lebenskraft göttlichen Ursprungs.

Ka, das war – modern formuliert – die Dynamik des Lebendigen.

Die Seele war noch nicht entdeckt. Zwar bekommt *Ka* bereits eine Schwester – *Maat. Maat* ist die weibliche Seite von *Ka,* weniger im Sinne einer seelischen Gefühlsfunktion, mehr im Sinne von Verantwortungsgefühl, das sich mit wachsendem Bewußtsein und steigender Intelligenz ausbildet.

Was dagegen der »lebensmüde« Ägypter als seinen *Ba* beschreibt und was durchaus dem Begriff *Seele* entspricht, taucht als Begriff erst um die Mitte des 3. Jahrtausends v. Chr. auf und zunächst nur im Zusammenhang mit dem

Pharao. Das heißt, zu dieser Zeit besaß nur der *Pharao* eine Seele. Er verkörperte sozusagen die Kollektivseele seines Volkes. Seine Untertanen waren, ohne jegliches Eigenbewußtsein, eine Art psychisches *Anhängsel* des Gottkönigs. Man könnte diesen Zustand etwa mit dem Ameisenstaat vergleichen, dessen Königin für die einzelnen Ameisen das *psychisch steuernde Zentralgehirn* ist.

Plötzlich, um das Jahr 2100 v. Chr., hat nun ein gewöhnlicher Sterblicher einen *Ba.* Und die Art, wie der Verfasser des Papyrus seinen *Ba* erlebt und sich mit ihm auseinandersetzt, mutet in der Tat verblüffend modern an. Der *Ba* erscheint hier als das *Unbewußte,* vergleichbar der Instanz des *Über-Ich* im Sinne von *FREUD* oder der Gestalt des *Selbst,* teilweise auch der *Anima* in der Konzeption von C. G. *JUNG.* Der »Lebensmüde« spricht mit seinem *Ba,* das heißt, es findet ein analytischer Bewußtwerdungsprozeß statt. Und es gelingt dem Schreibenden, seinen depressiven Zustand zu überwinden, sich mit den veränderten Zeitverhältnissen abzufinden und sich der neuen Umweltsituation anzupassen. Das Erlebnis des eigenen *Ba,* die Entdeckung der Seele, wie es uns als schicksalhaftes Erlebnis eines einzelnen überliefert ist, muß zu jener Zeit aber ein kollektives Ereignis gewesen sein. Es muß gewissermaßen ein allgemeiner *Bewußtseinssprung* stattgefunden haben. Das mag den Umsturz der gesellschaftlichen Verhältnisse wie den kulturellen Umbruch erklären. Seit jener Kulturrevolution vor über viertausend Jahren ist der *Ba* immanenter Bestandteil eines jeden Menschen. Jeder Mensch hat nun eine Seele und gewinnt damit eine eigene Individualität.

So bewußt allerdings, wie sich ein Durchschnittsbürger unserer Zeit seiner Persönlichkeit ist, waren sich die damals lebenden Menschen keineswegs. Das Psychische wurde von ihnen gefühlsmäßiger erlebt, mehr bildhaft – vergleichbar dem Traumerleben – und nicht intellektuell erfaßt. Das Bewußtsein der damaligen Menschen hatte noch einen sehr viel geringeren Klarheitsgrad als das der Menschen unserer Zeit. Die Evolution umfaßt nicht nur die biologische Entwicklung des Menschen – auch das Bewußtsein unterliegt einem evolutionären Prinzip, wie wir bereits sahen.

War *Ba* die Seele, so gehörte das Ich-Bewußtsein, soweit es sich bereits entwickelt hatte, zu *Ka.* Die Hieroglyphe für *Ka* ist der Stier, Symbol der Zeugungskraft. Doch bedeutete dies für die damaligen Menschen etwas anderes, als was wir unter Sexualität verstehen. *Ka* war nicht nur die körperliche Potenz, sondern auch das, was von der modernen Hirnforschung als *geistige Funktion* bezeichnet wird. Es mag dabei gewagt erscheinen, den *Ba* der Ägypter nun mit unserem Begriff des *Unbewußten* gleichzusetzen und zu sagen, daß erst mit dem Erlebnis des *Ba* jeder einzelne sich seiner individuellen Persönlichkeit bewußt wurde. Denn wie wir aus dem für Altägypten überaus wichtigen Totenkult wissen, war es die *Ka*-Kraft, die nach dem Tod eines Menschen weiterlebte. Dem *Ka* wurde eine Statue errichtet. Sie stand in einer Kultkammer oder auch nur in einem Kasten mit Sehschlitzen. Davor brachte der Sohn die vorgeschriebenen Opfer für den verstorbenen Vater dar. Eine *Ba*-Statue gab es nicht. Die Seele war etwas Unkörperliches, Numinoses. Die Hieroglyphe des *Ba* ist ein Vogel mit einem Sternenflämmchen oder auch nur ein Stern. Die Seele war also eine Kraft oder Macht, die von den Sternen und damit von den Göttern stammte und nach dem Tod – einem Vogel gleich – wieder in den übermenschlichen Bereich des Kosmos zurückkehrte.

So wie die Sonne ihre lebensspendende Kraft aus der Ganzheit des Kosmos bezog, und das war der *All-Ba,* mußte auch der *Ka* des Menschen im *Ba* wurzeln. Das heißt, ein verborgener Teil des kosmischen Ganzen, in der Form des persönlichen *Ba,* stellte die Energiequelle für die individuelle *Ka*-Kraft dar. Aus dieser Auffassung ergibt sich die Verbindung zwischen der Seelenvorstellung der Ägypter und ihrem kosmischen Götterglauben, der im Sonnengott *Rê* gipfelt – er galt im Alten Reich als der Vater des Pharao.

Die Entdeckung der Seele aber als einer zur Persönlichkeit des Menschen gehörigen und in ihm wirksamen Wesenheit muß ein unerhörtes Ereignis gewesen sein, weit bedeutsamer als die Entdeckung der Technik, die mit der Verwendung des Faustkeils als Werkzeug und der Nutzung des Feuers begann. Denn vom Feuerstein des Homo faber, dem Zeichen einer ersten Primitivkultur, bis zum Bau der Pyramiden vergingen immerhin etwa vierhunderttausend Jahre. Mit der Entdeckung der Seele aber, der Unterscheidung von *Ka* und *Ba,* begann man sich des Unterschieds von *Geist* und *Psyche* und damit der geistigen Funktionen bewußt zu werden. Seither verlief die weitere kulturelle Entwicklung des Menschen derart rasch, daß sie – mit zwei Worten gesagt – vom *Ka* bis zur *Kybernetik* nur noch vier Jahrtausende benötigte.

Und doch fehlte den damals lebenden Menschen noch eine sehr wesentliche Fähigkeit ihres *Ka* – oder dessen, was wir als *geistige Aktivität* bezeichnen: die Fähigkeit *rationalen* Denkens. Also die Fähigkeit, Erscheinungen zu analysieren, in einzelne Fakten zu zerlegen und logische Schlüsse daraus zu ziehen, um sich Ursachen und Wirkungen zu erklären. Immerhin ist aber durch die Entdeckung der Seele zu dieser Zeit bereits eine Entwicklung in Gang gekommen, die im Verlauf von rund 1500 Jahren zu einer Aktivierung der geistigen Fähigkeiten und schließlich zu einer Vorherrschaft des Geistes und des vernunftbetonten Denkens führen wird.

Damit aber wird sich die Auffassung vom *Wesen* und der *Bedeutung der*

Träume wandeln. Wir werden sehen, wie Geist und Seele ihre Rollen vertauschen und zuerst die Seele als eine rein biologische Funktion des Körpers erklärt und – weitere zweitausend Jahre später – schließlich auch der Geist zu einer materiell organischen Hirnfunktion abgewertet werden wird. Das gipfelte dann in der volkstümlichen Ansicht: *Träume sind Schäume.* Oder in der noch jüngst vertretenen Auffassung namhafter Schulpsychologen: *halluzinationsartige Vorstellungen bizarren und konfusen Charakters.* Ursache: *Körperreize* im Schlaf und Verarbeitung von *Tagesresten.*

Daß diese bereits musealen und aus dem verflossenen Jahrhundert stammenden Ansichten angesichts modernster naturwissenschaftlicher Erkenntnisse überholt sind, wird immer mehr bekannt. Auch die Erkenntnis, daß Träume sinnvolle und sogar lebensentscheidende *Informationen* enthalten, setzt sich immer mehr durch. Inzwischen sind die Träume ja auch zum Gegenstand der *PSI-Forschung* geworden, wie sie in den wissenschaftlichen Laboratorien in den USA und der UdSSR betrieben wird. Der Begriff PSI aber ist von dem Anfangsbuchstaben des griechischen Wortes *Psyche* (=Seele) abgeleitet. Das zeigt, welche Bedeutung dem Seelischen wieder beigemessen wird.

Nur ist es mit dieser Feststellung allein nicht getan. Das gegenwärtige Interesse für PSI-Erscheinungen, für *psychische* Kräfte und Fähigkeiten – vom autogenen Training über die psychosomatische Medizin und Gruppentherapie bis hin zu den Meditationstechniken aller Art – beweist, daß wir gegenwärtig ebenfalls einen Wandel in unserer Bewußtseinseinstellung erleben. Und vermutlich sind es die Anzeichen dafür, daß wir allesamt gegenwärtig in der Phase eines *Bewußtseinssprungs* leben, so wie ihn die Menschheit vor rund viertausend Jahren erlebte. Vor etwa zweitausend Jahren war es ebenso, zur Zeit Christi und des beginnenden Verfalls des römischen Weltreichs. Dazwischen fanden ungefähr alle fünf Jahrhunderte sprunghafte Bewußtseinswandlungen statt, wie die Untersuchung der Kulturgeschichte unter dem Aspekt der Bewußtseinsentwicklung klar beweist.

Doch so wie die Entwicklung der Menschheit nicht geradlinig, sondern sprunghaft verläuft, so auch die psychische Entwicklung jedes einzelnen Menschen. Von Lebensabschnitt zu Lebensabschnitt findet ein Wandel in der Einstellung zum Leben und zur Umwelt statt, der sich bei dem einen mehr innerlich vollzieht, bei dem anderen mehr in der äußeren Haltung sichtbar wird. Diesen Entwicklungsprozeß und die damit verbundenen Wandlungen mit allen ihren Begleiterscheinungen signalisieren die Träume. Sie informieren darüber und bewirken – wenn ihre Information verstanden wird – gleichzeitig eine Bewußtseinsveränderung. Und zwar in der Art, daß der

Wandel in der Lebenseinstellung dem Betreffenden auch *bewußt* wird. Man könnte fast von einer *Biofeedbacktechnik* unserer Bewußtseinstätigkeit sprechen. Doch davon später.

»Die Mythen und Märchen sind die Träume der Völker«, sagt C. G. *JUNG*. Mögen die Mythologien auch der Ausdruck religiöser Glaubensvorstellungen sein, so wird doch eben an ihnen die jeweilige Vorstellung

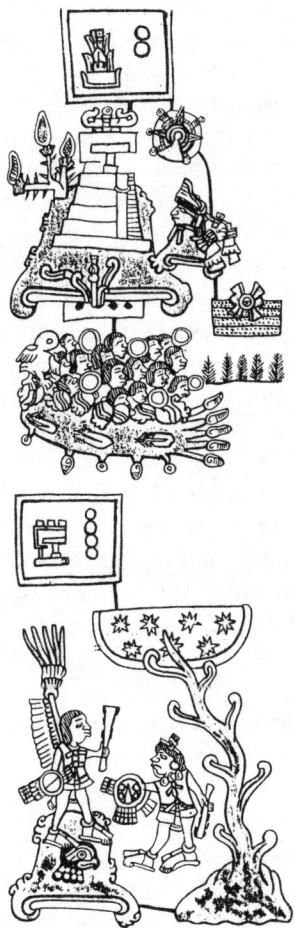

Auch die Ureinwohner Amerikas zeichneten ihre Mythen – die Träume des Kollektivs – in einer Bilderschrift auf. Aus einem Manuskript der Azteken. Rechts unten der Weltbaum mit der Sternenschale als Symbol der kosmischen Reise des Schamanen.

von Seele und Geist sichtbar, die sich in der Art eines psychischen Feedback (Rückmeldung) auf die Bewußtseinsvorstellungen auswirken. Diese wiederum programmieren jegliche Art von Bewußtseinstätigkeit, auch das *rationale,* das heißt verstandesbetonte Denken, aus dem sich später ein wissenschaftliches Denken im modernen Sinne entwickelte.

Doch noch ist es nicht soweit. Vor viertausend Jahren hatten die Vorstellungen von Geist und Psyche noch ganz den Charakter des Mystischen oder Religiösen – wobei das lateinische Wort *religio* durchaus im Sinne von »frommer Scheu« verstanden werden soll. Zu leben, denken zu können und sich seiner selbst bewußt zu sein war keineswegs so selbstverständlich wie heute. Es galt nicht einfach als eine biologische Tatsache ohne besonderen Sinn oder als eine zufällige Laune der Natur. Die Welt und mit ihr das Lebendige in der Vielfalt seiner Erscheinungen war für die Menschen noch etwas Wunderbares und Zauberhaftes, so daß nur ein den Menschen überlegenes Wesen, eine Gottheit, diese Schöpfung geschaffen haben konnte und imstande war, ihre Fortexistenz zu ermöglichen.

So läßt sich auch die überragende Bedeutung des Totenkults in der altägyptischen Religion verstehen. Wir können uns erklären, warum die Ägypter ihre Toten mumifizierten und dem *Ka* eine Statue errichteten. Daß die Mumie ein toter Gegenstand ist und nicht eines Tages wieder zum Leben erwachen kann, wußten die Menschen damals vermutlich genauso, wie daß die *Ka*-Statue, welche die Züge des Verstorbenen trug, nur ein Abbild war. Aber diese Kultbräuche waren sozusagen magische Tricks, um sich ein persönliches Leben der Seele zu erhalten. Zwischen der Kammer des *Ka* und der Grabkammer mit der Mumie gab es nämlich einen Schacht, in dem der *Ba* wie ein unsichtbarer Vogel hin und her flattern sollte, statt in das kosmische All zu entschwinden. So, glaubte man, bliebe die Einheit von Geist und Körper erhalten und damit ein Überleben der Persönlichkeit möglich.

Es würde zu weit führen, hier alle religionshistorischen Einzelheiten in ihrer psychologischen Bedeutung zu erörtern. Wir wollen uns damit begnügen, festzustellen, daß die Welt in jener Zeit noch eine *Einheit* darstellte, verbunden und zusammengehalten durch die Seele als eine Art magisches Kraftfeld. Die Seele ist es auch, die die Träume empfängt. Diese stammen anfänglich von ihrer göttlichen Herrin, der kosmischen Allgöttin *Nun,* später von *Isis,* die als göttlicher *Ba* der Stern *Sirius* ist. Die Seele hat also einen weiblichen Aspekt. Deshalb erschien dem »Lebensmüden« sein *Ba* teilweise auch in der Gestalt einer Frau.

Die Seele ist sozusagen die Mutter des Geistes. Denn den *Ka* verkörpert

der Gott *Horus,* der Sohn von *Isis* und *Osiris.* Noch ist die Seele wichtiger als
der Geist, denn ihr verdankt er – modern – durch die »Fütterung« mit
Trauminformationen seine Aktivität und sein Anwachsen. Im gleichen
Verhältnis setzt ein unmerklicher Bedeutungswandel ein, als dessen Ergebnis
sich dann 1500 Jahre später die Bewußtseinsvorstellungen von Seele und
Geist und ebenso die Gottesvorstellungen völlig verändert haben. Der zuvor
falkenköpfige *Horus,* vogelgestaltig wie *Ba* und somit als Mittler zwischen
den göttlichen Geistes- und Seelenkräften im Kosmos und den Menschen zu
verstehen, hat sich zu einem Sonnenwesen gewandelt, und *Isis* ist zur
Mondgöttin geworden. Die Götter sind gewissermaßen von den fernen
Sternen näher an die Erde herangerückt. Das bedeutete eine gewisse
Abwertung der Seele gegenüber dem Geist und damit, kulturhistorisch wie
soziologisch, eine Abwertung des Weiblichen.

Mit diesem Wandlungsprozeß geht aber auch das unmittelbare Verständnis der Trauminformationen verloren. Zwar entsteht, wie wir sahen, eine
wissenschaftlich anmutende Traumforschung. Die Träume werden aufgezeichnet, analysiert, das Ergebnis wird in einem Lexikon der Traumbedeu-
tungen zusammengefaßt, doch führt diese akademische Betätigung zu einem
Dogmatismus. Die Traumdeutung wird zu einer mantischen Praxis nach
festgelegten Regeln. Jetzt verstehen wir auch, warum der Pharao – es wird
der König *Merenptah,* ein Herrscher des sogenannten Neuen Reichs, gewesen
sein – seinen Traum von den sieben fetten und mageren Kühen von seinen
beamteten Traumdeutern nicht richtig gedeutet bekam. Dem Naturtalent
Joseph aus Israel gelang dies spontan.

Ein starrer Formalismus begann die ägyptische Kultur zu lähmen.
Wirtschaftlich noch für längere Zeit eine Großmacht, wird Ägypten seine
kulturelle Vormachtstellung bald verlieren. Das Griechenland der Antike
wird die Nachfolge antreten und zum geistigen Zentrum der abendländischen Menschheit werden.

Wir fassen zusammen:

**Am Anfang der Wissenschaft war der Traum. Babylonier und
Ägypter stellten Traumlexika zusammen. Ihre Deutungen muten
verblüffend modern an. Ihre Deutungsmethodik beschränkt sich aber
auf die Untersuchung einzelner Traumbilder oder Elemente, noch fehlt
ihnen die Fähigkeit des wissenschaftlichen Denkens, um die Gesamtzu-
sammenhänge und die Muster des Traumablaufs zu erkennen. Die
heutigen Volkstraumbücher sind durch die Abschreibungs- und Über-
setzungsfehler entstellt und wertlos.**

Der abendländische Traum und die Traum-Logik bei den Griechen der Antike

»Gar oft kam mir in meinem Leben schon früher dieser selbe Traum, er wechselte wohl die Gestalt, doch er sagte stets dasselbe: Mache Musik, Sokrates, Musik! – Zuerst deutete ich ihn mir so, daß er mich damit zu meinem eigenen Werke ermunterte.« Das Werk des berühmten *SOKRATES* aber war die Philosophie. *»Sie ist für mich die höchste Musik«*, erklärte er dazu.

Dieser Traum des *SOKRATES* (470–399 v. Chr.) und seine Deutung entbehren nicht einer gewissen Tragik. Denn *SOKRATES,* der Stammvater der *kritischen Philosophie* und der *Dialektik* – und somit eines neuartigen Denkens, das sich allein auf die Vernunft, die *Ratio,* gründete –, hat die Bedeutung der Information seiner sich wiederholenden Träume nicht verstanden und sie falsch gedeutet. Als er seinem Schüler *KRITON* diesen Traum erzählt, ist er im Gefängnis und wartet auf seine Hinrichtung, verurteilt wegen Staatsverbrechen. Er hätte seinen Tod verhindern können, hätte er auf die Stimme seines Traumes gehört und die Selbstkritik, die er anderen predigte, auf sich selbst bezogen.

Im 6. und 5. vorchristlichen Jahrhundert hatte sich ein erneuter *Bewußtseinssprung* vollzogen. Er führte zur Überwindung des *magischen* und zum Durchbruch des *logischen* Denkens, doch hat dieser im Verlauf der menschlichen Bewußtseinsevolution absolut einmalige und, wie aus den literarischen Quellen hervorgeht, auf die griechisch-abendländische Kultur beschränkte Vorgang zugleich eine Art *Bewußtseinsspaltung* bewirkt. Denn auf die Geburt des Logos folgt sehr bald ein philosophischer *Dualismus,* eine Spaltung der Vorstellungen vom Lebendigen in einen irdischen Körper und in eine überirdische Geistigkeit, eine Spaltung der Welt in eine materiell irdische und – soweit sichtbar – kosmische Welt sowie in einen metaphysischen Bereich der Jenseitigkeit. Die Seele aber flattert nunmehr in der Spekulation der damaligen Philosophen hin und her, wie seinerzeit in der altägyptischen Vorstellung zwischen Mumie und *Ka*-Statue als *Ba*-Vogel. Sie wird von den einen dem Körper und von anderen der Welt des Geistes zugerechnet.

Dieser *Dualismus* wirkte sich selbstverständlich auf die Psychologie und damit auch auf die Traumforschung aus.

Für *PYTHAGORAS* (um 580 bis um 496 v. Chr.), den ersten echten Mathematiker und Begründer der Naturwissenschaften im modernen Sinn, stellte die Welt noch eine Einheit dar. Er war ein weitgereister Mann, der in Ägypten an den Tempelschulen der Priestergelehrten studierte, Babylon besucht und von dort aus Persien und Indien bereist hatte. Vermutlich ließ er sich – als Zeitgenosse *BUDDHAS* – wie der Prinz *SIDDHARTHA* von den Brahmanen in die Erkenntnislehre und Traummethoden der *Upanishaden* einweihen.

Für *PYTHAGORAS* war der Mensch eine Einheit von Leib und Seele, ein Teil des Ganzen, geistig mit einer den Kosmos regierenden *Allbewußtheit* verbunden. Diese Allbewußtheit ergab sich für ihn aus der von ihm entdeckten Gesetzmäßigkeit und Bedeutung der Zahlen, kurzum aus der Mathematik. Die Gesetzmäßigkeiten der Mathematik mußten die Muster der Schöpfung enthalten. Die Verbindung zwischen Mensch und kosmischer Allbewußtheit stellt die Seele her. Allnächtlich löst sie sich während des Schlafes vom Körper und schwingt sich in den Kosmos empor. Ihre Erlebnisberichte von dort sind dann die Träume.

Diese Auffassung entspricht noch der der Ägypter. Der grundlegende und in jeder Hinsicht revolutionäre Unterschied, der mit *PYTHAGORAS* in Erscheinung tritt, bezieht sich auf die Art des Denkens und die Methode des Deutens, und zwar jeglicher Art von Naturerscheinungen. Der Unterschied liegt in der Fragestellung. Es geht dabei um den entscheidenden Vorstoß vom *Gewußt was und wie* zur Frage nach dem *Warum*. Das heißt, die wesentliche Frage – und erst mit ihr beginnt Wissensbeschäftigung zur exakten Wissenschaft zu werden – ist die nach einer hinter den Erscheinungen stehenden *allgemeinen Ursache,* nach dem bewirkenden Muster oder Programm.

Das hört sich einfach an. Es läßt sich auch anhand von mathematischen Beispielen – dank *PYTHAGORAS* – leicht erklären, warum die Frage nach dem *Warum* zu einem Wandel des Denkens und zu einer neuen Forschungsmethodik führte, aber damit erst die wissenschaftlich-geistige Entwicklung der griechisch-abendländischen Kultur ermöglichte. Doch Mathematik ist nicht jedermanns Sache. Zudem wird der Leser fragen: Was hat die Mathematik – eine Beschäftigung mit Zahlen als eindeutigen und meßbaren Rechenwerten und ebenso klaren und feststehenden Rechenoperationen – mit so unklaren und unberechenbaren Erscheinungen zu tun, wie es die Traumbilder sind? Oder: Was hat die Stimme im Traum des *SOKRATES,* die ihm sagt: »Mache Musik!« mit Mathematik zu tun? Musik ist eine Sache der Empfindung. Sie löst Gefühlserlebnisse aus. Rechnen ist eine gedankliche Tätigkeit, eine Sache des Denkens.

Nun, *PYTHAGORAS,* dem Begründer der Mathematik als Wissenschaft, verdanken wir ja die seinerzeit ebenso sensationelle Entdeckung, daß die musikalische Tonhöhe von der Länge der Saite eines Musikinstruments abhängt. Die Töne stellten sich als hörbare Zahlen heraus. Das grandiose an dieser Entdeckung war, daß sich daraus eine Beziehung zwischen seelischen Inhalten, wie Empfindungen und Gefühlen, und exakt berechenbaren und naturwissenschaftlich erforschbaren Vorgängen ableiten ließ. Die Brücke zwischen – modern ausgedrückt – einem nur *qualitativ* beschreibbaren Erlebnis, und dazu gehört auch der Traum, sowie einer *quantitativ* bestimmbaren physikalischen Größe war nun gefunden. Auch hier hatte *PYTHAGORAS* nach dem *Warum* gefragt.

Und da diese Frage und die aus ihr hervorgegangene Forschungsmethode nicht nur für die Mathematik und die Harmonielehre der Musik so entscheidend, sondern ebenso für die moderne Wissenschaft vom Traum von größter Bedeutung ist, wollen wir sie trotzdem an einem mathematischen Beispiel erklären, das jeder von der Schule her kennt.

PYTHAGORAS hatte, wie wir inzwischen wissen, in Ägypten studiert. Selbstverständlich bewunderte auch er voller Staunen die gewaltigen Pyramiden, gehörten sie doch zu den Weltwundern seiner Zeit. Was ihn vor allem erstaunte, war die Genauigkeit ihrer Abmessungen. Denn dafür benötigten die ägyptischen Priestergelehrten die exakte Festlegung des rechten Winkels. Sie kannten dafür eine recht einfache Methode. Um einen rechten Winkel zu erhalten, knüpften sie in ein Seil einen Anfangsknoten und im Verhältnis 3 : 4 : 5 drei weitere Knoten. An der Stelle des ersten und des letzten Knotens wurde das Seil an einem Pflock befestigt und dann mit zwei weiteren Pflöcken an der Stelle der beiden anderen Knoten straff gespannt. Das Ergebnis war ein Dreieck mit einem rechten Winkel zwischen den Seiten der Länge 3 und 4. Wie die Priester zu dieser Kenntnis gelangten, erklärten sie nicht. Vielleicht hatten sie das Verhältnis 3 : 4 : 5 durch schlichtes Probieren gefunden, vielleicht hatten sie es auch geträumt. Denn sie beachteten bereits die Zahlensymbolik in den Träumen. Mag sein, ihr Wissen beruhte auf der Beobachtung der Gestirne und der Feststellung, daß die Zahl 3 zur Sonne gehört – Aufgang, Mittagshöhe und Untergang – und die Zahl 4 zum Mond, der vier Phasen hat. Und da für sie der Mensch durch seinen *Ba* mit dem Kosmos verbunden war, fügten sie diesen kosmischen Zahlensymbolen 3 und 4 die Symbolzahl des Menschen hinzu, die 5, die sich aus der Addition von Armen, Beinen und Kopf ergibt. Damit hatten sie das richtige Verhältnis gefunden, das den magischen Schlüssel für alle ihre Berechnungen bildete.

Doch mit diesem auf Probieren, Beobachten oder auch auf einem glücklichen Einfall im Traum beruhenden Wissen begnügte sich *PYTHA-GORAS* nicht. Er wollte wissen, warum das Seitenverhältnis 3 : 4 : 5 im

Dreieck einen rechten Winkel ergibt. Denn danach hatten die Ägypter ja nicht gefragt. Sie hatten es »entdeckt«. Ebensowenig hatten sie sich gefragt, ob ein rechter Winkel im Dreieck sich nicht unter Umständen auch bei anderen Seitenlängen als 3 : 4 : 5 feststellen läßt. Zur Verblüffung seiner Lehrer unternimmt nun *PYTHAGORAS* eine sonderbare Denkoperation, die deren magische Vorstellungskraft übersteigt. Es trennt die Zahl vom Objekt und verallgemeinert die Verhältnisbeziehung. Er erkennt, daß die Quadrat-zahlen von 3 und 4 – also 9 und 16 – addiert 25, die Quadratzahl von 5, ergeben. Demnach, so folgert er, muß die Summe der Quadrate über zwei Seiten stets die Quadratzahl der Länge der dritten Seite anzeigen, will man ein »rechtwinkeliges« Dreieck erhalten. Er geht sogar noch einen Schritt weiter, der seinen Lehrern fast als Blasphemie erschienen sein muß. Er kehrt den Vorgang gedanklich um und stellt seinen berühmten Lehrsatz auf, den noch heute jeder Schüler im Mathematikunterricht lernt: In jedem rechtwinkeligen Dreieck ist das Quadrat über der Hypotenuse – der dem rechten Winkel gegenüberliegenden Seite – gleich der Summe der beiden Kathetenquadrate.

Das wissenschaftliche Vorgehen der alten Ägypter, Babylonier und anderer Kulturvölker bestand im Beobachten, Experimentieren und Registrieren. So verfuhren sie auch in der Erforschung der Träume. Sie verschafften sich dadurch ein immenses Wissen, das aber ein Wissen von Einzelfällen war. Natürlich stellten sie auch Theorien auf, denn nichts anderes sind ihre religiösen Systeme. Ihr in Tontafel- und Papyrusrollenbibliotheken gespei-chertes Wissen diente selbstverständlich auch der Entwicklung von Verfah-rensweisen und Praktiken, also der praktischen Anwendung.

Wir erinnern uns an das *Hieratische Traumbuch:* »Wenn ein Mensch im Traum sieht . . . Das bedeutet . . .« Es ist eine Sammlung von Einzelbeobach-tungen mit entsprechenden Ratschlägen ohne besondere Begründung. Ein derartiges Vorgehen – jedenfalls für heutige Begriffe – ist Technik und keinesfalls echte Wissenschaft.

PYTHAGORAS dagegen geht vom Besonderen aus, dem Zahlenverhält-nis, das die Ägypter zur Dreiecksfindung benutzen. Und er untersucht, ob diese Besonderheit auf einer Gesetzmäßigkeit beruht, die allgemeine Gültigkeit besitzt. Die *Überprüfung eines Problems auf Allgemeingültiges* ist die von ihm angewandte Forschungsmethode und das Kennzeichen echten wissenschaftlichen Denkens. Wir wollen uns diesen Satz merken, denn *Traumdeutung* ist letztlich ebenfalls die Aufgabe einer *Problemlösung.*

Um kein Mißverständnis aufkommen zu lassen: Die experimentelle Methode, das Sammeln und Registrieren von Einzelbeobachtungen und

Vergleichen auf Gemeinsamkeiten, ist unentbehrlich für eine wissenschaftliche Untersuchung. Nur so lassen sich – das gilt auch für die Träume –
Gesetzmäßigkeiten entdecken, die Allgemeingültigkeit haben.

PYTHAGORAS experimentierte ja auch, und zwar mit dem *Monochord,*
einem Zupfinstrument mit nur einer Saite. Dann schloß er, daß zwischen
dem Zahlenverhältnis der Saitenlänge und den sich verändernden Tönen
ebenso eine allgemein gültige Gesetzmäßigkeit zu finden sein müsse, wie er
sie für die rechtwinkeligen Dreiecke entdeckt hatte. So fand er die
harmonische Proportion 6 : 8 : 9 : 12, die das Verhältnis der Hauptkonsonan-
zen Quart, Quint und Oktav bildet. Er entdeckte aber noch mehr. Er fand,
daß die Zahlen der harmonischen Reihe 6, 8, 12, die die musikalischen
Intervalle enthalten, dem Zahlenverhältnis des Kubus entsprechen. Denn ein
Kubus – also ein Würfel – hat 6 Flächen, 8 Winkel und 12 Seiten.

Damit war eine neue Erkenntnis gewonnen. Auch die natürlichen Körper
offenbaren in ihrem Aufbau Gesetzmäßigkeit und Zahl. Daß die Himmels-
körper in festen Bahnen um die Erde kreisen, war bekannt. Und ebenso, daß
der Lauf der Gestirne sich berechnen läßt. Die logische Folgerung von
PYTHAGORAS und seinen Schülern war: Die Welt ist nach Maß und Zahl
geordnet. Die Ordnung der Welt, in ihrem Dasein und Verlauf, entspricht
der Ordnung der Zahlenverhältnisse und ist aus ihnen abzulesen wie
umgekehrt. Mögen Dinge und Menschen im einzelnen auch vergehen, die
Muster – entsprechend den mathematischen Gesetzen – bleiben bestehen:
zeitlos, ewig, unveränderlich.

Im Bild des Kubus, winkel-, seiten-, flächengleich, zeigen sich Einklang
und Vollendung, die Töne der Reihe 6 : 8 : 12 ergeben im Zusammenklang
ein Ganzes. Sie repräsentieren als Sonderheiten Allgemeines: die Vorstellung
von Harmonie, Vollendung, Ganzheit. Und damit sind sie jeweils ein *Symbol.*
Und wie wir wissen, sind auch die Sprache und die Bilder des Traumes als
Symbole zu verstehen. Das Großartige an den Entdeckungen des *PYTHA-
GORAS* und seiner Schule ist, daß sie – jedenfalls im Bereich der Mathematik
und Musik – von jedermann überprüft und als richtig erkannt werden
können.

SOKRATES aber, der die Lehre des *PYTHAGORAS* wohl kannte, mochte
so nicht denken. Für ihn war nichts bewiesen. Er war ein Zweifler von
äußerst negativer Art. Ob Gott, ob Geist, ob Seele oder Träume – für alles,
was er philosophierend untersuchte, galt die Maxime: »Ich weiß, daß ich
nichts weiß.« Er trieb sich auf dem Marktplatz von Athen herum und
verwickelte die Leute in verunsichernde Gespräche. Durch listiges Hinterfra-
gen und Ausdiskutieren wollte er Denkanstöße setzen und seine Mitbürger

nach Regeln der Vernunft und Logik verändern und erziehen. Das lästige an seiner Methode war nur, daß er jedermann bewies, daß er auch nichts wisse. Wer aber läßt sich gern beweisen, daß er ein Dummkopf ist?

SOKRATES machte auch vor Religion und Politik nicht halt. Er wurde wegen Gotteslästerung und Jugendverderbnis angeklagt. Daß er den Leuten mit seinem Negativismus auf die Nerven fiel und nach dem Konzept »die Arbeit tun die anderen« keiner geregelten Arbeit nachging, mochte noch angehen. Doch die akademische Jugend tat es ihm nach. Sie übernahm seine Methode und folgte seinem Konzept. Damit wurde *SOKRATES* zu einem Störfaktor für die traditionelle Lebensordnung und zu einer Gefahr für die junge athenische Demokratie.

Die Stimme in seinen Träumen hatte ihn gewarnt. »Mache Musik, Sokrates, Musik!« Das heißt: Erkenne die Harmonie des Ganzen! Bemühe dich, die Zusammenhänge zwischen Staatsordnung und Naturgesetzen zu verstehen! Folge dem Forschungsweg des *PYTHAGORAS!* – Mit einer inneren Stimme, der er folgen müsse, verteidigte sich *SOKRATES* auch vor Gericht. Er nannte diese sein »*daimonion*«. Es war der Geist, der stets verneint, von dem er in der Tat »besessen« war. Und dieser war es auch, der ihn die andere Stimme, die Stimme seiner Träume, nicht verstehen ließ. So schluckte *SOKRATES* auch mehr aus Trotz denn aus Notwendigkeit das Gift, das ihm als Strafe – für die Vergiftung der Jugend – zugedacht war. Er hätte nur vor Gericht die Götter als Symbol einer allgemeinverbindlichen Ordnung anzuerkennen brauchen, und die Bestrafung wäre ihm erspart geblieben.

Doch so verhält es sich eben mit Dingen, die Symbolcharakter haben: Ein Gift kann tödlich sein und kann beleben, ist zerstörend und aktivierend zugleich. Auf das Denken seiner Schüler und deren Nachfolger wirkte die Lehre des *SOKRATES* aktivierend. Für seinen Schüler *PLATON* (427–347 v. Chr.) bestand die Seele zunächst aus der Triebhaftigkeit – das, was wir heute *Triebe* nennen, einschließlich der *Sexualität* –, die sterblich ist. Ergänzt wird dieser sterbliche Seelenteil durch das *logistikon,* das verstehende Bewußtsein, das unsterblich ist und seine Wurzeln im Reich der ewigen »Ideen« hat; eine überzeitliche und überräumliche Sphäre der Urmuster. Für den Verstand aber sind diese Urmuster unerforschlich. Ihre Kenntnis ist nur möglich durch eine *visionäre Schau,* wie auch im Traum.

Für *PLATON* hat dieses visionäre, traumartige Wissen noch den Vorrang vor einer vernunftbegründeten Erkenntnis. Sein Schüler *ARISTOTELES* (384–322 v. Chr.) dagegen ist bereits ein ausgesprochener Rationalist. Die Ideenlehre übernimmt er von *PLATON.* Doch er faßt diese Urmuster bereits biologistisch auf, als ein gestaltendes Prinzip, für das er den Begriff *Entelechie* prägt. Er trennt zwischen Seele und Geist. In seinem Werk »Über die Seele«, das von der klassischen Schulpsychologie noch heute als »das erste und wichtigste Lehrbuch der Psychologie« bezeichnet wird, stellt er die Triebe und die Affekte als körperlich bedingte Erscheinungen dar, zu denen er auch die Träume zählt.

Die Träume entstehen, so meint *ARISTOTELES,* im Herzen, dem Sitz der Gefühle. Ausgelöst werden sie durch die schwachen Bewegungen der Organe im Schlaf. So kann ein erfahrener Traumdeuter auch auf das Entstehen von organischen Krankheiten schließen und diese voraussagen. Die Möglichkeit echter Zukunftsträume bestritt er energisch. Wenn ein Traum sich zu späterer Zeit bewahrheite, so sei das reiner Zufall. Es gebe so viele und so verschiedenartige Träume, argumentierte er, daß einige von ihnen eben auch späteren Ereignissen ähnlich sein müßten. Die Seele und mit ihr der Traum gehören für *ARISTOTELES* zur Physik und nicht zur Psychologie. Unsterblich ist für ihn allein der Geist, und nur der Mensch hat Geist.

Wir sehen: die ursprüngliche Ganzheitsvorstellung der Welt, von Seele und Geist, Mensch und Universum ist nicht mehr vorhanden. Es beginnt mit der Spaltung der Seele, einer Art *Schizopsychie,* durch *PLATON* und führt bei *ARISTOTELES* zu einer Trennung von Seele und Geist. Wobei mit der biologistischen Auffassung von der Seele auch die Träume als durch Körperreize verursachte physiologische Funktionen erklärt werden und unter Geist nur noch die Fähigkeit des Denkens und Erkennens verstanden wird. Der Geist ist als ein Geschenk der Götter anzusehen und somit als solcher unsterblich.

Diese Aufspaltung in eine irdische Natur – Forschungsgegenstand der Physik – und in eine überirdische geistige Welt – Forschungsobjekt der Meta-Physik und Meta-Psychologie – durch *ARISTOTELES* hatte eine Spaltung des wissenschaftlichen Denkens und Forschungsbemühens zur Folge, die fast zweieinhalb Jahrtausende andauerte und auch heutzutage noch nicht überwunden ist. Ein Ergebnis davon ist die bekannte Aufspaltung der Wissenschaften in die beiden Bereiche der Natur- und der Geisteswissenschaften.

Gegen eine Aufteilung in wissenschaftliche Forschungsziele wäre nichts einzuwenden. Nur lehrten *PLATON* und besonders *ARISTOTELES* darüber hinaus, daß zwischen wissenschaftlichem Streben und dem Geist, der Wissen schafft, streng zu unterscheiden sei. Der Besitz der »Ideen« oder »Muster« aller Erscheinungen und Ereignisse ist den Göttern vorbehalten und dem Menschen ewig unerreichbar. Sie wurzeln in einem absoluten *Anderswo,* in einer Dimension des *Transzendenten* oder eben in einer *Meta-Welt.*

Der Grund, weshalb dieser von *ARISTOTELES* in die Welt gesetzte *Dualismus* die abendländische Wissenschaft beeinflußte und sogar noch bis in unsere Zeit hinein beherrscht, ist der, daß *ARISTOTELES* ein hervorragender Systematiker war. Kein kreativer Typ, wie *PYTHAGORAS* und seine Nachfolger, aber ein Organisationstalent. Er war der erste, der das Wissen klassifizierte, methodisch einordnete und Lehrbücher verfaßte, womit er übrigens die spätere Spezialisierung der abendländischen Wissenschaften vorgeprägt hat.

Die Abwertung des Seelischen und der Träume als Biologismen hatte aber zur Folge, daß ihre weitere wissenschaftliche Erforschung unterblieb. Denn als wissenschaftlich galt fürderhin nur noch die Beschäftigung mit geistigen Dingen. Und mit Geist hatten die Träume ja nichts mehr zu tun.

Noch vor *PLATON* und *ARISTOTELES* hatte sich der griechische Arzt *HIPPOKRATES* (um 460 bis um 377 v. Chr.) eingehend mit dem Studium der Träume beschäftigt. Für *HIPPOKRATES* und die von ihm begründete Ärzteschule – Schöpfer einer naturwissenschaftlich forschenden Medizin – existierte allerdings der von *ARISTOTELES* geschaffene *Dualismus* noch nicht. Für sie war der Mensch eine Erscheinung des Lebendigen und nur durch das Wechselspiel von Körper und Seele als lebender Mensch existent. Ein Kranker erwartet vom Arzt Heilung und keine philosophischen Spekulationen. Und ebenso hält sich der Arzt an die Lebenswirklichkeit und an seine Erfahrungen. Und zur Erfahrung der griechischen Ärzte unter *HIPPOKRATES* – wie zuvor bei den ägyptischen Ärzten – gehörte es, daß der seelische Aspekt sowohl für die Entstehung von Krankheiten als auch für deren Heilung von wesentlicher Bedeutung ist.

Die Seele, so glaubte *HIPPOKRATES*, ist bei Tag durch die körperlichen Funktionen abgelenkt. Aber wenn der Körper schläft, hat die immer wache Seele die Möglichkeit, sich über alle körperlichen und psychischen Ereignisse zu informieren. So kann sie auch die Krankheitsursachen in »*Bildern*« erfassen. Darüber hinaus ist sie in der Lage, Botschaften zu empfangen, die sie vom Heilgott *Asklepios* erhält. So waren für die griechischen Ärzte die Träume ein wertvolles Hilfsmittel, einmal für die Diagnose und zum anderen für die Therapie. Wenn wir die Quellen etwas freier und zeitgemäß übersetzen, dann zeigt es sich, daß *HIPPOKRATES* bereits eine *psychosomatische* Medizin betrieb.

Gewiß mögen die damalige Diagnostik, die sich auf Träume stützte, und die Behandlungspraxis der sogenannten *Inkubation* – das heißt Tempelschlaf – heute als reine Magie und Mantik erscheinen. Doch die Erfolge dieser Praxis sind nicht zu bezweifeln. Und darauf kam es den Kranken wie Ärzten ja an. Die Patienten waren verpflichtet, ihre Träume aufzuschreiben oder aufschreiben zu lassen. Heilstätten waren die heiligen Bezirke des *Asklepios*, wie beispielsweise *Epidauros*, die berühmteste dieser Art. Nahe dem Eingang stehen dort heute noch sechs Säulen, auf denen die Krankengeschichten und Heilungserfolge von mehr als hundert Patienten in Stein gemeißelt sind.

Epidauros, in den Bergen von Argolis gelegen, ist ein lieblicher Kurort, und seine Bauten, vor allem der in vollendeter Harmonie gestaltete Rundtempel, müssen bereits für das Auge von erhebender Wirkung gewesen sein. Der Patient wurde dort nach einer rituellen Reinigung und der Darbringung eines Opfers in einen Schlafraum mit einer *klinä*, einem Ruhebett, geführt, um zu schlafen und zu träumen.

Alles hing nun davon ab, daß der Kranke den *richtigen Traum* hatte. Das war der Fall, wenn ihm der *Gott* im Traum oder – falls der Patient zu aufgeregt war, um zu schlafen – in einer traumartigen Wachvision erschien. In der Regel kam *Asklepios* als bärtiger Mann oder als ein schöner Jüngling zum Kranken. Er konnte aber auch als Schlange oder Hund erscheinen. Doch in welcher Gestalt auch immer – er berührte lediglich den erkrankten Körperteil und verschwand. Wenn der Patient erwachte, war er geheilt.

Wir dürfen mit Recht vermuten, daß bei dieser *Schlaftherapie* – exakter ist es, von einer *Traumtherapie* zu sprechen – *Suggestion* und *Autosuggestion* die entscheidende Rolle spielten. Doch wir wollen uns mit dieser Feststellung des *Wie* nicht begnügen. Wir haben ja von *PYTHAGORAS* gelernt, daß die Frage nach dem *Warum* weitaus wichtiger ist.

Was ist überhaupt eine Suggestion? Warum ist eine Heilung durch Suggestion möglich? Weshalb kann ein Traum eine suggestive Wirkung auslösen? Nun, der Begriff Suggestion ist von dem lateinischen *suggestio* (=Einflüsterung, Eingebung) abgeleitet, wobei das dazugehörige Verbum die Bedeutung von *daruntertun* oder *beifügen* hat. Das heißt, eine Suggestion ist eine Bewußtseinswahrnehmung, der etwas unterlegt oder beigefügt ist, was die Wirkung erhöht. Mit dieser Zutat ist die psychische Energie des Unbewußten gemeint. Kurzum: *Eine Suggestion ist eine Wahrnehmung von zwingender Kraft, die das Unbewußte aktiviert und dessen psychische Energie zum Einsatz bringt.* Stellen wir uns das so vor wie einen Befehl, der unwiderruflich eine bestimmte Handlung oder Tätigkeit auslöst.

Bedenken wir, daß die Menschen der Antike von einer tiefen und echten Religiosität durchdrungen waren. Und daß sie an die Macht und Güte des Heilgottes *Asklepios* glaubten. Dieser Glaube erzeugte bereits eine feierliche, gehobene Stimmung – modern: eine *Erwartungsspannung*. Die Lieblichkeit des Ortes und die Harmonie des Tempelbezirks, mit mächtigen

Phantastische Traumfiguren nach antiken griechisch-alexandrinischen Gemmen.

Platanen, blühenden Sträuchern und sprudelnden Quellen, trugen dazu bei. Galt ja doch Krankheit als eine Disharmonie der körperlichen Organe und ihrer Funktionen. Erschien nun – nach kürzerem oder längerem Aufenthalt – endlich das ersehnte Gottesbild im Traum, so löste die träumend erlebte göttliche Berührung des erkrankten Körperteils tatsächlich eine entsprechende physiologische Reaktion aus, die Genesung bewirkte. Jeder Heilerfolg bestärkte den Gesundeten wie seine noch wartenden Mitpatienten in ihrer religiösen Gläubigkeit und erhöhte das Ansehen dieser Traumtherapie. Mißerfolge dagegen konnten es nicht mindern. Denn wer keinen heilenden Traum empfing, galt als »nicht berufen«.

Vergleichbare Heilungen, die für unsere Begriffe an Wunder grenzen, kommen immer noch vor. Die Berichte über »Wunderheilungen« in *Lourdes* und anderen heiligen Orten bezeugen es. Auch wenn diese Heilerfolge – sei es in den Schlaf- und Traumkliniken des antiken Griechenland, sei es heute in Lourdes und anderen Wallfahrtsorten – seitens der Medizin auf die Kraft der Suggestion zurückgeführt werden – was besagt dies? Solche Heilungen widersprechen doch der Praxis unserer Zeit, Krankheiten durch Medikamente, Bestrahlungen oder das Messer des Chirurgen zu heilen. Diese Frage beschäftigt auch die medizinische Wissenschaft der Gegenwart und hat entsprechende Forschungen in allen Ländern ausgelöst. Endgültig beantwortet ist sie noch nicht. Wir können aber für die Frage nach der rätselhaften »Kraft der Suggestion« – die übrigens auch die geheimnisvolle »Macht der Hypnose« erklärt – als Lösung eine Theorie, ein Denkmodell, anbieten, das höchst interessant ist.

Diese Theorie, die von einigen Ärzten der amerikanischen *Harvard*-Universität und des *National Institute of Mental Health* vertreten wird, besagt etwa folgendes:

Die Ursache von Krankheiten wie die Fähigkeit, sie zu heilen, liegen einzig im Patienten selbst. Die Worte *heilen* und *heilig* haben dieselbe Sprachwurzel. Heilen bedeutet die Wiederherstellung der gestörten Ganzheit, des natürlichen Zustandes zwischen Bewußtsein und Unbewußtem. Der Arzt kann lediglich die Hindernisse beseitigen, die der Gesundung entgegenstehen, und den Patienten positiv motivieren, geheilt zu werden.

Die äußeren Hindernisse zur Gesundung, wie Fremdkörper, Unfallfolgen, Infektionen beispielsweise, müssen beseitigt werden, ebenso wie seelische Hindernisse – falsche Vorstellungen und vor allem Ängste. Doch was immer auch an therapeutischen Maßnahmen ergriffen wird, Medikamente, chirurgischer Eingriff, Akupunktur oder psychotherapeutische Methoden – sie wirken nur dadurch – und nur dann –, daß durch sie die *Selbstheilungstendenz* des Patienten aktiviert wird. Gewiß haben Medikamente eine direkte Wirkung auf den Körper. Sie beeinflussen auch das Nervensystem und spezifische Zentren des Gehirns. Doch das *heilende Wort* hat diese Wirkung ebenfalls.

Das gleiche Denkmodell über die Entstehung und Heilung von Krankheiten findet sich bereits bei dem bekannten mittelalterlichen Arzt *PARACELSUS* (1493–1541). Er sagte: »*Anima forma corporis*« – *die Seele ist die Form des Körpers*. Das soll besagen: unsere Seele ist zwar immateriell und in ihrem Wesen vom Körper unabhängig, aber als eine durch Erfahrung nachweisbare Kraft ist sie das lebenserhaltende Prinzip des Leibes. Dieser knappe Satz »Anima forma corporis« enthält eine Weltanschauung, die dem *Dualismus* des *ARISTOTELES* entgegengesetzt ist. Der Satz beinhaltet auch die Grundformel, auf der die Traumforschung und Traumtherapie der antiken griechischen Ärzte, die Heilkunst des *PARACELSUS* und seiner Schüler wie auch der Naturforscher und Ärzte im Fernen Osten – in Indien, China und Tibet – aufgebaut sind. Sie besagt – ganz allgemein gehalten –, *daß nichtmaterielle Faktoren materielle Wirkungen verursachen.*

Mit der Erstarrung der Religion zu einem veräußerlichten Staatskult mit Göttern, an die niemand mehr recht glaubte, verloren die griechischen Heilzentren ihre Bedeutung. Die negative Einstellung gegenüber den Träumen und ihrem Informationsgehalt seitens der Philosophie beschleunigte diesen Prozeß. Zwar blieben für das Volk die Träume nach wie vor wichtige und beachtenswerte Botschaften einer seelischen Welt. Doch da eine exakte wissenschaftliche Forschung fehlte, war die Traumdeutung fortan Volksheilkundigen und Wahrsagern aller Art überlassen.

Der letzte antike Autor, der ein beachtenswertes wissenschaftliches Werk über Träume und deren Bedeutung veröffentlichte, ist *ARTEMIDOROS* von Ephesus (um 200 n. Chr.). Sein Werk trägt den Titel »Oneirocritica« – »Traumkritik« – und umfaßt fünf Bücher. *ARTEMIDOR* war Traumdeuter von Beruf. Er kannte die gesamte antike Literatur über Träume und hat selbst rund dreitausend Träume gesammelt, gedeutet und hinsichtlich ihrer Bedeutung ausgewertet, er hat die Lebensumstände und die Vorgeschichte der Träumer berücksichtigt und ebenso sorgfältig kontrolliert, inwieweit sich Trauminformationen später bewahrheiteten.

Mit seiner Methodik hat *ARTEMIDOR* viele Erkenntnisse vorweggenommen, die als Entdeckungen der Traumforschung unseres Jahrhunderts gelten. Doch auch seinem Werk erging es nicht anders als den schriftlichen Hinterlassenschaften der babylonischen und altägyptischen Traumforscher. Seine Traumbücher wurden unzählige Male abgeschrieben und übersetzt, und mit jeder Abschrift und Übersetzung schlichen sich neue Fehler ein. Denn abgesehen davon, daß *ARTEMIDORS* »Traumkritik« schwer zu lesen ist, existieren nur wenige vollständige Ausgaben, die den Originaltext enthalten. Was aber von seinen Büchern später in die sogenannten *Volkstraumbücher* einging, sind bedauerlicherweise nur die listenmäßig zusammengefaßten *Traumelemente* und nicht seine grundsätzlichen Erkenntnisse und Anweisungen zur Traumdeutung.

Die Liste der Traumelemente liest sich etwa so: »*Geschäft* bedeutet Mutter, da es ernährt. – Ein *Delphin im* Wasser ist von guter, *nicht im* Wasser von schlechter Vorbedeutung. – Ein *Bad nehmen* bedeutete früher Schweiß und Tränen, denn man tat das nach schwerer Arbeit; heute aber ist es ein Zeichen von Wohlhabenheit und Luxus, demnach ist es ein gutes Omen.«

Nur handelt es sich hierbei nicht um Standard-Deutungen, sondern um Beispiele, wie bei der Traumdeutung vorzugehen ist. Das aber wird in den Volksausgaben des *ARTEMIDOR* nicht ersichtlich. So werden beispielsweise im IV. Buch sieben Träume von schwangeren Frauen angeführt, die alle das gleiche Traumbild hatten. Sie hatten geträumt, eine Schlange geboren zu haben. Anhand der persönlichen Verhältnisse der Träumerinnen wird nun erklärt, daß dieses gleiche Traumbild sieben unterschiedliche Bedeutungen hat. Dann werden durch die Aufzählung der auf die Träume folgenden Ereignisse diese – nur durch die Berücksichtigung der Persönlichkeit und der Lebensumstände erkennbaren – Bedeutungen bewiesen.

Doch von derartigen Erklärungen und Belehrungen ist in den sogenannten *Volkstraumbüchern* nichts zu finden. Die von *ARISTOTELES* beeinflußte offizielle Schulwissenschaft aber – auch die spätere christlich orientierte Wissenschaft gehört dazu – nahm das Werk des *ARTEMIDOR* nicht zur Kenntnis. Denn er galt als *Eklektiker* (von griechisch *eklexis* = die Auswahl). Das ist ein Mann, der aus allen philosophischen und religiösen Systemen das für sein Thema Bedeutsame auswählt und zusammenstellt. Für die Philosophen und Theologen war ein Eklektiker natürlich ein Greuel, denn sie ließen nur ihre eigenen Meinungen gelten, die sie höchst autoritär zu Dogmen erhoben.

Dogmatismus jedoch verhindert Bewußtheit. Die Kunst aber, Träume *richtig* zu deuten, erfordert Bewußtheit. Sie beruht nicht auf der Anwendung von dogmatischem Wissen, sondern auf der Fähigkeit, durch sinnvolle Auswahl und Zusammenfassung von Wissensinformationen zu einer Erkenntnis der Zusammenhänge und damit zu einem Verständnis der Bedeutungen zu gelangen. Nur so erfolgt der Vorstoß vom Wissen zur Bewußtheit.

Wir fassen zusammen:

Mit den griechischen Philosophen der Antike fängt das logische und analytische Denken an. Dieser Durchbruch von der Magie zur Logik setzt den Beginn der abendländischen Wissenschaft, aber auch die Spaltung in Körper und Seele, Natur und Geist. Dies führt zu einer Abwertung des Seelischen, die Träume werden als Körperreize erklärt. Die von den griechischen Ärzten entwickelte Traumprognose und Traumtherapie verlieren ihre Bedeutung. Die ganzheitliche Naturforschung wird über die Jahrhunderte von Gelehrten wie Pythagoras, Plotin, Paracelsus und ihren Schülern fortgesetzt. Ihre erstaunlichen Erkenntnisse der Fähigkeiten der Seele und des Traumbewußtseins werden aber von dem Kreis der Eingeweihten geheimgehalten.

Die Traumbedeutung und das Bewußtsein im Traum nach der Erkenntnislehre der Buddhisten

»Ich sah«, so sprach der Königssohn SIDDHARTHA, als er eines Tages meditierend im Schatten eines Feigenbaumes saß, »mit himmlischer, klarer, übermenschlicher Einsicht, wie die lebenden Wesen vergehen und wieder entstehen ... Ich wurde mir der Erlösung bewußt und erkannte, daß der Kreislauf der Geburten sich für mich erschöpft hatte. Das Ziel des heiligen Wandels, sprach ich zu mir, ist erreicht; getan ist, was zu tun war; nicht werde ich in neuer Geburt zu dieser Welt zurückkehren.«

Diese Wachtraumvision, geträumt von einem indischen Prinzen vor zweitausendfünfhundert Jahren, sollte sein Leben wandeln, doch damit auch das Leben eines Kontinents verändern und dem Leben von Aberhunderten von Millionen Menschen eine neue Richtung geben. Die Einsicht, Erkenntnis und Bewußtheit, die der Prinz meditierend in traumartiger Schau gewann, verwandelten *SIDDHARTHA* in *BUDDHA,* das heißt der *Erleuchtete,* der *Erkennende.* Das Ziel seiner Studien bei den *Brahmanen* und der *Yoga*-Praxis, eines Lebens als bescheidener Bettelmönch, war erreicht und befähigte ihn, eine neue Heilslehre zu verkünden – eine Heilslehre, die Erkenntnislehre und Religion zugleich, Wissenschaft und Glaubensoffenbarung, Weg und Ziel in sich vereint. Es ist dies die Lehre des *Buddhismus* (von indisch *buddhi* = Erkenntnis), die sich nach dem Tod ihres Stifters in allen Ländern des Fernen Ostens ausbreitete und seit nunmehr zweieinhalb Jahrtausenden besteht.

Eine erdteilumspannende, kulturprägende, das menschliche Verhalten bestimmende und Jahrtausende überdauernde Lehre als Ergebnis einer Traumvision? Ist das nicht unbegreiflich? Es scheint nur so. Für uns ungewöhnlich ist die Tatsache, daß eine weltverändernde Lehre, wie es der *Buddhismus* für den Fernen Osten war, auf Einsichten und Erkenntnissen in der Art einer *mystischen Schau* beruht und nicht – wie es bei den Philosophen der griechischen Antike und damit der Geburt der abendländischen Zivilisation der Fall war – auf Erkenntnissen als Ergebnis einer gedanklichen Überlegung über eine zuvor gestellte Frage.

Was BUDDHA seinerzeit geschah, als er in Schau versunken unter dem Feigenbaum saß, etwa zur gleichen Zeit, als im Schatten einer Pyramide PYTHAGORAS die Seiten des Dreiecks maß, war mehr als nur ein »inneres« oder »äußeres« Bild zu erfassen, das dann das Denken um dieses Bild kreisen läßt. Was sich bei beiden hier vollzog, war das Sichtbarwerden und In-Erscheinung-Treten einer Kraft – einer Kraft, die seltsamerweise in Jahrtausendrhythmen und dazu proportionalen Zeitintervallen zu Bewußtseinssprüngen führt, welche das Vergehen und Entstehen von Kulturen einleiten, weil sie das Denken ganzer Völker und Nationen wandeln.

Es handelt sich um die Kraft, welche die Bewußtseinsentwicklung der Menschen in Gang hält und auch ihre geschichtliche Entwicklung »programmiert«. BUDDHA und PYTHAGORAS sind zwei überragende Persönlichkeiten, in denen sich diese Kraft gewissermaßen manifestierte und sich einen sichtbaren Ausdruck schuf. Warum die Bewußtseinsevolution von dieser Zeit ab im Fernen Osten und im Westen einen sehr andersartigen, fast gegenteiligen Verlauf nahm, entzieht sich unserer Kenntnis. In jedem Fall führte von einer höheren Stufe der Bewußtheit aus die geistige und wissenschaftliche Entwicklung in der abendländischen Welt zu einer Tendenz, die *Welt zu erobern*. Die Tendenz der fernöstlichen Erkenntnislehre und Wissenschaft, wie sie dem Buddhismus zugrunde liegt, ist die *Überwindung der Welt* und die Erlösung im *Nirwana* – das heißt das »Erlöschen« oder »Verwehen« im All.

Das sind, wie wir sehen, zwei ausgesprochen gegensätzliche Grundhaltungen in bezug auf das Leben des Menschen und den Sinn seines Daseins. Der Westen verfolgte das Ziel, die Welt zu erobern und die Natur zu beherrschen, durch eine Schulung der logisch schließenden Vernunft – sichtbar am Fortschritt der Mathematik als einer reinen Geisteswissenschaft von kühler, glasklarer, doch unpersönlicher Abstraktheit und deren Auswirkungen auf Naturwissenschaften und Technik. Damit war eine Überbetonung des Wachbewußtsein und des Materiellen verbunden, bei entsprechender Abwertung des Seelischen und alles Immateriellen. Symbolischer Ausdruck dieser Tendenz ist das *Dreieck* des *PYTHAGORAS,* das später im Christentum – mit der Spitze nach oben – zum Symbol des Heiligen Geistes wurde.

Der Weg des Ostens ist gekennzeichnet durch eine Schulung der »Innenschau«, eine Erforschung der Bewußtseinszustände, der Wirklichkeit der Seele und der Entwicklung psychischer Techniken. Das führte zu einer gewissen Überbewertung des Psychischen und zu einer Abwertung des Materiellen – der Äußerlichkeiten der Welt in ihren dinghaften, körperlichen Erscheinungen. Unter diesem Aspekt erhielten auch die Träume eine sehr andere Bedeutung als im Westen, die Bedeutung einer konkreten seelischen Wirklichkeit.

Die Erkenntnisse, die so in den Weisheitsschulen der Brahmanen und in den buddhistischen Klöstern Indiens, Tibets und zu späterer Zeit in den Zen-Klöstern Japans über psychisch-physiologische Zusammenhänge und psychosomatische Wechselwirkungen gewonnen wurden, sind erstaunlich. Ebenso verblüffend sind die daraus entwickelten psychischen Techniken, die heute summarisch im Westen unter dem Begriff *Yoga*-Praktiken zusammen-gefaßt werden. Der im Westen praktizierte *Yoga* stellt allerdings nur eine Art »niederes« oder »äußeres« Wissen über die in Indien bekannten Steuerungstechniken psychischer Funktionen dar. Das dahinter stehende »höhere« Wissen, die als Geheimwissen sorgsam gehütete Grundlagenfor-schung der indischen *Psychosophie,* beginnt erst in unserer Zeit zum Gegenstand westlich-wissenschaftlicher Forschung zu werden. Ein symboli-scher Ausdruck dieser im Fernen Osten entwicklungsbedingenden Tendenz ist das *Mandala,* ein bildhaftes Kosmogramm, in dem als geometrische Figuren nicht das Dreieck, sondern Kreise und Quadrate vorherrschen. Wir werden darauf noch zu sprechen kommen.

Wir haben es im Westen zweifelsohne weit gebracht, seit wir uns einer nur auf Logik und Vernunft gegründeten Wissenschaft und Technik verschrieben. Was haben wir nicht alles erfunden seit dieser Zeit? Kunststof-fe, Waschmaschinen und Computer. Das Automobil, die Düsenjets und die Weltraumraketen. Wir erfanden die Mengenlehre, künstliche Herzen und die Television. Doch wir erfanden auch Konzentrationslager, Gruppensex und die Vernichtungsmöglichkeit durch Atombomben und Nuklearenergie. Das alles um den Preis eines zunehmenden Verlusts der Seele. Und was wir damit als Wichtigstes verloren und nicht mehr finden konnten, ist der Frieden, der Frieden zwischen Völkern, Mitmenschen und den Geschlech-tern. Wir haben den Mond erobert und vermessen und mit Raumsonden unser Sonnensystem erforscht, wissenschaftliche Großtaten sondergleichen. Doch gleichzeitig hat unsere Psychologie die Erforschung der Seele aufgegeben und ist zur reinen Verhaltensforschung degradiert. Und was wir heute nicht mehr finden können, das ist der Frieden in uns selbst.

Die westliche Entwicklung hat zu einem einseitig konsumorientierten Materialismus geführt. Damit sind wir in eine Sackgasse geraten. Die Kultivierung des Seelischen im Fernen Osten hat ebenfalls ein durchaus monistisches Weltbild entstehen lassen, einen *Pan-Psychismus*. Das ist die Weltanschauung, nach der das Universum eine Verkörperung der göttlichen Weltseele darstellt. Anders gesagt: Die Welt ist der Körper Gottes. Gott lebt in allen Dingen. Gott und das Universum sind eins.

Für die fernöstliche Wissenschaft stand die *Erkenntnis* des Seelischen und damit der Dynamik des Lebendigen – der menschlichen wie der kosmischen Natur – im Vordergrund. Die Gelehrten der indischen und tibetischen *Psychosophie* erfanden (gemäß der speziellen Bedeutung des griechischen Wortes *sophia* = auf Seeleneinsicht gerichtete wissenschaftliche Tätigkeit) Techniken, um das sogenannte *autonome* Nervensystem, das für unsere Begriffe automatisch funktioniert und einer bewußten, willentlichen Beeinflußung unzugänglich ist, in den Griff zu bekommen und den Herzschlag, den Atem und die Funktion anderer Organe willkürlich zu steuern. Sie entdeckten das *Traumbewußtsein* und das *Überbewußtsein*. Sie erfanden die Möglichkeit des *bewußten Träumens* und so auch die Möglichkeit, sich in tiefster Selbstversenkung vom Körper zu lösen und Raumfahrten nach anderen Orten, selbst in den Kosmos, zu unternehmen. Doch wohl das Wichtigste, was sie erfanden und fanden, ist der Weg zum Frieden in sich selbst.

Unter dem Aspekt unseres westlichen Entwicklungsdenkens freilich geriet die östliche Welt mit der Ausbildung eines extremen Psychismus ebenfalls in eine Sackgasse. Sie verlor ihre politische Selbständigkeit und kam in die Abhängigkeit europäischer Kolonialmächte sowie der USA. Befreien konnte sie sich daraus erst in den letzten Jahrzehnten durch die Übernahme westlicher Ideologien und Techniken – siehe China, Japan und Indien.

Auch die westliche Welt ist bemüht, einen Ausweg aus der Sackgasse zu finden, in die sie ein einseitig materialistisches Denken geführt hat. Das gegenwärtig steigende Interesse für alle Arten von Trainingstechniken, die auf der Yoga-Lehre fußen, für die chinesische Heilmethode durch Akupunktur und das zwiespältige Problem bewußtseinsverändernder Drogen sowie der Aufbruch vieler junger Leute auf den *Weg nach Katmandu* – das alles sind Anzeichen für dieses Bemühen um einen Ausweg.

Doch mit einem allgemeinen Interesse für östliche Literatur und der Nachahmung östlicher Meditationsmethoden und Heilpraktiken ist es nicht getan. Die Art des asiatischen Denkens ist zu verschiedenartig, als daß wir sie ohne weiteres nachvollziehen könnten. Und ebenso unterschiedlich sind die Vorstellungen eines Asiaten von der Welt und vom Leben, vom Menschen und dem, was wir Bewußtsein nennen, vom Traum und von der Wirklichkeit.

Was der westlichen Welt fehlt, ist eine *Wissenschaft vom Bewußtsein,* denn die offiziellen Schulwissenschaften, wie sie an unseren Universitäten gelehrt werden, können sich aus ihren materialistischen Denkzwängen nicht mehr befreien: die Neurologie, Psychologie, Psychiatrie, die Psychoanalyse des Unbewußten – und damit auch der Träume – und die auf den Menschen bezogenen Computer-Wissenschaften. Noch ist es eine nur kleine Anzahl von freidenkenden Forschern in allen Teilen unserer Welt, deren erkennbares Bemühen darin besteht, die Grundbausteine für eine derartige neue und zukunftweisende Wissenschaft zusammenzutragen. Das Bewußtsein selbst ist ihr Forschungsobjekt. Wobei der Informationsverarbeitung im Traumzustand und den schöpferischen Einfällen durch Intuition oder sonstigen sogenannten »inneren« Wahrnehmungen die gleiche Aufmerksamkeit geschenkt wird wie den Denkprozessen und Denkerlebnissen, die durch Umweltinformationen ausgelöst werden. Daß dabei eine Auswertung der im Fernen Osten gesammelten Erfahrungen und Erkenntnisse von größtem Nutzen ist, haben die Forschungen bewiesen und muß heute sicher nicht besonders betont werden.

Die ältesten indischen Quellen sind im mehr als dreitausend Jahre alten sogenannten *Veda* enthalten. Das Wort bedeutet im Sanskrit *Wissen,* und die Inder bezeichnen damit die Gesamtheit aller ihrer heiligen Schriften, die in größter Exaktheit über Jahrhunderte hinweg mündlich weitergegeben wurden, ehe man sie in vier umfangreichen Sammlungen schriftlich niederlegte. Ihre Erläuterung findet sich in einer von den altindischen Priestern, den Brahmanen, verfaßten Literatur, den sogenannten »*Brahmanas*«, zu denen auch die »*Upanishaden*« gehören. Diese Bücher (das Wort Upanishaden bedeutet *Geheimlehren*) enthalten sozusagen die geheime Quintessenz der im *Veda* geoffenbarten Weisheit, darunter die Vorstellung vom Wesen der Seele, die Erkenntnisse über unterschiedliche Bewußtseinsebenen und die Erfahrungen und Bedeutungen der Träume.

Was das Wesen des Seelischen angeht, so kennen auch die *Upanishaden* zwei unterschiedliche Aspekte, analog dem *Ka* und *Ba* in Altägypten. In Indien sind *Asu* und *Manas* oder auch *Atman* und *Brahman* die beiden

Moderne Traumzeichnung eines »Mandala« mit der achtblättrigen goldenen Blüte in-mitten eines Sternenkreises. Im Buddhismus ist das Mandala seit Jahrtausenden ein Symbol der kosmischen Weltordnung.

Erscheinungsformen der Seele. Eine ähnliche Differenzierung stellen übri-gens auch die Begriffe *Yang* und *Yin* in Altchina dar, wenngleich ihre Bedeutung in den jeweiligen Kulturbereichen verschieden ist. *Atman*, das ist die individuelle Psyche, die zur Persönlichkeit gehört, *Brahman* die göttliche Weltseele. Doch beide sind miteinander identisch. »Aham brahma asmi« – »Ich bin das Brahman«, sagt der »Eingeweihte« in einem *Upanishad*-Vers von sich.

Für den Inder ist *Atman* gleich *Brahman,* das Absolute, das einzig in Wahrheit Existente. Die Welt, soweit sie der Mensch sinnlich wahrnimmt, ist *Maya,* bloßer Schein. Gewiß kennt die vedische Religion als Vorstufe des späteren Brahmanismus und Hinduismus – an die sich dann die Lehre *BUDDHAS* anschließt – einen reichbevölkerten Götterhimmel mit einer unendlichen Vielzahl von Einzelgottheiten, den Nachfahren der vorzeitlich-animistischen Geister und Dämonen. Doch alles Wissen hierüber ist »niederes Wissen«. Auch die Vorstellung der Weltseele *Brahman* als einer persönlichen Gottheit gilt nur für die unbedarften nichteingeweihten Massen der Bevölkerung. Auf dieser niederen Erkenntnisstufe ist der Mensch als Individuum sterblich. Zwar ist seine Seele infolge ihrer Identität mit der Weltseele unvergänglich, doch ist sie dazu verurteilt, nach dem Tod des Individuums weiterzuwandern und in anderen Lebewesen wiederzuerscheinen. Es handelt sich um die bekannte Lehre von der Wiedergeburt.

Die Erkenntnisse, die das »höhere« und »geheime« Wissen der *Upanishaden* vermittelt, machen die Seelenwanderung unnötig. Sie zeigen den Weg der Erfahrung des Absoluten, zu dem Einswerden mit der Weltseele, und verhelfen zur Erlösung des Menschen aus der *Maya,* der trügerischen Welt des äußeren Scheins. Jetzt verstehen wir auch die Bedeutung von *BUDDHAS* Wachtraumvision. Es ging um die Vermeidung endloser Wiedergeburten, die ja auch unerfreulich sein konnten. Beispielsweise, wenn man sich als Kettenhund oder armselige Maus wiederfand. Je wissender und bewußter ein Mensch wird, desto geringer ist die Gefahr, in eine vormenschliche oder geringerwertige menschliche Existenz zurückzufallen, und desto größer die Chance, aufzusteigen und an der göttlichen Allbewußtheit teilzuhaben.

Verknüpft wurde das geheime Wissen mit asketischen und experimentellen Yoga-Techniken zu einem Erkenntnisweg. Da die persönliche Seele Teil der Weltseele ist, sind die Träume kosmisch-göttliche Informationen, besonders wenn es sich um zukunftweisende Träume handelt. So träumte auch *BUDDHAS* Mutter die Geburt ihres Sohnes als eines Auserwählten göttlicher Abkunft voraus: *»Vier mächtige Könige trugen mich von meinem Lager auf eine Hochebene des Himalaja. Von dort brachten mich vier Königinnen zum Anotattasee. Ich wurde gebadet und anschließend mit wohlriechenden Salben eingerieben und mit duftenden Blumen bedeckt. Dann wurde ich im goldenen Palast auf dem Silberberg auf ein Lager gebettet, das nach Osten stand. Vom goldenen Berg, vom Norden her, kam nun ein weißer Elefant zum Silberberg. Sein Rüssel war wie eine Silberschnur, und er hielt darin eine Lotosblume. Mit lautem Trompeten drang er in den goldenen Palast ein, umschritt dreimal mein Bett, durchschlug meine rechte Seite und legte sich in meinen Schoß.«*

Als die Königin ihren Traum am nächsten Tag dem König *SHAKYA,* ihrem Gemahl, erzählte, rief dieser vierundsechzig traumkundige Brahmanen zusammen. Deren Deutung besagte, die Königin habe einen Sohn empfangen. Wenn er im Haus seines Vaters bliebe, würde er wie seine Vorfahren ein mächtiger König werden. Verließe er aber den elterlichen Palast, was Prinz *SIDDHARTHA* ja später tat, und würde er auf äußeren Glanz und Reichtum verzichten, so würde er ein »Erleuchteter« werden, der die Menschheit aus ihrer Unwissenheit erlöst.

Wieweit dieser Traum und seine Deutung den Tatsachen entsprechen, läßt sich schwer sagen, denn sie stammen aus einem *Jataka,* einer der späteren Legenden um *BUDDHAS* Geburt. Doch das Wesentliche daran sind ja die symbolischen Bilder. Was der Traum oder auch die Legende vom Traum zeigen, ist ein *Hierosgamos,* eine göttliche Hochzeit, wie sie sich ähnlich in den religiösen Ursprungsmythen aller frühen Kulturen unserer Erde findet. Der Himalaja ist, wie auch andere hohe Berge, ein Wohnsitz der Götter. Das Bad im See ist die Reinigungszeremonie, um die Königin von allem Irdischen und Weltlichen zu befreien und für die göttliche Empfängnis vorzubereiten. Gold und Silber entsprechen Sonne und Mond, der Verkörperung eines göttlichen Paares von König und Königin. Der weiße Elefant, vergleichbar einem Wolkengebilde, verkörpert himmliche Fruchtbarkeit. Die Lotosblume, die er im Rüssel trägt, ist ein Symbol, das zu Brahman, der Weltseele, gehört. Heißt es doch im ältesten indischen Schöpfungsmythos, daß Brahman aus einem tausendblättrigen Lotos entstanden sei. Und dieser weiße Elefant umschreitet in magischer Dreizahl das Lager der Königin und legt sich ihr in den Schoß. Für einen mit der indischen Mythologie vertrauten Brahmanen bedarf dieser Traum keiner sonderlichen Erklärung. Er zeigt die Geburt eines »göttlichen Kindes« an.

Doch worauf die durch *BUDDHAS* Erscheinen später niedergelegten Geheimlehren und Yoga-Praktiken zielen, ist mehr als nur die Deutung von Träumen. Es geht um eine Erweiterung der Bewußtheit durch das Mittel eines *gezielten* Träumens, um die Erzeugung visionärer Erlebnisse in einem durch Meditation bewirkten Bewußtseinszustand, wie er in etwa an der Grenze zwischen Wachsein und Träumen beobachtet werden kann. Die konkrete Erfahrung derartiger Bewußtseinszustände führt zu einer Auffassung vom Bewußtsein, die sehr anders ist, als die bei uns übliche.

Für uns ist Bewußtsein – entsprechend unserem besitz- und konsumorientierten Denken – etwas, das man *hat*. Der Gegensatz ist für uns *ohne Bewußtsein,* das heißt *bewußtlos* sein. Den Besitz des Bewußtseins setzen wir mehr oder weniger mit dem Wachzustand gleich. Wir unterscheiden dabei natürlich eine Reihe von Stufen oder Klarheitsgraden. So können Alkohol, Fieber und Medikamente das Bewußtsein trüben. Kaffee und andere Drogen erhöhen die Wachheit und regen »geistig« an. Aha! Geistige Aktivität, Wachsein und Bewußtsein sind für uns gedanklich eng miteinander verknüpft. Ist das Bewußtsein gespalten, das heißt befindet sich ein Mensch in zwei unterschiedlichen Bewußtseinszuständen, die er nicht exakt auseinanderhalten kann, sprechen wir von einer Geisteskrankheit. Und all dies führen wir für gewöhnlich auf die Tätigkeit unseres Gehirns zurück. Und zwar als Ursache für Bewußtsein, Geist und Seele und nicht als deren Werkzeug oder – wie es heute heißen muß – deren Kommunikationssystem.

Die östliche Erkenntnislehre unterscheidet vier verschiedene Bewußtseinsdimensionen und entsprechende Bewußtseinszustände: *Schlafbewußtsein, Traumbewußtsein, Wachbewußtsein* und eine vierte Dimension , die wir vorerst als *viertes Bewußtsein* bezeichnen wollen.

Das Schlafbewußtsein

Wenn Sie schlafen und sich im Zustand eines traumlosen Tiefschlafs befinden, sind Sie sich Ihres *Ich* nicht bewußt. Doch damit sind Sie keinesfalls ohne jegliches Bewußtsein. Ihr Körper ist weiterhin tätig. Ihr Herz schlägt, ihre Lungen atmen, alle Organe erfüllen ihre Funktion. Ihr Gehirn und Ihr Zentralnervensystem empfangen und verarbeiten fortlaufend eine Unzahl von Informationen, und zwar durchaus nicht in der Art einer sturen Automatik, sondern überaus zielgerichtet. Ihre gesamte Hirnelektronik ist in voller Tätigkeit. Sie sind sich Ihres *Ich* nicht bewußt, das schon. Aber ein Körperbewußtsein ist vorhanden. Das ist das Schlafbewußtsein.

Das Traumbewußtsein

Während Sie schlafen, träumen Sie auch. Und zwar mehrmals jede Nacht. An dieser Tatsache ist nicht zu zweifeln. Sie ist durch wissenschaftliche Großversuche am »Institut für Schlafen und Träumen« der Universität Chikago einwandfrei belegt. Während der Traumphasen ist die Bewußtseinstätigkeit überaus rege. Sie sind sich im Traum Ihres *Ich* bewußt. Und ebenso sind Ihre Erlebnisse im Traum für Ihr *träumendes Ich* eine Wirklichkeit. Eine Wirklichkeit allerdings, die sich von der, die Sie im Wachzustand erleben, erheblich unterscheidet. Es begegnen Ihnen Lebewesen und Dinge, die für Ihr Wachbewußtsein nicht existent sind, und es geschehen Ereignisse, die Sie im Wachzustand für unmöglich halten.

Nach der östlichen Erkenntnislehre ist das Traumbewußtsein gewissermaßen die Brücke zwischen dem reinen Körperbewußtsein im Schlafzustand und der geistigen Tätigkeit des Wachbewußtseins. Wir können auch sagen: die Zwischendimension, auf der *Atman,* die persönliche Seele des Menschen, und *Brahman,* die Weltseele, einander begegnen. Diese Begegnung wirkt nach beiden Seiten. Sie kann sich auf das Körperbewußtsein oder Schlafbewußtsein auswirken und Heilvorgänge auslösen. Sie kann die geistige Tätigkeit aktivieren und die Erkenntnisfähigkeit im Zustand des Wachbewußtseins erhöhen.

Die Tatsache, daß der Mensch mit dem Traumbewußtsein unmögliche Dinge und Ereignisse wahrnimmt, ist für den Yoga-Gelehrten keinesfalls paradox, kein Widerspruch zur Wirklichkeit der Wachwelt. Denn für ihn ist ja die Wachweltwirklichkeit nur *Maya,* nur ein *Erlebniszustand* des Wachbewußtseins, nur ein äußerer Schein und nicht die letzte und absolute Wirklichkeit.

Daß Träume keine Schäume sind, wie es früher hieß, sondern das Ergebnis einer lebensnotwendigen Bewußtseinstätigkeit im Schlaf, ist wissenschaftlich bewiesen. Werden einer Versuchsperson die Träume entzogen, indem man sie regelmäßig weckt, sobald die im Elektroenzephalographen (Hirnwellen-meßgerät) sichtbare Traumphase beginnt, verliert sie nach einigen Tagen jegliche Orientierung im Wachzustand. Die Versuchsperson fällt in eine Psychose mit auf Dauer vermutlich tödlichem Ausgang, wie die Schlaf- und Traumforscher *KLEITMAN* und *DEMENT* in ihrer Versuchsklinik in Chikago feststellten.

Die östliche Erkenntnis, daß es sich beim Träumen um einen eigenständigen Bewußtseinszustand handelt, setzt sich in jüngster Zeit auch in der westlichen Traumforschung durch. Wir wollen es so formulieren: Wenn Sie träumen, verarbeiten Sie alle die Informationen, die Ihr Wachbewußtsein überfordern und stören würden oder die Sie – aus welchen Gründen auch immer – nicht an Ihr waches Ich-Bewußtsein herankommen lassen. Auch wenn sich Ihr Wachbewußtsein nur selten an die Träume erinnert, so liegt keine Bewußtlosigkeit vor, sondern die Verbindung zwischen Traumbewußtsein und Wachbewußtsein ist gestört oder unterbrochen.

Das Wachbewußtsein

Über diesen dritten Bewußtseinszustand erübrigen sich viel Worte. Er ist bekannt. Die westliche Psychologie faßt mit dem Begriff des *Bewußtseins* »den Gesamtinhalt des seelischen und geistigen Erlebens an Sinneseindrük-ken, Erinnerungen, Vorstellungen, Empfindungen, Gefühlen, Willensregun-gen und Gedanken« zusammen, den ein Mensch »unmittelbar in sich vorfindet«, im Gegensatz zum Unbewußten. »Insofern das Bewußtsein eine Einheit bildet, deren Gehalt vom Träger als sein Eigentum empfunden wird, wird es als Bewußtsein seiner selbst zum *Selbstbewußtsein.«* So nachzulesen im

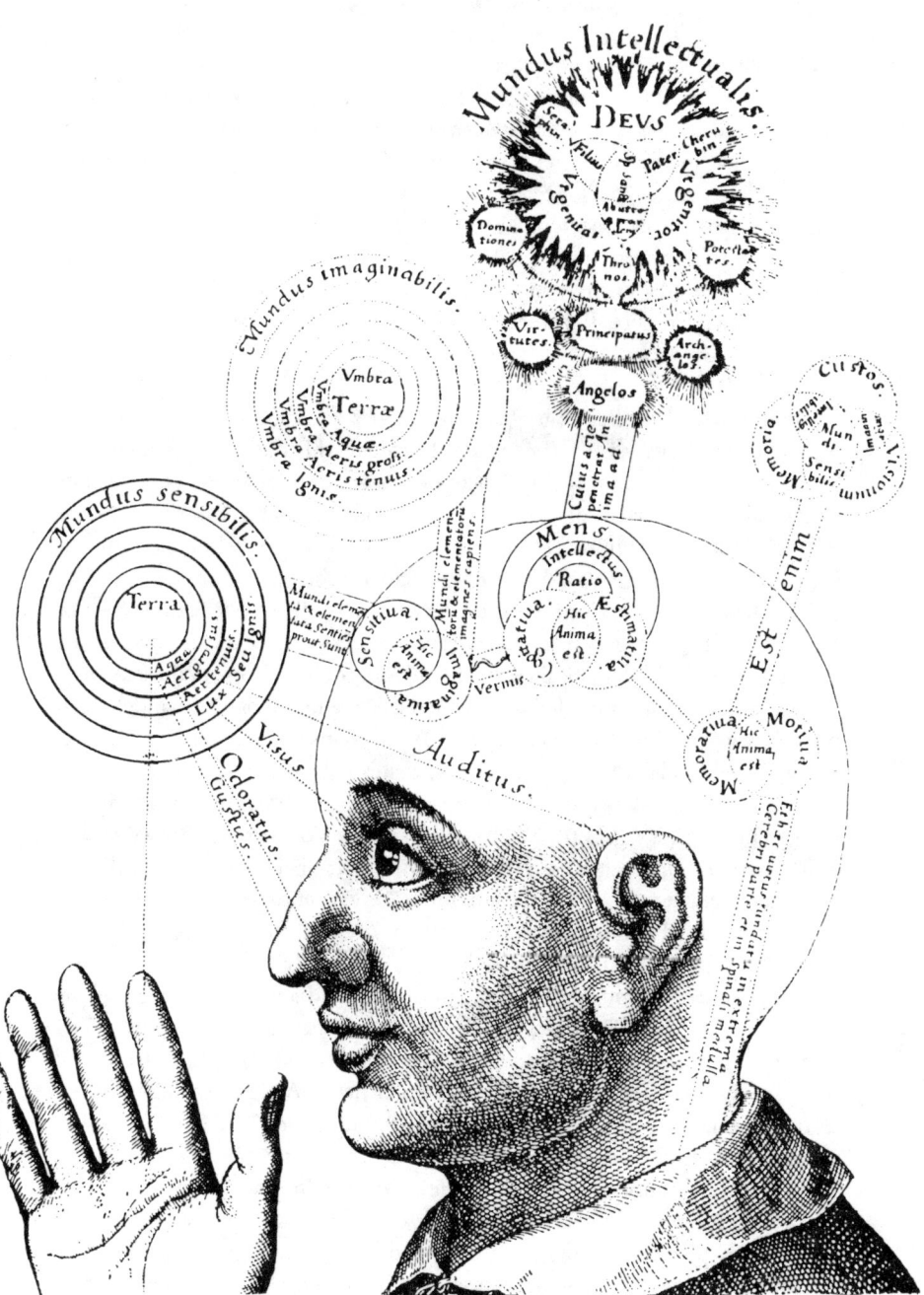

Die Dimension des menschlichen Bewußtseins in der Vorstellung des englischen Gelehrten Robert Fludd. (Nach einem alten Kupferstich um 1600.)

»Wörterbuch der philosophischen Begriffe« von Johannes *HOFFMEISTER*. Doch wie wir sehen, gilt dieser Zustand des seelischen und geistigen Erlebens – einschließlich des *Ich-* oder *Selbsterlebens–* als *das* Bewußtsein überhaupt. Doch gerade in diesem Bewußtseinszustand macht sich bei aller Aufmerksamkeit unseres *Ich* das sogenannte Unbewußte weitaus stärker bemerkbar, als es uns bewußt ist. Insofern gilt im Osten die mit dem Wachbewußtsein erlebte Welt als ein zwar »allen gemeines«, im Indischen *vaisvanara* genanntes Erlebnis, doch eben nur als eine Scheinwirklichkeit. Richtiger ist es daher, hier lediglich von einem Wachbewußtsein zu sprechen.

Das vierte Bewußtsein

Drei verschiedene Bewußtseinszustände oder auch Dimensionen sind der persönlichen Seele, dem *Atman,* als Erlebniswirklichkeit zugänglich: ein Schlaf-, ein Traum- und ein Wachbewußtsein. So gesehen wird bereits verständlich, daß nach der östlichen Weisheitslehre die Psyche mehr an Informationen wahrnimmt, als im Sinne der westlichen Psychologie möglich ist, weil diese sich auf das Wachbewußtsein beschränkt.

Da *Atman* nur ein Teil von *Brahman* ist, muß es noch einen *vierten* Bewußtseinszustand geben. Dieser vierte Bewußtseinszustand wird von den Anhängern der buddhistischen Geheimlehre durch Yoga-Praktiken und experimentell erforschte Meditationsmethoden angestrebt. Es handelt sich um einen gewissermaßen *supramentalen* Bewußtseinszustand, der zu *Brahman,* der Weltseele, gehört und wie ein unsichtbares, schweigendes Energiefeld die drei übrigen Bewußtseinszustände des *Atman* umgibt – und auch durchdringt. Er ist, kurz gesagt, das Feld der Welt. Von der Warte westlicher Wissenschaft aus gesehen: das Feld der Informationen und Muster, die im gesamten Universum und allen seinen Teilen enthalten sind und das Universum einschließlich unserer irdischen Welt als einen Organismus des Lebendigen in Gang halten.

Wir können diesen vierten Bewußtseinszustand in Anwendung auf die Träume und ihre Deutung auch als *Überbewußtsein* bezeichnen. Die Vorstellung eines *Überbewußtseins* war übrigens schon vor *BUDDHA* und auch im Westen vorhanden. Die Priestergelehrten Altägyptens kannten sie unter dem Begriff des *All-Ba.* Und ebenso wußten *PYTHAGORAS* sowie dessen Schüler und in der Kette ihrer Nachfolger die *Gnostiker* des ersten christlichen Jahrtausends und dann die mittelalterlichen *Alchimisten* davon. Auch die Ägypter verstanden das Seelische als psychisches Kraftfeld. Sie bauten sich psychische Energiezentralen von ungeheuren Dimensionen, die Pyramiden. Diese dienten nicht nur als überdimensionale Grabdenkmäler, sondern auch als Zentren der im Pharao – als göttlichem Sohn der Sonne – Verkörperung *körperlicher* wie *geistiger* Potenz – konzentrierten Geisteskräfte, die der Sonne und ihrem Sohn aus dem kosmischen *All-Ba* zuströmten. Wie die Pharaonen das technische Problem des Pyramidenbaus lösten, ist bis heute ungeklärt. Die Kenntnis, ein rechtwinkeliges Dreieck zu bilden, allein genügte nicht. Aber wir wissen, daß die Pyramiden in ihren Abmessungen den Entfernungen zu bestimmten Himmelskörpern entsprechen und kosmische Informationen enthalten, die für unsere Begriffe ohne die heutigen Teleskope und sonstigen technischen Hilfsmittel der Astronomie und Astrophysik schlicht gesagt unmöglich zu wissen sind.

Auch *PYTHAGORAS* stellte die Theorie einer *Weltseele* auf, die im Innersten aller Dinge und Körper waltet und auch ihr Äußeres umhüllt. Für *PLOTIN*, der im 3. Jahrhundert unserer Zeitrechnung für Kaiser Gallienus eine Art Gehirn-Trust an Beratern zusammenstellte, ist die Psyche der Träger des *Musters*, nach dem die Materieteilchen sich zusammenschließen. Psychische Energie ist aber auch gleichzeitig die *Bindungsenergie*, die die Materieteilchen zusammenhält. Diese Energie oder die *Dynamik* der Psyche hat hier die Bedeutung des *Geistes*, der Dinge aus Materie schafft.

Nach der Lehre des *PLOTIN* stellen die psychischen Kräfte die wahre Wirklichkeit dar, weil sie aus dem Urgrund des Seins stammen. Auch den Begriff des *Unbewußten* und sogar des *Kollektiven Unbewußten* kennt *PLOTIN* bereits – siebzehnhundert Jahre vor *FREUD* und *JUNG*. Er beschreibt Möglichkeiten der *Meditation* als Erkenntnisweg in das eigene seelische Innere, um so zu einer Schau der Wirklichkeit zu gelangen. Es ist der gleiche Erkenntnisweg, der von den Nachfolgern *BUDDHAS* beschritten und später in den weltabgeschiedenen Klöstern Tibets zu höchster Vollendung ausgebaut wurde. So wurden auch *PLOTIN* und seine Schüler *Gnostiker* genannt, was sinngemäß übersetzt »Erkenntnisforscher« heißt.

Um den *vierten Bewußtseinszustand* zu erreichen, so lauten die Anweisungen der *Tantra*-Lehre – einer speziellen Wissenschaft, die sich mit der Wirkung von Tönen und tönenden Lauten befaßt und noch in der brahmanischen Tradition wurzelt –, muß der *Yogi* durch die drei üblichen, zur persönlichen Seele gehörenden Bewußtseinszustände – Wachen, Träumen, Schlafen – »hindurchdringen«, und zwar in vollkommener Klarheit und ohne Unterbrechung der Ich-Bewußtheit. Mittel dazu ist eine Kontrolle des Atems, *pranayama* genannt. Der Tonlaut der Silbe AUM, die der *Yogi* dabei im Geist in sich weitertönen läßt, ist die Richtschnur, damit das Einatmen, das Zurückhalten der Luft in der Lunge und das Ausatmen in ihrer Dauer miteinander abgestimmt werden. Indem er nun seine Atmung immer mehr verlangsamt, bis der Schlafrhythmus erreicht wird, fällt der *Yogi* in einen Zustand, der äußerlich wie ein tiefer Schlaf erscheint, nur daß er sich dessen fortwährend *bewußt* ist oder daß eine – für uns schwer begreifliche – Art persönlicher Bewußtheit fortbesteht.

Wie diese Form eines *bewußten Träumens* sich darstellt, läßt sich einer Schilderung von *MILAREPA,* dem Begründer einer besonderen Richtung des tibetanischen Buddhismus im 12. Jahrhundert n. Chr., entnehmen:

»Nachts in meinen Träumen konnte ich um den Gipfel des Berges Meru herum bis herunter zu seinem Fuß gehen, und ich sah alles ganz deutlich, während ich wanderte. Ebenso konnte ich mich in meinen Träumen zu Hunderten von Personen vervielfachen, und alle waren mit den gleichen Kräften ausgestattet wie ich. Jede meiner vielen Verkörperungen konnte den Raum durchqueren und zu irgendeinem Buddha-Himmel gehen, dort den Weisheiten lauschen und dann zurückkommen und andere Menschen das Dharma (im Sanskrit = Weltgesetz) *lehren. Auch konnte ich meinen leiblichen Körper in ein gewaltiges loderndes Feuer verwandeln oder in eine weite Fläche stehenden oder fließenden Wassers. Da ich nun sah, welche unbegrenzten, erstaunlichen Kräfte ich gewonnen hatte, sei es auch nur in meinen Träumen, war ich erfüllt von einem Gefühl der Glückseligkeit und Ermutigung.«*

Das allerdings war erst die dritte Stufe eines sechsstufigen tibetischen Weges zur Erkenntnis. *MILAREPA* hatte sie erreicht, nachdem ihm sein Lehrer »das Mandala-Diagramm aufgezeichnet«, ihm »die letzten und höchsten Weihen« erteilt und ihn in die »Mysterien der Traumsymbole« eingeführt hatte. Es folgen die Stufen *»Helles Licht«* und *»Bardo«* oder Zwischenstadium – wie in Tibet auch die Zeit genannt wird, die auf den leiblichen Tod folgt – und schließlich eine sechste Stufe, deren Begriff schwer zu übersetzen ist. Er lautet *»Übertragung«,* doch in dem Sinn, daß die schöpferischen Kräfte des *Brahman* auf den *Yogi* übergehen.

Wenn er die »Traumlehre« verwirklicht, so sagt der tibetanische Text: *» . . . nimmt er in den Schlaf den Stoff dieser alles enthaltenden Welt mit sich, er selbst reißt sie auseinander und baut sie erneut auf. Er träumt durch seine eigene Helligkeit, sein eigenes Licht. Dann wird dieser Mensch ein Selbst-Erleuchteter. An dem Ort, wo er ist, gibt es keine Wagen, keine Brücken, keine Straßen, doch er selbst schafft Wagen, Brücken und Straßen. Dort sind keine Zisternen, keine Lotosteiche, keine Flüsse. Doch aus sich selbst heraus erschafft er Zisternen, Lotosteiche, Flüsse. Denn er ist ein Schöpfer, er ist ein Gott.«*

Der Gedanke, daß Erkenntnis gottähnlich macht, ist für uns nicht neu. Er findet sich bereits in der Bibel. » . . . und werdet sein wie Gott . . .«, spricht Luzifer in Gestalt der Schlange zu Eva, als er sie verführt, die Frucht vom »Baum der Erkenntnis« zu pflücken. Zwar werden Adam und Eva aus dem

Paradies – der Unbewußtheit – vertrieben, nachdem sie von der verbotenen Frucht gekostet haben, aber ihre Gottähnlichkeit wird ihnen bestätigt. »Und Gott der Herr sprach: Siehe, Adam ist geworden wie unsereiner.« (Erstes Buch Mose, Kap. 3, 5 und 22). Auch die Verbindung zwischen Erkenntnis und Lichterlebnis findet sich hier. Denn *Luzifer* ist wörtlich übersetzt der *Lichtbringer.*

Der Unterschied ist nur der, daß nach der Bibel mit der Erkenntnis der dornenvolle Weg beginnt, sich die Erde untertan zu machen und über sie zu herrschen. Erkenntnis wird als Mittel materieller Macht verstanden. Das Wort »Seele« kennt die Bibel nicht. Für den buddhistischen Tantriker ist Erkenntnis ein Zuwachs an *psychischer* Kraft. Bewußtwerdung ist ihm ein Mittel, die Lebenswirklichkeit zu erkennen, doch um sie anzunehmen. Das Heil wird nicht in einer Umgestaltung und Veränderung der Welt, sondern in einer Abkehr von der Welt gesucht. Eine Veränderung wird auch erstrebt, aber eine Veränderung von »innen« her, da nur durch einen Bewußtseinswandel jedes einzelnen sich die Verhältnisse des Ganzen ändern können. Das alles dürfen wir keinesfalls vergessen, wenn wir uns mit Yoga-Methoden befassen.

In *China* wurden Träume und ihre Deutungen bereits vor mehr als 3000 Jahren schriftlich aufgezeichnet. Sie finden sich im »Schi-King«, einem etwa um 1100 v. Chr. entstandenen Liederbuch. Das Sich-Lösen der Seele vom Körper·im Zustand des Traumbewußtseins, wie es der tibetanische *Lama* – das ist ursprünglich der Titel der buddhistischen Äbte und Priestergelehrten in Tibet, heute der gelehrten Mönche in Mittel- und Ostasien allgemein – *MILAREPA* von sich beschreibt, wird in chinesischen Chroniken bereits als Gabe des »Gelben Kaisers« erwähnt. Dieser lebte um 2600 v. Chr. und muß ein Vorläufer des sagenhaften *Minotauros* auf Kreta sein, denn er trug einen Stierkopf auf seinem menschlichen Körper. *Minotauros* ist der Sohn der Königin *Pasiphae,* der Gemahlin von König *Minos,* die sich in einen *weißen Stier* verliebte, der als Verkörperung des mächtigen Gottes *Poseidon* dem Meer entstieg. Für den kretischen *Minosstier* wurde dann als Wohnung das aus der Sage bekannte Labyrinth gebaut. Von dem stierköpfigen *Gelben Kaiser* heißt es: »*Im Traum war ihm keine noch so entfernte Gegend unerreichbar, und er konnte das Reich der Unsterblichen aufsuchen und mit ihnen reden. In einem drei Monate andauernden Traum lernte er sein eigenes Herz meistern. Danach verlieh ihm der Traum die Gabe, andere Menschen zu lehren, wie sie die Mächte der Natur in ihrem eigenen Herzen beherrschen können.*«

Ein weiteres umfangreiches »Buch der Träume« entstand in China zur

Zeit der *T'ang-Dynastie* (618–907 n. Chr.). Doch wir wollen uns mit diesem historischen Rückblick von Babylon bis zur Gegenwart und von Buddha und seiner Erkenntnislehre, die von Indien über Tibet und China bis Japan vordrang, begnügen. Sie ist für die Traumforschung des Fernen Ostens auch gegenwärtig noch von Bedeutung. Abschließend sei gesagt, daß die in der klaren Bergwelt des Himalaja gewonnenen Erkenntnisse entscheidend zu einer Revision der westlichen Psychologie beitragen und in revolutionärer Weise die »Wissenschaft vom Unbewußten und von den Träumen« zu einem Umdenken zwingen.

Wir fassen zusammen:

Die Bewußtseinsentwicklung im Fernen Osten nahm vor 2500 Jahren einen anderen Verlauf als im Westen. Das ganzheitliche Denken bleibt erhalten. Mit Buddha, dem Zeitgenossen von Pythagoras, zielt die Forschung auf Erkenntnis und geistige Vollendung statt wie im Westen auf äußeres Wissen und technische Perfektion. Nicht in der Unterwerfung, sondern im Verständnis der Natur – und des Menschen als Teil des Ganzen – sieht die buddhistische Wissenschaft ihren Sinn. Die Traumforschung in Indien, Tibet, China und Japan entwickelt Methoden, deren Ergebnisse aus westlicher Sicht an Wunder grenzen. Die moderne Traumforschung stützt sich darauf. Sie versucht die Erkenntnisse des Ostens mit dem Wissen des Westens zu einer neuen Wissenschaft vom Bewußtsein zu vereinen. Das Ziel: die Erschließung der verborgenen, unglaublichen Fähigkeiten von Seele und Geist.

Der Traum als Forschungsobjekt der modernen Wissenschaft

Die »Wissenschaft vom Unbewußten und von den Träumen« beginnt mit unserem Jahrhundert. Ihre Schöpfer sind Sigmund *FREUD* (1856–1939) und Carl Gustav *JUNG* (1875–1961). Ihr Urheber allerdings ist Carl Gustav *CARUS* (1789–1869). Seine Theorie von der Psychologie des Unbewußten enthält – knapp skizziert – folgende Gedanken:

Was die tote Materie und damit die Welt belebt, ist das Seelische. Es ist die schöpferische Lebenskraft, die den körperlichen wie geistigen Lebensprozeß in Gang bringt und erhält. In seiner evolutionären Ziel- und Sinngerichtetheit ist dieses allgemeine Seelische weitaus wissender als das menschliche Bewußtsein. Mag sein, daß der Mensch zu einer früheren Zeit mehr von diesen geistigen Inhalten der seelischen Lebensdynamik wußte und daß ihm dieses Wissen verlorenging. Doch es ist in der

Welt. Dieses zielstrebige und sinnerfüllte Psychische ist das, was wir das Unbewußte nennen.

Da das unbewußte Seelische den leiblichen Lebensprozeß des Menschen in Gang setzt und weiterhin bewirkt, müssen körperliche Krankheiten unbewußten Ursachen entspringen. Das Ziel des Unbewußten ist erkennbar die Selbstverwirklichung eines Lebensplanes. Bei organischen Krankheiten müssen sich daher falsche Planideen in den Lebensprozeß eingeschlichen haben. Sofern diese »parasitären« psychischen Inhalte des Unbewußten die Ebene des Körperlichen übersteigen und in das Bewußtsein eindringen, kommt es zu geistigen Störungen.

In seinem Buch »Psyche. Zur Entwicklungsgeschichte der Seele« kommt *CARUS* zu der Auffassung: »Der Schlüssel zur Erkenntnis vom Wesen des bewußten Seelenlebens liegt in der Region des Unbewußten. Alle Schwierigkeit, ja alle scheinbare Unmöglichkeit eines wahren Verständnisses vom Geheimnis der Seele wird von hier aus deutlich.«

CARUS war ein genialer Arzt und Inhaber des Lehrstuhls für Frauenheilkunde in Dresden. Sein Konzept vom Wesen der Seele und dem Unbewußten ähnelt, wie wir sehen, dem der *buddhistischen* und *tantrischen* Erkenntnislehre.

Daß C. G. *CARUS* und seine überaus interessanten und auch heute noch lesenswerten Beiträge zur Seelenkunde in Vergessenheit gerieten, hat seinen Grund. Denn so verblüffend es klingt: die Schulpsychologie unserer Zeit – als eigenständige Wissenschaft nicht älter als hundert Jahre – ist eine *Psychologie ohne Seele.* Sie versteht sich heute als eine Forschung vom *tierischen und menschlichen Verhalten.* Allenfalls noch als eine Forschung vom *Erleben.* Denn, so dozierte beispielsweise der Begründer der amerikanischen Experimentalpsychologie John B. *WATSON* (1878–1958), eine Seele habe man weder im Reagenzglas entdeckt noch unter dem Mikroskop gefunden. Also könne es auch keine Seele geben.

Nicht anders steht es mit der Vorstellung vom *Bewußtsein.* Dies sei nur eine Umschreibung für das Wort »Seele«, erklärten *WATSON,* sein Schüler Burrhus F. *SKINNER* und deren Anhänger. Immerhin zogen sie aus ihrer Auffassung auch die entsprechende Konsequenz. Sie nannten sich *behaviorists.* Das ist die englische Version für den Begriff *Verhaltensforscher.* Und mit der »Logik«, daß nicht sein kann, was nicht sein darf, lehnt die aus den USA importierte und die westlichen Universitäten beherrschende Verhaltensforschung auch eine Erforschung von Erlebnisinhalten – wozu die Beobachtung der Träume gehört – ab.

Einem fernöstlichen Wissenschaftler muß eine derartige Argumentation, mit der die Realität des Seelischen bezweifelt wird, absurd erscheinen. Denn er stellt sich zuerst die Frage nach der Wirklichkeit. Und *Wirklichkeit* ist für ihn *das, was wirkt.* Ebenso steht es mit dem Bewußtsein. Wenn er es unter dem Mikroskop nicht entdeckt, so weiß er doch, daß er es im Kopf hat. Sonst könnte er nämlich nicht wissen, daß es unter dem Mikroskop nicht zu finden ist. So waren es auch Ärzte, die die Wissenschaft vom Unbewußten und von den Träumen begründeten. Auch für sie hatte die Lebenswirklichkeit den Vorrang, nicht der stets unvollkommene technische Apparat.

Die Aufgabe, die sich der Arzt stellt, ist es, Krankheitszustände zu erforschen, um Leiden zu lindern und Menschen in ihrer Not zu helfen. Einem Kranken ist nicht mit der Erklärung gedient, das Phänomen *Seele* sei zum wissenschaftlichen Streitobjekt geworden und lasse sich *objektiv* nicht untersuchen, weil es psychogener – das heißt seelisch bedingter – Natur ist. Er erwartet keine theoretischen Diskussionen oder Glaubensbekenntnisse, sondern Hilfe. Im Falle einer seelischen Erkrankung wie einer seelisch bedingten Körperkrankheit sind aber nun einmal seelische Ursachen im Spiel.

Während sich nun um die Jahrhundertwende Philosophen, Psychologen und Zoologen darüber stritten, ob eine Seele überhaupt existiert und – wenn – ob es möglich ist, exakte Informationen über das Wesen des Psychischen zu erhalten, entwarfen Ärzte und Psychiater wie *FREUD* und *JUNG* bereits Modelle zur Erforschung und Beschreibung des bewußten Erlebens und des Unbewußten. Unbekümmert um das die damalige Wissenschaft beherrschende materialistische Denk- und Weltanschauungsmodell begründeten sie eine empirisch und experimentell vorgehende Wissenschaft von der Seele, die *Tiefenpsychologie,* und machten in der Folge eine Reihe von entscheidenden Entdeckungen.

Sigmund *FREUD* veröffentlichte sein bereits erwähntes Werk »Die Traumdeutung«, das im Jahre 1900 erschien. Es stellt den ersten Versuch dar, das Wesen der Träume und ihre Bedeutung mit zeitgemäßen wissenschaftlichen Methoden zu untersuchen. Das war ein revolutionäres Ereignis in der Geschichte der Psychologie und gleichzeitig der Beginn einer wissenschaftlich fundierten, vergleichenden und empirischen *Symbolforschung.* Für die von *FREUD* entwickelte *Psychoanalyse* wie für die von C. G. *JUNG* geschaffene *analytische Psychologie* und *Psychotherapie* wird der Traum in der Folgezeit zum wichtigsten Hilfsmittel auf dem Weg zur Erforschung des Unbewußten.

C. G. *JUNG* gelang es als erstem Forscher, einen exakten *experimentellen* Beweis für das Vorhandensein und die Wirkung *psychischer* Energie zu liefern. Um festzustellen, wieweit unbewußte Gefühlsregungen körperliche Veränderungen hervorrufen und um die Intensität der Erregung zu messen, kam *JUNG* auf die geniale Idee, seinen Versuchspersonen Elektroden mit Chemikalienbeutelchen (in der Zusammensetzung ähnlich den heutigen Trockenbatterien) in die Hand zu drücken und die Elektroden an ein

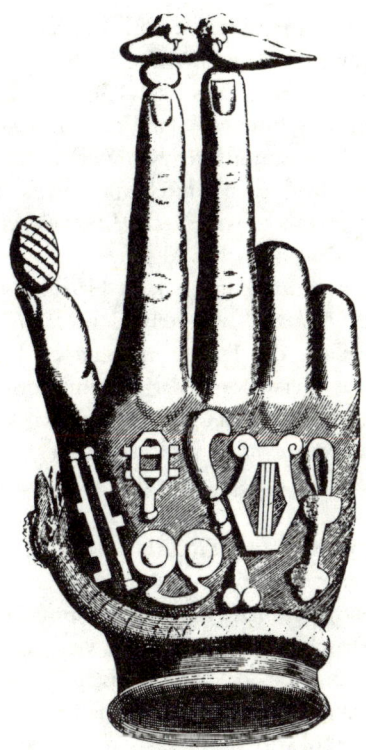

Die Hand als Symbol kulturschöpferischen Handelns. Römisches Amulett aus Bronze. (Nach einem alchimistischen Buch des 16. Jahrhunderts.)

Galvanometer anzuschließen, das sich im Rücken der Versuchsperson befand.

JUNG und seine Mitarbeiter konnten nun feststellen, daß bei bestimmten Symbolworten, die bei der Versuchsperson einen unbewußten Widerstand auslösen, die Galvanometernadel weit über die Norm auszuschlagen beginnt. *JUNG* entdeckte bei diesen Versuchen die sogenannten *unbewußten Komplexe,* die ihm auch diesen Namen verdanken. Diese ließen sich in ihrer Intensität sehr genau messen. Doch das Geniale an dieser Entdeckung ist, daß *JUNG* so der Nachweis einer psychischen Energie gelungen war. Damit hat er einen direkten Zusammenhang zwischen physikalisch meßbaren Energieimpulsen und seelischen Bedeutungswerten aufgedeckt, wie seinerzeit *PYTHAGORAS* den Zusammenhang zwischen den Saitenlängen und dem Klangcharakter der Töne erkannte.

Alfred *ADLER* (1870–1937), ein Schüler von *FREUD,* widmete sich speziell einer Erforschung der *Minderwertigkeitskomplexe* und entdeckte dabei das *Kompensationsstreben* der Seele. Dies ist das Streben nach Ausgleich zwecks Aufrechterhaltung der psychischen Stabilität, des »seelischen Gleichgewichts«, wie es der Volksmund nennt. Wer körperlich behindert ist, *kompensiert* sein Gebrechen eben durch besonders fleißiges Studieren. Besonders kleine Staatsmänner, wie *NAPOLEON* und andere, zeigen ein überbetontes Streben nach politischer Macht.

Eine Reihe wichtiger Entdeckungen kam hinzu. Vor allem die Entdeckung des *Kollektiven Unbewußten* durch C. G. *JUNG* in den zwanziger Jahren. Die Entschlüsselung der Traumsymbolik wurde zunehmend vervollständigt und damit das Verständnis der Trauminformationen fortlaufend erweitert. Des Interesses halber sei noch vermerkt, daß das von *JUNG* entwickelte *Assoziationsexperiment* – und damit der Nachweis psychischer Energie – die Grundlage für die später in den USA gebauten Lügendetektoren ist.

Der deutsche Neurologe Hans *BERGER* (1873–1941) begann ebenfalls in dieser Richtung zu experimentieren. Das von C. G. *JUNG* entwickelte galvanische Assoziationsexperiment war ihm bekannt. Doch *BERGER* wollte wissen, wie der elektrische Strom erzeugt wird, der beim *JUNG*schen Experiment die Galvanometernadel zum Ausschlagen bringt. Er entdeckte, daß das Gehirn selbst Elektrizität erzeugt und daß die Reize – wie sie die von *JUNG* verwendeten Symbolworte auslösen – in einzelnen Hirnpartien durch elektrische Wellen zustande kommen. Seine Idee war es, den Versuchspersonen Silberelektroden an Stirn und Hinterkopf zu befestigen, statt ihnen wie zuvor Elektroden nur in die Hand zu drücken. Er sagte sich, daß die Verarbeitung und Reaktion auf Symbolworte ihren Ursprung ja im Gehirn haben müsse.

Mit der Entdeckung der *Hirnelektronik* durch *BERGER* war auch die Möglichkeit geschaffen, zu untersuchen, was im Gehirn eines schlafenden Menschen vor sich geht. Die Apparatur, die er entwickelte, nannte er *Elektroenzephalograph,* heute unter der Abkürzung EEG bekannt. Das moderne EEG ist inzwischen ein kompliziertes Gerät geworden, mit acht und mehr Kanälen. Mit ihm werden die die Hirnaktivität steuernden Wellenmuster sichtbar, die synchron mit gedanklichen Vorstellungen und Assoziationsmustern in Erscheinung treten. Anhand spezifischer Hirnwellen lassen sich die einzelnen Schlafphasen, wie Eindämmern, Halbschlaf, mittelfester Schlaf und Tiefschlaf, exakt bestimmen. Ebenso läßt sich durch das Erscheinen von kleinen *spindelförmigen* Wellenmustern genau sagen, wann und wie lange ein schlafender Mensch träumt.

Diese Untersuchungsmöglichkeit nutzten in den fünfziger Jahren die amerikanischen Forscher *KLEITMAN* und *DEMENT* zu einem Großversuch über das Schlafen und Träumen. Sie richteten sich in ihrem Institut in Chikago eine Schlafklinik mit den modernsten technischen Hilfsmitteln der Diagnostik ein. Die Schläfer sind dort mit Aufzeichnungs- und Signalgeräten verbunden, die den Assistenten eine durchgehende Kontrolle erlauben. Werden Traummuster, die *Spindeln,* signalisiert, wird der Schläfer geweckt, und seine Angaben werden auf Tonband aufgenommen. Als *KLEITMAN* und *DEMENT* ihre ersten ausführlichen Berichte veröffentlichten, waren bereits über zehntausend Versuchspersonen in bezug auf Schlafen und Träumen getestet worden.

Seither sind wir nicht mehr auf die subjektiven Angaben angewiesen, ob ein Mensch träumt oder nicht. Wir wissen jetzt, daß *jeder* Mensch träumt. Und was weitaus wichtiger ist: wir wissen, daß das Träumen ein ebenso lebensnotwendiger Bewußtseinszustand ist wie der des Wachbewußtseins. In der Öffentlichkeit setzen sich diese Erkenntnisse – wie alle überragenden Entdeckungen – erst jetzt allmählich durch. Wir wollen daher die Ergebnisse dieses Großversuchs über das Träumen im einzelnen erklären. Kurz zusammengefaßt sind es folgende:

● Im Verlauf einer Nacht träumt der Schläfer etwa drei- bis viermal in Abständen von 30 Minuten oder einem Mehrfachen davon.
● Die Traumphase ist kurz und dauert zwischen 1–10 Minuten. Sie beginnt mit bestimmten Augenbewegungen – Rapid Eye-Movements, kurz REM genannt –, so daß der Beginn des Träumens genau festzustellen ist.
● Wird ein Schläfer konsequent geweckt, wenn er zu träumen beginnt, reagiert er am nächsten Tage neurotisch. Er ist verstimmt, kann sich nicht konzentrieren u. a. m. Er holt diesen Traumentzug in der nächsten Nacht nach. Die Traumphasen werden jetzt entsprechend länger. Die Versuchsperson verschafft sich gewissermaßen einen Ersatz für die zuvor gestohlenen Träume.
● Wird eine Person auf längere Dauer am Träumen gehindert – wohlge-

merkt: am Träumen und nicht am Schlafen –, treten anfänglich bei Tag Bewußtseinsstörungen und Halluzinationen auf. Dann kommt es zu Depressionen. Nach etwa spätestens sieben Nächten mit andauerndem Traumentzug erfolgt ein totaler seelischer, einer Psychose vergleichbarer Zusammenbruch. Ohne lebensbedrohende Gefährdung der Versuchsperson läßt sich das Experiment nicht fortsetzen.

● Werden Versuchspersonen regelmäßig im Tiefschlaf geweckt – während dieser Schlafphase wird nicht geträumt –, macht ihnen dies am nächsten Tag nichts aus. Das körperliche Ausruhen im Schlaf und das Träumen sind demnach zweierlei.

● Da bei Traumentzug an den Schlaf anschließend Bewußtseinsstörungen, Verstimmungen und Depressionen auftreten, muß die Traumtätigkeit einen Sinn haben. Sie muß notwendig für eine Bewußtseinsklarheit im Wachzustand sein. Allgemeiner gefaßt: das Träumen ist unerläßlich für die Aufrechterhaltung des seelischen Gleichgewichts.

Die im EEG nachweisbare Hirnaktivität ist eine Voraussetzung für das Träumen. Denn wenn die Hirnaktionsströme fehlen, ist der Mensch tot. Die Wellenmuster zeigen jedoch lediglich an, daß eine Bewußtseinstätigkeit – welcher Art auch immer – stattfindet. Erscheinen die Spindelmuster, ist eine bildhafte Vorstellungstätigkeit im Gange, verbunden mit einem dem Träumer nicht bewußten Denkprozeß. Über den Inhalt und die Bedeutung des Traumgeschehens sagen die im EEG sichtbaren Wellen und Muster jedoch nichts aus.

Durch die im letzten Jahrzehnt entwickelte *Biofeedback*-Technik wurde es möglich, das sogenannte *autonome* oder *vegetative* Nervensystem zu beeinflussen, was zuvor als unmöglich galt (abgesehen etwa von einer begrenzten Steuerung des Atmens, der Stuhl- und Blasenentleerung). *Feedback* heißt Rückmeldung. Und unter einem *Biofeedbackgerät* ist eine Apparatur zu verstehen, bei der beispielsweise der Rhythmus des Herzschlags, die Körpertemperatur an den Fingerspitzen oder die Muskelspannung gemessen, elektronisch verstärkt und in Lichtsignale oder variable Tonsignale umgesetzt werden. So kann die an das Gerät angeschlossene Person ihre eigenen – normalerweise nicht wahrnehmbaren – Körperfunktionen beobachten und, durch ein gewisses Training, manipulieren.

Anlaß für die Entwicklung der Biofeedbacktechnik war gewiß die staunenerregende Feststellung, daß die an Wunder grenzenden Fähigkeiten indischer Yogis nicht auf irgendwelchen Tricks oder einer Massensuggestion der Zuschauer beruhen. Denn dies wurde zuvor von westlichen Wissenschaftlern angenommen, wenn sich »*Fakire*« tagelang lebendig begraben ließen, gelassen über glühende Kohlen wandelten oder sich mit rasiermesserscharf geschliffenen Säbeln durchbohrten, ohne daß Blut floß und später eine Narbe zurückblieb.

Nachahmen können wir das natürlich auch nach einem Biofeedbacktraining nicht. Dafür fehlt uns die religiöse Einstellung des ostasiatischen Yogi. Für uns ist die Biofeedbackmethode ja nur ein Mittel zum Zweck. Doch immerhin war im Zuge dieser Entwicklung der Gedanke naheliegend, auch das EEG für eine Rückmeldung der *Hirnaktivität* einzusetzen. Die dafür inzwischen im Handel erhältlichen Geräte sind relativ einfach und preiswert. Sie enthalten im wesentlichen ein überaus hochempfindliches elektronisches Meß- und Verstärkerbauteil – Nebenprodukt der Raumfahrttechnik – und beschränken sich auf eine simple Licht- und Tonanzeige der sogenannten *Alpha*- und *Theta*-Wellenmuster.

Zur Erklärung: Entsprechend den von uns erläuterten vier Bewußtseinszuständen lassen sich bei der Hirnstromaktivität vier in der Frequenz unterschiedliche Wellen unterscheiden. Den *Tiefschlaf* charakterisieren extrem langsame *Delta-Wellen* von nur 1 bis 3,5 Hz (Hertz). Der *angespannte Wachzustand* – intensives Denken, Rechnen u. a. m. – ist durch kleine, schnelle *Beta-Wellen* von 13 bis 40 Hz gekennzeichnet. Im wachen Zustand der *Entspannung* tauchen die *Alpha-Wellen* von 8 bis 13 Hz auf. Beim *leichten Schlaf* sind es die *Theta-Wellen*. Ihr Frequenzbereich liegt zwischen 3,5 und 7 Hz. Dies ist auch der Bereich des *Traumschlafs,* wobei sich die Tätigkeit des Traumbewußtseins durch die den schnellen Beta-Wellen zugehörigen Traumspindeln bemerkbar macht. Der *vierte Bewußtseinszustand,* in dem – wie wir sagten – gewissermaßen der Kanal zu einem *Überbewußtsein* erschlossen werden kann, liegt im Grenzbereich zwischen der *Alpha*- und der *Theta*-Wellenaktivität. Es ist dies der Bereich des Tag- oder Wachträumens.

Der Zustand des Wachträumens, werden Sie jetzt sagen, tritt ein, wenn man sich entspannt auf einer Parkbank in der Sonne rekelt und vor sich hin döst. Oder wenn man gezwungen ist, sich einen langweiligen Vortrag anzuhören, der einen nicht interessiert. Gewiß! Nur herrschen hier noch die *Alpha*-Wellen vor. Die *Theta*-Wellen erscheinen normalerweise erst, wenn Sie bereits eingeschlafen sind. Der *Theta*-Zustand ist deshalb für uns so interessant, weil hier eine Vielzahl von spezifischen Bereichen der Großhirnrinde synchron zusammengeschaltet ist, das heißt sich auf den gleichen Frequenzbereich abgestimmt hat. Die indischen und tibetanischen Tantriker sind durch gewisse Meditations- und Yoga-Techniken in der Lage, die *Theta*-Aktivität in einem schlafähnlichen Zustand der Tiefentspannung, aber bei klarer und voller Bewußtheit, zu erzeugen. Dies ist der Zustand ihres *gezielten Träumens.*

Mittels eines einfachen Biofeedbackgerätes, und später sogar ohne es zu benutzen, wird Ihnen dies ebenfalls möglich sein. Wir kommen in dem Kapitel über die praktischen Hilfsmittel zur Traumdeutung darauf zurück.

Doch wie bereits erwähnt: die *Bedeutung der Träume* läßt sich weder durch das EEG noch durch Biofeedbackgeräte oder sonstige elektronische Hilfsmittel erforschen. Das gehört zu der von *FREUD* und *JUNG* geschaffenen »Psychologie des Unbewußten« und ist nur durch deren wissenschaftliche Deutungstechniken möglich. So interessant es historisch gesehen auch ist, auf die von *ADLER, FREUD* und *JUNG* entwickelten *Theorien* zur Traumdeutung einzugehen (und auf die Beiträge ihrer Schüler und Nachfolger) – es würde den Rahmen dieses Buches übersteigen. Alles Wissenswerte darüber findet sich in meiner Geschichte der Psychologie mit dem Titel »Forschungsobjekt Seele« und in meinem Taschenbuch »Psychoanalytische Begriffe«.

Was Sie als Leser mehr als alles andere interessiert, das ist die *Deutung der Träume.* Sie wird anschließend Schritt für Schritt anhand von Beispielen aus der Praxis erläutert.

Über die *Methodik* der Traumdeutung hat sich aber unter dem Einfluß von *FREUD* sowohl in der öffentlichen Meinung als auch in sämtlichen Wissenschaften, die sich nicht unmittelbar mit der Traumforschung befassen, eine Reihe von Vorstellungen hartnäckig festgesetzt, die veraltet sind oder schlicht auf Irrtümern beruhen. Denn das von *FREUD* im Jahre 1900 veröffentlichte Deutungsmodell wurde von fast allen Autoren übernommen, auch wenn sie von *FREUD* abweichende Theorien entwickelten. Diese unkritische Übernahme eines auf den Wissensgrundlagen des verflossenen Jahrhunderts beruhenden Deutungsmodells hat die Traumforschung bis in die fünfziger Jahre hinein in ihrer Entwicklung behindert.

Wir wollen daher zum Abschluß dieses Kapitels wenigstens kurz auf die Fehler der *FREUD*schen Methodik eingehen und die Grundlagen der von C. G. *JUNG* und seiner Schule erarbeiteten modernen und zeitgerechten Deutungsmethode aufzeigen.

*FREUD*s Grundkonzept ist die *Libidotheorie,* seine Trieblehre, die dem Sexualtrieb das Primat vor allen anderen Triebregungen zuspricht. Sie läßt sich auf die von *FREUD* selbst geprägte einfache Formel bringen: *»Es ist das Lustprinzip, das den Lebenszweck setzt«.* Die Lusttheorie ist *der* Irrtum von *FREUD.* Und ein tragischer obendrein. Er hatte die Dynamik des Psychischen entdeckt und mit dem Traum die *via regia* – den »königlichen Weg«

– zur Erforschung des Unbewußten gefunden. Nur: die Energie, die er am Wirken sah, hielt er für sexuelle Lust. So konnte er den wirklichen Sinn der Träume nicht finden. Er beschreibt die Seele als einen psychischen Apparat, ersetzt den Geist durch ein Sexualprinzip und gibt dem Ganzen ein Zweckprogramm: den *Lustkonsum.*

Was *FREUD* verkündete – daß Lusterfüllung der Lebenszweck sei und sexuelle Abstinenz die Ursache von Depressionen und Neurosen –, war vor achtzig Jahren sensationell. Denn solcherart zu denken galt zur Zeit der Jahrhundertwende als unmöglich, als Gedankenunzucht und Verderbnis für Sitte und Moral. Für die meisten seiner Patienten mag es eine Erlösung gewesen sein, endlich einmal über ihre sexuellen Probleme und Konflikte zu diskutieren, was die damalige Prüderie selbst Eheleuten tabuierte und verbot. So glaubte *FREUD* – zu jener Zeit durchaus verständlicherweise –, daß die Information der Träume sich auf das durch die Erziehung *unterdrückte* und mit der Zeit *verdrängte* sexuelle Triebleben beziehen müsse und die Traumtätigkeit ein Lustersatz für *unerfüllte Wünsche* sei.

Da sich nun viele Träume in ihren Bildern, handelnden Personen und in den Verhaltensweisen der agierenden Figuren keineswegs als sexuell erwiesen, folgerte *FREUD,* es sei im Unbewußten selbst eine Art Sittenkommission am Werke. Er nannte sie das *Über-Ich..* Und ihr zu Diensten sei auch im Traum eine *Zensur*behörde nebst wachsamer Sittenpolizei. Der *manifeste* Traum, das heißt der tatsächlich geträumte Trauminhalt, interessierte ihn daher kaum. Er spekulierte, daß sich dahinter ein *latenter* – also verborgener – Trauminhalt befinden müsse. Ihn gelte es zu entschlüsseln und zu deuten.

Den *latenten* Trauminhalt, der sich nach Meinung *FREUD*s hinter dem effektiv geträumten Trauminhalt verbirgt, teilte er in drei Kategorien ein: *Sinneseindrücke* während des Schlafes, beispielsweise Hunger, Durst oder das Klingeln des Weckers. Zweitens *Tagesreste,* also alles, was im Schläfer an Erlebnissen, Sorgen, Problemen und Vorstellungen, die ihn am Tag zuvor beschäftigt haben, nachwirkt und gewissermaßen in ihm weiterdenkt. Drittens die *sexuellen Triebregungen,* die Impulse aus dem *Es,* wie *FREUD* es später genannt hat. Diese werden durch Abwehrreaktionen des *Ich* im Wachzustand vom Bewußtsein ins Unbewußte verdrängt. Hierzu gehören nicht nur die Triebimpulse des Vortages, vielmehr machen besonders die starken Triebregungen, die während der frühen Kindheit verdrängt werden, den Hauptteil dieser Kategorie des latenten Trauminhalts aus.

Den Trauminhalt oder die Traumbotschaft zerlegte *FREUD* in einzelne Elemente, um diese miteinander zu vergleichen und die Träume zu klassifizieren. Die Methode einer Traumanalyse nach dominierenden Elementen läßt sich natürlich durch Oberbegriffe verfeinern. Wenn also die Elemente »Fluß« oder »Mutter« oder »Gewehr« hervortreten, lassen sich die Träume als »Wasserträume«, »Elternträume« und »Waffenträume« unterscheiden.

Da nun für *FREUD* das Lustprinzip es ist, das den Lebenszweck setzt, war er bemüht, die Traumelemente oder Traumsymbole nach Möglichkeit auf einen sexuellen Ursprung zu reduzieren. Doch es geschah, daß viele seiner Patienten seine Deutung, die sich mehr oder weniger auf unbewußte sexuelle Triebstrebungen und verdrängte Sexualwünsche bezog, nicht annehmen mochten und sich dagegen wehrten. *FREUD* erblickte darin die Existenz eines unbewußten Abwehrmechanismus, den er *Widerstand* nannte. Daß seine Deutung in einem solchen Fall einfach falsch war und der neuroseverursachende Konflikt des Patienten nichts mit der Sexualität zu tun hatte, sah er nicht ein. So behalf er sich, indem er seine *Sexualtheorie* in höchst autoritärer Weise zu einem Dogma erhob, an dem nicht gerüttelt werden durfte.

Nun hat eine Deutungsmethodik, die den *manifesten,* also den tatsächlichen Trauminhalt vernachlässigt und sich auf Spekulationen stützt, welche zu einer dogmatischen Lehre erhoben werden, einen höchst zweifelhaften Wert. Unnötig zu erwähnen, daß sie die wissenschaftliche Forschung mehr behindert als ihr nützt. Doch selbst wenn wir *FREUDs* dogmatische Sexualtheorie außer acht lassen – ein Deutungsmodell, das die Träume nach Elementen aufgliedert, wird der Informationsbedeutung der Träume nicht gerecht. Wie alle seelisch-geistigen Vorgänge ist auch die Tätigkeit des Traumbewußtseins nicht eine reine Aneinanderreihung von einzelnen Informationsdaten zu einem Vorstellungsbild. Die Traumbotschaft stellt vielmehr als Handlungsablauf eine sinnvolle Ganzheit dar, wobei der Handlungsverlauf nicht durch die einzelnen Elemente bestimmt wird, sondern durch gewisse Handlungs- oder Verhaltens*muster.*

Wenngleich die Erforschung dieser den Traumhandlungen zugrunde liegenden *Urmuster* C. G. *JUNG* zu verdanken ist – er nannte sie die *Archetypen* (von griechisch *archaios* = uranfänglich und *tüpos* = Beispiel, Muster) –, so baute auch *FREUD* ein solches uraltes Verhaltensmuster in seine Lehre ein und zog es für die Traumdeutung heran. Es ist der inzwischen allgemein bekannte *Ödipuskomplex. FREUD* sah im Ödipuskomplex den »Kern aller Neurosen«. Er fand sogar, »daß im Ödipuskomplex die Anfänge von Religion, Sittlichkeit, Gesellschaft und Kunst zusammentreffen« und so »die Probleme des Völkerseelenlebens eine Auflösung von einem einzigen konkreten Punkt her« zulassen. So nachzulesen in seinem Buch

»Totem und Tabu«. Nur daß sich *FREUD* auch hier nicht an die Wirklichkeit des aus der griechischen Tragödiendichtung bekannten Helden hielt, sondern dessen Schicksal in das Ergebnis eines Sexualkomplexes

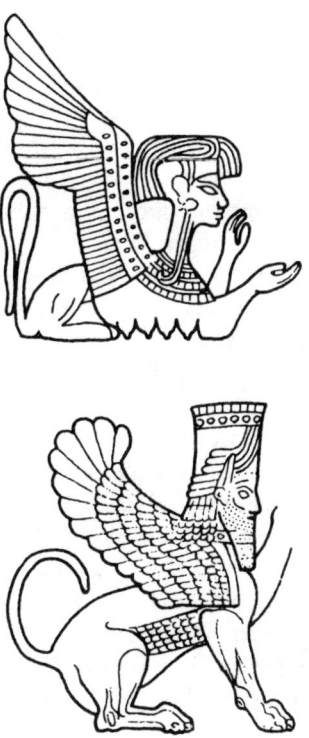

Antike Darstellungen der Sphinx, die von Ödipus besiegt wurde. Als Lohn erhielt er die Königin Jokaste zur Frau, nicht wissend, daß diese seine Mutter war.

umdichtete. Der *Ödipuskomplex* ist für *FREUD* der kindlich-perverse Wunsch nach dem Mutter-Inzest.

Wie gesagt, der *Widerstand* vieler Patienten gegen eine beharrlich auf unerfüllte Sexualwünsche und sexuelle Triebregungen zielende Deutung machte *FREUD* sehr zu schaffen. Es war eine elegante Lösung, die Motivation der Träume in die früheste Kindheit zurückzuverlegen. Denn wer erinnert sich schon genau an das, was er vor dem vierten Lebensjahr erlebt hat? Gegen die Behauptung jedenfalls, das Motiv eines Traumes sei in einem frühkindlichen Erlebnis zu suchen, kann ein Patient schwerlich argumentieren.

Bereits das lustvolle Saugen des Babys an der Mutterbrust, so glaubte *FREUD,* sei ein – wenn auch noch unbewußter – oralsexueller Akt. Die gefühlvolle Mutter-Kind-Beziehung der ersten Lebensjahre sei eine gewissermaßen getarnte sexuelle Bindung. Mit drei Jahren etwa entdeckt der kleine Junge sein Geschlechtsorgan. Der Wunsch erwacht, mit der Mutter zu verkehren. Auf diesen Inzestwunsch gründete *FREUD* seine Hypothese vom *Ödipuskomplex.* Was dem inzestuösen Lustbegehren des Knaben im Weg steht, das ist der Vater, der Nebenbuhler um die mütterliche Gunst. Der kleine Junge verspürt heftige Eifersucht. Ein dumpfer Drang ergreift ihn, den Vater aus dem Weg zu räumen. Doch dieser Drang, ihn totzuschlagen, bringt auch die Angst hervor, der Vater könne gleichfalls gewalttätig reagieren. Der Junge befürchtet, der Vater würde ihm das Glied abschneiden.

Die *Kastrationsangst* – so *FREUD* – läßt den Knaben auf einen Inzestverkehr mit der Mutter verzichten. Zur Kastrationsangst kommt es, weil das kleine Kind zu dieser Zeit bereits in infantiler Wißbegier entdeckt hat, daß kleine Mädchen – oder Frauen – keinen Penis haben. Da es nun glaubt, daß das, was es selbst hat, alle Menschen haben müssen, kann es sich den Geschlechtsunterschied nur so erklären: *Die weiblichen Wesen sind kastrierte Knaben.* Weil auch sie vermutlich die Mutter sexuell begehrten, traf sie die fürchterliche Strafe des Penisverlusts. Für die kleinen Mädchen von drei bis vier Jahren, die im Vergleich mit Knaben feststellen müssen, daß ihnen fehlt, was jene haben, konstruierte *FREUD* als Gegenstück zur Kastrationsangst den sogenannten *Penisneid.* Aus ihm erwächst ein langanhaltendes Minderwertigkeitsgefühl der Mädchen und Frauen gegenüber dem Mann.

Das sind im wesentlichen die Grundgedanken der *infantilen Sexualtheorie* von *FREUD.* Bereits Alfred *ADLER* fand vor rund siebzig Jahren, daß die Hypothese vom *Ödipuskomplex* als Erklärung für eine frühkindliche Prägung menschlichen Verhaltens – einschließlich Angst und Aggression – von diesem »einzigen konkreten Punkt her allzu simpel sei«. Ganz abgesehen davon, daß *FREUD* den Sinn der antiken Ödipussage gründlich mißverstand. *Ödipus* jedenfalls *hatte keinen Ödipuskomplex.* Nun hatte aber *FREUD,* als er den Ödipuskomplex erfand, seinem Freund W. *FLIESS* gegenüber bekannt, die Verliebtheit in die Mutter und die Eifersucht auf den Vater seien sein eigenes Kindheitsproblem gewesen. Er halte es deshalb für ein allgemeines Kindheitserlebnis eines jeden Menschen. Es war von *ADLER* recht respektlos, in einer wissenschaftlichen Abhandlung *FREUD*s eigenen Sexual-konflikt als Grundlage seiner sensationellen neuen Sexuallehre offen aufzudecken. Den Hinweis auf seine eigene Sexualneurose konnte *FREUD* nie verzeihen. Und peinlich war er obendrein. Denn inzwischen hatte er ja den Ödipuskomplex zum Glaubensdogma erhoben und von seinen Schülern und Patienten kritiklose Anerkennung gefordert.

ADLER allerdings blieb hartnäckig, indem er auf den Unterschied zwischen Glaubenszwang und Freiheit der wissenschaftlichen Forschung hinwies. Verständlich, daß sich *FREUD* und *ADLER* unversöhnlich trennten und dieser Bruch in lebenslanger Fehde Fortsetzung fand.

Selbstverständlich ist nicht alles falsch, was *FREUD* seinerzeit gelehrt und geschrieben hat. »Sigmund *FREUD* als kulturhistorische Erscheinung« ist nicht wegzudenken, bemerkt in einem Aufsatz gleichen Titels *JUNG* rücksichtsvoll im Gegensatz zu *ADLER*. Man könne sich sogar mit seiner Sexualtheorie aussöhnen, wenn man bedenkt, wie sentimental-moralistisch das 19. Jahrhundert war. Seine Behauptung, daß der Säugling schon an der Mutterbrust seine Sexualität erlebe, war »ein Schuß, gezielt auf das Herz der heiligen Mutterschaft. Daß Mütter Kinder austragen, ist nicht heilig, sondern natürlich. Sagt man, es sei heilig, so besteht der dringende Verdacht, daß damit etwas sehr Unheiliges zugedeckt werden soll – *Freud* hat es laut gesagt, was dahintersteckt, nur hat er unglücklicherweise den Säugling angeschwärzt anstatt die Mutter. Wissenschaftlich hat die Theorie der Säuglingssexualität wenig Wert, denn es ist auch der Raupe gleichgültig, ob man von ihr sagt, sie fresse ihr Blatt mit gewöhnlichem Vergnügen oder mit Sexualvergnügen.« So C. G. *JUNG*. Ebenso berührt es die Träume als solche kaum, unterschiebt man ihnen sexuelles Wunschvergnügen. Das kann gelegentlich so sein, muß jedoch nicht. Werden Träume aber derart fehlgedeutet, ist die Deutung für den Träumer nutzlos.

Ein völlig anderes Denkmodell entwickelt C. G. *JUNG*. Das Unbewußte ist ein *offenes* und kein geschlossenes System. Das individuelle Unbewußte eines jeden Menschen ist eingebettet in ein überpersönlich allgemeines Psychofeld, das *Kollektive Unbewußte*. Die psychoenergiegeladenen Muster, die von dort aus das Verhalten von Gruppen, Völkern, Rassen und Nationen – kurzum: das Kollektivverhalten der Gesellschaft – strukturieren wie auch das Individualverhalten einer Einzelperson motivieren, sind die *Archetypen*. Kausal erklärbar sind sie nicht. Sie wurzeln in der Dimension, die wir zuvor als *viertes* oder *Über-Bewußtseinsfeld* beschrieben haben. *JUNG* verwendet hierfür den Begriff des *Transzendenten*.

Die *Archetypen* manifestieren sich in der Gestaltung von *Symbolen* in den

Träumen, doch ebenso in Mythen, Märchen und Legenden, in Kunst und Kultgebräuchen und sogar im ideologischen Politbekenntnis. Das Ziel der Traumanalyse ist für *JUNG,* die persönlichen wie archetypischen Muster zu erkennen. Dadurch wird ein *Individuationsprozeß* in Gang gebracht, eine fortschreitende *Bewußtseinserweiterung.* So ist eine *Selbsterkenntnis* und damit eine *Selbstverwirklichung* möglich. Neurosen und sogar Psychosen sieht *JUNG* nicht nur als krankhaft an. Sie können durchaus sinnvoll sein. Das Unbewußte versucht oft auf diesem Weg eine falsche Lebenseinstellung zu korrigieren und die Aufgabe eines entsprechenden Fehlverhaltens zu erzwingen.

Wird eine derartige Fehleinstellung beibehalten – bleiben die Hinweise der Träume unbeachtet –, so geht das Unbewußte weiter. Es wirkt *psychosomatisch* auf den Körper. Krankheiten sind die Folge, die der Arzt als *psychogen* – als seelisch verursacht – bezeichnet. Sogar die Schreckenskrankheit unserer Zeit, der Krebs, kann auf diese Weise entstehen. (Eine 1977 von dänischen und deutschen Krebsforschern durchgeführte Studie an vielen hundert Krebspatienten spricht jedenfalls dafür.) Worauf es ankommt, ist, nach *JUNG,* den hinter den Symptomen einer Krankheit verborgenen Symbolsinn zu erforschen. »*Die Psychoneurose ist im letzten Verstande ein Leiden der Seele, die ihren Sinn nicht gefunden hat*«, erklärte er bereits vor vier Jahrzehnten 1937 in seinen Vorlesungen an der Yale-Universität.

Wie sieht denn in der Praxis eine wissenschaftliche Erforschung der Traumbedeutung aus, die das Modell der analytischen Psychologie von C. G. *JUNG* benutzt? Daß wir den Traum als eine »innere Bildschirm-Schau« betrachten wollen, wurde im ersten Kapitel schon bei der Besprechung des Delphin-Traums von Frau T. gezeigt. Eine Fernsehschau hat eine Handlung. Doch nur den Handlungsablauf etwa nach *Autofahren, Laufen* oder *Lieben* beispielsweise aufzugliedern ist zu wenig. Das wären ebenfalls nur Elemente, wie Hund und Katze, Löwe, Schlange und Delphin. Die *Grundmuster,* wie sie aus der menschlichen Kulturgeschichte als kultisch-rituelle und religiöse Handlung, als Normverhalten für Feste, Feiern und uralte Volksgebräuche allgemein bekannt sind, gilt es aufzudecken.

Die *JUNG*sche Schule nennt diese Muster *Mythologeme.* Etwa das *sprechende Tier,* der *Frosch,* der sich in einen Königssohn *verwandelt* – im Traum kann das ein unbekannter Jüngling sein. Oder ein Tier, das *unverwundbar* ist und sich nicht töten läßt. Der *Drache,* der die Jungfrau *hütet.* Das *Feuer,* das eine junge Frau umlodert und sie *nicht verbrennt.* Das *Sterben, ohne* wirklich *tot* zu sein. Das *Ungeheuer,* das sich *zähmen* läßt, wenn man es angreift und ihm nicht entflieht. Das *Opfer,* das *Versöhnung* bringt. Die *Kammer,* die *verboten* ist.

Die *Stimme,* die aus *Bäumen* oder *Quellen* spricht, und was dergleichen mehr an Mustern hinter Mythen, Märchen, Riten steht.

Kurzum, was Völkerkundler und Verhaltensforscher bei Eingeborenen- und Nomadenstämmen, Kulturforscher, vergleichende Religions- und Märchenforscher, die Wissenschaftler der Altertums- und Kunstgeschichte zusammengetragen haben, bildet für *JUNG* und seine Schule den Wissensfonds, um die Ur-Sprache des »unbewußten Geistes« zu verstehen. Doch ebenso berücksichtigt die *analytische Psychologie* die fortschreitenden Erkenntnisse der modernen Biologie, der Atomphysik wie aller Naturwissenschaften unserer Zeit, um zu prüfen, wieweit ihre Ergebnisse auf dem Weg der Analogie zu einem Verständnis der archetypischen Muster im Traum beitragen.

Denn wenn auch die Archetypen *zeitlose* Urmuster sind, so ist doch jeder Traum ein höchst *persönliches* Produkt des Traumbewußtseins eines jeden Träumers und damit auch seiner Phantasie. Die Bilderscheinung eines Archetyps im Traum ist keineswegs nur altertümlich. Die Bilder sind unserer Zeit angepaßt. So kann der Flug auf einem *Märchenvogel* – als Muster – in einem Traum von heute beispielsweise als Flug in einem *Düsenjet* erscheinen. Das Mythologem vom *Labyrinth,* in dem auf Kreta einst der Minotauros hauste, kann so als ausweglose *Datenbank* mit einem nicht zu zähmenden Computeraggregat auftreten. Die Filme von *James Bond* und was es sonst an *Supermännern* gibt, zeigen das deutlich. Ihnen allen liegen die Muster der Heldentaten von *Halbgöttern* der antiken Mythen- und Sagenwelt zugrunde.

Das erklärt übrigens auch ihre Anziehungskraft: daß diese *Übermenschen* einer Film-Traumproduktion fast immer Archetypen sind, verkörperte Symbole im modernen Kleid. Und *Perry Rhodan,* Bestseller-Figur millionenfach verbreiteter Science-fiction-Hefte, ist ein moderner *Sonnenheld.* Er ist unsterblich, ist omnipotent wie die Helden der antiken Mythologie, nur daß die Perry-Rhodan-Märchen zeitlich in der Zukunft spielen. Das sind die Mythen unserer Zeit, die *kollektiven Träume* der Gesellschaft. Nicht nur der einzelne, auch die Gesellschaft kann nicht ohne Träume sein.

Die Kenntnis der Archetypen und der Mythologeme als Ur-Muster und Strukturen voller psychischer Dynamik verhilft dem Traumforscher nicht nur zu einer *sinngemäßen Deutung* der geträumten Bildinformation, sondern vor allem auch zu einer *Traumprognose.* Das heißt, es lassen sich Aussagen über den zukünftigen Verlauf eines im Unbewußten stattfindenden seelisch-geistigen Entwicklungsprozesses des Träumers machen. Der praktische Nutzen dieser Deutungsmethodik für die psychotherapeutische Behandlung von Neurosen wie für alle seelisch bedingten körperlichen Erkrankungen ist

Seelenvögel als Übermittler von Traumbotschaften. (Nach einem mittelalterlichen Holzschnitt des 15. Jahrhunderts.)

unverkennbar. Doch nicht nur dafür. Sie ist von größtem Nutzen für die Beobachtung, Bewußtwerdung und Vorhersage jeglicher seelisch-geistigen Entwicklung, sei es der schöpferische Prozeß eines Wissenschaftlers, Künstlers, Architekten, sei es der kreative Entscheidungsprozeß eines Wirtschaftsführers oder der Entwicklungsverlauf im privaten Bereich einer Partnerschaft, die Beziehung innerhalb der Familie.

Das Verständnis der Muster und der Zielrichtung ihrer Strukturen ist es, das Korrekturen in der Einstellung zu Mitmenschen und Problemen möglich macht. So werden in der Praxis zweckmäßigerweise nicht einzelne Träume für sich gedeutet, sondern mehrere hintereinander geträumte Träume zu Traumserien zusammengefaßt und untersucht, wieweit sie einander ergänzen. Das Ganze verrät in der Regel mehr über den Sinn der Trauminformation als seine Teile.

Der wissenschaftliche Wert dieser Deutungsmethodik, deren Grundlagen wir C. G. *JUNG* verdanken, besteht darin, daß sie nicht nur dem Träumer den für ihn *persönlich* gültigen Sinn seiner Träume erschließt, sondern auch – durch den Vergleich mit unpersönlichen mythologischen oder sonstigen kulturgeschichtlichen Parallelen – eine *objektive,* allgemeingültige Erkenntnis der Traumbilder ermöglicht.

Wir fassen zusammen:

Im 20. Jahrhundert wird der Traum zum Forschungsobjekt einer modernen Wissenschaft. Sie beginnt 1900 mit dem Werk »Die Traumdeutung« von S. Freud. C. G. Jung entdeckt die unbewußten Komplexe und erbringt den physikalischen Nachweis der psychischen Energie. Inzwischen gilt die Traumtheorie von Freud als überholt. Seine Sexualtheorie hat sich als Irrtum herausgestellt. Die Entdeckung des Kollektiven Unbewußten und der Archetypen durch Jung führte zu einer wirklichkeitsgerechten und zeitgemäßen Deutungsmethodik.

Der Nachweis der lebenswichtigen Bedeutung des Träumens durch die amerikanischen Forscher Dement und Kleitman in Verbindung mit der Biofeedback-Technik hat zu einem neuen Denkmodell über das Wesen der Träume und über das Traumbewußtsein geführt. Die Beschäftigung mit den Träumen und ihrer Bedeutung wird zunehmend populär.

Träume deuten, aber wie?

Aus der Praxis der Traumdeutung – Ernstes und Heiteres im Traum

»Oft falle ich im Traum von einer Leiter«, schreibt eine Beamtin von Mitte Dreißig. Sie erklärt dazu, es sei auch in ihrem Leben so. Sie sei bei fälligen Beförderungen übergangen worden. Dabei leiste sie oft mehr als ihre Kollegen und erfülle die Anforderungen ihrer Tätigkeit stets gewissenhaft. *»Häufig werde ich auch im Traum verfolgt und muß mich verstecken.«*

Das Bild der *Leiter* und das Handlungselement des *Herunterfallens* von ihr zeigen, daß es oft viel leichter ist, eine Trauminformation zu deuten, als allgemein angenommen wird. Der Begriff der *Erfolgsleiter* ist ja bereits sprichwörtlich. Daß dieser Vergleich der richtige ist, geht aus dem Begleittext hervor. Denn die Träumerin verweist darauf, daß das Traumbild der Lebenswirklichkeit entspricht. Sie ist Beamtin und bei Beförderungen übergangen worden. Sie hat die nächste Erfolgsstufe nicht geschafft und steht im Vergleich zur Laufbahn ihrer Kollegen damit tiefer. Doch warum dem so ist, geht aus dieser knappen Information nicht hervor.

»Ich werde oft im Traum verfolgt und muß mich verstecken«, heißt es dann weiter. Das wäre ein Hinweis, daß die Ursache für das mangelnde Weiterkommen auf der beruflichen Erfolgsleiter bei der Träumerin selbst zu vermuten ist und nicht bei ihren Vorgesetzten. Trotz ihrer Angabe, daß sie ihre Arbeit gewissenhaft erledigt. Denn die handelnde Person ist in beiden Fällen die Träumerin selbst und keine andere. Daß ihre Leistung nicht zur Kenntnis genommen wird, weil sie sich irgendwie *»verstecken muß«* und sich *»verfolgt«* fühlt, können wir durchaus wörtlich verstehen. Doch mehr läßt sich zu derart kurzen Berichten – hier sind es lediglich drei einzelne Handlungsbilder – nicht sagen. Alles weitere wäre reine Spekulation. Da hilft auch kein Nachschlagen in einem Traumlexikon, denn Einzelelemente wie *Verstecken* und *Verfolgtwerden* sind zu allgemein. In einem solchen Fall bleibt nichts anderes übrig, als auf weitere Träume zu warten.

Wenn wir aus diesen bruchstückhaften Traumangaben überhaupt eine sinnvolle Information erhalten – die Erfolgsbehinderung im Beruf ist in einer Verfolgungsangst der Träumerin zu suchen –, dann nur durch die Art unseres Vorgehens.

Halten Sie daher als erste Grundregel für die Deutung fest: Die

einzelnen Traumbilder und Traumhandlungen werden mit dem Kontext des Träumers in einen Gesamtzusammenhang eingeordnet und aufeinander bezogen.

Der *Kontext*, das sind die Einfälle, die eventuellen eigenen Deutungsversuche und sonstige zusätzliche Angaben des Träumers zu seinem Traum.

Einige Zeit später folgt ein zweiter Brief derselben Dame mit einem merkwürdigen Traum: »*In einer antiken Arena in X., wie ich sie einmal in meinen Ferien besichtigte, fand ein Stierkampf statt. Auf dem Stier saß eine mir unbekannte blonde Frau. Plötzlich kam sie mit dem Stier direkt auf mich zu. Ich floh vor Entsetzen durch eine verfallene Tür. Dann irrte ich durch dunkle Kellergänge, ohne einen Ausweg zu finden. Schließlich konnte ich nicht mehr weiter und sank kraftlos zu Boden. – Ich hatte meine Tasche verloren. Wie ich mich umblickte, sah ich sie hinter mir an einer Gangbiegung liegen. Ich kroch zurück. Aus meiner Tasche sickerte eine dunkle Flüssigkeit, die auf dem Boden eine dünne, grünlich schillernde Spur hinterlassen hatte, so wie eine Ölspur schimmert. Ich kroch weiter zurück, und wie ich um die Biegung herum bin, sah ich am Ende des langen Ganges einen hellen Lichtschein. Ich dachte, das muß der Ausgang sein. Ich erwachte schweißgebadet.*«

»*Der Traum geht mir nicht aus dem Kopf*«, vermerkt die Schreiberin, »*doch ich kann ihn mir nicht erklären. Die Frau auf dem Stier könnte vielleicht eine Kollegin von mir sein, die es versteht, ihre weiblichen Reize zur Geltung zu bringen, und so Karriere gemacht hat.*« Sie bittet um eine persönliche Rücksprache.

Dieser Traum ist lebendig und spannungsgeladen wie die Kurzfassung eines Westerns. Das Bild der antiken Arena zeigt uns den Ort des Traumgeschehens. Er ist der Träumerin von einer Ferienreise her bekannt. Damit ist ein Bereich ihres Privatlebens angedeutet. Die *Einleitung* bildet hier die Situation eines Stierkampfes, der im Altertum eine religiös-kultische Bedeutung hatte und sich in Südfrankreich und Spanien bis in unsere Zeit hinein als Volksfestspiel erhalten hat. Doch das Spiel nimmt nicht den üblichen Verlauf. Statt eines Toreros erscheint eine der Träumerin unbekannte blonde Frau, die auf dem Stier reitet. Und zwar direkt auf die Träumerin zu. Das ist eine höchst bedrohliche Situation – gewissermaßen das *dramatische Ereignis*, das den weiteren Verlauf bestimmt. Aus der Rolle einer Zuschauerin wird die Träumerin plötzlich herausgerissen. Sie wird zum Mittelpunkt des Stierkampfgeschehens. Ihr gilt der Angriff.

Auf diese Wende ist sie nicht gefaßt, und sie flieht voller Angst. Durch einen verfallenen Zugang gerät sie offensichtlich in die dunklen Kellergänge unter der Arena, um sich zu verstecken. Wie wir sehen, erscheinen auch in diesem Traum die aus dem ersten Brief ersichtlichen Motive des *Verfolgtwer-*

Das Stierungeheuer Minotaurus im Traum einer Frau. (Nach einer Darstellung auf einer Graphik des Malers Pablo Picasso.)

dens und des *Versteckens*. Der neue Traum informiert bereits, wovon sich die Träumerin verfolgt fühlt und wo sie sich versteckt.

Der *Stier* gilt als Sinnbild männlicher Aktivität und sexueller Potenz. Besteht demnach bei der Träumerin ein Sexualproblem? Eine »Angst vor dem Mann«? Sind ihre beruflichen Schwierigkeiten darauf zurückzuführen? Ihr Kontext, die Frau auf dem Stier könne auf eine erotisch attraktive und daher erfolgreiche Kollegin hindeuten, könnte das vermuten lassen. Doch die Reiterin auf dem Stier ist eine *unbekannte* blonde Frau. Nachzutragen ist, daß in dem Brief noch die Bemerkung stand: »Diese Kollegin ist allerdings schwarzhaarig, wie ich auch.« Der Traumtext sagt aber nichts über eine Kollegin, noch etwas über irgendeine bekannte Person.

Bitte beachten Sie das! Machen Sie es sich ebenfalls zu einer Grundregel: **Das Ausgangsmaterial für die Deutung ist der vorliegende Text der Träume – und zwar wortwörtlich.**

Die im Kontext zu einem Traum enthaltenen Angaben liefert das Wachbewußtsein des Träumers. Dieses ist stets bemüht, vernünftige und logisch stichhaltige Erklärungen zu finden. Nur sind eben auch logisch richtige Denkvorgänge nur zu häufig vom Unbewußten her motiviert. Hier ist das sicher der Fall, da zwischen Traumtext – unbekannte Frau – und dem Kontext – Kollegin, also bekannte Frau – ein Widerspruch besteht. Wenn im Traum eine *unbekannte Person* erscheint, wie hier, so hat sie die Bedeutung einer dem Träumer *nicht bewußten Seite oder Eigenschaft seiner eigenen Person.* Wir wollen eine derartige Figur, wenn sie das gleiche Geschlecht hat wie der Träumer, der Einfachheit halber als *Schattenperson* oder kurz als seinen *Schatten* bezeichnen. Denn wenn das Licht der Sonne – Symbol *wacher* und *bewußter* Wahrnehmung – vor uns steht, können wir unseren Schatten nicht sehen. Er ist hinter uns, ein steter unsichtbarer Begleiter.

Die unbekannte Reiterin auf dem Stier ist der unbewußte *Schatten* der Träumerin. Daß die Frau im Gegensatz zur Träumerin blonde Haare hat, ist charakteristisch dafür. Nur zu oft stehen die unbewußten Schatteneigenschaften in einem Gegensatz zu denen, die im konkreten Leben gezeigt werden. Nun überlegen wir, welches archetypische *Ur-Muster* dem Stierkampf zugrunde liegt. Sein Ursprung geht auf die religiös-kultischen Stierspiele in Kreta zurück. Dort war es bei Fruchtbarkeitsfesten üblich, daß nackte Jünglinge den Stier bei den Hörnern packten und sich kopfüber auf seinen Rücken schwangen, um auf ihm zu reiten. Der Sinn dieser kultischen Spiele war es, die triebhafte Naturseite der Sexualität – symbolisiert durch den Stier – durch bewußte geistige Wachheit beherrschen zu lernen.

Wenn aber wie hier die Schattenperson der Träumerin auf dem Stier reitend erscheint, ist anzunehmen, daß sie ein Problem im Umkreis männlicher Sexualität verbirgt und in das Unbewußte »verdrängt« hat, wie der Fachausdruck lautet. Die Schattenfrau kommt nun mitsamt dem Stier direkt auf die Träumerin zu. Sie empfindet das als »entsetzlich«, weil ihrer Bewußtseinseinstellung dadurch eine gesicherte Grundlage entzogen wird. Sie flieht und versteckt sich in dunklen Kellergängen.

Diese *Flucht* und das *Sich-Verstecken* dürfte auch dem Verhalten der Träumerin in der Lebenswirklichkeit entsprechen. Doch gerade das ist im Fall eines zu lösenden Problems ein falsches Verhalten. Wenn im Traum ein Tier oder eine Person auf den Träumer zukommt oder ihn irgendwie anzugreifen scheint, so handelt es sich keineswegs um eine Bedrohung, sondern es bedeutet, daß der Träumer sie annehmen und sich mit ihnen befassen soll. Exakter: Der durch eine Symbolfigur verkörperte seelische Inhalt oder Komplex ist im Unbewußten aktiv geworden und drängt an den

Träumer heran, damit sich dieser mit ihm beschäftigt und bewußt auseinandersetzt – mit seinem Wachbewußtsein.

Prompt zeigt der nächste Akt des Traumgeschehens die Folgen eines derartigen Fehlverhaltens – vor einem in das Bewußtsein drängenden Problem zu fliehen. Mit dem Bild der dunklen Kellergänge zeigt der Traum deutlich den Bereich des persönlich Unbewußten, in dem die Träumerin sich mit einem Teil ihrer Persönlichkeit versteckt. Sie irrt umher, ohne einen Ausweg zu finden. Sie ist in eine ausweglose Situation geraten. Bis sie schließlich nicht mehr weiterkann und kraftlos zu Boden sinkt, heißt es dann im Traum. Auch im Leben kann es äußerst anstrengend und kraftverzehrend sein, etwas von sich sorgsam vor seiner Umwelt zu verbergen.

Die endlos dunklen Gänge ohne Ausweg unter der Arena, die den Eindringling in die Irre führen, entsprechen ebenfalls einem *Ur-Muster* der antiken Mythologie, soweit sie sich auf den *Stier* bezieht. Es ist die bereits erwähnte Geschichte vom *Labyrinth,* das König *Minos* für das vom Gott *Poseidon* mit seiner sexsüchtigen Gemahlin *Pasiphae* gezeugte Stierungeheuer, den *Minotauros,* als Gefängnis und Versteck erbauen ließ. Wer in das Labyrinth geriet, der war verloren. So sehr er sich um einen Ausweg auch bemühte, früher oder später fraß ihn das stierköpfige Ungeheuer auf. Besiegt wurde es erst von einem Griechenjüngling namens *Theseus,* den *Ariadne,* die Schwester des *Minotauros,* liebte. Sie mochte ihren Geliebten nicht als Opferspeise im Stiermaul ihres Bruders enden sehen, und so ersann sie eine List. Sie gab dem Theseus einen Wollknäuel, band dessen Ende an den Labyrintheingang und hieß den Helden den Knäuel abspulen, um seinen Weg durch ihren Faden zu markieren. Nach einer anderen Version, in der die Minotauros-Schwester *Aridela,* die »weithin Strahlende«, heißt, gab sie dem Theseus einen funkelnden Edelsteinkranz, der ihm die dunklen Pfade hell beleuchtete. Doch ob mit dem Ariadnefaden oder dem Licht der Edelsteine – die List gelang. Der Held erschlug mit dem Schwert das Stierkopfungeheuer und fand am Faden den Rückweg aus dem Labyrinth.

Mit unserem Traum verhält es sich jedoch anders. Es ist keine Person zu finden, die hilfreich eingreift oder der Träumerin einen Rat erteilt für ihre Irrfahrt in das Labyrinth. So bahnt sich eine Katastrophe an. Das ist der *Höhepunkt* der Traumbildfolge, der Augenblick, wo sie am Ende ihrer Kraft zu Boden sinkt. Nach dem Ur-Muster oder Archetyp vom Labyrinth folgt nun als letzter Akt der Opfertod. Der triebbesessene Mensch erleidet das Verschlungenwerden durch die Stiergewalt. So war es in der Frühzeit einer noch magisch denkenden Kultur, als das Bewußtsein die Probleme und Konflikte der eigenen Seele nur durch eine Projektion auf Umwelt- und

Naturobjekte erleben und verstehen konnte. Daher auch viele uns kaum verständliche Kulthandlungen und rituelle Bräuche, wie beispielsweise die Stierkampfspiele und die alljährlich stattfindende Opferung von Jungfrauen und jungen Männern an die stierköpfige Gottheit im Labyrinth.

Der Grieche *Theseus* besiegt mit seinem Schwert die Stier-Naturgewalt. Der Mythos nimmt damit vorweg, was wir – in dem historischen Kapitel –

Das Labyrinth, ein Ursymbol menschlicher Irrungen und Wirrungen. Hier zwei Labyrinthdarstellungen in christlichen Kirchen: links in der Kathedrale von Chartres und rechts in der Kathedrale von Reims in Frankreich.

als einen Bewußtseinssprung beschrieben haben: den Durchbruch im antiken Griechenland von der Magie zum Logos. Daß *Theseus* der geniale Einfall mit dem *Ariadnefaden* durch die Schwester der Stier- oder Sex-Natur zuteil wird, zeigt, daß für die Menschen jener Zeit die als Bedrohung und überwältigend erlebte Stierkraft ein seelisch-weibliches Gegenstück in sich enthält. Eine Art Gegenkraft, das denkende Bewußtsein, das »geistige« Kinder zeugt.

Worauf es ankommt, ist die Trennung oder Unterscheidung der Lebenskraft in Triebnatur und geistige Potenz. Das Werkzeug, das der Held benutzt, das *Schwert*, das teilt, trennt und zerschneidet, wird damit auch zum dinglichen *Symbol*. Das Ur-Muster vom Labyrinthgeschehen hat sich erweitert. Ein zusätzlicher Sinn ergänzt das alte Muster. Er zielt auf Überwindung der Gefahr durch gedanklich klare Unterscheidung, auf einen Bewußtwerdungsprozeß.

Doch nun zurück zu unserem Traum. Auch unsere Träumerin hat, bevor sie sich aufgibt, einen Einfall. Sie stellt den Verlust ihrer Tasche fest und blickt zurück. Die Tasche, die eine Frau mit sich trägt, enthält für gewöhnlich höchst private Dinge. Das können – bei der Tasche im Traum – auch die persönlichen Geheimnisse sein. Trotz ihrer verzweifelten Situation vermag die Träumerin noch zu denken und folgerichtig zu überlegen: Wenn man etwas verloren hat, soll man es suchen. Dadurch findet sie ihre Tasche wieder. Der Traum will damit sagen, sie findet wieder den Anschiuß an ihr persönliches Problem. Merkwürdigerweise ist der Inhalt der Tasche flüssig geworden und hat eine grünlich schillernde »Ölspur« hinterlassen. Sie geht der Spur nach, als wäre sie ein Ariadnefaden, erblickt am Gangende ein helles Licht und weiß, daß dort der Ausgang ist.

So findet das verwickelte Traumspiel also ein glückliches Ende? Nein! Das wäre voreilig gedeutet. Noch ist die Träumerin ja nicht aus ihrem Labyrinth heraus. Und auch im Leben ist das Problem, das sie beschäftigt, noch keineswegs gelöst. Zwar ist der letzte Akt des Traumes durchaus positiv zu werten, denn er enthält als Botschaft für die Träumerin die *Lösung*. Mehr aber sagt er nicht. Die Lösung lautet: Geh der Ölspur nach, bis dir die Bedeutung bewußt ist! Denn das ist die Erklärung für das letzte Traumbild – der helle Lichtschein am Ende des Ganges. Um dieses unter Umständen langwierige Bewußtwerdungs-Bemühen kommt die Träumerin nicht herum.

Vorab: Bei diesem Modellbeispiel einer alle Einzelheiten untersuchenden ausführlichen Traumdeutung wurden einige technische Kniffe verwendet, die Sie sich als weitere *Deutungsregeln* merken wollen:

Der Gesamtinhalt eines Traumes wird in einzelne Untersuchungsabschnitte aufgegliedert wie folgt:

1. *Traumort* oder Landschaft, *Traumzeit* im Sinne von Tageszeit, Jahreszeit, Vergangenheit, Gegenwart, Zukunft und *handelnde Personen,* Tiere oder auch selbsttätig agierende Maschinen.

2. Einleitungsteil – bis zu dem Ereignis, das eine Wende oder Verwicklung anzeigt.

3. Der Traumabschnitt mit den Komplikationen, mit Entwicklung und Verlauf von Konflikten usw. bis zu einem Höhepunkt.

4. Der Schlußakt mit der Problem- oder Konfliktlösung.

Wir dürfen allerdings von unserem Traumbewußtsein nicht erwarten, daß es sich wie ein Bühnenautor und Regisseur an die klassischen Regeln der Dramaturgie hält. Die einzelnen »Akte« können von sehr unterschiedlicher Dauer sein, Traumort, Traumzeit und handelnde Personen können sprunghaft wechseln, der Schluß mit der Lösung kann aus einem einzigen Bild oder Wort bestehen. Wenn ein sinnvoller Abschluß fehlt, kann die Bemerkung des Träumers über das Erwachen – unter Umständen nur dieses Wort allein – die vom Traum angebotene Lösung sein.

Wir untersuchen die jeweiligen Objekte der Traumbilder auf eine echte Symbolbedeutung oder Sinnverwandtschaft mit vergleichbaren Objekten. Darüber hinaus untersuchen wir den jeweiligen Handlungsverlauf auf ein erkennbares archetypisches Ur-Muster durch Vergleichung mit kulturgeschichtlich bekannten Erlebnis- oder Verhaltensmustern.

Die endgültige Deutung des besprochenen Traumes ergab sich rasch. Zufälligerweise, ließe sich dazu sagen, wenn man »Zufälle« ebenso wie die bekannten glücklichen »Einfälle« für sinnvoll hält. Bei einer gezielten Suche jedenfalls kommt uns der Zufall oft entgegen. Die Sache mit der Ölspur in dem Labyrinth und in Verbindung mit der Stierkraft als Symbol von männlich attraktiver Triebpotenz ließ mich nach Vergleichen suchen im Umkreis von starken Kraftfahrzeugen und Motoren. Prompt fand ich auch in meinem Bildarchiv ein Werbungsbild von einer LKW-Fabrik, das als Vergleich zu passen schien. Magirus-Deutz warb einige Jahre mit dem Slogan »Am meisten gehts mit deutschen Bullen«. Oder »Die deutschen Bullen machen uns stolz. Die brummen immer und schnaufen nie.« In ganzseitigen Inseraten wurde der LKW in schwierigsten Situationen im Gelände gezeigt, die sein überstarker Motor meistert. Was hinter dieser Werbung steht, ist ebenfalls das Stiersymbol. Dem Käufer wird so unbewußt mit dem Gefühlserlebnis von Männlichkeit, kraftvoller Selbstsicherheit und Sex-Potenz ein Kaufmotiv vermittelt.

Als nun die Träumerin zu dem vereinbarten Termin erschien, war meine erste Frage: »Sagen Sie, gibt es in Ihrem Leben ein Problem mit einem Mann, der einen superstarken Wagen fährt oder etwas mit Sport- oder LKW-Motoren zu tun hat?« Die Frage saß und traf genau ins Zentrum eines Konflikts, der unbewußt Verfolgungsängste produzierte. Der Lebensgefährte der Träumerin, ein in Westeuropa beheimateter Südländer, ist Lastwagenchauffeur. Er fährt einen überdimensionalen LKW-Zug im internationalen Nord-Süd-West-Verkehr. Es handelt sich um einen geistig interessierten und belesenen Mann von besten Umgangsformen. Sein Job macht ihm Spaß, und er verdient recht gut dabei. Nur seine Partnerin leidet unter der Tatsache seines Berufs.

Selbst als die Tochter eines mittleren Beamten in einer Kleinstadt aufgewachsen, ist nach ihrer Ansicht die Verbindung mit einem LKW-Chauffeur für sie als Beamtin einfach nicht »standesgemäß«. Sie meint, so wie sie dächten vermutlich auch ihre Vorgesetzten und Kollegen. Und sicher auch die Hausbewohner wie die Kaufmannsfrau. So ist sie hin und her

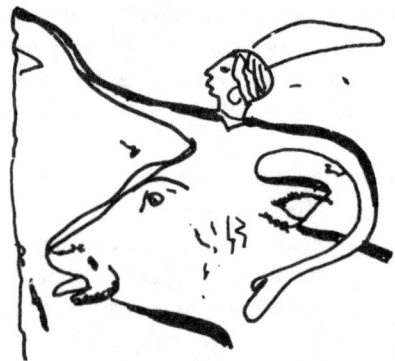

»Die Schöne und der Stier.« Im Traum sah sich eine 35jährige Frau auf einem Stier reiten. Auf ihrer Zeichnung ist sie jedoch mit dem Stierkopf verschmolzen. Aus den Hörnern wurden ihre Arme. An einer Schnur hält sie ihm ein kleines rotes Taschentuch vor, um ihn anzutreiben. Die Zeichnung ergänzt die Trauminformation hinsichtlich einer gewissen »Amazonenhaftigkeit« der Träumerin.

gerissen zwischen ihrer Liebe und der anerzogenen »Standesehre«, zwischen ihrem Stolz auf den betont männlichen Mann und ihrer Angst, ihn vor Kollegen und Familie vorzuzeigen, aus Furcht, sie könnten seinen Beruf entdecken.

Sie wurde vor die Wahl gestellt: »Entweder Sie bekennen sich in aller Offenheit zu diesem Mann, was immer auch die Leute sagen, oder Sie trennen sich! Wenn Sie so weitermachen mit dem Verstecken-Spiel, kommen Sie aus dem Labyrinth nicht mehr heraus. Sie enden dann vermutlich in den dunklen Gängen einer Nervenheilanstalt.« Die unerläßliche Entscheidung wurde ihr erleichtert durch den Hinweis: »Haben Sie denn einmal überlegt, wie viele Männer heimlich davon träumen, einen Beruf zu haben wie Ihr Mann? Einen Beruf, der Kraft und Geist erfordert, Verantwortungsbewußtsein, Kameradschaftlichkeit wie steten Einsatz im Kampf gegen mögliche Gefahr, die heutzutage im Verkehr auf allen Straßen lauert? Und könnte es nicht sein, daß mancher Ihrer Vorgesetzten und Kollegen diesen Mann beneidet, weil er am Steuer seines Lastgiganten sich frei fühlt wie ein Ritter alter Zeiten und quer durch einen ganzen Kontinent das Abenteuer der großen Reise immer wieder neu erlebt?«

Die Träumerin hat sich entschieden. Sie ist verheiratet, und befördert worden ist sie außerdem.

Der Hinweis auf die »dunklen Gänge einer Nervenheilanstalt« gehörte übrigens zur Deutung und hatte seinen Grund. Wenn archetypische Verhaltensmuster so deutlich den Inhalt eines Traumes bestimmen wie hier, vor allem ein so unheilträchtiges Ur-Muster wie das vom *Minotauros-Labyrinth,* dann ist das gleichzeitig ein *Warnsignal.* Ein Warnsignal der höchsten Stufe. Denn es droht die Gefahr einer seelisch-geistigen Blockierung. Kurzum: Der Ausbruch einer Psychose oder der Beginn einer lebensbedrohlichen *Depression* ist nicht auszuschließen.

»*Einbrecher stehlen aus dem Schaufenster eines Juweliers das wertvollste Schmuckstück. Um das besser zu sehen, nehme ich mein Fernrohr und klettere durch die Dachluke auf das fünf Stockwerke höhere Haus. Einer der Verbrecher schießt auf mich. Ich kann mich zwar noch ducken, rutsche aber ab. Ich will mich festhalten, aber meine Kraft versiegt. Zuerst fällt mein Schuh, dann falle ich.*«

Auch dieser Traum zeigt einen Angriff. Auf den Träumer wird geschossen, und dadurch gerät er in Gefahr. Doch hier sind die Verhaltensmuster aus dem Alltagsleben aufgegriffen, und die Gefahr ist, wie Sie sehen werden, ganz natürlich. Geträumt ist dieser Traum von einem sechzehnjährigen Mädchen, Doris H. Die körperliche Liebe kennt sie noch nicht, wie sie berichtet. Sie hat sich vorgenommen, damit zu warten, bis sie verheiratet ist. Das ist für ein Mädchen, das weiß, was es will, kein Problem, meint sie. Nach ihren Angaben ist sie aber gern mit Jungs zusammen. Sie geht gern tanzen, gegen die üblichen Zärtlichkeiten wehrt sie sich nicht.

Der Sinn der Traumgeschichte ist nicht schwer zu finden. Im Kontext nennt die Träumerin auch das Problem, von dem sie glaubt, daß es keines sei. Dazu gehört noch, daß sie schreibt: »*Als ich am Morgen aufwachte, lag ich auf dem Boden. Ich muß aus dem Bett gefallen sein.*«

Die Erhaltung der *Jungfräulichkeit* ist das Problem, zu dem der Traum in seiner Weise Stellung nimmt. Für Doris H. ist ihre Unberührtheit ein kostbarer Besitz, einem *wertvollen Schmuckstück* vergleichbar. Sie sagt es ja ganz offen und schmückt sich gewissermaßen damit. Die Einleitung des Traumes zeigt ihr jedoch, daß man nicht allzu sicher sein soll. Mit dem Bild vom Einbruch in einem Juweliergeschäft sagt ihr der Traum, daß ein kostbarer Schmuck auch Diebe anzieht und gestohlen werden kann.

Im nächsten Akt soll sie das *besser sehen* lernen. Der Traum läßt sie ein *Fernrohr* nehmen. Sie klettert aus der Dachluke ihres Hauses auf das Dach des Nachbarhauses, das fünf Stockwerke höher ist. Das *Haus* im Traum ist oft das Wohnhaus unserer Seele – in diesem Fall die unbewußte Psyche von Doris H. Die *Dachluke* im Haus bedeutet eine Sichtmöglichkeit aus der obersten Region, da, wo im Kopf der Verstand sitzt, wenn wir den Vergleich von Haus und Körpergehäuse als Sitz der Seele wählen. Das *Nachbarhaus* ist dann als Bild von Menschen aus der *Umwelt* der Träumerin zu verstehen. Die Zahl *Fünf* ist in der Zahlensymbolik die Zahl des *natürlichen Menschen.* Soweit will dieser Traum der Träumerin sagen, daß sie den Vorsatz, sich bis zur Ehe unberührt zu halten, nicht nur aus der eigenen Sicht und vom eigenen Wollen her bedenken sollte. Die natürlichen menschlichen Gegebenheiten und was sich in der Nachbarschaft so an diesbezüglichen Gelegenheiten ergibt, gehören dazu. Konkret, im Fall von Doris H.: Sie soll auch an die Situation der Jungen denken, zu denen sie zärtlich ist.

Nun ist es ja nicht ungefährlich, aus einer Dachluke zu klettern und auf ein fünfstöckiges Haus zu steigen. Daß diese Art der Umwelt- oder Nachbarschaftserkundung doch äußerst problematisch ist, zeigt der Traum auch sofort. Einer der Verbrecher, ein *Herzensbrecher* können wir hier sagen, *schießt* auf sie. Ein verliebter junger Mann allein mit einem reizvollen Mädchen kann durchaus *aggressiv* werden. Der Träumerin gelingt es zwar, sich vor dem Geschoß zu ducken, doch dieser Angriff bringt sie ins Schwanken und ins Rutschen. Sie will sich festhalten, am guten Vorsatz, können wir ergänzen, doch ihre Kraft reicht nicht mehr aus. So pflegt es ja im Leben auch zu sein. Gelegenheit macht Diebe, besonders in der Liebe.

Das Schlußbild zeigt: »*Zuerst fällt mein Schuh, dann falle ich.*« Eindeutiger kann dieses Bild kaum sein, würde ein Traumanalytiker jetzt sagen, der das von *FREUD für seine Psychoanalyse* entworfene Modell benutzt. Denn für S. *FREUD* war jeder *Schuh* im Traum ein Zeichen für das Genitale der Frau, weil in den Schuh der Fuß *hineinschlüpft.* Trotzdem trifft dies nicht zu. Exakt gesehen dient der Schuh als *Schutz* für den Fuß. Er ist eine Schutzhülle und erfüllt seinen Zweck beim Gehen und beim Stehen. Vergleichsweise sagen wir im Falle eines »guten Vorsatzes« auch, das ist der *Standpunkt,* den wir haben. Das ist das richtige Sinnbild für den Schuh. Das Schlußbild also sagt exakt: erst läßt die Träumerin den sie schützenden Bewußtseinsstandpunkt fallen – ihre Einstellung bezüglich der Unberührtheit bis zur Ehe –, dann kommt sie selbst »zu Fall«.

Dieser Traum ist ein besonders hübsches Beispiel als Beitrag für die Auseinandersetzung im Unbewußten eines jungen Mädchens mit der sexuellen Problematik. Es wäre naiv, in diesem Traum – im Sinne einer weitverbreiteten Ansicht – nur eine verdeckte Erfüllung uneingestandener oder unbewußter sexueller Wünsche zu sehen. Das Traumbewußtsein ist vielmehr bemüht, der Träumerin eine für sie sehr notwendige Information zu vermitteln. Etwas, das ihr Ich-Bewußtsein nicht berücksichtigt, weil ihr hier die Erfahrung fehlt: Die Natur drängt nach Vereinigung. Der Verzicht ist eine Sache des Verstandes. Die Frage lautet nur, was stärker ist. Und das hängt ebenso vom Partner ab. Denn jedes Sexualproblem ist ein Problem zu zweit. Daß sich Doris H. mit dieser Realität auseinandersetzen soll, zeigt ihr der Traum recht drastisch, indem er sie beim Erwachen aus dem bequemen Bett – ihrer Vorsätze und Meinungen – auf den harten Boden der Tatsachen fallen läßt.

»Plötzlich stand ich splitterfasernackt auf einer Party.« Mit dieser peinlichen Situation beginnt ein Traum von Frau Mady G. Sie ist Ende Dreißig und seit sechzehn Jahren »glücklich« verheiratet – schreibt sie. Derartige Szenen, in denen man unkorrekt angezogen oder gar nackt ist, kommen häufig vor. Fast jeder hat so etwas in irgendeiner Form schon einmal geträumt. Hören wir, was Mady G. über ihren Traum schreibt: *»Ich war im Traum mit meinem Mann zu einer Party eingeladen, die meine beste Freundin gab. Es waren eine Menge Leute da, der übliche Kreis von Freunden und Bekannten. Doch einige uns unbekannte Gäste waren auch dabei. Ich freute mich auf diese Party, weil ich mir ein schickes neues Kleid angezogen hatte, das meine Freundin noch nicht kannte. Auch eine neue Frisur hatte ich im Traum. Ich wurde auch entsprechend bewundert. Die Anwesenden drängten sich fast, mich zu sehen. Mein Mann und ich wurden zum Mittelpunkt der Gesellschaft. Befriedigt schaue ich auf meinen Mann, um zu sehen, ob er das auch gebührend zur Kenntnis nimmt, da – ich denke, ich seh' nicht recht – steht mein Mann in Unterhosen da.*

Doch keiner von den Leuten schien das zu bemerken. Alle starrten nur auf mich. War ja auch teuer genug, denke ich, aber das Kleid hat sich gelohnt. Ich schaue zufrieden an mir herunter … Es ist etwas Entsetzliches passiert. Ich habe überhaupt kein Kleid an, sondern stehe plötzlich splitternackt da. Einige der Herren fangen laut zu lachen an. Ich schäme mich fast zu Tode.«

Was bedeutet ein solcher Traum? Worum es hier geht, ist die Bekleidung. Das *Kleid* und der *Anzug*, wenn diese wie hier im Traum eine wesentliche Rolle spielen, haben eine symbolische Bedeutung. Gehen Sie jedoch zuerst von der praktischen Bedeutung der Bekleidung in der Lebenswirklichkeit aus. Da dienen Kleider einmal zum Schutz gegen Umwelteinflüsse, wie

Kälte, Regen, Mückenstiche usw. Zum anderen verhüllen Kleider die durch eine jahrtausendalte kulturelle Tradition mit einem Tabu belegten äußeren Geschlechtsmerkmale. Und drittens sind Kleid und Anzug Schmuck und Kennzeichen für Beruf und Stand. Mit einem Wort: *Statussymbole.*

Als *Traumsymbolen* kommt den Kleidern von *allen* diesen praktischen Verwendungszwecken etwas zu, je nach dem Zusammenhang. Doch als Symbole verkörpern sie eine psychische Funktion: die in den Entwicklungsjahren geprägte seelische Einstellung und Haltung der Um- und Mitwelt gegenüber. Sehen Sie *Anzug* und *Kleid* im Traum als den Ausdruck der *Persönlichkeit nach außen* hin an. Es geht also darum, wie Sie gegenüber Ihren Mitmenschen erscheinen möchten oder wie Sie glauben, daß Ihre Umgebung Sie sieht. *JUNG* hat für diesen teils bewußten und teils unbewußten Persönlichkeitsbereich den Begriff *Persona* eingeführt.

Frau Mady G. erscheint im Traum auf einer Party ihrer besten Freundin im teuren neuen Kleid und mit neuer Frisur. Sie legt also Wert auf eine *gepflegte Persona.* Befriedigt stellt sie fest, daß sie bewundert wird. Doch ist das nicht der Grund, wie sie glaubt, daß sie mit ihrem Mann in den Mittelpunkt der Gesellschaft rückt. Entsetzliches geschieht. Der Ehemann hat nur die Unterhosen an. Doch schlimmer noch, sie selbst steht plötzlich splitternackt im Kreise der gutangezogenen Freunde und Gäste. Die Reaktion der Traumpersonen ist äußerst unterschiedlich.

Die mangelhafte Kleidung ihres Mannes, für sie hier nur Begleitperson und Reaktionsanzeiger ihrer Wirkung, wird nicht bemerkt. Auch denkt sie nur, nicht recht zu sehen, doch regt sie das nicht weiter auf. Nun, die Freunde und Bekannten kennen seine Schwächen, will der Traum damit sagen. Wenn ein Mann einmal – symbolisch gesprochen – in Unterhosen dasteht, wundert sich keiner seiner Freunde. Seine *Persona* kennt man, und seine Schwächen hat man länst akzeptiert. Es sind eben nicht nur die *Kleider, die Leute machen.* Denken Sie an das Märchen von des Kaisers neuen Kleidern.

Die splitternackte Ehefrau jedoch zieht alle Blicke auf sich. Einige der Herren beginnen laut zu lachen. Auffällig ist die Diskrepanz. Ein Mann in Unterhosen oder nackt auf einer Party, das wäre in der Lebenswirklichkeit ein Anlaß, laut zu lachen. Der Anblick einer hübschen, attraktiven Frau, die plötzlich ihr Kleid verliert und splitternackt zu sehen ist, pflegt nicht ohne Reiz zu sein. Unter Freunden und Bekannten in heiterer Partystimmung dürfte als Reaktion allenfalls ein erfreutes Schmunzeln zu erwarten sein. Die Träumerin selbst *»schämt sich fast zu Tode«.*

Auch dieser Fakt ist ungewöhnlich. Gewiß, es sind auch unbekannte Gäste da. Daß diese aber gelacht hätten, sagt der Traum nicht. Ob Frau G.

etwas zu verbergen hat, weil sie sich so schämt? Doch was? Der Traum ist lang und recht detailreich. Genau besehen, sagt er nicht viel. Das schmückende Beiwerk mag der gewohnten Art des Plauderns der Träumerin entsprechen. Der Sinngehalt erschöpft sich in der Information über mangelnde Bekleidung und Entblößung sowie über die unterschiedliche Reaktion.

Ein zusätzlicher Anhaltspunkt für die Bedeutung dieses Traumes findet sich aber im Kontext. Es ist das von Mady G. in Gänsefüßchen gesetzte Beiwort »glücklich« zu ihrer Angabe, wie lange sie verheiratet ist. So etwas sollte Sie, wenn Sie einen Kontext lesen, immer stutzig machen. Die Hervorhebung durch Gänsefüßchen sagt doch, daß es mit dem Glück der Ehe von Frau G. nicht mehr ganz stimmt. Darauf bezieht sich auch die Traumbotschaft. Es ist ein Hinweis für die Träumerin, daß ihre guten Freunde sie und die Situation ihrer Ehe anders sehen als sie selbst. Mag sein, daß irgend etwas vorgefallen ist, was sie versucht geheimzuhalten. Daß ihr dies nicht gelungen ist und ihre Freunde sie durchschauen, zeigt ihr der Traum dadurch, daß *sie* es ist, die splitterfasernackt gezeigt wird. Ihr Mann hat damit kaum etwas zu tun.

Der Schlußsatz: »*Ich schäme mich fast zu Tode*« ist die Lösung dieses Traumes. Weshalb schämt sich die Träumerin so übermäßig? Sicher nicht wegen der körperlichen Nacktheit. So prüde ist die Gesellschaft unserer Zeit in dieser Hinsicht nun wirklich nicht mehr. Vermutlich also doch wegen irgendeiner Sache, die geeignet ist, daß sie ihre Persona oder, wie der Volksmund sagt, ihr »*Gesicht*« verliert. Die Erwähnung des *Todes* aber bedeutet, daß ein *Wandlungsprozeß* notwendig ist. Ein Wandel in der Bewußtseinseinstellung der Träumerin. Denn der Tod im Traum bedeutet nicht, daß man wirklich sterben muß.

»*Mein aufregendster Traum war: Ich sah mich selbst im Sarg liegen. Herum standen mein Mann, meine Tochter, mein Sohn und die Enkelkinder. Alle weinten herzzerbrechend. Alles war so schmerzhaft im Traum, daß ich selber, als Tote, weinte.*« Der Traum stammt von einer Dame Mitte Fünfzig, die sich selbst als moderne, flotte Oma bezeichnet. Sie liefert auch gleich eine eigene Deutung für ihren Traum dazu. »*Der Traum war für mich ein eindrucksvolles Erlebnis*«, schreibt sie. »*Es könnte ja auch in Wirklichkeit so sein. Mir ist dabei aufgegangen, daß ich mich viel zu intensiv um meine Familie kümmere. Ich war heilfroh, daß es nur ein Traum war. Sicherlich bin ich nun viel großzügiger meinen Angehörigen gegenüber geworden. Ich nehme auch nichts mehr so tragisch.*«

Die Träumerin hat den Sinn der Traumbotschaft verstanden. Wenn man auch noch so modern und flott ist, Sohn und Tochter, die selber schon

Kinder haben, wollen nicht ewig bemuttert werden. Manchen Müttern fällt es schwer, sich damit abzufinden, daß ihre Kinder erwachsen sind und ihre eigenen Wege gehen. Doch als Großmutter muß man diese Tatsache annehmen.

Der Traum zeigt die Träumerin als *Tote im Sarg*, also in der Situation vor der Beerdigung, umgeben von ihrer gesamten Familie. Das bedeutet, daß die Träumerin in ihrer Rolle als *herrschende Mutterfigur* überlebt ist und diese Seite ihrer Persönlichkeit für die Zukunft aufgeben und beerdigen soll. Um welche Rolle oder Einstellung der Person es sich handelt, die im Fall dieses Traumbildes in der Lebenswirklichkeit aufzugeben ist, geht aus dem Kontext eindeutig hervor. Alle weinen, und es ist so schmerzhaft, daß selbst die »Tote« weinen muß. Gewiß, eine derartige Umstellung ist schmerzlich. Doch zeigt das Ende des Traumes – die Lösung – , daß der Tod im Traum nur ein Übergang ist. Denn wenn die Tote weint, ist sie nicht mehr tot, sondern wieder lebendig.

Echte Todesträume sehen anders aus. Vom Sterben und vom Tod ist in Traumbotschaften, die den realen Tod von dem Träumer bekannten Personen oder gar das eigene Lebensende anzeigen, fast nie die Rede. Doch eine *Todesdrohung,* die in der Traumsprache über die Notwendigkeit einer Wandlung informiert, müssen Sie bei der Deutung stets auf die Möglichkeit einer drohenden Gefahr untersuchen.

»Ich werde von verschiedenen Personen irgendwo überrascht, meistens bei mir zu Hause in der Wohnung. Plötzlich stehe ich allein und – werde erschossen. Manchmal werde ich auch gesteinigt. Ich wache dann schweißgebadet und wie gerädert auf. Und ich bin froh, daß es nur ein Traum ist.«

Magda L., die Einsenderin dieses Traumes, ist Fremdsprachenkorrespondentin in einem Großbetrieb, fünfundzwanzig Jahre alt und ledig. Sie lebt allein in einem modernen Appartementhaus mit einer Unzahl von Wohnungen, obwohl die Eltern eine Luxusvilla besitzen und sie gern bei sich hätten. Allerdings, die Eltern leben in einer kleinen Stadt. Dort kennt ein jeder jeden. Über ein junges, unverheiratetes Mädchen wird natürlich stets geklatscht. Das hat ihr nicht gepaßt. Die Selbständigkeit in der Großstadt ist ihr lieber, wie sie schreibt. Doch glücklich scheint sie nicht zu sein. Der Traum – wie angegeben – verfolgt sie in mancherlei Variationen bereits seit längerer Zeit. Er deprimiert sie, und sie weiß sich nicht zu helfen. Einen festen Freund hat Magda nicht. Die Männer wollen immer nur das eine, sagt sie. Das, was man ein Verhältnis nennt, dauert bei ihr nur kurze Zeit. *»Enttäuschungen habe ich nicht erlebt. Es macht mir Spaß, mit einem Mann zu schlafen. Doch jeder stellt dann Ansprüche und will mich für sich allein besitzen.*

Habe ich keine Lust, sind sie sofort eifersüchtig. Daß ich nur meine Ruhe haben will, versteht keiner. Mag sein, es liegt an mir. Es fällt mir schwer, Kontakt zu finden.«
Nun, für das *Gesteinigtwerden* finden Sie ein Muster in der Bibel. Es ist das Schicksal, das die Namensschwester von Magda L., *Maria Magdalena,* erleiden sollte. Bei den Juden war das Steinigen die Strafe für die Ehebrecherin. Der Hinweis auf eine sexuelle Problematk ist gegeben. Doch keineswegs im Sinne unerfüllter Wünsche. Auch das *Erschossenwerden* hier im Traum darf nicht als ein gewissermaßen verkleideter Wunsch nach Sexual-verkehr gedeutet werden, wie es die Psychoanalyse lehrt. Daran fehlt es der Träumerin, wie aus dem Kontext hervorgeht, keineswegs. In ihrem Fall ist es vielmehr umgekehrt.

Niemand hindert Magda L., sexuelle Beziehungen aufzunehmen, noch macht ihr jemand moralische Vorhaltungen. Doch sie hat das Elternhaus verlassen. Sie ist die einzige Erbin einer florierenden Fabrik, wie aus ihrem Brief weiterhin zu ersehen ist. Die Eltern erhoffen sich eine Heirat und einen Schwiegersohn, der später den Betrieb übernimmt. Durch die Trennung vom Elternhaus und damit auch von ihren früheren Jugendbekannten entzieht sich Magda sozusagen einer Ehe. Das ist ihr Problem, mit dem sich auch der Traum auseinandersetzt.

Das *Erschossenwerden* darf speziell bei ihr nicht sexuell gedeutet werden. Es ist ein ernstes Warnsignal. Ihr Traum zeigt hier mit diesem Bild gewissermaßen *Rotlicht* an. Daher verfolgt sie auch der Traum und kehrt beständig wieder. So stolz sie auch auf ihre Selbständigkeit ist, ihr Unbewußtes ist klüger als sie. Das Traumbewußtsein weiß, daß Magda L. – nicht zuletzt ihrer Kontaktschwäche halber – in der gewohnten und geordneten Umgebung von Elternhaus und Heimatstadt besser aufgehoben wäre. Das Überraschtwerden in der Traumeinleitung deutet darauf hin, daß infolge ihres Alleinseins und ihrer gewissen Unerfahrenheit ein Mann in ihrem Leben eine überraschende Wendung bewirken kann. Durchaus im Sinne einer schmerzlichen seelischen Verwundung. Doch man kann es noch ernster sehen.

Wenn wir von *Rotlicht* sprechen, ist damit gesagt, daß dieser Traum auch das Signal der *Depression* bedeutet. Depressive Zustände können nach gewisser Zeit zum *Selbstmord* führen. Zwar sagt der Traum darüber nichts. Doch der *Traumort,* wo die Träumerin überrascht und getötet wird, ist meistens ihr »Zuhause«. Sie wissen aus dem Traum von Doris H. bereits, daß damit der Aktionsbereich der Psyche zu deuten ist. Und noch etwas ist Ihnen sicher aufgefallen. Der Traum ist überraschend kurz und handlungsarm. Die Traumeinleitung sagt, daß die Träumerin von verschiedenen Personen überrascht wird. Plötzlich ist sie allein. Dies ist hier der dramatische Effekt, der im nächsten Akt zu einer Wende der Traumhandlung führt. Doch dieser zweite Traumabschnitt hat keine Handlung. Das sollten Sie beachten!

Sie wird erschossen – oder auch gesteinigt. Aus! Warum? Von wem? Nichts verrät uns der Traum darüber. Es geschieht einfach so. Ebenso fehlt jegliche emotionale Regung seitens der Träumerin. Sie zeigt kein Entsetzen, wie Frau Mady G., als sie sich splitternackt auf einer Party sieht. Kein Schmerz, kein Weinen wie im Traum der flotten Oma. Keinerlei Stellungnahme zum Tod – jedenfalls nicht im Traum. Aus der Sicht des Psychiaters wären das Anzeichen einer Gefühlsverarmung, ein Defizit an Lebensenergie, eine fatale Gleichgültigkeit. Dies alles ist bedenklich, nimmt man die eingestandene Kontaktarmut hinzu. Besonders auch, weil hier – soweit der Text sich auf den Traum bezieht – der Schlußakt und damit auch die Lösung fehlt.

Genaugenommen fehlt in diesem Traum die Lösung. Glücklicherweise ist sie trotzdem da. Und damit haben Sie ein Beispiel, daß für eine richtige Traumdeutung unter Umständen das *Erwachen* die vom Traumbewußtsein angebotene Problemlösung ist. Zwar gehört alles, was Magda L. darüber schreibt, eigentlich zum Kontext. Es ist ihr Wachbewußtsein, das bereits zu der Traumbotschaft Stellung nimmt. In ihrem Falle um so besser. Denn der Adressat einer Traumbotschaft ist ja das Wachbewußtsein. Die beiden letzten Sätze dürfen Sie hier aber als Schlußakt und als Lösung deuten. Denn die Träumerin fügt sie unmittelbar an den Traumtext an. Damit gehören diese Aussagen auch noch zum Traum.

Es ist ein *schweißgebadetes* Erwachen, bedrückend also, als hätte die Träumerin im Schlaf eine schwere Last getragen. Sie wissen, daß in einem solchen Fall der Volksmund von einem *Alptraum* spricht und damit meint, ein böser *Alp* oder *Elf,* ein nebelhaftes Wesen aus dem Geisterreich, hätte sich dem Träumer wie im Märchen aufgehalst und ihn gezwungen, es mit sich herumzutragen. Es liegt also doch eine Stellungnahme der Träumerin zum Tod im Traum vor – als ein Erlebnis, das ihr den Schweiß aus allen Poren treibt. Wie *gerädert,* setzt sie hinzu. Das *Rad* ist – wie bei der Abhandlung der Bedeutung der Träume in der buddhistischen Erkenntnislehre bereits erwähnt – ein Symbol der Weltordnung, ein *Ganzheitssymbol.* Die mittelalterliche Strafe des *Räderns* hatte den Sinn, die durch den Verbrecher gestörte gesellschaftliche Ordnung wiederherzustellen.

Erschossen, gesteinigt, gerädert– das alles sind Begriffe, wie sie auch aus dem Strafvollzug der Gegenwart und Vergangenheit bekannt sind. Nun gehören zur *Depression* aber auch Schuldgefühle. Das chronisch *schlechte Gewissen* ist ein bekanntes Symptom eines *depressiven* Menschen. Seine Schuldgefühle müssen ihm nicht bewußt sein. Sie können sich in einem dumpfen Unbehagen äußern. Sie können ebenso im Wachbewußtsein Wahnvorstellungen aller Art erzeugen.

Die *Depression* nimmt gegenwärtig den Rang einer *Zeitkrankheit* ein. Alle 60 Minuten begeht heute in der Bundesrepublik nach Feststellung der Gesundheitsbehörden ein Mensch Selbstmord. Die Depression ist eine ernsthafte und lebensgefährliche seelische Erkrankung. Wenn in einem Traum, wie in dem von Magda L., derartige Muster des Vollzugs der Todesstrafe auftauchen – *verbunden* mit einem *Mangel an Affekten und Emotionen,* dem Fehlen von Entsetzen, Wut, Trauer, Schmerz oder auch dem gegenteiligen Gefühl einer beglückenden Erlösung –, dann heißt das für Sie stets: *Achtung! Lebensgefahr!*

Wenn ein Traum Lebensgefahr signalisiert, ist Rücksprache mit einem Psychotherapeuten geboten. Zumindest muß der Hausarzt um Rat gebeten werden. – Handelt es sich um den Traum einer anderen Person, ist bei der Deutung äußerste Zurückhaltung angebracht und auf die Notwendigkeit einer Beratung durch einen Analytiker oder Arzt aufmerksam zu machen. Auch diesen Hinweis wollen Sie sich zur Grundregel für die Deutung von Träumen machen.

Zeigt die Beschreibung des *Erwachens* durch Magda L. die fehlende Gefühlsäußerung zum Todeserlebnis im Traum, so enthält der Schlußsatz zusätzlich die Empfindung der *Freude.* Die Freude darüber, daß ihr »innerpsychisches« Erlebnis *nur* ein Traum ist. Das beweist, daß Gefühls- und Empfindungsfähigkeit, die im Verlauf einer akuten Depression zunehmend schwinden, noch vorhanden sind. Die Äußerung der Freude ist positiv zu bewerten und könnte einen guten Ausgang der gefährlichen Lebenssituation erhoffen lassen, über welche dieser Traum die Träumerin informiert. Mit folgender Einschränkung: Die Träumerin muß verstehen lernen, daß ihre Erlebnisse im Traum Erlebnisse einer inneren *seelischen Wirklichkeit* sind, deren Bedeutung nicht geringer ist als die der äußeren Realität. Das Wörtchen »nur« verrät die allgemein übliche Abwertungstendenz gegenüber allem Seelischen.

Sie muß sich der vom Traum angebotenen Lösung auch wirklich *bewußt* werden. Das heißt, es ist nicht mit einem durch die Deutung des Traumes erlangten »Wissen« getan, sondern es geht um ein Wissen, das »wirkt«. Also um ein Wissenserlebnis, ein inneres Ergriffensein durch die »Nachricht«, die das Traumbewußtsein vermittelt. Unser Sprachbewußtsein – in der Regel von uns unbeachtet und uns ebenfalls nicht bewußt – drückt dies genau aus.

Denn eine »Nachricht« ist wörtlich eine Information mit dem Ziel, sich *danach* zu *richten*. Im Wachbewußtsein der Träumerin ist die »Nachricht«, ihrem Leben eine neue Richtung zu geben, bereits angekommen: es ist die Mitteilung, daß sie sich durch ihr Verhalten einen Alp, einen irreführenden geistigen Inhalt aufgeladen hat und gerädert wird, weil sie die traditionelle Lebensordnung ihrer Familie zerstört hat. *Richtig* ist es demnach für sie, diese Ordnung wiederherzustellen und in ihre Heimatstadt zurückzukehren.

Alle diese Träume, ob es sich um eine Verfolgung, ein peinliches Erlebnis, eine Sterbe- oder Todesszene handelt, zielen mit ihrer Informationsbedeutung auf einen Wandel in der Lebenseinstellung des Träumers. Sofern die falsche Einstellung zu einem bestimmten Problem eine Gefahr bedeutet, enthalten die Träume in ihrem Handlungsverlauf – besonders im Schlußakt – entsprechende Warnungen. Wir können sie also generell als *Warn- und Wandlungsträume* bezeichnen.

Wir wählen übrigens als Deutungsbeispiele für Sie überwiegend Träume, die wir von den Lesern einer Veröffentlichung erhielten, welche als Fortsetzungsbericht über zwei Wochen täglich in einer der größten deutschen Tageszeitungen erschien. Über 3000 Leser fühlten sich angesprochen und sandten ihre Träume und ihre Erfahrungen dazu ein; Menschen aller Alters- und Berufsgruppen und aller sozialen Schichten. Vom sechzehnjährigen Lehrmädchen bis zum Bankdirektor im Ruhestand, von der Bauersfrau im kleinen Dorf, dem Maurermeister in einer typischen Mittelstadt bis zur Frau des Ministerialrats in Bonn. Keiner der Einsender war psychologisch vorgebildet oder befand sich in einer psychotherapeutischen Behandlung. Über Träume von Patienten verfügt jeder Analytiker. Doch das sind Träume in Ausnahmesituationen. Worauf es uns ankam, war ein Traummaterial, das in seinem Umfang und hinsichtlich der Zusammensetzung der Träumer einem repräsentativen Querschnitt der Bevölkerung entspricht. Träume also, die aus dem täglichen Leben stammen und die jeder normale Bürger träumt.

Hochinteressant bei diesem Experiment war das Ergebnis der Auswertung. Es zeigte, daß sich die Alltagsträume von normalen und psychisch gesunden Menschen in ihrer Symbolsprache und ihren archetypischen Mustern, in ihren Informationen, Reaktionen und Vorhersagen nicht von den Träumen der Patienten in psychotherapeutischer Behandlung unterscheiden – ein Beweis dafür, daß sich das Traumbewußtsein durch die persönliche Lehrmeinung des Analytikers nicht beeinflussen läßt, wie früher allgemein geglaubt wurde. Was sich durch den Psychotherapeuten im Sinne der von ihm vertretenen tiefenpsychologischen Schulrichtung beeinflussen läßt, ist das Wachbewußtsein seiner Patienten, sind damit deren Einfälle im Kontext zum Traum.

Die statistische Auswertung unseres Traummaterials ergab, daß die *Warn- und Wandlungsträume* in der Häufigkeit an erster Stelle stehen. Dabei haben *Sterbeszenen* wie im Traum der flotten Großmutter oder *Beerdigungsszenen* und alles, was an Handlungsmustern damit zusammenhängt, den Vorrang. Sie sind ein Hinweis darauf, daß eine unbewußte Seite der eigenen Persönlichkeit zu wichtig genommen wird und *begraben* werden sollte. Sie können ebenso ein Hinweis sein, daß der Träumer eine Begabung oder ein bestimmtes Interessengebiet aus irgendwelchen Gründen in seinem Leben vernachlässigt hat. Dann informiert der Traum mit der Lösung auch meist darüber, wie diese vernachlässigten Begabungen oder Interessen *wiederbelebt* werden sollen. Träume, die vom Sterben oder der Beerdigung einer dem Träumer *bekannten* Person handeln – manchmal erscheint diese Person auch selbst als Tote –, wollen darauf aufmerksam machen, daß die Beziehung zu der oder dem Betreffenden abgestorben ist. Vielleicht sollte sich der Träumer um diese Person kümmern und die Beziehung zu ihr wieder aufnehmen.

Träume mit *Angriffs-* und *Verfolgungsszenen,* die differenzierter auf ein anzugreifendes Problem verweisen, welches einen Wandel in der Bewußtseinseinstellung des Träumers bedingt, stehen in der statistischen Häufigkeit an zweiter Stelle. Sie wollen dem Träumer sagen, daß das Verstecken vor einem Problem, das ihn verfolgt, keine Lösung ist. Der Träumer sollte vielmehr seinem Verfolger im Traum, was immer das auch sei – eine Person, ein Tier oder gar eine bedrohliche Maschine –, mutig entgegentreten und sich damit auseinandersetzen. Den Stier, der ihn verfolgt, sollte er – sprichwörtlicherweise – auf sich zukommen lassen und ihn bei den Hörnern packen. Wer diesen Ratschlag in seinen wachen Überlegungen zum Traumgeschehen befolgt, wird zu seiner Überraschung sehr bald weitere Träume haben, die ihn über Einzelheiten informieren.

Echte *Todesträume* sehen anders aus. Träume also, die nicht eine tödliche Gefahr als Möglichkeit signalisieren, sondern den Tod als ein nicht abwendbares Ereignis anzeigen. In der Regel informieren derartige Träume über den Tod von nahen Angehörigen, Familienmitgliedern, guten Freunden oder Bekannten. Der eigene reale Tod wird selten geträumt. Und wenn, dann merkwürdigerweise meist Jahre oder Jahrzehnte zuvor.

»Ich bin in Afrika auf einer großen Ranch. Ich befinde mich im Traum in meinem Auto und sitze auf einer Mambaschlange. Ich darf mich nicht bewegen, sonst beißt sie mich.«

Dieser Traum stammt nicht aus dem oben erwähnten Lesermaterial, sondern von einem Patienten, der einige Zeit zuvor einen Suizidversuch unternommen hatte. *(Suizid,* von lat. *suus* = sein und *caedere* = töten, ist der Selbstmord.) Es handelt sich um einen erfolgreichen Geschäftsmann von Mitte Fünfzig, der im Ausland aufgewachsen ist und lange Zeit in Afrika gelebt hatte. Er war wegen von Zeit zu Zeit auftretender Depressionen bereits vor zwanzig Jahren in analytischer Behandlung. Aus dieser Zeit stammte der Traum, den er seinem Psychotherapeuten aber damals nicht erzählt hatte.

Der Biß der *Mamba,* einer äußerst giftigen Schlange, ist tödlich, wenn nicht sofort etwas geschieht. Die Mamba liebt Leder und Häute. Sie kriecht in Schuhe, Ledersessel und Autositze. Man bemerkt sie oft nicht, und sie beißt unvermittelt. Als Kontext äußert der Träumer zu diesem Traum: *»Die Schlange hat zwei Aspekte. Sie symbolisiert die kalte, unberechenbare Natur und auch das Göttliche, das man ebensowenig berechnen kann.«*

Das *Auto* ist ein Fahrzeug, das sich aus eigener Kraft fortbewegt. Es ist damit ein individuelles Fortbewegungsmittel und nicht ein kollektives, wie beispielsweise die *Eisenbahn* oder die *Straßenbahn,* die sich auf vorgeschriebenen Gleisen fortbewegen. Im Traum symbolisiert das Auto sozusagen die motorische Energie, die Lebenskraft seines Besitzers. Es hat damit die gleiche vitale Symbolbedeutung wie zu früherer Zeit das *Pferd.* Das Pferd des modernen Menschen ist das Auto.

In Behandlung ist der Träumer nicht nur wegen seines Suizidversuchs, sondern auch weil er exzessiv trinkt. Ihm wurde bereits der Führerschein entzogen. Seine Alkoholsucht begann, als er vor einigen Jahren sein Unternehmen in Afrika verkaufte, um in Europa zu leben.

Zu beachten an diesem Traum sind die *Handlungsarmut* und das *Fehlen* des Schlußaktes mit einer *Lösung.* Der Traum enthält lediglich Zustandsbilder. Das Sitzen auf der Mamba ist ein Zustand höchster Lebensgefahr. Die Angabe: »Ich darf mich nicht bewegen . . .« gehört zum zweiten Traumteil, der nur aus einem Bild besteht, doch keine Handlung zeigt. Diese Angabe unterstreicht die Gefahr ganz besonders und bedeutet, daß der Träumer in seiner Lebensvitalität gelähmt ist – eben so, als wäre er bereits von der Mambaschlange gebissen.

Fatalerweise hat der Träumer diesen Traum, als er ihn vor zwanzig Jahren träumte, seinem damaligen Analytiker verschwiegen. Wenn er ihn nun seinem Therapeuten gewissermaßen als Auftakt in die erneute psychothera-peutische Behandlung mitbringt, hat der Traum für diesen eine besondere Bedeutung. Es ist ein sowohl *diagnostischer* wie auch *prognostischer* Traum (von griech. *prognoosis,* das Vorherwissen). Hier ist die Trauminformation für beides, für die *Diagnose* als Feststellung des Krankheitszustandes und für die *Prognose,* die Erkenntnis über den Behandlungsverlauf, äußerst ungünstig. In einem solchen Fall läßt sich kaum etwas tun. Der Traum sagt klar, daß sich der Patient in höchster Lebensgefahr befindet und bei der geringsten Bewegung umkommen wird. Doch ein Traum ist kein Grund, jemanden in einer Klinik zu internieren. Organisch war der Mann gesund. Eine Möglichkeit wäre es für ihn gewesen, nach Afrika zurückzukehren, auf eine Ranch – das Bild der Traumeinleitung. Doch dafür fühlte sich der Patient zu alt. Auch wollte seine Frau, die er erst in Europa geheiratet hatte, davon nichts wissen.

Das Ende kam schnell. Es kündigte sich ebenfalls durch einen Traum an. *»Ich fahre im Auto eine Straße entlang. Plötzlich versagen die Bremsen.«* Eine eindeutige Information! Die Symbolbedeutung des *Autos* haben wir erklärt. Die *Straße* hat im Traum die Bedeutung des *Lebensweges.* Obwohl der Patient dringend davor gewarnt wurde, Auto zu fahren – unter Hinweis auf den entzogenen Führerschein –, setzte er sich am nächsten Tag ans Steuer und raste in einer leichten Kurve an einen Baum. Gewollt war der Tod nicht, denn laut Unfallanzeige der Polizei waren einige Meter vor dem Baum Bremsspuren erkennbar. Doch dann hatten die Bremsen tatsächlich versagt.

»Ich liege im Bett. ›Väterchen Frost‹ kommt zum Fenster herein und beißt mich in den Bauch. Hinter ihm steht der Nachtrabb.«

Der Traum eines siebenjährigen Jungen, den er seiner Mutter erzählte. Zwanzig Jahre danach nimmt er sich das Leben, indem er sich mit einem langen Fleischermesser den Bauch aufschlitzt.

Das ist ebenfalls ein sehr kurzer Traum, der nur aus einem Akt besteht. Typisch auch hier, daß Gefühlsäußerungen und Affektregungen fehlen. Die Handlung ist von äußerster Kürze. Der Träumer selbst handelt nicht, es geschieht ihm. Auf den ersten Anschein sieht dieser Traum recht harmlos aus. Was Kinder halt so träumen, wenn ihnen Märchen erzählt werden. Daß dieser Traum über das tragische Lebensende des Träumers zwei Jahrzehnte vor seinem wirklichen Tod informiert, ist ohne eingehendes Studium der Träume und ihrer Bedeutung nicht zu vermuten. Doch gerade *Kinderträume* sollten die Eltern sorgsam beachten. Wir kommen darauf noch zurück.

Väterchen Frost ist eine russische Märchenfigur, die auch in den Märchen der Ostprovinzen des Deutschen Reiches eine Rolle spielt, die Verkörperung des Winters, der im deutschen Osten mit seinem russischen Landklima vier bis fünf Monate dauert. Des Winters in seinem tödlichen Aspekt, der das Leben durch Frost und eisige Kälte erstarren läßt und zum Stillstand bringt. Der *Nachtrabb* ist eine Schreckfigur, welche die Kinder holt, wenn sie sich bei Einbruch der Dunkelheit verspäten und nicht rechtzeitig nach Hause kommen. Hinter dieser Figur verbirgt sich der *Rabe.* Er ist in der germanischen Mythologie ein *Todesvogel* und Sinnbild der Walküren.

»*Ich stehe mit meiner Mutter am Fenster unseres Elternhauses in L. Meine Mutter ist sehr viel jünger als in Wirklichkeit. Vielleicht vierzig, während sie bereits mehr als doppelt so alt ist. Eigenartigerweise befindet sich unser Haus zwar auf der richtigen Straße, doch am Anfang, dort wo in unserer Heimatstadt der Bahnhof steht. Die Zimmer sind leer, ohne Möbel. Durch das Fenster sehe ich Prof. R. auf unser Haus zukommen. Ich gehe in die Diele, um ihn hereinzulassen. Doch er ist bereits im Vorflur, wo auf der breiten Eingangstreppe einige Kinder spielen. Meine beiden Töchter sind dabei. Die Mädchen sind in ihr Spiel vertieft und bemerken den Professor gar nicht. Mein Sohn, hier auch als Kind und jünger als die Mädchen, obwohl er damals doppelt so alt war, lärmt laut und verhält sich merkwürdig unartig. Er drängt sich an Prof. R. heran und greift nach seiner Hand. Doch dieser beachtet die Kinder nicht. Ob der Traum noch weiterging, weiß ich nicht. An mehr kann ich mich nicht erinnern.*«

Die Träumerin, eine sechzigjährige Ärztin, schreibt dazu, ihre fast neunzigjährige Mutter sei seit einigen Wochen – wegen Altersschwäche pflegebedürftig – in einem Sanatorium. Sie rechne mit deren Ableben in den nächsten Monaten. Professor R. sei der Hausarzt der Familie gewesen, der auch den Vater vor dessen Tod behandelt habe. Auffällig sei, daß alle Personen, auch Professor R., im Traum sehr viel jünger gewesen wären als in Wirklichkeit. Ihre Töchter sind längst verheiratet und haben ihrerseits kleine Kinder.

Dieser Traum hat die Bedeutung einer echten *Todesbotschaft.* Wie aus dem Kontext hervorgeht, rechnet die Träumerin mit einem Ableben der Mutter aus Altersschwäche. Organisch ist sie gesund. Bei guter Pflege könnte sie vielleicht noch einige Jahre leben. Die Geschwister der Mutter wurden alle zwischen 93 und 95 Jahre alt. Doch von einer derartigen Möglichkeit – als Schlußbild und Traumlösung – sagt dieser Traum nichts. Er bricht mit der Szene im Vorflur ab.

Der Professor, eine bekannte Person aus der Lebenswirklichkeit, hat hier die Bedeutung des *Todesboten.* Er war der Hausarzt der Familie, der – wie früher üblich – Familienmitgliedern bei der Geburt wie beim Tod zur Seite stand. In Wirklichkeit lebt er nicht mehr. Es ist nicht ungewöhnlich, daß ein Verstorbener aus irgendwelchen Gründen in einer Familie diese Rolle spielt. Denken Sie nur an die vielen Gespenstergeschichten und Legenden, in denen meist die »Ahnfrau« oder der »Hausgeist« vor dem Tod eines Angehörigen erscheinen. Das entspricht der volkstümlichen Auffassung, daß die Toten unsichtbar mit uns weiterleben und sich zeigen, um eine Person in das Reich der Seelen heimzuholen.

Doch dem muß nicht so sein. Für das Traumbewußtsein ist das keine Regel. So könnte beispielsweise der Professor – als der alte, über Jahrzehnte mit Geburt und Tod in dieser Familie verbundene Hausarzt – in Wirklichkeit noch leben. Die Bedeutung des Todesboten erhält er im Traum, weil er *verjüngt* erscheint. Dies ist das entscheidende Merkmal, daß die Personen im Traum sehr viel *jünger* sind als in Wirklichkeit. Hinter dem Traumbild, das gewissermaßen eine altersmäßige Rückwärtsentwicklung der Traumpersonen vom Alter in Richtung Geburt anzeigt, steht das archetypische Vorstellungsmuster vom *Tod als Geburt.* Der Tod als Übergang in die ewig seiende, zeitlose Welt hinter der zeitlich begrenzten, materiellen Welt und damit auch – der Tod als Rückkehr zu den Anfängen des Lebens.

Auch der Träumerin fällt es auf, daß die Mutter im Traum sehr viel jünger ist als in Wirklichkeit. Auf eine Übergangssituation deutet bereits die Traumeinleitung hin. Das Haus steht plötzlich am *Anfang* der Straße, am Anfang des mütterlichen Lebensweges. Es steht am Platz des *Bahnhofs.* Die Symbolbedeutung des Bahnhofs ist unschwer zu verstehen, ist er doch auch im realen Leben ein *Ort des Überganges.* Der Ort, wo Reisen beginnen und enden. Die Zimmer sind leer, als wären sie bereits von den Möbelträgern – wie bei einem stattfindenden Umzug und Auszug aus dem Haus – ausgeräumt worden. Im zweiten Traumteil erscheint auch, worauf die Träumerin mit der Mutter am Fenster wartet, der Professor R. als der Traum-*Todesbote.* Doch da gibt es noch eine überraschende Verwicklung. Die Sache mit den spielenden Kindern auf der Vor*treppe* – ebenfalls ein *Übergangssymbol.*

Im Vorflur sind die beiden Töchter und der Sohn der Träumerin. Der Todesbote beachtet sie nicht. Aber der Sohn verhält sich *»merkwürdig unartig«. »Er drängt sich an Prof. R. heran und greift nach seiner Hand«,* heißt es im Traumtext. Was bedeutet das? Soll die Träumerin bei dieser Szene auf*merken* und sie besonders *würdigen?* Unartig heißt doch, sich *nicht artgemäß* zu verhalten. Und die *Hand,* nach der er greift, ist ein Symbol des *Handelns,* ein Sinnbild der *Aktivität.* Doch hier ist es eine Person mit Todesbedeutung, an die sich der Sohn herandrängt, und eine tödliche Aktivität, nach der er greift.

Aus dem Kontext geht nicht hervor, daß sich die Träumerin darüber Gedanken macht. Was sie beschäftigt, ist die seit einigen Wochen pflegebedürftige Mutter. Übrigens irrt sie sich, wenn sie sagt, daß *alle* Personen im Traum sehr viel jünger gewesen wären. Für sie selber trifft das

Die Treppe im Traum
ist ein Übergangssymbol.
Hierzu die Collage
einer 23jährigen Studentin zu
ihrem »Treppen-Traum«
vor einem wichtigen Examen.

nicht zu. Auch für die Töchter genaugenommen nicht. Nur für den Sohn. Denn zum Sohn sagt der Traumtext ausdrücklich, er sei jünger als seine Schwestern, während er zu der Zeit, in der der Traum spielt, in der Lebenswirklichkeit etwa doppelt so alt ist. Außer Professor R. sind es nur die Mutter und der Sohn, deren Alter das Traumbewußtsein für seine Botschaft auf die Hälfte reduziert.

Bereits zwei Tage nach dem Brief mit dem Traum erhielt ich von der besagten Ärztin die Todesanzeige vom Tod ihrer Mutter. Auf der Rückseite der handschriftliche Vermerk: »... Brief an Sie war kaum zur Post, als Todesnachricht eintraf. Traum war in der Nacht zuvor. Deutung erübrigt sich also...«

Der Tod der alten Dame war plötzlich eingetreten. Noch vier Stunden zuvor hatte die Träumerin wie jeden Tag mit dem behandelnden Kollegen im Sanatorium telefoniert. Befinden unverändert, hatte dieser erklärt, keine auffälligen Symptome. Der Traum gibt das rückläufige Alter der Mutter mit vierzig an. Das Telefonat als letzte Nachricht über das Befinden der Mutter findet vier Stunden vor deren Tod statt. Man könnte in der *Vier* unter Umständen eine Zeitangabe des Traumbewußtseins sehen. Doch das ist spekulativ. Beweisen läßt sich so etwas in diesem Fall nicht, obwohl es wissenschaftlich gesichert ist, daß Träume öfters exakte Zeitangaben enthalten, die im nachhinein ihre Bestätigung finden.

Bedauerlicherweise sollte noch etwas anderes aus diesem Traum im nachhinein eine Bestätigung finden. Ein Beweis dafür, daß es ein tragischer Irrtum der Träumerin war zu glauben, eine weitere Deutung erübrige sich, nachdem der plötzliche Tod ihrer Mutter für sie eine ausreichende Erklärung war. Die Szene mit den spielenden Kindern und dem *unartigen* Sohn der Ärztin in diesem Traum beschäftigte mich jedenfalls nach wie vor.

Trotz der Untersuchung einer Unzahl von anderen Träumen und ohne einen direkten Anlaß zu haben, rief ich sie einige Wochen später an und fragte nach ihrem Sohn. Sie war recht verwundert darüber und konnte gar nicht verstehen, daß ich mich überhaupt noch mit ihrem »Allerweltstraum« befasse, der doch – wie sie meinte – wissenschaftlich belanglos sei. Sie habe zufällig meine Veröffentlichung über Träume gelesen, und aus einer durch den Zustand der Mutter verständlichen Streßsituation heraus habe sie mir geschrieben. Doch habe ihr Traum letztlich nur bestätigt, was jeder von der *Psychoanalyse* her wisse, daß der Anlaß von Träumen *verdrängte* Wünsche oder Befürchtungen seien. Als Ärztin wisse sie obendrein, daß bei einer neunzigjährigen Frau mit akuten Schwächeanfällen ein Exitus täglich zu erwarten sei. Bei der eigenen Mutter schiebe man halt auch die ärztliche

Erfahrung zugunsten des frommen Wunsches beiseite. Insofern könne man den Begriff *»Verdrängung«* akzeptieren, aber mit einem *»Unbewußten«* habe das nichts zu tun.

Ihrem Sohn sei der Tod der Großmutter ebenso nahegegangen wie ihren Töchtern. Eine durch das Zeitübel der beruflichen Überforderung bedingte Vernachlässigung der familiären Beziehungen habe sich seit dem traurigen Ereignis gebessert. Ihrem Sohn ginge es gut. Mehr sei dazu nicht zu sagen. »Entschuldigen Sie, aber die Praxis ruft.« Damit war das Telefongespräch beendet.

Auf den Tag genau drei Monate nach der Beerdigung der Großmutter starb der Sohn. Kurz vor seinem vierzigsten Geburtstag. Sein Tod kam für die Mutter völlig überraschend. Er hatte sich im Bahnhof des kleinen Großstadtvorortes, in dem er wohnte, vor einen durchrasenden D-Zug geworfen. Das Wohnhaus liegt an der zum Bahnhof führenden Straße, nur etwa 150 bis 200 Meter entfernt, ähnlich der Lage des Elternhauses der Ärztin in ihrer ländlichen Heimatstadt. Der Unfall ereignete sich nicht direkt im Bahnhof, sondern an der Stelle, wo eine Treppe seitlich auf den erhöhten Bahnsteig führt, gewissermaßen im Vorflur des Bahnhofs – da, wo im Traum der Ärztin die Kinder sich aufhalten und der Junge nach der Hand des Todesboten greift.

Das Motiv des Freitodes ist eine eigene Geschichte, auf die hier nicht eingegangen werden kann. Es hängt mit dem Tod der Großmutter zusammen, bei der der Sohn aus kriegsbedingten Gründen viele Jahre seiner Jugend verbracht hatte. Ob der Suizid vermieden hätte werden können, wenn die Träumerin die volle Bedeutung ihres Traumes verstanden hätte, oder nur aufgeschoben worden wäre, ist eine andere Frage. Doch zeigt Ihnen dieses Beispiel etwas sehr Wichtiges, das Sie ebenfalls als *Deutungsregel* festhalten wollen: **Träume müssen ausgedeutet werden. Eine halbe Deutung kann verhängnisvoll sein!**

Außerdem ist dieser Traum ein weiterer Beweis für die bereits zur Regel erklärte Notwendigkeit, Träume so *wortwörtlich wie möglich* zu deuten. Um den *FREUD*schen Irrtum von den verkleideten Wünschen ein für alle Mal auszuräumen, sei hierzu C. G. *JUNG* zitiert: »Träume sind keine beabsichtigten und willkürlichen Erfindungen, sondern natürliche Phänomene, die nichts anderes sind, als was sie eben darstellen. Sie täuschen nicht, sie lügen nicht, sie verdrehen und vertuschen nicht, sondern verkünden naiv das, was sie sind und meinen. Sie sind nur darum ärgerlich und irreführend, weil wir sie nicht verstehen. Sie wenden keine Kunststücke an, um etwas zu verbergen, sondern sagen das, was ihren Inhalt bildet, in ihrer Art so deutlich wie möglich.« So nachzulesen bei C. G. *JUNG* in »Psychologie und Erziehung«, Zürich 1950, S. 72 ff.

Eine konkrete Todesbotschaft durch das »Medium Traum« erhielt auch der Vater eines auf seiner Urlaubsreise tödlich verunglückten Mannes, und zwar in folgender Weise: »*Ich war im Traum in M. Dort fand ich eine Kleinbahnlokomotive mit Wagen und fuhr mit dieser herunter in den Stadtteil am See. Als ich wieder zurückfahren wollte, blieb die Lokomotive auf halber Strecke stehen. Ich trat mit voller Kraft auf den Gashebel, aber es war nicht mehr genügend Dampf in der Lokomotive. Da die Steigung ungeheuer steil war, kippte die Lokomotive langsam nach rückwärts herunter. Ich konnte tief unter mir die Felsen und darunter den See sehen, sozusagen mit dem Kopf nach unten hängend. Die Lokomotive stürzte den Hang herunter, kam aber unten wieder auf die Gleise zu stehen. Doch weiterfahren ließ sie sich nicht, da die Gleise völlig vereist waren. Ich ging zu Fuß zurück. Oben erfuhr ich, daß der Zug immer im Spätherbst hier abgestellt wird und daß er gestern zum letztenmal heraufgefahren worden ist.*«

Der Träumer erklärt dazu, sein Sohn sei im Urlaub im Ausland auf dem Wege nach L. gewesen. Das ist eine an einem See gelegene Stadt. Er habe nicht die übliche, von Touristen gewählte Autostraße benutzt, sondern eine schmale Gebirgsstraße. Bei dem Ausweichmanöver vor der den Weg kreuzenden Bergbahn sei er rückwärts von der Straße abgekommen und mit seinem Auto den steilen Felshang hinuntergestürzt. Die Todesnachricht habe er erst einige Tage später über das Konsulat erhalten. Den Traum habe er, wie er nachträglich feststellen konnte, in der Nacht nach dem Unfall gehabt. Zu der Stadt M. im Traum sagt er, das sei der Wohnort seiner Eltern gewesen. Er liege ja auch an einem See. An höchster Stelle über dem Ort befinde sich der Friedhof mit den Gräbern seiner Eltern. Dort sei auch die Schwiegertochter, die vor einigen Jahren starb, die Frau seines Sohnes, begraben.

»Ich hatte nach dem Erwachen ein ungutes Gefühl zu diesem Traum. Daß er mit meinem Sohn zusammenhängen könnte, habe ich aber nicht vermutet. Ich habe den Traum vielmehr auf mich bezogen. Schließlich bin ich nicht mehr der Jüngste, und in den letzten Wochen war ich sehr krank«, berichtet der Träumer zusätzlich. Hätte er diesen Traum als Nachricht vom Tod eines Familienmitgliedes, sogar des Sohnes, verstehen können, wenn er gelernt hätte, Träume richtig zu deuten?

Die einzige *handelnde Person* in diesem Traum ist der Träumer selbst. Verständlich, daß er ihn auf sich bezieht. Daß der Absturz mit der Lokomotive auf eine tödliche Gefahr hindeutet, ist ihm klar. Dies geht aus dem Kontext hervor. Er gibt ein »ungutes Gefühl« zu, verweist auf sein

Alter und seine Krankheit, aber vor allem auf die Lage des Friedhofs und der Elterngräber.

Woran können Sie trotzdem erkennen, daß sich der Absturz im Traum nicht auf den Träumer bezieht? An den Beispielen der Träume des Geschäftsmannes aus Afrika und des Kindertraums vom »Väterchen Frost« haben Sie gelernt, daß Träume, die den eigenen Tod bedeuten, auffällig kurz und handlungsarm sind. Sie zeigen ein unabänderliches Geschehen. Und stets fehlt ein Schlußakt mit einer Lösung, die irgendeinen Ausweg erkennen läßt. Dieser Traum aber enthält eine Reihe von Handlungen und zeigt die übliche Gliederung des Traumablaufs.

Der *Traumort* ist der Wohnsitz der Eltern mit den Familiengräbern. Das deutet bereits darauf hin, daß der Traum etwas mit der Familie zu tun hat. Der Träumer findet dort eine Kleinbahnlokomotive »mit Wagen«. Und zwar im »oberen« Ortsteil, wo sich die Gräber tatsächlich befinden. Dies geht aus dem Traumtext klar hervor. Nur gibt es in dieser Stadt weder eine normale Eisenbahn noch eine Kleinbahn. In der Realität wird der Verkehr zu Schiff abgewickelt. Die *Kleinbahn* hat also für den Träumer eine Symbolbedeutung. Sie ist, wie wir bereits wissen, das Symbol der dynamischen Lebensenergie. Doch nicht in individueller Hinsicht wie das Auto, sondern in einer erweiterten, kollektiven Bedeutung. Mit der *kleinen* Bahn deutet der Traum auf die Lebensdynamik der Familie.

Als Familienoberhaupt fährt der Träumer mit der Kleinbahnlokomotive und einem Wagen als Anhänger – einem Familienmitglied – zum See herunter, dem symbolischen Bereich des Unbewußten. Das ist auch die Informationszentrale der Träume. Von dort her bezieht er die verhängnisvolle Nachricht, nur eben in der Form eines Ereignisses, das ihm auf der Rückfahrt widerfährt. Die Lokomotive bleibt am Steilhang stehen. Er tritt mit aller Kraft auf den *»Gashebel«,* der in Wirklichkeit zu einem Auto gehört. Und von hier ab erlebt der Träumer den Absturz, wie er sich vergleichsweise Stunden zuvor beim Unfall des Sohnes an einem rund tausend Kilometer entfernten Felshang tatsächlich abgespielt haben muß. Die Bestätigung erhält der Träumer allerdings erst Tage später. Die Realität dieses Traumabschnitts ist dem Traum selbst nicht zu entnehmen.

Zwar erlebt der Träumer den Absturz als ein Ereignis, das ihm selbst zustößt, aber es geschieht ihm nichts. Er beobachtet alles sehr genau, ohne jegliche Todesangst. Er sieht »sozusagen mit dem Kopf nach unten hängend«. Das alles ist doch sehr merkwürdig. Es könnte bedeuten, daß das Traumbewußtsein damit auf eine andersgeartete Möglichkeit der Wahrnehmung hinweisen will. Der Wahrnehmung, die der normalen – wo der Kopf mit seiner Logik oben ist – entgegengesetzt ist. Dies ist, wie sich nach Tagen zeigt, ja auch der Fall gewesen.

Der Träumer bleibt unverletzt, und die Lokomotive kommt unten wieder auf den Gleisen zu stehen, wie eine Katze, die immer auf die Beine fällt. Doch sicher fällt Ihnen auf, daß der Wagen verschwunden ist. Von ihm ist bis zum Schluß des Traumes nicht mehr die Rede. Jetzt müssen wir für die Deutung annehmen, daß die grauenvolle Szene mit dem Absturz sich nicht auf den Träumer bezieht, sondern auf ein Familienmitglied. Nun kann der Träumer aber die Lokomotive nicht mehr weiterfahren und muß zu Fuß zurückgehen. Nicht etwa, weil die Lokomotive zu Schaden gekommen wäre, sondern weil »die Gleise völlig vereist waren«. Was heißt das?

Aus dem Kontext wissen wir, daß die Schwiegertochter nicht mehr lebt und die Eltern des Träumers ebenfalls gestorben sind. Von seiner Frau spricht er nicht. Immerhin ist sie die Mutter des Verunglückten. Was immer auch ihr Schicksal gewesen sein mag, sie ist jedenfalls nicht vorhanden. Die *Gleise,* auf denen das gemeinschaftliche Leben einer Familie sich fort- und weiterbewegt, sind vom tödlichen Eis bedeckt und unbrauchbar geworden. Mit anderen Worten, der Träumer ist allein und für sein weiteres Leben auf sich selbst, auf seine eigenen Füße, angewiesen. Am Schluß des Traumes erhält er als Lösung eine Information von spezieller Bedeutung. Er erfährt oben, also da, wo in M. der Friedhof ist, daß der Zug im Spätherbst hier abgestellt wird. Der *Spätherbst* ist die Jahreszeit, wo die Natur sich zum Winterschlaf anschickt. Und »*gestern*« ist er zum letztenmal heraufgefahren worden, heißt es weiter. Dem Träumer wird am Schluß des Traumes damit gesagt, daß am Tag vor dem Traum ein Ereignis stattgefunden hat, das dem Leben der Familie ein Ende setzte.

Die abenteuerliche Reise und die geträumte Natur

Erfahrungsgemäß wählt das Traumbewußtsein häufig das Bild einer *Reise,* um den Träumer über Stand und Verlauf seines ihm nicht bewußten seelischen Lebensprozesses zu informieren. Die Überraschungen und Abenteuer, die uns auf dieser geträumten Lebensreise begegnen, zeigen die im Leben auftauchenden problematischen Situationen und Konflikte an. Die Bilder dieser Abenteuerfahrt sind mannigfach. Die Reise kann zu Fuß, im Auto und in der Eisenbahn erfolgen, auf einem Boot, zu Schiff und mit dem Düsenjet. Sie kann sogar in einem Raumschiff in den Weltraum führen. Doch hinter diesen Bildern läßt sich stets das Muster einer Märchenreise, der

Archetyp der Heldenfahrt erkennen, die uns aus Sagen wie jenen der *Artus*-Runde und anderen Geschichten über Ritterreisen wohlbekannt sind.

Da findet sich das Muster, wie ein Träumer, vergleichbar dem *introvertierten Parzifal,* dem reinen Tor, sich auf die Suche nach der *schwer zu findenden Kostbarkeit* macht. Die Fahrt des Sonnenhelden *Gawein* auf dem Weg zum *Gral* und seine Abenteuer im Schloß und Zauberbett der schönen *Orgelluse* finden sich als Verhaltensmuster zur Belehrung ebenso wie die sinnbildlichen Abenteuer des *Odysseus* auf seiner Heimfahrt nach dem Kampf um Troja im antiken Heldenepos des *HOMER.*

Die Traumreise führt den Träumer in dunkle Zauberwälder, in tiefe Schluchten, über Flüsse und steile Pfade ins Gebirge, an Meeresstrände und auf verwunschene Inseln, doch kann sie ebenso durch die Betonwüsten heutiger Alptraumstädte, über das verwirrende Geflecht von Zubringern und Autobahnkreuzen und in den Dschungel gigantischer Fabriken und Industriekombinate gehen. Ob wir uns im Traum mit der Natur, so wie sie war und sein sollte, oder der Un-Natur einer durchtechnisierten Welt auseinandersetzen müssen, ob Raubkatzen uns bedrohen oder Stahltiger und Leopardenpanzer uns überrollen wollen, ein Riesenvogel nach uns greift oder ein Terrorist im Cockpit einer Urlaubs-Boeing das Kommando an sich reißt – der Sinn dieser Träume ist stets der gleiche: Das Leben ist eine abenteuerliche Reise, an Überraschungen reich, an Glücksmomenten wie an Gefahr. Für die Informationsbedeutung ist es einerlei, ob der Traum seine Bildgeschichte im Gewand einer altertümlichen Sage oder im Science-fiction-Kleid zeigt. Entscheidend ist, daß wir das Muster sehen und als ein Lehrmodell verstehen.

»Ich fuhr im Auto durch eine unbekannte Landschaft. Es könnte die Provence gewesen sein. Doch war es westlich der Rhone, vermutlich im Gebirgsland der Tarn und des Aveyron. Hoch über einem reißenden Fluß sah ich ein Schloß. Doch keine Brücke war vorhanden. Ich ließ das Auto stehen. Ein Bootsmann ruderte mich auf die andere Seite. Er warnte mich aber, das Schloß zu besichtigen. Es wohnten dort oben eine Menge von verrückten Malerinnen, lauter emanzipierte Weiber, wie der Bootsmann sagte. Was die mit einem Mann anstellten, wisse er nicht. Touristen kommen hier ganz selten vorbei. Aber der letzte, den er herübergerudert habe, sei erst nach Tagen aus dem Schloß zurückgekommen, bleich und schwankend wie im Fieber. Er habe kein Wort gesprochen und sei so rasch davongefahren, als ob der Teufel hinter ihm sei.

Über eine halsbrecherisch steile Treppe kam ich an ein halbverfallenes Portal mit einem gotischen Spitzbogendach. Die Halle wirkte unbewohnt. Kein Mensch zu sehen. Plötzlich stand ich in einem supermodernen Raum. Eine Glaswand als Fenster,

Möbel aus Edelholz, kostbare Bilder, eine Hausbar. Nebenan eine runde Riesencouch als Bett. Darauf eine Leopardendecke, und als Vorleger davor ein sibirisches Berglöwenfell. Die Stille war unheimlich. Doch ich war erschöpft und müde und warf mich auf das Bett. Kaum bin ich eingeschlafen, wache ich durch gräßliche Geräusche wieder auf.

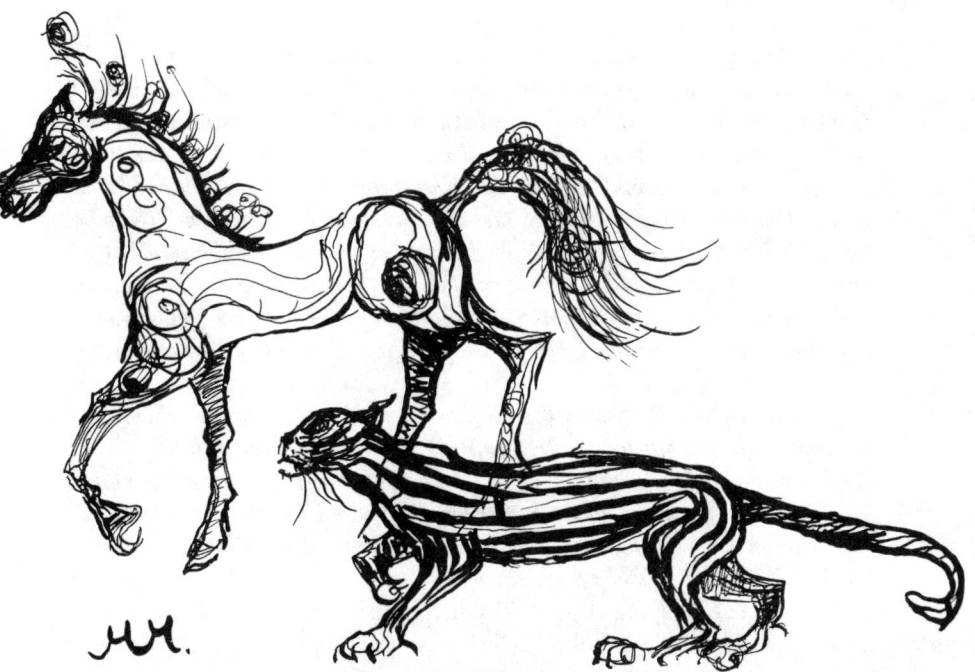

Zeichnung einer jungen Frau zu einem Traum, in dem das Pferd – Sinnbild der Lebensvitalität – von einem Leoparden begleitet wird, was auf starke Aggressionstendenzen hindeutet. Trotz des friedlichen Nebeneinanders ein Warnsignal!

Ein unheimliches Schleichen, Kratzen, Fauchen, Flattern, Schwirren um mich herum, ohne daß ich etwas erkennen kann. Irgendwelche riesige Insekten oder Fledermäuse müssen durch die offene Glaswand hereingeflogen sein und versuchen, mir das Blut aus den Adern auszusaugen. Ich tappe nach dem Lichtschalter, um die Fensterwand zu schließen, da ist der Spuk vorbei. Doch wie das Licht angeht, sehe ich zu meinem Entsetzen, daß das Berglöwenfell sich in einen ausgewachsenen Löwen verwandelt hat, der auf mich zuspringt. Ich greife nach dem Bergstock, den mir der Bootsmann für den Aufstieg zum Schloß geliehen hat und der sich in meiner Hand zu einem Golfschläger aus Edelstahl verwandelt, mit einer breiten gekrümmten Klinge am unteren Ende wie ein japanisches Wakizashi-Schwert. Der Löwe hat mich angesprungen, ich falle auf das Bett zurück, und während ich falle, kommt mir ein Satz in den Sinn, den ich irgendwo gelesen habe: ›Das Schwert ist die Seele des Samurai.‹ Ich sage das laut vor mich hin, und es gelingt mir, dem Löwen mit einem Hieb den Kopf abzuschlagen.

Da ertönt flotte Musik. Ein wunderschönes Mädchen führt mich in den großen Raum, wo alle Bewohnerinnen versammelt sind, eine hübscher als die andere. Livrierte Diener servieren Speisen und Getränke. Die Vorsteherin von dieser Malerinnenkolonie tanzt mit mir. Sie will mich verführen. Aber ich möchte lieber mit dem schönen Mädchen schlafen. Die Vorsteherin erklärt, das käme nicht in Frage. ›Das junge Ding ist lesbisch‹, sagt sie, ›und außerdem ist sie deine Tochter.‹ Sie sei die Schloßherrin, ich müsse bei ihr bleiben und könne nicht mehr zurück. Um mir auch zu beweisen, daß das nicht möglich ist, führt sie mich ans Fenster. Im Schloßhof steht mein Auto auf einem Pappkarton und sieht wie ein Spielzeugauto aus. Am Steuer sitzt der tote Löwe. Er hat jetzt einen Schweinskopf auf und grinst mich an.

Ich hätte auf den Bootsmann hören sollen, denke ich. ›Und auf das Schwert des Samurai‹, sagt eine Stimme zu der Schloßfrau, und jemand zieht mich weg. Es ist der Bootsmann. Wir sind im Boot. Er hat das Golfschläger-Wakizashi in der Hand – als Ruder. Wir kommen glücklich über den Fluß. Am Ufer steht mein Auto. Ich setze mich an den Volant und lasse – wie erlöst von einem Zauberbann – den Motor an. Der Wagen ruckt und ich erwache.«

Das ist ein auffällig langer Traum, eine an Überraschungen reiche Traumgeschichte. Die Einfälle des Träumers und das Material hinzugenommen, das er zur Ausschmückung gesammelt hatte – Landkarten, Zeitungsausschnitte, Illustriertenbilder und kunstgeschichtliche Auszüge aus einem Museumskatalog über japanische Waffen und Schwerter –, machen alles noch viel länger. Der Träumer brachte einen ganzen Packen mit. Es handelt sich um einen beruflich sehr erfolgreichen Mann im Alter von vierzig Jahren. Doppelstudium, Titel, gutes Aussehen, vielseitig interessiert und weitgereist. Zweimal geschieden, eine Reihe von Affären mit Frauen, die nicht zu ihm passen, steht er erneut fast vor dem Standesbeamten. Der Typ des ewigen Junggesellen, durchaus im besten Sinne. Doch das ist sein Problem. Entweder er versucht eine Frau an sich zu binden, die ihn verlassen will, oder eine Frau versucht ihn an sich zu fesseln, wovon wiederum er auf Dauer nichts wissen will. Nun bittet Dr. Z. um Rat, was er bei einer Partnerwahl erwägen soll.

Zuvor haben Sie gelernt, daß überkurze Träume ohne eigentliche Handlung eine sehr ungünstige Bedeutung haben. Wie aber, wenn ein Traum wie dieser übermäßig lang ist? Und wenn, wie bei Dr. Z. der Fall, der Träumer statt exakter Einfälle eine Menge von ausschmückendem Material, darunter teilweise völlig nebensächliche Geschichten, hinzufügt? Für den Analytiker ist dies ein Zeichen dafür, daß der Patient seine Lebenssituation nicht ernst nimmt. Dr. Z. steht wieder einmal vor einer Heirat. Er kann, wie er angibt, nicht mehr zurück. Doch ahnt er, daß die Ehe nicht gutgehen wird. Statt sich jetzt ernsthaft mit diesem Problem auseinanderzusetzen, bevor es zu spät ist, versucht er auszuweichen. Mit seinem Packen an Material will er seine Problematik beim Analytiker abladen. Daß dieser einen so überlangen Traum mit allen zusätzlichen Berichten nicht auf Anhieb deuten kann, könnte er sich denken. Doch damit ist es die Schuld des Psychotherapeuten, wenn seine neue Ehe wieder scheitert.

Achten Sie darauf, wenn Sie um eine Traumdeutung gebeten und dann mit einer Fülle von Deutungsmaterial und Zusatztexten förmlich überschüttet werden. Wie immer auch die Deutung ausfällt – der Träumer erwartet in einem solchen Falle nicht Belehrung, sondern eine Entlastung von seinen Problemen und zu treffenden Entscheidungen durch Sie. Und später wird er Sie verantwortlich machen. Die überlangen Träume, auch eine gezierte oder allzu gewählte Ausdrucksweise – hier das Wort »Volant« statt Steuer und »erlöst von einem Zauberbann« – sind charakteristisch für ein neurotisches Verhalten. Und der Neurotiker sucht immer einen *Sündenbock*.

Als Beispiel für eine geträumte abenteuerliche Reise ist diese Traumerzählung jedoch höchst interessant. Die Fahrt durch eine unbekannte Landschaft deutet auf eine unbewußte Verhaltensweise auf einem Gebiet oder in einem Bereich des Lebens hin. Die Haute-Provence, von der der Träumer spricht, war einst ein Königreich, das Land der Minnesänger. Dort findet er ein Schloß der emanzipierten Frauen. Das *Schloß* ist eine Märchenvorstellung. Es deutet auf eine *kindliche,* verzauberte Situation. Es fehlt die *Brücke,* ein Zeichen, daß ein zutiefst im Unbewußten eingeschlossener Komplex gemeint ist, der vom Bewußtsein *abgeschnitten* ist. Der reißende Fluß bedeutet die psychische *Energie,* die den Träumer an seinen Schloßkomplex bindet und die ihm für die Lebenswirklichkeit entzogen ist.

Da taucht der Bootsmann auf, Symbol des Fährmanns vom Diesseits an das andere Ufer der Seelen- oder Unterwelt im antiken Mythos. Er ist ein *Psychopompos,* ein Seelenführer, der Gegensätze überbrücken hilft. Ein *kybernäs,* ein Steuermann im Griechischen, woher die Kybernetik – die Wissenschaft von der Steuerung biologisch-psychischer Prozesse – ihren

Namen hat. (Die Beschränkung des Begriffes Kybernetik auf die Regelung von maschinellen Automaten kam erst später auf.) Der Seelenführer warnt den Träumer vor der Begegnung mit den emanzipierten Malerinnen und erzählt von dem fieberschwankenden Touristen, der offenbar im Schloß dem Teufel begegnet ist. Emanzipiert sind die Frauen und sind Malerinnen: es handelt sich also um männerfeindliche, wie Künstler bohemienhaft ungebunden lebende Weibsfiguren, welche Bilder schaffen – in der Seele des Träumers. Anders ausgedrückt: es handelt sich um die weibliche Seite seiner Psyche oder um die unbewußte Bildvorstellung vom Weiblichen im Mann.

In der Traumsprache symbolisieren diese weiblichen Figuren die *Anima* im Mann. Mit diesem Begriff personifizieren wir nach *JUNG* der Verständlichkeit halber eine Seite oder Funktion der männlichen Psyche. Daß die Begegnung mit einem normalerweise völlig unbewußten Teil der eigenen Seele erschütternd sein kann, ist eine psychotherapeutische Erfahrung. Wenn hier der Bootsmann vom Teufel spricht, dann ist das positiv. Denn als ein Archetyp ist er der Fährmann auch zur Hölle. Im *GRIMM*schen Märchen vom »Teufel mit den drei goldenen Haaren« rudert er einen jungen Mann, der um eine Königstochter freit, auf seiner Suchreise nach des Teufels Haaren in die Hölle. Dieser Mann fürchtet sich selbst vor der Hölle nicht, denn er ist mit einer Glückshaut geboren, ein *Glückskind* also. Auch der Träumer läßt sich durch die Warnung des Bootsmannes nicht aufhalten, in das unheimliche Schloß vorzudringen. Das unerschrockene Annehmen einer Gefahr zeichnet in den Märchen wie in den Rittersagen den *Helden* aus. Auch im Traum ist ein solches Verhalten positiv zu bewerten.

Über eine steile *Treppe* – symbolisch eine Übergangssituation – gelangt der Träumer durch ein verfallenes gotisches Portal in die unbewohnte Halle und steht plötzlich in supermodernen Räumen. Sein *Animakomplex* stammt aus der Vergangenheit, aus der Kindheit des Träumers; doch hat er, wie der Traum damit sagen will, eine aktuelle Bedeutung für dessen heutige Lebenssituation. Der Träumer sinkt auf das *Bett* – ein Sinnbild der körperlichen Liebesvereinigung. Die *Leoparden*decke und das *Löwen*fell davor deuten auf den triebhaft-animalischen Aspekt der Liebe. Kaum schläft er ein, geht der Zauber los. Das heißt: weil der Träumer im Leben in seinem Umgang mit den Frauen »schläft« – also zu unbewußt ist –, plagen ihn die Regungen seiner Leidenschaft, die hier als blutsaugende Insekten und Fledermäuse erscheinen.

Der *Löwe,* der den Träumer anfällt, verkörpert die elementare Triebnatur, die nicht durch Willenskraft überwunden werden kann, sondern nur durch eine Bewußtwerdung und durch geistige Zähmung. Denn dies bedeutet der

Bergstock, der sich teils in einen *Golfschläger* und teils in ein *Samurai-Schwert* verwandelt und mit dem es dem Träumer gelingt, dem Löwen den Kopf abzuschlagen. Das *Schwert* erscheint hier als das Symbol des bewußten Unterscheidens und Analysierens bei der Untersuchung eines Problems. Durch die Erwähnung des *Golfs,* eines besinnlichen Spieles, und der *Samuraiwaffe* – Hinweis auf die geistige Schulung der Samurai – wird dies noch unterstrichen. Dr. Z. beschäftigt sich realiter mit der *Tantra*-Lehre und dem *Zen-Buddhismus.* Im Traum benutzt er dabei den Satz »Das Schwert ist die Seele des Samurai« gewissermaßen als magische Formel.

Die Szene vom Kampf mit dem Löwen bedeutet, daß es für den Träumer um einen Bewußtwerdungsprozeß geht. Er muß sich dessen bewußt werden, daß das Problem seiner gestörten Beziehungen zu den Frauen und seine Eheschwierigkeiten sich nicht auf sexueller Ebene lösen lassen. Die Grundlage einer dauerhaften Ehe ist die seelische Beziehung zwischen Mann und Frau. Der zu überwindende Löwe kann auch in eine Beziehung zu einem *Mutterkomplex* des Träumers gesetzt werden. C. G. *JUNG* macht in seinem Werk »Von den Wurzeln des Bewußtseins« (Zürich 1954, S. 258 f.) darauf aufmerksam. Das Bild eines »Schlosses der Frauen« und die Erwähnung der »sibirischen« Herkunft des Löwen deuten in die gleiche Richtung. Die sibirischen Nomadenvölker weisen zum Teil eine *mutterrechtliche* Gesellschaftsform auf.

In der nächsten Traumszene erhält der Träumer eine spezielle Erklärung zu seinem Lebensproblem. Da ist einmal das wunderschöne Mädchen, das ihn in den Raum mit der fröhlich essenden, trinkenden und tanzenden Gesellschaft führt und mit der er gern schlafen möchte. Eine Verkörperung der jungen, erotisch anziehenden, sinnlichen Weiblichkeit. Zum anderen ist es die Herrin vom Schloß, die ihn verführen will und ihn in Besitz nimmt.

Zum jungen schönen Mädchen erfährt der Träumer, daß sie *lesbisch* und seine Tochter sei. In meinem Buch zum tiefenpsychologischen Problem der »Homosexualität« – München 1967 – habe ich nachgewiesen, daß die weibliche Homosexualität auf einem entwicklungsbedingten Defizit an Weiblichkeit beruht und in der *lesbischen Liebe* ein Ausgleichsstreben des Unbewußten zu sehen ist, dieses Defizit gewissermaßen durch eine Verdoppelung des Weiblichen auszugleichen. Wenn ein junges Mädchen sich an einen Mann von vierzig bindet – das tatsächliche Alter des Träumers Dr. Z. –, so ist anzunehmen, daß bei ihr ein unbewußter *Vaterkomplex* vorliegt. Der Traum sagt dem Träumer, daß er eine kindliche, seelisch unentwickelte *Anima* hat.

Anderseits wird er von einer älteren, herrschsüchtigen Frau gefangengenommen, die als das »Mutterbild« des Träumers zu deuten ist, das ihn beherrscht. Der Traum zeigt das sehr deutlich mit dem Bild des zu einem *Spielzeugauto* verwandelten Wagens im Schloßhof. Die Mutter-Anima ist es, die dem Träumer eine eigenständige Verwirklichung seiner Männlichkeit unmöglich macht und ihn auf der kindlichen Stufe eines Spielens mit der Sexualität hält. Wozu dies führt, zeigt ihm der zuvor überwundene Löwe am Steuer, der jetzt einen »Schweinskopf« aufhat. Für einen *muttergebundenen* Mann ist es besonders schwierig, das Wesen der Frau in einer ganzheitlichen Weise zu erfassen. Er schwankt stets zwischen dem Vorstellungsbild der reinen Jungfrau und dem der Dirne hin und her.

Der Schlußteil des Traumes sagt dem Träumer, wie er sich von dem »Zauberbann« der ihn unbewußt beherrschenden *Mutterimago* befreien und damit sein persönliches Lebensproblem lösen kann. Der Bootsmann, der Seelenführer, ist es, der ihm aus der drohenden Gefangenschaft bei der Schloßherrin heraushilft und ihn zu seinem Auto, zu einer selbständigen Gestaltung seines Lebens – auch des Ehelebens – zurückführt. Das Schwert des Samurai dient ihm dabei als Ruder. Die geistige Auseinandersetzung ist demnach das entscheidende Hilfsmittel.

Da Dr. Z. diesen Traum als Material für eine analytisch-psychologische Beratung mitbringt, handelt es sich um einen *Initialtraum.* Dies ist in der Regel der erste Traum, der erzählt wird, auch wenn es dabei um einen Traum aus früherer Zeit geht. *Initialträume* sind insofern bedeutungsvoll, weil sie erfahrungsgemäß eine Darstellung der Konfliktsituation des Träumers enthalten und über den Verlauf der analytischen Arbeit Aufschluß geben. Es ist ja der Konflikt, mit dem jemand allein nicht mehr fertig wird, der ihn einen Psychologen oder Psychotherapeuten aufsuchen läßt. Der Tatsache, daß diese Träume dem Analytiker einen Ansatz für ein gezieltes Angehen der Konfliktsituation des Patienten bieten, verdanken sie auch ihren Namen »Initialträume«.

Die *prospektive Funktion* (von lat. *prospectare* = in die Ferne schauen) der Träume ist eine wichtige, durch tausendfache Traumanalyse erfahrungswissenschaftlich erhärtete Entdeckung von *JUNG. Prospektiv* sind Träume dann, wenn sie eine Vorwegnahme der zukünftigen Entwicklung erkennen lassen, etwa in der Art einer Vorausskizzierung für den Entwurf einer Konfliktlösung. Dies kann natürlich auch eine Vorausschau für eine ungute Entwicklung und ein Scheitern der Analyse sein. Unter dem Gesichtspunkt des Initialtraums kann die Symbolfigur des Bootsmannes als Hinweis für die Beratung durch einen Analytiker gedeutet werden. Dieser nimmt seinem Analysanden die geistige Arbeit der Auseinandersetzung mit seinem Unbewußten ja nicht ab, sondern übernimmt lediglich die Aufgabe eines richtungweisenden hilfreichen Führers. Ebenso läßt das Schlußbild des Traumes auf einen erfolgreichen Ausgang der analytischen Arbeit hoffen. Bei der Besprechung seines Traumes fiel übrigens Dr. Z. zu dem Bild des Löwen mit dem Schweinskopf das Abenteuer des *Odysseus* auf der Insel der Zauberin *Kirke* ein, die dessen Gefährten in Schweine verwandelte. Dieser Einfall ist zutreffend, denn so wie die abenteuerliche Reise des Odysseus als *Mythologem* das archetypische Muster einer seelischen *Selbstverwirklichung* enthält, so liegt dem Abenteuer bei der Zauberin Kirke im einzelnen das Muster der *sexuellen Hörigkeit* und der Überwindung der Triebhaftigkeit zugrunde. Bei Kirke sind es Löwen und Wölfe, die um ihr Schloß streifen. Dann ist es der griechische Gott *Hermes,* in der antiken Mythologie ebenfalls ein *Seelenführer,* der Odysseus hilft, doch nicht mit einem Schwert, sondern mit einem Wunderkraut, durch das es dem Helden gelingt, den Zauberbann zu brechen.

Weitaus zutreffender aber findet sich das archetypische Muster eines Kampfes mit dem Löwen in einem verwunschenen Schloß der Frauen in den »Contes del Graal« des nordfranzösischen Dichters *CHRÉTIEN DE TROYES,* die dieser als Versepos etwa um 1180 im Auftrag des Grafen *PHILIPP VON FLANDERN* verfaßte. Es ist dies der Bericht der Abenteuer, die *Gauvain,* der Neffe *König Arthurs* und Gegenspieler von *Perceval,* im *Chastel Orguelleus* zu bestehen hat. In dieser Erzählung, die später durch andere Dichter mehrere Abwandlungen erfuhr, ist die ältere Schloßherrin die Großmutter und die junge Königin die verloren geglaubte Mutter des Helden. An den Fluß vor dem Schloß wird er von einem »tückischen Fräulein« geführt, das sich später als seine unbekannte Schwester entpuppt. Ansonsten aber weist diese Gralserzählung eine verblüffende Übereinstimmung mit den Vorgängen in der abenteuerlichen Traumreise des Dr. Z. auf. Darauf angesprochen, erklärt er, er habe in seiner Jugend wohl auch ein Buch über die Artussagen gelesen, an eine ähnliche Geschichte könne er sich aber nicht erinnern.

Träume, die von einer Reise handeln, können auch sehr viel kürzer sein. Dies ist besonders bei Personen zu beobachten, die ihren Träumen normalerweise wenig Beachtung schenken. Sie erinnern sich meist nur an einzelne beeindruckende Traumszenen.

»Ich fahre mit meinem Auto einen steilen Abhang hinunter. Dabei singe ich vor mich hin. Das Auto läßt sich plötzlich nicht mehr bremsen. Ich fahre direkt auf einen Baumstumpf zu. Zum Glück wache ich auf.«

Dieser Traum stammt von Frau Käte E., einer fünfundvierzigjährigen verheirateten Frau. Aus der Einleitung ist zu ersehen, daß er sicher eine ernste Gefahr signalisiert. Das *Auto* als Fahrzeug läßt darauf schließen, daß ein Problem vorliegt, welches sich aus der persönlichen Eigenart der Träumerin ergibt. So fröhlich vor sich her singend einen Abhang hinunterzufahren hat nichts mit Optimismus zu tun. In der Wirklichkeit wäre dies ein sträflicher Leichtsinn. Der *Abhang* ist ein Hinweis, daß mit 45 Jahren der Höhepunkt des Lebens überschritten ist und es nun unaufhaltsam abwärts geht. Deshalb läßt sich das Auto auch nicht bremsen. Der *Baumstumpf,* auf den die Träumerin zufährt, könnte ein Sinnbild des *Lebensbaumes* sein. Das ist die die allgemeine Symbolbedeutung des Baumes im Traum. Im engeren Sinn ist der *Baum* auch ein Symbol des *Weiblichen.* Das Bild des Baumstumpfes kann so auf die Wechseljahre der Träumerin hindeuten. Da ein Kontext fehlt, läßt sich zu diesem Traum nichts mehr sagen. Würde es sich nicht um einen Stumpf, sondern um einen abgebrochenen oder abgehauenen Baum handeln, wäre das ein zusätzliches Gefahrensignal. Positiv ist dagegen der Schluß des Traumes mit seiner Lösung des Aufwachens. Sie bedeutet, daß sich die Träumerin ihrer Alterssituation bewußt werden soll. Mehr nicht. Denn zu einem Unfall ist es im Traum nicht gekommen.

»Ich träume ständig, daß ich verreisen will. Doch es klappt nie. Entweder komme ich zum Bahnhof und habe die Fahrkarte vergessen, oder das Geld reicht nicht. Neulich hatte ich im Traum glücklich die Fahrkarte nach S. gelöst. Ich war auch schon im Zug. Als ich nochmals kurz vom Trittbrett auf den Bahnsteig trete, um mich von meinem Bekannten zu verabschieden, fährt der Zug ohne mich ab.«

Frau Hedwig M., die diesen Traum einsendet, schreibt dazu, daß sie eine Heimatvertriebene aus dem Osten ist. Die Stadt S. ist ihr Heimatort. Sie will also im Traum ständig in die Heimat zurückreisen. Das läßt darauf schließen, daß sie zu sehr in der Vergangenheit lebt. Doch die Lebensreise geht nun einmal vorwärts und nicht zurück. Was die Träume Frau M. sagen wollen, ist: Nach dreißig Jahren hat es keinen Sinn, dauernd der Vergangenheit nachzuhängen. Es ist der falsche Zug, den sie mit einer derartigen Lebenseinstellung wählt. Deshalb klappt es auch nicht. Der Zug fährt ohne sie ab, und sie bleibt bei ihrem Bekannten – das ist hier der Traumhinweis auf ihre reale gegenwärtige Lebenssituation – zurück.

Symbolisierten in diesem Traum die fehlende *Fahrkarte* die fehlende Berechtigung für eine Rückkehr zu überlebten Vorstellungen und das nicht ausreichende *Geld* den unzureichenden Wert eines der Vergangenheit Verhaftetseins, so versinnbildlicht die mangelhafte *Ausrüstung* für eine Reise oft die Ursache für ein Versagen in einer Lebenssituation.

So träumte Lilly P., eine bildhübsche junge Dame, die sich nur zu bewußt ist, wie sehr sie auf Männer wirkt, folgendes: »*Ich war in dem Gebirgskurort G. und wollte nach O., weil ich dort mit jemandem in der Schule verabredet war. Das Wetter war herrlich. Ich hatte mein tolles Spitzenkleid mit dem raffinierten Ausschnitt an und hochhackige rote Schuhe. Der Bus kam nicht. Ich hatte keine Lust zu warten und beschloß, einen Abkürzungsweg über den Berg zu nehmen, der zwischen G. und O. liegt. Wie ich bereits den halben Weg hochgekraxelt bin, sitzt da Herr E. auf einem Stein. Er starrt ziemlich unverschämt auf meinen Ausschnitt und meine Beine. Ich wundere mich, warum der da sitzt. Da sehe ich, der E. hat ja zu große Schuhe an, und die Schuhbänder fehlen. So ein Trottel, denke ich, mit den Schuhen kommt er natürlich nicht über den Berg. Und lachend gehe ich an ihm vorbei.*«

So leicht hätte Lilly P. die Begegnung mit dem Herrn E. nicht nehmen sollen, wie es ihr der Traum zeigt. Sie besucht seit einiger Zeit eine Berufsaufbauschule, um ihr Abitur nachzumachen. Herr E. ist ihr Lehrer in einem wichtigen Hauptfach. Den Traum hatte sie vor der Jahresschlußprüfung in diesem Fach, die sie zu ihrem Leidwesen nicht bestand. Der Traum hatte es ihr aber vorher angezeigt. Für die Fahrt zur Verabredung in der Schule – die Prüfungssituation – den sicheren Bus zu nehmen, ist ihr zu langweilig. Doch um einen Berg, der vor einem liegt – die Arbeit des Lernens –, zu überwinden, sind ein tolles Spitzenkleid und hohe Stöckelschuhe nicht die richtige Ausrüstung.

Herr E., ihr Lehrer, erscheint hier im Traum als hilfreiche Figur. Er präsentiert im Leben das für die Prüfung der Träumerin notwendige Wissen. Daß er sie unverschämt anstarrt, stört sie nicht. Damit bestätigt er nur ihr gutes Aussehen, worauf sie sich im Umgang mit Männern nur zu gern verläßt. Durch seine erotische Ansprechbarkeit ist Herr E. aber auch eine *Animusfigur.* Das ist – als Gegenstück zu der *Anima* des Mannes – das unbewußte innere Vorstellungsbild der Träumerin vom Männlichen. Mit seinen zu großen Schuhen zeigt er der Träumerin, daß ihre Lebenseinstellung, mit der sie in das Examen gehen will, für eine Prüfung gewissermaßen um einige Nummern zu groß ist. In Wirklichkeit ist es ihr *Fuß,* das Wissen, auf dem sie fußt, der auf dem Gang durch die Prüfung hin und her rutschen wird, weil der vorgeschriebene Rahmen zu groß ist. Und weil auch die Schuhbänder fehlen, das heißt, weil ihr eine echte Bindung an die Arbeitsschuhe fehlt, die sie sich für den von ihr gewählten Weg durch die Schule anziehen müßte. Statt die Traumsituation des Herrn E. auf sich zu beziehen, geht sie lachend daran vorbei. So ist *sie* es, die nicht über den Berg kommt. Sie fällt prompt durch.

»*Ich befand mich auf einer Gebirgswanderung. Auf einem Gipfel vor mir sah ich eine Alm, deren grüne Wiesen die Sonne hell beschien. Ich wollte unbedingt da herauf. Der Weg, auf dem ich ging, führte aber nicht dorthin. Die Felswand vor mir hochzuklettern, wagte ich nicht. Ich hatte Wanderschuhe an, doch es waren nur Halbschuhe. Trotzdem beschloß ich, den Aufstieg zur Alm zu wagen. Ich dachte, wenn ich rechts um den Berg herumgehe, findet sich vielleicht eine Möglichkeit. Nachdem ich einige Zeit um den Berg herumwandere, kommt mir zu meiner Überraschung Herr B. entgegen. Er scheint zu wissen, was ich vorhabe. Wortlos reicht er mir aus seinem Rucksack ein Paar kräftige Bergstiefel und zeigt mir einen versteckten Pfad, der in einer Serpentine auf die Alm führt.*«

Der Träumer ist ein Ingenieur, der sich um eine neue Stellung beworben hat. Er weiß, daß er sich auf ein Risiko einläßt. Die neue Stellung erfordert eine Einarbeitungszeit in eine unbekannte Materie. Entspricht er den Anforderungen nicht, wird ihn seine bisherige Firma nicht wieder einstellen. Die *grüne Wiese* auf der Alm, im hellen Sonnenschein, symbolisiert eine positive neue Möglichkeit. Die Wanderung im Gebirge und die Felswand versinnbildlichen die Schwierigkeiten der Umstellung und das Risiko der Einarbeitungszeit. Der Weg nach *rechts* zeigt, daß er sich dessen bewußt ist. Ein Weg nach *links* würde auf eine Unbewußtheit hindeuten.

Herr B. ist, wie der Träumer im Kontext erklärt, ein früherer Vorgesetzter von ihm, an den er sich durch diesen Traum erinnert und den er aufgesucht hat, um seine Bewerbung mit ihm zu besprechen und ihn um Rat zu bitten. Dieser macht ihn auf einige für seine Bewerbung wichtige Umstände aufmerksam und schreibt ihm einen Empfehlungsbrief an einen Direktor der neuen Firma. So lassen sich die Bergstiefel deuten, die er im Traum dem Träumer überreicht, und das Aufmerksammachen auf den versteckten Pfad. Auch die *Serpentine,* ein in einer Schlangenlinie aufwärts führender Bergpfad, hat einen positiven Aspekt. Die Bedeutung der Schlange als Symbol ist mannigfaltig. Sie ist auch ein Wandlungssymbol, weil sie sich häutet, und steht damit für eine Wiedergeburt oder einen Neuanfang im Leben.

»*Ich saß in einem Flugzeug. Eine mir bekannte Person hatte den Flug für mich gebucht. Als ich mich anschnallte, kam mir zu Bewußtsein, daß ich zum erstenmal fliegen werde. Das Flugzeug holperte durch eine Schneise zwischen riesigen Hochhäusern. Da springt mein Hund durch die Tür, die sich wieder schließt. Mir ist klar, daß ich ihn nicht mitnehmen kann. Ich springe aus dem Flugzeug. Die Maschine rollte zurück, doch es wurde mir versprochen, daß sie wartet.*«

Der Traum stammt von Constanze C., einer dreiundzwanzig Jahre jungen Ehefrau. Verheiratet seit drei Jahren. Ihr um 15 Jahre älterer Mann vernachlässigt sie. Sie schreibt, er gehe völlig in seinem Beruf auf. Sie habe allein in den Urlaub fahren müssen. Dort habe sie einen nur fünf Jahre älteren Mann kennengelernt, der besser zu ihr passe. Leider sei dieser auch verheiratet. Trotzdem habe sie sich auch nach dem Urlaub weiter mit ihm

Das Fliegen im Traum ist ein zeitloses Symbol für eine Flucht aus der Wirklichkeit. Die Flugreise auf dem Besen stammt hier von einer präkolumbischen Tonmalerei aus Südamerika. Sie beweist die Übereinstimmung von Symbolen bei allen Völkern. (Nach René Alleau, »Geschichte der okkulten Wissenschaften«.)

getroffen. Sie fügt einen zweiten Traum aus diesen Tagen bei, der sie sehr beunruhigt. Sie möchte wissen, was sie davon halten soll. Ihr Mann sei äußerst eifersüchtig.

»*Eine breite Bergstraße mit einer Baustelle. Die Straße führt in groß angelegten Kurven nach oben. Eine Linkskurve ist nach rechts überhöht.*

Ich bin mit dem Auto unterwegs. Durch Polizei werde ich eingewiesen und kann auf der linken Seite langsam losfahren. An den beschriebenen Kurven liegen zwei Menschen. Ein Mann und eine Frau – tot.

Man kann es nicht sehen, aber ich weiß es. Ich weiß auch, wie es zu dem Unfall kam. Es ist eine Einbahnstraße, nur abwärts befahrbar. Die beiden sind in Gegenrichtung – genau wie ich jetzt – aufwärts gefahren. Aber ich weiß, daß ich richtig bin, obwohl ich in die verkehrte Richtung fahre.«

Das *Flugzeug* gehört zwar für einen Menschen unserer Zeit zu den selbstverständlichen Verkehrsmitteln, doch das Traumbewußtsein paßt sich mit seiner Bildsprache nicht so rasch der sich – erst in den letzten zwei Jahrzehnten – durch die Technik vollkommen veränderten Umwelt an. Hier bedeutet das *Reisen mit dem Flugzeug* ein Schweben über dem Boden der Tatsachen, ein Verlassen der Lebenswirklichkeit. Dies geht ja auch aus dem Kontext hervor. Die *Grasnarbe* als Sinnbild einer positiven Entwicklung ist holprig. Die riesigen *Hochhäuser* – Symbole des Seelischen, aber hier auch des weiblichen Bereichs der Frau – zeigen, daß die Träumerin durch ihr Urlaubsabenteuer eine seelische Aufblähung erfahren hat. Die Folge davon ist eine *Bewußtseinsinflation,* wie der Fachausdruck lautet, durch übermäßige Phantasiegebäude.

Der Traum macht ihr bewußt, daß das Abenteuer mit dem jungen Mann ihr erster Seitensprung wäre. Da springt ihr *Hund* in das Flugzeug, in diesem Falle als ein hilfreiches Tier. Der Hund hat als Traumsymbol vielerlei Bedeutungen. Er kann ein Sinnbild für Aggressionen und für eine Streitsucht sein. Doch hier ist er als Verkörperung des wachsamen Instinktes der Träumerin zu deuten. Er verhindert die Reise mit dem Flugzeug.

Zum Schluß des Traumes rollt die Maschine zurück. Noch hat ihr Instinkt die Träumerin davor bewahrt, daß die Urlaubsbekanntschaft für ihre Ehe zur Gefahr wird. Aufgegeben hat sie aber den Gedanken an ein Liebesabenteuer nicht. Denn es heißt, es wurde ihr versprochen, daß das Flugzeug wartet.

Aus dem zweiten Traum ist zu schließen, daß es inzwischen dazu gekommen ist. Zwar gibt es die Träumerin in ihrem Brief nicht zu, aber der Traum ist für sie beunruhigend, wegen der maßlosen Eifersucht des Mannes. Dies läßt erkennen, daß sie ihrem Mann doch nicht so gleichgültig ist, wie sie zuerst sagt. Wir haben hier ein aktuelles Zeitproblem. Das junge, verwöhnte Mädchen heiratet einen älteren Mann, der es im Leben bereits zu etwas gebracht hat. Er verfügt über ein gutes Einkommen und kann ihr viele Wünsche erfüllen. Daß seine Position und sein Einkommen aber das Ergebnis angespannter Arbeit sind, mag eine junge Frau ungern erkennen. Nur kann man nicht beides haben – einen Liebhaber für ewige Flitterwochen und einen im Beruf erfolgreichen Mann. Jedenfalls nicht in einer Person.

Die Träumerin sagt zu dem zweiten Traum nur noch, der tote Mann und die tote Frau hätten sie an einen französischen Film mit einem ähnlichen Titel denken lassen. Der Film habe auch einen Ehekonflikt behandelt, mit tragischem Ausgang für die Liebenden.

Die *breite Bergstraße* ist der reale Lebensweg der Träumerin mit der Ehe, die ihr wie ein Berg vorkommt. Die *Baustelle* ist ihre Liebschaft. Die

Linkskurve, der linke Weg, erfährt eine Überhöhung im Bewußtsein durch das Anwachsens der Phantasie. Eingewiesen wird sie durch die *Polizei*, ein Symbol der gesellschaftlichen Ordnung. Die erlaubt ihr den linken Weg. Die Reform der Ehegesetze in der Bundesrepublik hat ja die Schuldfrage beseitigt. Für die Öffentlichkeit ist der Ehebruch kein Ehevergehen mehr. Doch ihr Traumbewußtsein denkt nicht so ehefeindlich wie der Gesetzgeber. Es zeigt ihr den toten Mann und die tote Frau. Nach dem Kontext läßt das auf ein plötzliches Ende ihrer Liebschaft schließen.

Noch ist dies nicht der Fall, aber sie weiß vorausschauend, daß dem so sein wird. Sie ist mit ihrem Liebhaber ihren eigenen Weg gegangen – die *Einbahnstraße*. Doch die führt von der Ehe weg. Der Versuch, den Liebhaber in die Ehe einzubeziehen, kommt dem Fahren in der Gegenrichtung gleich. Das muß zu einem Unfall führen.

Merkwürdig ist der Schluß, in dem das Traumbewußtsein Frau Constance C. wissen läßt, daß sie richtigliegt, obwohl sie den falschen Weg eingeschlagen hat. Das läßt für ihre Ehe auf einen guten Ausgang hoffen. Ein späterer Brief von ihr bestätigt diese Deutung. Ihr Mann hat von dem Verhältnis erfahren. Es gab eine entsprechende Szene. Doch er wendet ihr jetzt wieder seine volle Aufmerksamkeit zu. Sie ist froh darüber und hat ihrem Liebhaber unverzüglich den Laufpaß gegeben.

Die Trauminformation im Krankheitsfall und die Treffsicherheit der Traumprognose

Krankheiten sind unerfreulich. Doch sie gehören zum Lebensalltag. In einer fortschrittlichen Medizin setzt sich immer stärker die Auffassung durch, Erkrankungen auf seelische Störungen zurückzuführen. Das ganzheitliche Denkmodell, in einer Erkrankung – sei sie psychischer oder organischer Natur – eine Disharmonie des einheitlichen Gefüges von Leib und Seele zu sehen, wurde bereits erwähnt. Selbst die Frage: Krebs – eine Krankheit der Seele? wird inzwischen ernsthaft diskutiert.

So wird verständlich, daß das Traumbewußtsein uns oft bereits informiert, bevor körperliche Krankheitssymptome in Erscheinung treten. Anders ausgedrückt: Das Traumbewußtsein nimmt bereits die frühesten Ursachen für eine Beeinträchtigung der Arbeits- und Lebensvorgänge im Reglungs- und Steuerungssystem Mensch wahr. Wir müssen uns von dem Gedanken freimachen, daß das Traumbewußtsein nur im Schlaf tätig ist. Der Mensch »träumt« gewissermaßen auch bei Tage. Sie erinnern sich, daß wir das

Traumbewußtsein als eine Bewußtseinsdimension zwischen dem Schlaf- oder richtiger Körperbewußtsein und dem Wachbewußtsein beschrieben haben. Sie können sich das so vorstellen, daß der Mensch mit dieser Bewußtseinstätigkeit ständig eine Unzahl von *Informationen* aus dem eigenen Körper wie aus der Umwelt wahrnimmt. Er registriert jeden Eindruck, jede Erfahrung, jegliches Verhalten in und von sich selbst und ebenso aus seiner Umwelt. Alle diese Informationen speichert das Gedächtnis wie ein Computer. An das Wachbewußtsein wird nur eine geringe Anzahl weitergeleitet, so viel, wie ein Mensch jeweils zur Erledigung der üblichen Tagesaufgaben und zur Auseinandersetzung mit seinen Mitmenschen – und der Umwelt allgemein – benötigt.

Trotzdem wertet die *Psyche,* einer Zentrale für Nachrichtenverwertung vergleichbar, sämtliche Informationen aus. Sie werden mit allen im »Archiv« gespeicherten früheren Erfahrungen und Erlebnissen verglichen. Was wichtig erscheint, aber im Augenblick das Wachbewußtsein überfordern würde, wird sozusagen an die Nachrichtenabteilung des Traumbewußtseins weitergegeben. Im Falle einer drohenden Erkrankung wie auch während des Krankheitsverlaufes haben die Träume, die dazu Stellung nehmen, Vorrang. Sie zeigen sich als besonders eindringlich und nachhaltig.

So erscheint im Traum oft ein Arzt, oder der Träumer sieht sich plötzlich in einem Krankenhaus, obwohl er sich kerngesund fühlt. Sogar auf dem Operationstisch sieht er sich im Traum. Nun kennt das Traumbewußtsein keine Spaltung von Körper und Seele. Eine solche Trennung existiert ja auch in der Wirklichkeit nicht. Für das Traumbewußtsein ist jede Störungsmeldung krankhaft. Es verwendet die Bilder von Arzt, Krankenhaus und Operation auch, wenn die psychische Gesundheit bedroht ist. Nur zu oft sind es doch die seelischen Störungen, die einer körperlichen Erkrankung lange vorausgehen. Ob sich die Krankheitssignale im Traum auf den körperlichen Bereich oder den seelischen beziehen, ist leicht aus den persönlichen Angaben des Träumers und seinem Kontext zu ersehen.

»Ich träumte, daß ich in einem Kurpark spazierenging. Links von mir war ein Bach. Das Kurhotel, wo ein Tanztee stattfand, lag auf der anderen Seite. Doch wie ich an die Brücke komme, sehe ich, daß das Geländer fehlt. Die Ufer sind plötzlich steile Abhänge, und der Bach ist ein reißendes Wasser in der Tiefe. Ich fürchtete, jeden Augenblick herunterzustürzen. In größter Angst rief ich: Halten Sie mich, Herr Doktor! Da trat wirklich ein Mann im weißen Kittel an meine rechte Seite, packte mich am Arm und hielt mich fest. Ich erwachte schweißgebadet.«

Für Frau Alix M. war dieser Traum ein Anlaß, ihren Hausarzt aufzusuchen, der keinerlei Krankheitszeichen feststellen konnte. Vorsorglich riet ihr dieser zu einer fachärztlichen Untersuchung, die ebenfalls keinen verdächtigen Befund zeitigte. Doch Frau Alix M. gab sich nicht zufrieden. Sie war überzeugt, daß eine ernsthafte Krankheit im Anzug sei. Da sie beim Facharzt ihren Traum erwähnt hatte, riet ihr dieser, einen Psychotherapeuten aufzusuchen. Die Aussprache ergab, daß Frau Alix M., vierundvierzig, seit einigen Jahren Witwe ist. Sie ist wohlhabend und denkt an eine erneute Heirat. Sie schildert ihren Zukünftigen als einen sehr vermögenden Ausländer. Er besitzt angeblich riesige Ländereien in Südamerika und mehrere Schlösser in Frankreich und Spanien. Sie beschreibt ihn als einen vollendeten Gentleman, den sie in einem bekannten Schweizer Prominentenkurort kennengelernt hat.

Frau Alix M. möchte vor allem deshalb Gewißheit über ihren Gesundheitszustand haben, weil ihr zukünftiger Mann auf eine baldige Heirat drängt. Danach wollen sie auf die Bahamas übersiedeln, wo ihr Verlobter ebenfalls einen Traumbesitz sein eigen nennt. Zuvor müsse sie noch ihre Besitzanteile an einem bedeutenden Industrieunternehmen veräußern. Ihr Vermögen werde sie natürlich mit Hilfe ihres zukünftigen Ehemannes gewinnbringend in Übersee anlegen. Oder auch in Monaco. Ihr Verlobter sei ein guter Freund des Prinzen Rainier.

Dies klang alles allzu phantastisch. Frau Alix zweifelte jedoch nicht im mindesten an den Erzählungen ihres Zukünftigen. Der Traum ist nicht schwer zu deuten. Die Einleitung führt die Träumerin in die Situation des Kennenlernens ihres Zukünftigen. Bis dahin floß ihr Leben friedlich dahin wie der *Bach*. Die *Brücke* symbolisiert den geplanten Übergang in eine neue Ehe. Nun signalisiert der Traum höchste Gefahr. Der *Arzt,* der hilfreich im Traum erscheint, bezieht sich auf die psychotherapeutische Beratung und der Schluß auf das Problem der Bewußtwerdung.

Im Hinblick auf diese Traumwarnung wurde Frau M. gebeten, ihren Verlobten bei der nächsten Aussprache mitzubringen. Aber er erschien nicht. Immer wieder kamen ihm dringende Geschäftsreisen dazwischen. Um es kurz zu machen: Auf Veranlassung des Psychotherapeuten hatte sich Frau Alix M. an eine renommierte Auskunftei gewandt. Wenige Wochen später wurde der »südamerikanische Señor« verhaftet. Es handelte sich um einen Italiener, einen ehemaligen Kellner aus einem Kasino am Luganer See. Es war ein gesuchter Heiratsschwindler, der bereits eine Reihe von Frauen um ihr Vermögen gebracht hatte.

»Diese Ehe ist nicht gerade harmonisch zu nennen. In Erziehungsfragen gibt es ständig Streit.« So schreibt Herr W. K., ein Witwer mit vier Kindern, der ein zweites Mal geheiratet hat. Er hat geträumt: *»Ich stehe mit meiner verstorbenen*

Frau und meinen Kindern vor dem Krankenhaus. Ein Karnevalszug kommt vorbei.
Die Frau mit den Kindern schicke ich nach Hause. Ich gehe noch in ein Lokal. Dort
treffe ich meine Jugendliebe. Es kommt zu Zärtlichkeiten. Wir küssen uns. Sie will
bei mir bleiben. Plötzlich bin ich wieder bei meiner jetzigen Frau. Sie macht mir
Vorhaltungen, und ich erzähle ihr alles. Sie ist sehr traurig darüber. Mit
Angstgefühlen und rasenden Herzschmerzen wache ich auf.«

Herr W. K. erklärt dazu: »In Wirklichkeit könnte ich meiner jetzigen
Frau den Traum nicht erzählen. Sie würde sicher beleidigende Bemerkungen
dazu machen. So behalte ich das lieber für mich.« Nun, die rasenden
Herzschmerzen, mit denen der Träumer erwacht, haben keine organische
Ursache. Was ihm der Traum mit dieser Schlußinformation sagen will,
bezieht sich vielmehr auf seine Gefühlseinstellung seiner neuen Frau
gegenüber. Geheiratet hat er sie aus recht nüchternen Beweggründen, weil
er sich als Witwer mit vier Kindern nicht allein zu helfen wußte. Dagegen
ist nichts einzuwenden. Doch ist er sich nicht bewußt, was das für eine Frau
bedeutet. Vier Kinder anzunehmen, die nicht die eigenen sind, zeugt von
echter menschlicher Liebe und Opferbereitschaft. Die Erziehungsstreitig-
keiten, die er eingangs betont, dürften darauf zurückzuführen sein, daß er
seiner Frau vermutlich dauernd vorhält, wie es die »Selige« besser gemacht
hat.

Der *Karnevalszug* und das *Lokal,* wo er ein Rendezvous mit seiner
Jugendliebe hat, deuten darauf hin, daß er immer noch an seiner
verstorbenen Frau hängt und diese Gefühle in der Wirklichkeit der zweiten
Ehe wie hinter einer Maske verbirgt. Im Traum erzählt er seiner Frau davon.
Das bedeutet, daß seine Frau in Wirklichkeit davon weiß und mit Recht
traurig darüber ist. Das Bild des *Krankenhauses* im Traum soll ihm bedeuten,
daß seine psychische Gesundheit bedroht ist, weil er mit seinen Gefühlen in
der Vergangenheit lebt. Was kränkt, macht krank! Dessen muß sich der
Träumer bewußt werden. Wenn er seine Einstellung nicht ändert und der
gegenwärtigen Situation anpaßt, dann könnte durchaus ein organisches
Herzleiden entstehen, und er müßte dann in das Krankenhaus.

Es kann auch umgekehrt sein. Beispielsweise, daß bei einem seit vielen
Jahren bestehenden, schweren körperlichen Leiden ein Traum signalisiert,
daß die bisherigen Diagnosen für die Erkennung der wahren Krankheitsursachen nicht ausreichten. Bei Melissa v. G. ist das der Fall. Sie ist Ende Vierzig,
seit fünfzehn Jahren kinderlos verheiratet und leidet seit über zehn Jahren an
Magengeschwüren. Ihr Zustand hat sich verschlechtert. Sie muß ständig
erbrechen und ist beängstigend abgemagert. Der Hausarzt, der Magenspezia-
list und der Röntgenfacharzt vermuten eine Krebsgeschwulst im Bereich des

Magenausgangs. Sie ist bereits zur Operation angemeldet. Die dem Magen entnommene Gewebeprobe hat aber den Krebsverdacht nicht bestätigt. Sie wehrt sich gegen die bevorstehende Operation und hat folgenden Traum: »*Ich sitze in der Klinik in einem Zimmer an einem runden Tisch. Rechts sitzt mein Mann, links meine Schwiegermutter. Mir gegenüber sitzt ein kleines Mädchen, das aussieht wie der Suppenkasper in dem bekannten Kinderbuch vom Struwwelpeter. Es gibt eine kärgliche Suppe zu essen. Das Kaspermädchen haut ungezogen mit seinem Löffel in die Suppe. Und die Mutter blicket stumm um den ganzen Tisch herum, muß ich denken. Ich kann mir das Lachen nicht verbeißen und lache laut heraus.*«

Wie würden Sie diesen Traum deuten? Bedenken Sie, daß eine lebensgefährliche Erkrankung vorliegt. An der Notwendigkeit der Operation ist nicht zu zweifeln. Ein weiterer Gewichtsverlust wäre lebensgefährlich. Trotzdem hat Frau Melissa einen so lustigen Traum? Das ist das Auffällige. Positiv sind der *runde* Tisch, ein Ganzheitssymbol, mit den *vier* Personen, wobei die Zahl *Vier* ebenfalls diese Symbolik unterstreicht. Die *Mahlzeit* ist ein Sinnbild der Vereinigung.

Doch vielleicht fällt Ihnen auf, daß es der Symmetrie halber noch hübscher wäre, wenn zwei männliche und zwei weibliche Personen dasäßen. Die weiblichen Personen haben das Übergewicht. Eine ist zuviel. Wer das ist, läßt sich nach dem Struwwelpetervers – »Und die Mutter blicket stumm um den ganzen Tisch herum« – unschwer erraten. Die Schwiegermutter stört die Symmetrie. Das wird der Grund sein, weshalb das Suppenkaspermädchen mit dem Löffel in die Suppe haut. Sie verkörpert hier den unbewußten *Schatten* der Träumerin. Das *Lachen* ist die Lösung des Traumes. Er hat einen überaus positiven Aspekt.

Nur ist der Suppenkasper auch ein Signal, das Rotlicht anzeigt. Sein Ende ist bekannt. Nach dem Traum zu urteilen, dürfte eine *Anorexie* vorliegen, eine *psychogene Magersucht*. Es ist vermutlich das Schwiegermutterproblem, das die Träumerin jahrelang in sich hineingeschluckt, welches zu einer chronischen Verkrampfung des Magen-Darmtraktes geführt hat und Magengeschwüre entstehen ließ. Auch wenn die *Anorexie* seelische Ursachen hat, ist sie eine tödliche Krankheit.

Der Traum ist nicht schwer zu deuten. Das Problem lautet aber, Frau Melissa den Inhalt ihres Traumes so zu deuten, daß ihr die Bedeutung in vollem Umfang bewußt wird. Zwischen einem intellektuellen Wissen im Kopf und einer *Evidenz* besteht ein himmelweiter Unterschied. Das lateinische *evidentia* besagt soviel wie unmittelbare Anschaulichkeit. Es ist ein »unmittelbares Einsehen«. In der von mir als Beitrag zur Traumforschung entwickelten *Evidenz-Analyse* – ausgehend von *informationstheoretischen* und *psycho-kybernetischen* Überlegungen – bedeutet Evidenz: *Programm-Erkenntnis*. Darum geht es hier.

Die Deutung muß so erfolgen, daß Frau v. G. unmittelbar erkennt und einsieht, daß ihrer Krankheit ein unbewußtes Programm zugrunde liegt. Ein Hausverbot für die Schwiegermutter oder auch eine Scheidung wären keine

Der Mensch und sein Schatten. Die Schattensymbolik ist auf dieser Zeichnung aus einem mittelalterlichen Buch durch einen Doppelmenschen dargestellt, dessen linke Hälfte einen Hundekopf trägt. (Nach Aldrovandini, »Historische Monster«, Bologna 1640.)

Lösung. Die Bedeutung der Traumbotschaft muß ihr so bewußt werden, daß sie – wie es der Traum rät – über alles lachen kann: über die Abhängigkeit ihres Mannes von seiner Mutter, aber vor allem über ihren eigenen kindlichen Widerstand und Trotz den beiden gegenüber. Dies ist die vom Traum angebotene Problemlösung.

Dieses Beispiel zeigt Ihnen die *Grenzen* der Traumdeutung. Mit dem leicht erlernbaren Wissen der Technik, Träume zu deuten, und der Bedeutung der Symbole und Muster kommen Sie in diesem Fall nicht aus. Jetzt geht es darum, *was* und *wie* man es der Träumerin sagt. Es geht um das *richtige Wort im richtigen Augenblick.* Dazu gehören ein feines psychologisches Einfühlungsvermögen und Intuition. Mit anderen Worten: jetzt wird die Traumdeutung zur *seelenärztlichen Kunst.* In dieser lebensbedrohlichen Situation würde jedes falsche Wort einen nicht wiedergutzumachenden Schaden anrichten. Denken Sie an die **Grundregel, bei Gefahrensignalen im Traum auf den Fachspezialisten hinzuweisen. Dies gilt auch, wenn sich der Träumer in einer lebensgefährlichen Krankheitssituation befindet.** Auch wenn ein Traum so »humorvoll« ist wie dieser – beschränken Sie sich darauf, dem Träumer zu sagen, daß sein Traum eine gute Bedeutung hat und auf Besserung hoffen läßt. Es sei denn, Sie verfügen über ärztliche oder seelsorgerische Erfahrung oder über eine klinisch-psychologische Ausbildung.

Ein Gefahrentraum der Alarmstufe I ist auch folgender: »*Im Traum befand ich mich in einem Krankenbett. Zwei Krankenschwestern rollten mich in den Operationssaal. Dort wartete bereits der Chefarzt mit einem Chirurgen und zwei Stationsschwestern. Mir soll ein neuer Haarschopf anoperiert werden. Nach der Operation befinde ich mich in einem energiegeladenen Raum. Die Operation hat übrigens an Bord eines Raumschiffs stattgefunden, das aus einer fremden Welt gekommen ist. Der Chirurg will mich zu seinem neuen Mitarbeiter machen.*«

Der Träumer ist ein Herr Hajo J., technischer Kaufmann, fünfzig Jahre alt und Junggeselle. Er leidet seit kurzem unter Potenzstörungen. Zur Operation gibt er an, daß er eine Glatze hat. Das ist alles. Das *Haar* ist ein Symbol männlicher Kraft und Potenz. Denken Sie an die Bibelerzählung von *Samson und Dalila.* Als Samson seiner Haarpracht beraubt wird, ist es mit seiner übermenschlichen Kraft vorbei. Potenzstörungen können leicht zu Depressionen führen, besonders bei einem Junggesellen in diesem Alter. Der anoperierte neue Haarschopf könnte eine Behebung der Potenzschwierigkeiten vermuten lassen. Bedenklich aber ist bereits die Einleitung des Traumes, in der ein ganzes Operationsteam mit vier Krankenschwestern auftaucht. Die Gefahr geht dann aus dem Nachsatz und der Schlußbemerkung eindeutig hervor. Daran würde auch die Tatsache nichts ändern, daß Herr H. J. vielleicht ein begeisterter Leser von Science-fiction-Romanen ist.

Die *Operation,* signalisiert der Traum, wird in einem Bereich vorgenommen, der nicht zur menschlichen Lebenssphäre gehört. Das *Raumschiff,* in dem der Träumer als Mitarbeiter des außerirdischen Chirurgen verbleiben soll – so der Traumabschluß –, ist als *Lebensschiff* zu deuten. Das heißt aber, daß die weitere Lebensreise in eine fremde Welt, in die Unendlichkeit des Kosmos führt. Zu beachten ist die *Zahlensymbolik,* auf die die Anzahl der Personen verweist. Anwesend sind im Traum insgesamt *sieben* Personen. In der Einleitung sind es drei, die beiden Krankenschwestern und der Träumer. Die *Vierzahl* des Operationsteams zeigt eine positive Ganzheit an, doch handelt es sich um eine außerirdische Vierheit. Zusammengenommen ergibt sich die *Sieben,* welche in der Zahlensymbolik seit Urzeiten als die Zahl des Universums gilt.

Der *Chefarzt,* der die Operation anordnet, kann als die *oberste Instanz* der Psyche angesehen werden. Der *Chirurg* hat die Bedeutung des magischen *Verwandlers,* der dem Träumer eine neuartige Potenz verleiht. Dies führt ihn in einen energiegeladenen Raum. Doch dieser Raum gehört nicht zur irdischen Lebenswelt. Die Energie ist eine kosmische Energie aus einer für den Menschen unwirklichen Welt. Das verleiht diesem Traum eine so gefährliche Bedeutung. Worin die Gefahr besteht, sagt er nicht. Es könnte ein Unfall sein. Wahrscheinlicher ist der Ausbruch einer Psychose. Der Traum stammt aus den Einsendungen zu der von mir vor Jahren veranstalteten Umfrage. Ein sofortiger warnender Brief von mir blieb ohne Antwort.

»*In meiner Küche wimmelt es von großen schwarzen Käfern. Sie kommen unter dem Herd hervor. Es ist immer eine solche Menge, daß ich kaum die Tür öffnen kann. Dann geht der Traum weiter. Ein Haus brennt. Es ist, glaube ich, ein Krankenhaus. Überall schlägt mir schwarzer Rauch entgegen. Ich finde keinen Ausgang mehr.*«

Auch dieser Traum deutet auf allerhöchste Gefahr. Eine ältere Dame aus Berlin hat ihn geträumt. Der *Herd* und die *Küche* sind in der Sprache des Traumes *Symbole der Wandlung.* Die Küche ist der Ort, wo auf dem Herd die Naturprodukte der Nahrung in genießbare Speisen verwandelt werden. In der Einleitung weist der Traum auf den seelischen Bereich, der geistigen Nahrungszubereitung hin. Er sagt, daß die Träumerin gewissermaßen geistig aktionunfähig ist. Sie kann die Tür, den Zugang zu diesem Bereich, kaum öffnen. Die schwarzen Käfer hindern sie, psychische Informationen in Bewußtseinsinhalte umzuwandeln. Anders gesagt: ihre Psyche wird von den Insekten beherrscht. Die Symbolbedeutung von *Insekten,* die in *Massen* auftreten, ist äußerst ungünstig; ein Signal für den Verlust der bewußten, individuellen Persönlichkeit, für den Ausbruch einer Geisteskrankheit.

Die ältere Dame, Frau Sybilla Sch., hat den Traum jedoch für ihren Mann geträumt und sich das Datum notiert. Vierzehn Tage nach diesem Traum mußte ihr Mann in eine Nervenklinik eingeliefert werden. Er hatte, wie sie schrieb, den Verstand verloren.

Im zweiten Teil des Traumes brennt ein *Haus,* ein Krankenhaus. Überall schwarzer Rauch. Die Träumerin findet keinen Ausweg mehr. Das Haus ist ein Sinnbild der Seele, als Krankenhaus wie hier ein Bild der kranken Seele. Wenn das psychische Zentrum in Brand gerät und kein Ausweg vor den giftigen Rauchschwaden vorhanden ist, dann stirbt der Mensch. Die Wirklichkeit hat das Traumgeschehen bestätigt. Eine Woche nach der Einlieferung in die Nervenklinik starb der Ehemann von Frau Sybilla Sch.

Dieser Traum ist ein Beispiel dafür, daß die Traumbotschaften nicht immer der Person des Träumers gelten. Er wurde gewissermaßen stellvertretend für den Ehemann geträumt. Derartige Träume für Familienmitglieder sind überaus häufig. Das beweist, daß jeder Mensch mit anderen durch ein unbewußtes psychisches Kommunikationsfeld verbunden ist. Es handelt sich um das von C. G. *JUNG* entdeckte Feld des *Kollektiven Unbewußten,* wie er es nennt. Zwischen Eheleuten und Familienmitgliedern ist diese Verbindung naturgemäß besonders eng. Sie können sich dies noch deutlicher machen, wenn Sie den Begriff einer *Familienseele* für die unbewußte seelische Verbundenheit zwischen Eltern und Kindern verwenden, einer *Gruppenseele* für den Kreis der weiteren Verwandtschaft oder der Bekannten und Freunde usw.

Im Fall des Traumes von Frau S. Sch. ist es allerdings so, daß jeglicher Hinweis auf eine dritte Person fehlt. Der Ehemann wird nicht erwähnt. Der Traum signalisiert den Ausbruch der Geisteskrankheit und den baldigen Tod in einer Form, als beträfe er die Träumerin persönlich. Wie ist dies zu erklären? Hier können wir der Familienseele fast eine Eigenpersönlichkeit zuschreiben. Sie »denkt« sozusagen logisch für beide. Da der Ehemann vermutlich geistig nicht mehr in der Lage ist, den Traum zu verstehen, findet die Traumhandlung auf dem psychischen Bildschirm seiner Frau statt. Etwa so, als ob die überpersönliche Seele der Eheleute die Traumnachricht auf dem zweiten Kanal sendet, weil der erste Kanal durch technische Störungen ausgefallen ist.

Bemerkenswert ist weiterhin, daß auch diese Traumbotschaft durch die tatsächlichen Ereignisse ihre Bestätigung findet. Es liegt ein *Wahrtraum* vor. Er signalisiert den Ausbruch der Krankheit und den Tod bereits Wochen zuvor. Trotzdem wollen wir bei diesem Traum noch nicht von einem *Zukunftstraum* oder gar einem *prophetischen Traum* sprechen. Der Körperarzt, der vergleichsweise bei einer schweren Krankheit eine zutreffende Prognose über den Verlauf stellt, hält sich auch nicht für einen Propheten. Seine Voraussage gründet sich auf seine Erfahrung durch die Praxis. Derartige kurzfristige Prognosen sind für jeden Arzt eine Selbstverständlichkeit. Das gilt für jede andere empirische Wissenschaft auch. Der Begriff *empirische* Wissenschaft – und dies ist auch die wissenschaftliche Deutung von

Träumen – besagt, daß der Forscher erfahrbare Beobachtungen sammelt, diese miteinander vergleicht und so aufgrund seines Erfahrungsmaterials bereits aus einzelnen Informationen mit größter Wahrscheinlichkeit auf Ereignisse schließen kann, die erst zu späterer Zeit stattfinden.

Diese Fähigkeit einer kurzfristigen Voraussage müssen wir der Psyche ebenfalls zugestehen. Sie empfängt und registriert ständig, Tag und Nacht, Reize und Signale, die von der Umwelt ausgesandt werden. Sie vergleicht ständig mit früher empfangenen Informationen und kombiniert, und dies besser als die modernsten Computer. So ist es völlig natürlich, daß das Traumbewußtsein Prognosen stellt. Nur daß es diese nicht auf Lochkartenstreifen druckt wie ein Computer, sondern auf dem inneren Bildschirm der Träume zeigt. Kurzum: Träume wie der von Frau Sybilla Sch. sind keineswegs außergewöhnlich. Sie gehören zur Alltagspraxis jedes Psychotherapeuten. Schwieriger dagegen ist das Zustandekommen von Träumen zu verstehen, die sich als *Wahrträume* über weite Entfernungen und als echte *Zukunftsträume* erweisen. Für diese Träume interessiert sich gegenwärtig auch die moderne PSI-Forschung.

Bevor wir jedoch darauf zu sprechen kommen, wollen wir noch kurz auf ein ebenfalls wichtiges Thema eingehen: die Bedeutung der Erotik und der Sexualsymbole im Traum.

Erotik und Sexualsymbolik im Traum

»Ich hatte im Traum mit Frau E. zu tun. Sie drängte sich an mich heran und sagte mir wohl auch, daß sie mit mir schlafen wolle. Ich glaube, sie hat mir auch einen Zungenkuß gegeben. Ich war empört über diese Zudringlichkeit.«

Frau M. B., die Träumerin, ist tatsächlich von diesem Traum schockiert. Sie kann ihn sich nicht erklären. Die Frau E., die im Traum auftaucht, ist eine Studienkollegin von ihr, welche sie seit Jahren aus den Augen verloren hat. Sie hatte sich auf ein bestimmtes Gebiet spezialisiert, mit dem Frau M. B. demnächst beruflich zu tun haben wird. Frau M. B. ist Studienrätin und vor die Aufgabe gestellt, bestimmte Themen in ihren Unterricht einzubeziehen, mit denen sie sich nicht auskennt. Der Traum rät ihr, was sie tun soll. Mit einer etwa verborgenen lesbischen Neigung hat die erotische Annäherung der ehemaligen Freundin nichts zu tun. Der Traum benutzt diese Handlung, um der Träumerin klarzumachen, daß sie die eingeschlafene Beziehung zu ihrer früheren Studienkollegin wieder aufnehmen soll. Diese würde ihr mit ihren Spezialkenntnissen helfen können.

»Vorbereitung zum Hexensabbat.« Eine junge Frau wird mit der Hexensalbe – einer Mischung aus Bilsenkraut, Schierling und anderen drogenhaltigen Pflanzen – eingerieben. Diese erzeugt tiefen Schlaf mit sexuell gefärbten Traumbildern. (Nach einem galanten Kupferstich des 18. Jahrhunderts.)

Die Bedeutung des Zungenkusses hier im Traum ist die einer geistigen Vereinigung.

Entwicklungsgeschichtlich wird der Kuß von Sexualwissenschaftlern häufig als eine sexuelle Ersatzbefriedigung gedeutet. Doch das trifft sicher nicht zu. Zweifelsohne handelt es sich bei Lippen, Mund und Zunge um eine erogene Körperzone. Aber das Verhaltensmuster, das dem Kuß zugrunde liegt, ist das Bedürfnis nach friedlicher Annäherung und Vereinigung. Denken Sie an den Bruderschaftskuß und die noch heute übliche Sitte, daß sich Staatsmänner zum Zeichen der Verbundenheit der von ihnen vertretenen Völker gegenseitig umarmen und die Wangen küssen

So hat auch der Zungenkuß im Traum von Frau M. B. keine sexuelle Bedeutung. Die Zunge ist das Werkzeug der menschlichen Sprache und somit ein geistiges Symbol. Hier weist es die Träumerin auf die Notwendigkeit hin, sich mit dem Spezialgebiet, das Frau E. verkörpert, geistig zu befassen.

»Ich hatte in die Kirche gehen wollen und benutzte einen Seiteneingang. Doch eigenartigerweise gelangte ich in einen Kellerraum. Der Raum war von Kerzen erleuchtet, und es ertönte eine dumpfe, wilde Musik. Da sprang mich ein von Kopf bis Fuß behaarter nackter Mann an. Mit dem Buch, das ich in der Hand hielt, wollte ich ihn abwehren. Doch er lachte nur und zeigte auf den Titel. Er lautete ›Rechenbuch für die Unterstufe‹. Dann zwang mich der Mann, ihn zu lieben.«

Frau Britte H., die diesen Traum erzählt, ist dreißig Jahre alt. Verheiratet seit fünf Jahren und Mutter eines dreijährigen Töchterchens. Sie hatte in letzter Zeit mehrere Träume dieser Art. War es in diesem Traum ein wie ein Tier behaarter Mann, dem sie zu Willen sein mußte, so war es in einem anderen Traum ein Neger.

»Ich lag am Strand und sonnte mich. Plötzlich tauchte aus dem Meer ein riesengroßer nackter Neger auf. Er kam direkt auf mich zu. Die Situation war bedrohlich. Ich sprang auf und wollte davonlaufen. Doch schon war er bei mir. In meiner Angst griff ich zu meiner Handtasche und bot ihm Geld an. Doch wortlos warf er mich zu Boden und vergewaltigte mich. Ich dachte noch, daß ich ja um Hilfe schreien müßte. Doch statt dessen stammelte ich sinnlose Liebesworte.«

Verständlich, daß sich die Träumerin diese Träume nicht erklären kann. Sie kommt wegen ihres Mannes in die Sprechstunde und bringt diese Träume mit. Sie ist unauffällig, aber gediegen gekleidet, macht einen seriös-bürgerlichen Eindruck, und es ist ihr zu glauben, wenn sie sagt, sie würde nicht »im Traum« an einen Ehebruch denken. Doch wie wir sehen, ist es so. Sie wissen bereits, daß diese Träume, die zur Beratung mitgebracht werden, als *Initialträume* anzusehen sind. Sie sind besonders aufschlußreich.

Das Eheproblem von Frau Britte besteht darin, daß ihr Mann sie vernachlässigt. Er hat nur noch Interesse für seinen Beruf und seine Hobbys. Das Eheleben ist in den letzten beiden Jahren zu einem gewohnheitsmäßigen Nebeneinanderherleben geworden. Sie ist unzufrieden und möchte wissen, was sie tun soll. Sie versteht ihre Träume als unbewußte erotische Wünsche. Und als Beweis dafür, daß sie ein Recht auf Befriedigung hat. Jedenfalls hat sie das in einer Frauenzeitschrift gelesen unter der Rubrik »Unsere Eheberaterin gibt Auskunft«.

Sie haben inzwischen gelernt, daß der Traum die Probleme des Träumers weder entstellt noch verkleidet, auch sexuelle Probleme nicht. Die Träume von Frau Britte haben durchaus mit ihrer unbefriedigenden ehelichen Situation zu tun und ebenso mit der Sexualität. Doch stellen sie keineswegs eine sexuelle Wunscherfüllung dar, eine Art geträumter Ersatzbefriedigung, wie sie im Sinne der Auskunft in ihrer Frauenzeitschrift jetzt annimmt.

Der *behaarte wilde Mann* und der *Neger,* der sie am Strand des Meeres – Symbol ihres Unbewußten – vergewaltigt, sind gewissermaßen Personifikationen ihrer leidenschaftlichen Gefühle. Aber die Tatsache, daß sie in beiden Fällen von diesen *Animus-Figuren* zum Beischlaf gezwungen wird, ist eher als als ein Beweis dafür anzusehen, daß ihr im bewußten Eheleben der Zugang zu einer natürlichen, leidenschaftlichen Hingabe fehlt. Der *geträumte Liebesakt* ist als ein symbolisches Muster für eine *Vereinigung der Gegensätze* zu verstehen.

Die Aussprache mit Frau Britte H. ergibt folgende Situation: Die körperliche Liebe ist für sie eine mehr oder weniger notwendige Begleiterscheinung der Ehe. Meist gibt sie sich nur hin, damit sie ihre Ruhe hat, wie sie sagt. Einen Orgasmus hat sie in den fünf Jahren ihrer Ehe höchstens drei- oder viermal erlebt. Ihr Mann sei früher sehr in sie verliebt gewesen, so habe sie sich ihm auch nie verweigert. Ihr Denken habe sie dabei allerdings nie abschalten können. Vor allem, weil sie ein geplantes Kind haben wollte. Sie gibt auch zu, daß bei ihrer Heirat eine gewisse Berechnung im Spiel gewesen sei. Ihr Mann hat ihr die Aussicht auf ein angenehmes Leben geboten, und ledig habe sie nicht bleiben wollen.

Auf die Frage, ob sie denn niemals das Bedürfnis verspürt habe, sich beim Liebesakt völlig fallenzulassen und nicht zu denken, erschrickt Frau Britte. *»Ja«,* sagt sie, *»das habe ich ich einmal getan, bevor ich meinen Mann kennenlernte. Eine Freundin hat es mir geraten. Doch es war furchtbar. Ich bin diesem Mann völlig hörig geworden. Zum Glück hat mich mein Verstand nicht ganz verlassen. Nach wenigen Wochen verließ ich diesen Mann. Als ich ihm andeutete, daß ich Schluß machen will, hat er mich tatsächlich zur Liebe gezwungen. Ich lebte noch monatelang in der Angst, er würde mich erwürgen, wenn er mich findet.«*

Die Hörigkeit ist es also, die Frau Britte fürchtet, die sexuelle Abhängigkeit von ihrem Mann. Ihre damalige *Flucht* mag unbewußt richtig gewesen sein. Frau H. stammt aus einem Elternhaus mit bürgerlicher Tradition und religiösen Grundsätzen. An eine Ehe war mit ihrem damaligen Liebhaber nicht zu denken. Er wäre von ihrer Familie nicht akzeptiert worden. Doch beweist ihr damaliges Erlebnis, daß sie zu einer leidenschaftlichen Hingabe fähig ist. In der Ehe könnte sie diese ihre Gefühlsseite ausleben. Das zeigt die Einleitung zu dem ersten Traum. Die orgiastische Szene findet im Keller unter der Kirche statt. Nur deutet ihr der Traum dort auch an, wie es nicht geht. Sie versucht sich gegen eine Überwältigung durch ihre Gefühle zu wehren, indem sie die *»Unterstufe«* der Liebe zum Gegenstand eines *»Rechenunterrichts«* macht.

Das Traumbewußtsein signalisiert Frau Britte, daß sie ihre Unzufriedenheit bei sich selbst suchen muß. Ihr Mann wendet sich seinem Beruf und seinen Hobbys zu, weil *er* in Wirklichkeit der Unbefriedigte sein dürfte. Ihre ständige Abwehr und ihr Unbeteiligtsein werden ihn sicher mehr bekümmern, als sie glaubt. Ihr ständig wacher, berechnender Verstand verhindert die Entfaltung der Liebe auf einer *höheren* Stufe. Daher lacht der behaarte wilde Mann im Traum über ihr »Rechenbuch« und zeigt ihr drastisch, wie sinnlos derlei Art von Abwehr ist.

Praktische Hilfsmittel für das richtige Deuten von Träumen

Lernen durch Erfahrungen eigener Art

Lernen durch *eigenes Tun* und damit *selbst gewonnene* Erfahrung sind der beste Weg zu einem Wissen höherer Art – zur *Bewußtheit*. Es ist der Weg zur Entwicklung des *kritischen* und *schöpferischen* Denkens. Die Beschäftigung mit Ihren Träumen und die kritische Untersuchung von deren Bedeutung ist für Sie eine *Schule zur Bewußtheit*.

Sie lernen üblicherweise durch einen Lehrer oder aus Büchern. Doch was Sie so lernen, ist ein Wissen aus zweiter Hand. Sie können, was Sie auf diese Weise erfahren, entweder gläubig annehmen oder ungläubig ablehnen. Doch beides stellt keine Kritik dar. Was in Ihnen dabei vorgeht, ist, daß Sie sich eine *Meinung* bilden. Die Botschaften Ihrer Träume aber beruhen auf einer selbst gewonnenen Erfahrung. Benutzen Sie die Informationen Ihres Traumbewußtseins dazu, diese mit den Beobachtungen Ihres Wachbewußtseins über sich selbst und Ihre Umwelt kritisch zu vergleichen. Das Wissen, das Sie sich damit erwerben, ist ein *selbst geschöpftes Wissen*. Es fließt Ihnen aus Ihrem Unbewußten zu, eine Wissensquelle, die weitaus ergiebiger ist, als Ihr Wachbewußtsein ahnt. Doch die Erkenntnisse, die Sie gewissermaßen aus sich selbst schöpfen, sind nicht alles. Ihr Traumbewußtsein steht, wie Sie bereits wissen, mit einer vierten Bewußtseinsdimension in Verbindung – dem Kollektiven Unbewußten oder besser dem allumfassenden Feld des *Überbewußtseins*.

Damit sind Sie in der Lage, durch das Deuten Ihrer Träume ein Wissensreservoir anzuzapfen, das praktisch unerschöpflich ist und das Wissen der gesamten Menschheit enthält – wenn nicht noch mehr. Im Anfang wird die Beschäftigung mit Ihren Träumen – und das für längere Zeit – ein Experimentieren sein. Das ist das Vorgehen der modernen Naturwissenschaftler auch: sich durch Experimente zu *vergewissern*. Sie folgen damit dem Weg des großen englischen Universalgelehrten Sir Francis *BACON,* des Begründers der modernen experimentellen Naturwissenschaften. Von ihm stammt der bekannte Satz: »Wissen ist Macht!«

Macht, wie sie gegenwärtig nur zu oft mißverstanden wird, ist nicht Gewalt – über Menschen, materielle Dinge und Institutionen. Was Sie vorhaben, ist nicht der Gewinn von äußerer Macht. Für Sie geht es um die

Verfeinerung der *psychischen Wahrnehmung* und die Entfaltung *geistiger Kraft*. So erhält der Satz von Francis *BACON* seinen Sinn, wenn Sie sich seine tiefere Bedeutung zu eigen machen. Diese lautet: *»Wissen ist Kraft!«* Es ist die Kraft der Bewußtheit. Diese ist äußerer Macht stets überlegen.

Der Schlüssel dazu sind die Träume. Sie erschließen Ihnen den Weg zur *Programm-Erkenntnis,* zur Erkenntnis der Programmierung Ihres eigenen Verhaltens wie des Verhaltens Ihrer Mitmenschen – und der programmierenden Muster der Zeitereignisse allgemein. Damit haben Sie den Schlüssel zur Kraft, auf das hinter allem Verhalten und allen Erscheinungen verborgene Programm einzuwirken. Was diese geistige Kraft im Leben für eine Macht darstellt – darüber sollten Sie ernsthaft meditieren.

Doch bevor Sie sich mit der Bedeutung Ihrer Träume beschäftigen können, müssen Ihnen auch Träume zur Verfügung stehen. Was ist zu tun, damit Sie sich der nächtlichen Informationen durch Ihr Traumbewußtsein beim Erwachen erinnern?

Eine praktische Übung zum Erinnern an Träume

Legen Sie sich auf Ihrem Nachttisch Papier und Bleistift zurecht. Geben Sie sich vor dem Einschlafen folgenden Befehl: *»Ich träume jede Nacht! Ich träume auch heute nacht! Morgen beim Aufwachen weiß ich, was ich geträumt habe.«* Es genügt, wenn Sie sich diese drei Sätze einmal langsam und deutlich laut vorsagen. Alles andere überlassen Sie Ihrem Traumbewußtsein. Es wird diesen Befehl befolgen. Mit dem Erwachen am Morgen wird auch ein Traum die Schwelle zu Ihrem Wachbewußtsein überschreiten. Notieren Sie sich Ihren Traum sofort! Zu einer späteren Zeit könnten unbewußte Tagesreize den Inhalt der Traumbotschaft verändern.

Wenn Sie einen Kassettenrecorder haben, können Sie Ihre Träume auch auf Band sprechen. Das hat sich als vorteilhaft erwiesen. Sie haben dann allerdings am Abend die Arbeit, das Band abzuhören und den Traum zu Papier zu bringen. Denn Sie müssen es sich zur Gewohnheit machen, Ihre Träume täglich aufzuzeichnen.Untertags denken Sie nicht weiter über Ihren Traum nach!

Die Anlage eines Traumtagebuches

Wenn Sie sich ernsthaft darum bemühen, Träume richtig zu deuten, ist die Anlage eines Traumtagebuches unerläßlich. Am praktischsten sind die

Taschenbücher mit Ringmechanik und auswechselbaren Blättern im Format DIN A 5. So können Sie spätere Beobachtungen zu einem Traum, Zeitungsausschnitte, Bilder, die Traumsymbolen gleichen, nachträglich dazuheften.

Tragen Sie Ihre Traumnotizen vom Morgen am Abend – oder wann immer Sie Zeit und Ruhe haben – in Ihr Traumtagebuch ein. Vergessen Sie das genaue Datum nicht und numerieren Sie Ihre Träume. Sie wählen das Datum vom Tage, an dem Ihnen beim Erwachen der Traum in das Bewußtsein kam.

Versehen Sie Ihre Träume mit fortlaufenden Nummern. Sie werden es erleben, daß nach Wochen oder Monaten, sogar nach Jahren, Träume Zahlenangaben enthalten, die sich unter Umständen auf die Nummer eines früheren Traumes beziehen.

Falls Sie während des Tages spontane Einfälle zu einem Traum haben oder Ihnen etwas auffällt, das zu Ihrem nächtlichen Traum in einer Beziehung steht, tragen Sie dies ebenfalls in Ihr Traumtagebuch ein.

Wenn Sie Ihre Träume in das Tagebuch eingetragen und – das ist besonders wichtig – wirklich Ruhe und Zeit haben, entspannen Sie sich kurz. Meditieren Sie nun über Ihren Traum! Das heißt, Sie denken gewissermaßen um die einzelnen Traumbilder und Traumhandlungen von allen Ihnen zutreffend erscheinenden Aspekten aus. Dies wird es Ihnen erleichtern, den Sinn des Traumes zu erfassen.

Verwechseln Sie dieses Meditieren keinesfalls mit der von *FREUD* entwickelten Methode des sogenannten *freien Assoziierens*. Diese Methode, den Träumer zu einzelnen Bildern willkürlich Gedanken zu Gedankenketten ausspinnen zu lassen, etwa Regen – Wetter – naß – Wasser – Schiff – Seereise – Matrose – Reeperbahn usw., läßt nach der Art des Schrotkugeleffekts auf einen passenden Einfall hoffen. Je größer die Zahl derartiger Einfälle, desto wahrscheinlicher der Treffer, der zu einer heißen Spur für einen unbewußten Zusammenhang führt. Nur kann dies Stunden dauern, und nur zu oft führt das freie Assoziieren von der richtigen Bedeutung eines Traumbildes fort statt an sie heran.

Das meditative *Um-Denken* der einzelnen Traumbilder, – Figuren und Szenen –, das Sie üben, ist ein konzentriertes, gewissermaßen spiralenförmiges Herandenken. Etwa folgendermaßen: Sie befinden sich in der Traumeinleitung auf einem Spaziergang, und plötzlich *regnet* es. Was bedeutet das für Sie? Würden Sie in Wirklichkeit Ihren Spaziergang aufgeben oder weiterwandern? Wenn ja, warum? Weil es Sie erfrischt. Was bedeutet ein erfrischender Regen für die Natur? Die Pflanzen wachsen, und die Saat sprießt. Also Fruchtbarkeit! Welche Geschichten fallen Ihnen dazu ein? Die

Geschichte vom Regenmacher. Oder ganz simpel: Das Sprichwort »Auf Regen folgt Sonnenschein«. Der *Regen* hat also in diesem Fall eine entsprechend positive Bedeutung. Es kann auch anders sein. Regen bedeutet für Sie Nässe, Kälte, Frieren, alles Grau in Grau. Der Spaziergang ist verdorben. Und in der Natur? Die Ernte verfault. Überschwemmungen. Unfallgefahr beim Autofahren. Dann bedeutet der Regen eine Stimmungslage trüber Gedanken und der Niedergeschlagenheit mit negativen Auswirkungen. Vielleicht fällt Ihnen dazu ein besonderes Erlebnis ein? Wie Sie als Kind auf dem Lande nach dem Regen Pilze sammeln mußten und Angst hatten, sich im Wald zu verirren. Oder enttäuscht waren, daß die schönen roten Fliegenpilze, die Sie mitbrachten, giftig waren und Sie ausgescholten wurden. Notieren Sie diese Einfälle kurz in Stichworten zu dem Traum!

Lesen Sie von Zeit zu Zeit in Ihrem Traumtagebuch alte Träume nach! Auch wenn Sie anfänglich die Bedeutung eines Traumes nicht oder nur unzureichend verstanden haben, so wirkt allein durch das erneute Lesen die Trauminformation anregend auf Ihren kombinierenden Verstand. Auch bei dieser Gelegenheit werden Sie zusätzliche Einfälle haben, die das bisherige *Deutungsmaterial* ergänzen und den Bewußtwerdungsprozeß fördern.

Schon die Tatsache, daß Sie überhaupt ein Traumtagebuch führen und sich meditierend mit den Nachrichten des Ihnen bislang unbekannten zweiten Bewußtseins in Ihnen befassen, aktiviert verborgene schöpferische Kräfte in Ihrer Psyche und setzt automatisch einen seelischen *Ausgleichsprozeß* wie – im Bedarfsfall – einen *Selbstheilungsprozeß* in Gang. Diese positive Rückwirkung Ihrer Beschäftigung mit Ihren Träumen erklärt sich als ein inzwischen wissenschaftlich erforschtes *Psycho-Biofeedback*.

Lassen Sie sich sagen, daß die meisten der großen, schöpferischen Persönlichkeiten, Naturforscher, Entdecker und Erfinder, und unter den Künstlern Bildhauer, Maler und Dichter ihre Träume sorgsam aufzeichneten und als Anregung für ihre genialen Einfälle benutzten. Die Tagebücher des berühmten Bildhauers, Malers und Erfinders Leonardo da *VINCI* beweisen es; der Philosoph René *DESCARTES,* der Mathematiker *GAUSS* und der Naturforscher *HELMHOLTZ* fanden Problemlösungen und wichtige Naturgesetze im Traum. Angeregt durch ihre Träume entdeckten der Chemiker August von *KEKULÉ* die Formel für den Benzolring, der Nobelpreisträger Paul *EHRLICH* das Salvarsan, der Chefchemiker der IG-Farbenindustrie Carl *DUISBERG* neue Farbstoffe und der Atomphysiker Nils *BOHR* das nach ihm benannte Atommodell.

SHAKESPEARES »Sommernachtstraum« ist ein geträumtes Bühnenstück. August *STRINDBERG* gestaltete seine Träume zu Dramen und

Romanen. Die Liste der Dichter und Schriftsteller, die sich ihrer Traumauf-
zeichnungen für ihre Werke bedienten, reicht von Gottfried *KELLER,*
DOSTOJEWSKI, TOLSTOJ und vielen anderen bis zu Rainer Maria *RILKE,*
Franz *KAFKA* und Ernst *JÜNGER.* Die visionären Bilder des berühmten
Hieronymus *BOSCH* wie die der Symbolisten und Surrealisten des 19. und
20. Jahrhunderts, *PICASSO,* Marc *CHAGALL,* Max *ERNST,* René *MAR-*
GRITTE und Salvador *DALI,* sind mit dem Pinsel auf die Leinwand
geschriebene Träume. Musiker und Komponisten, wie *HÄNDEL, MO-*
ZART, WAGNER und *SCHUMANN,* hörten Melodien und Orchesterklän-
ge gleichsam wie ins Ohr gesungen nachts im Traum.

Diese Aufzählung mag genügen. Vollständig ist sie nicht. Die Reihe der
Tagebücher und Briefe, denen berühmte Persönlichkeiten aller Zeiten ihre
Träume anvertrauten, würde eine Bibliothek füllen. Nur ein Bericht sei hier
erwähnt, weil *tönende Träume* seltener sind als die bekannten inneren Bilder.
Er stammt von einem gewissen *LALANDE* und handelt von einem Traum
des Violinvirtuosen und Komponisten der »Teufelssonate«, Giuseppe
TARTINI, wie dieser ihn beschrieb:

»Im Jahre 1713 träumte ich in einer Nacht, daß ich einen Pakt geschlossen hätte
und der Teufel in meinen Diensten stände. Alles gelang mir nach Wunsch; alles,
was ich begehrte, ging mir im vorhinein in Erfüllung; meine Wünsche wurden durch
die Dienste meines neuen Bedienten stets übertroffen. Ich hatte den Einfall, ihm
meine Geige zu geben, um mich zu überzeugen, ob er es fertigbringen würde, mir
schöne Melodien vorzuspielen. Aber wie groß war mein Erstaunen, als ich ihn eine
so merkwürdige und schöne Sonate mit so viel Meisterschaft und so viel Geist
vortragen hörte, daß nichts, was ich geschaffen hatte, damit verglichen werden
konnte. Ich war darüber so verwundert, entzückt und begeistert, daß mir der Atem
verging. Ich erwachte durch diese heftige Erregung, nahm sofort meine Geige und
hoffte, etwas von dem, was ich soeben gehört hatte, wiederzufinden. Doch es war
vergeblich. Das Stück, welches ich dann komponierte, ist in Wahrheit das beste, was
ich je gemacht habe, und ich nannte es auch die ›Teufelssonate‹. Doch blieb es weit
hinter dem zurück, was ich im Traum gehört hatte, so daß ich meine Geige
zerbrochen und für immer der Musik entsagt hätte, wenn ich imstande gewesen wäre,
von ihr zu lassen.«

Doch nicht nur so berühmte Leute verdanken ihren Traumaufzeich-
nungen schöpferische Ideen und glückliche Einfälle. Buchhalter finden im
Traum exakte Hinweise auf Fehler, die sie tagelang vergeblich in ihren
Konten suchen. Verlorene und vermißte Gegenstände erscheinen im Traum

an Orten, wo sie der Besitzer nie vermutet hätte. Hausfrauen finden am Morgen verblüfft auf ihrem Traumnotizblock eine Zahlenreihe, die sich dann später bei der Fernsehziehung als die richtige Lottozahl erweist.

Und noch etwas, das jeder von uns, der ein Traumtagebuch führt, erleben kann. Sie kommen auf einer Reise eines Tages an einen Ort, an dem Sie noch nie in Ihrem Leben waren. Doch alles scheint Ihnen seltsam bekannt. Sie wissen genau: Dort um die Ecke steht ein Haus mit einem Puppenladen. Darin ist eine alte Frau. Im Ladenfenster liegt eine große blaue Katze. Und über dem Eingang als Firmenschild ein Puppenkinderwagen. Sie gehen hin, tatsächlich ist alles so, wie Sie es wußten. Bis auf die Frau. Die ist jetzt blond und jung. Und neben den Puppen liegt auch modernes Spielzeug in den Kästen. Wie ist das zu erklären? Es handelt sich um ein Déjà-vu-Erlebnis, um die Annahme, Gegenwärtiges bereits einmal erlebt zu haben.

Von diesem *Bekanntheitsgefühl* an fremden Orten – auf unbekannte Personen kann es sich ebenfalls beziehen – wird oft gesprochen. Ursache dafür kann auch eine Gedächtnistäuschung oder eine Erinnerungsverwechslung sein. Vielleicht haben Sie das Haus mit dem originellen Puppenladen und der blauen Katze früher einmal in einem Film gesehen? Wenn Sie ein Traumtagebuch führen, verfügen Sie über eine Kontrollmöglichkeit. Dies ist besonders wichtig für Träume, die weite Räume überwinden und vorausschauend in die Zukunft weisen. Wir kommen auf echte Wahr- und Zukunftsträume noch zurück.

Legen Sie sich für Träume in Ihrer Familie oder auch für die Träume guter Freunde ein zweites Traumtagebuch an. Beachten Sie besonders die *Kinderträume.* Bei Kindern ist das Traumbewußtsein noch sehr viel enger mit dem Wachbewußtsein verbunden als bei Erwachsenen. Auch ist die Verbindung zur vierten oder Überbewußtseinsdimension noch wesentlich offener. Besonders die *frühen* Kinderträume enthalten oft archetypische Muster, die die Entwicklungsstrukturen für die kommenden Jahre erkennen lassen und nicht selten eine Vorschau auf das spätere Lebensschicksal darstellen. Freilich liefern Kinder keinen Kontext zu ihren Träumen, wie ein Erwachsener. Besonders wenn ein Kind Angst vor seinem Traum empfindet, wird es keine Einfälle haben. Fragen Sie Ihr Kind dann nicht aus! Notieren Sie sich, was es sagt und wie es reagiert.

Halten Sie Ihre Kinder nicht dazu an, Träume zu produzieren. Die meisten, vor allem die späteren Kinderträume, sind belanglos. Zeigen Sie gegenüber Ihrem Kind keine Neugier auf seine Träume. Sie haben sonst viel zu tun. Wenn ein Traum wichtig ist, wird ihn das Kind von allein erzählen. Ebenso interessant wie die *frühen* Kinderträume sind dann wieder die

Träume während der *Pubertät*. Bekanntlich dauert diese zu unserer Zeit länger an als beispielsweise vor dem Krieg. Die Geschlechtsreife setzt früher ein, dafür hat sich der seelisch-geistige Reifeprozeß verlangsamt. Zu den Pubertätsträumen können die Träume von etwa vierzehn bis zwanzig gezählt werden.

Imaginieren – eine hilfreiche Ergänzung zur Trauminformation

In den Kapiteln über die geträumte Lebensreise und die Trauminformation im Krankheitsfall haben Sie erfahren, daß das Traumbewußtsein Ihnen unbewußte Entwicklungen vorwegnimmt und frühzeitig vor Gefahren warnt. Sie können sich diese wertvolle Fähigkeit Ihrer psychischen Informationsauswertungszentrale auch im Wachzustand zunutze machen, sei es, daß Sie vor wichtigen beruflichen Problemlösungen und Entscheidungen stehen, sei es, daß ein Konflikt im privaten Lebensbereich Sie vor eine schwierige Aufgabe stellt. Eine solche Möglichkeit zur Ergänzung der Trauminformation ist die *Imagination*. Diese wird besonders dann hilfreich sein, wenn Sie zu den fraglichen Problemen keine ausreichenden Träume haben oder sich keine rechte Deutung finden läßt.

Das *Imaginieren* (von lateinisch *imago* = das Bild) ist gewissermaßen ein waches Träumen in einem entspannten Zustand – so an der Grenze zwischen Wachsein und Traum. Doch handelt es sich nicht um ein freies, zielloses Phantasieren, sondern um ein gezieltes Bild-Meditieren.

Wichtig ist, daß Sie allein und ungestört sind und Ruhe haben. Schalten Sie den Fernsehempfänger ab! Löschen Sie, wenn möglich, das Licht und zünden Sie eine Kerze an. Die Kerzenflamme oder auch Kaminfeuer sind hervorragende Hilfsmittel für eine Übung dieser Art. Wählen Sie sich zum Sitzen den bequemsten Sessel, den Sie haben! Versuchen Sie nun, sich so tief wie möglich zu entspannen! Warten Sie, bis Sie sich in einem Zustand vollständiger innerer Gelöstheit befinden!

Keine Übungen in der Art des *autogenen Trainings*, bitte! Gerade eine Willenskonzentration sollen Sie vermeiden. Falls Sie sich nicht oder nur schwer selbst zu entspannen in der Lage sind, können Sie eine Audio-Training-Kassette des Verfassers benutzen. Diese ist unter dem Titel »Aktives Selbstbehauptungs-Training« erschienen (audio-Training Nr. 6504, Verlag Heyne, München). Sie finden auf dieser Kassette Übungen zur körperlichen und geistigen Einstimmung, zur Schulung des Atmens und der Entspannung.

Sie haben sich entspannt und fühlen sich gelöst. Schließen Sie die Augen!

Denken Sie kurz an Ihr Problem. Stellen Sie sich nun alle damit verbundenen Personen und Dinge oder was sonst dazugehört möglichst bildhaft vor, auch Ihre eigene Person! Versuchen Sie sich auch an die Farben

Zeichnung einer Imagination zu dem Thema »Der Säbelhieb zum Gordischen Knoten« im Sinne des hier beschriebenen gezielten Wachträumens. Der Urheber, Graf W. v. K. K., ist Herrenreiter und ehemaliger Offizier.

der Umgebung, der Gegenstände, auch der Kleidung der Personen zu erinnern. Lassen Sie Ihre Gedanken um alles kreisen, so daß das Bild möglichst plastisch wird!

Sie haben sich ja sicher schon eine Vorstellung gemacht, wie das vorliegende Problem zu lösen ist. Stellen Sie sich jetzt auch Ihre Lösung möglichst bildhaft vor! Aber das nicht länger als etwa 30 Sekunden. Dann schalten Sie das Bild ab.

Öffnen Sie jetzt die Augen und betrachten Sie die Kerzenflamme! Sie bleiben entspannt und gelöst! Sie denken – nichts! Sie wollen – nichts! Sie wünschen – nichts! Wenn Sie nun die Augen so weit schließen, daß Sie

»Das Böse und sein Engel.« Zeichnung zur Selbstanalyse einer Imagination. Urheber Graf W. v. K. K.

gerade noch durch einen schmalen Lidspalt das Licht der Flamme wahrnehmen, werden spontane Bilder und Szenen auftauchen wie in einem Traum, die sich auf die Lösung Ihres Problems beziehen. Dieses Imaginieren sollte nur wenige Minuten andauern. Schreiben Sie nun diese Szenen und Bilder, die Sie gesehen haben, in Ihr Traumtagebuch. Vergessen Sie Datum und laufende Nummer nicht.

Bei der Deutung dieser imaginierten Bilder verfahren Sie wie bei der

Deutung eines Traumes. Lassen Sie aber einige Zeit verstreichen, bis Sie dazu übergehen. Wenigstens eine Stunde.

Falls sich Ihnen während der Imagination völlig andersartige Bilder aufdrängen, die mit Ihrem Problem gar nichts zu tun haben, brechen Sie das Experiment ab. Wiederholen Sie es frühestens am nächsten Tag. Jedes weitere und vor allem bewußte Nachdenken würde Sie nur verwirren und führt nicht zum Erfolg.

Merken Sie sich zu diesem Experiment: Eine echte Imagination erfordert keinerlei Anstrengung. Die Bilder erscheinen spontan und erfüllen Sie mit der Gewißheit, daß sie zur Problemlösung beitragen werden. Wenn Sie diese Gewißheit nicht haben, dann haben Sie Ihr Denken und Wünschen nicht völlig abgeschaltet, und Ihr Wachbewußtsein hat Restgedanken des Tages miteingeschleust. Auch für die Imagination gilt der bekannte Grundsatz, daß geduldiges Üben den Meister macht.

Das Imaginieren gleicht ein wenig dem *bewußten Träumen,* das wir im Zusammenhang mit dem tibetanischen Lama *MILAREPA* und dem Gelben Kaiser im Kapitel über die Traumbedeutung und die Traumtechniken im Fernen Osten erwähnt haben. Es stellt eine Möglichkeit dar, den Kanal zu Ihrem Überbewußtsein zu finden. Den wahren Meistern des *Tantra-Yoga,* des chinesischen *Tao* und des japanischen *Zen* gelingt es, ihr inneres oder Traumbewußtsein gewissermaßen zu verselbständigen und vom Körper zu lösen. Doch dazu gehören sehr viel weitergehende Übungen zu einer höheren Stufe der *Meditation* und *Kontemplation,* die wir hier nicht erläutern können. Sie würden ein eigenes Buch füllen. Doch für Sie ist es interessant zu wissen, daß die Imagination für die *Yoga*-Meister des Fernen Ostens im Prinzip der Weg ist, um ihr Bewußtsein in die Vergangenheit – und zwar in eine Zeit weit vor der eigenen Geburt – zurückzusenden und ebenso weit in die Zukunft vorauszuschicken.

Nach den geheimen Anweisungen der *Tantra*-Lehre ist durch eine Vervollkommnung des Bewußtseins sogar die Ablösung im Augenblick des Todes möglich, so daß eine *Neugeburt* erfolgt, die ein Weiterleben nach dem Tode auf einer anderen Daseinsebene ermöglichen soll.

Versuchen Sie Ihre Traumbilder zu malen

Eine ebenso großartige Möglichkeit, die Informationen Ihres Traumbewußtseins zu ergänzen und sich zu veranschaulichen, ist das Malen der Traumbilder – und auch Ihrer Imaginationen. C. G. *JUNG* hat das Malen von Träumen in die psychotherapeutische Praxis eingeführt. Bei Patienten mit schweren seelischen Störungen ist das Unbewußte oft so blockiert, daß sie sich keiner Träume erinnern. Gelegentlich sieht sich ein Patient auch nicht imstande, seine Träume zu artikulieren, weil ihm ein schwerer Schock gewissermaßen die Sprache verschlagen hat. Doch ein Bild, und sei es auch noch so hingekritzelt, wird er immer fertigbringen.

Gemalte Träume verraten durch die Art der Formgebung und die Wahl der Farben oft noch mehr über das, was in Ihrem Inneren vorgeht, als der blanke Traumtext. Wenn Sie überlegen, daß der lebendige Mensch ein ganzheitliches System darstellt, in dem das, was wir *Seele* nennen, mit allen körperlichen Funktionen bis in die letzte Zelle verknüpft und verhaftet ist, dann ist es verständlich, daß jegliche Gestaltung im Außen auf das verborgene Innere schließen läßt. Aus dieser Überlegung entstanden die *Physiognomik,* eine Art Charakterkunde, die von der Kopfform und den Gesichtszügen auf Charaktereigenschaften schließt, die *Chiromantie,* die Handliniendeutung, und die *Graphologie,* die durch Ludwig KLAGES zu einer wissenschaftlich betriebenen und sehr beliebten Charakterkunde ausgebaut wurde.

Wir haben zwar alle in der Schule Zeichenunterricht genossen, doch ist Malen nicht jedermanns Sache. Um die Bilder Ihres Unbewußten zu malen, kommt es nicht auf Schönheit oder Vollendung in der Technik des Malens oder Zeichnens an. Es bleibt Ihnen überlassen, ob Sie mit dem Bleistift malen wollen oder mit Buntfarbenstiften, mit Tuschfarben oder in Öl. Begabung spielt hierbei keine Rolle. Sie sollen Ihre Bilder ja nicht ausstellen. Doch wenn Ihnen das Malen auch schwerfällt und Sie anfangs vielleicht nur zum Bleistift greifen, legen Sie sich einen Kasten mit Farbstiften zu, und gehen Sie dazu über, Ihre Traumbilder farbig zu zeichnen.

Worauf es ankommt, ist, einen Anfang zu machen. Sie werden bald feststellen, daß Ihnen das Malen Freude bereitet. Wenn Sie erst einmal Ihren eventuellen Widerstand überwunden haben, auch wenn Ihnen Ihre Malereien ungeschickt und wenig kunstfertig vorkommen, dann werden Sie feststellen, daß Ihre Hand sozusagen von alleine malt. Das Malen ist vor allem dann angebracht, wenn in einem Traum empfindungsreiche oder gefühlsgeladene Stimmungen auftreten, die sich in Worten schwer beschreiben lassen. Oder wenn in einem Traum ein Symbol erscheint – ein furchterregendes Tier oder auch eine bedrohliche Situation –, das Ihnen Angst einflößt und für das Sie keine Deutung finden können; dann wirkt der Versuch, dieses Symbol zu malen, direkt befreiend.

So finden Sie auf Seite 160 die Zeichnung eines jungen Mädchens, eines

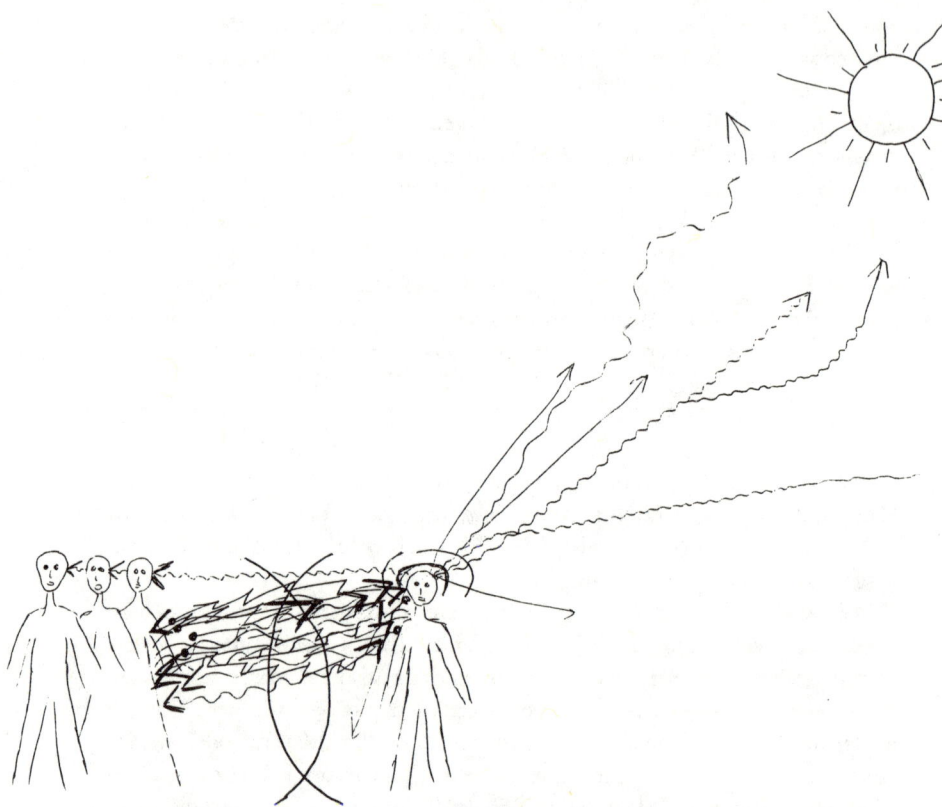

»Ich und die Umwelt.« Gezeichneter Traum eines 18jährigen Mädchens, das an Kontaktschwäche leidet, zu Beginn der psychotherapeutischen Behandlung.

18jährigen kaufmännischen Lehrlings, das an schwerer Kontaktarmut litt, welche seine weitere Ausbildung in Frage stellte. Sie betitelte diese Zeichnung »Ich und die Umwelt«. Die rechte Figur stellt sie selbst dar. Die Halbkreise um ihren Kopf sollen die durch ihre Abkapselung ihren Mitmenschen gegenüber hervorgerufene Schranke darstellen. Die beiden einander überschneidenden Halbkreise zwischen ihr und den drei linken Figuren – die »Umwelt« – beschreibt sie als »gegenseitige Mauer«. Die gezackten Linien mit den Pfeilen sind die »gegenseitigen Aggressionen«, die sie empfindet. Die oberste und unterste Wellenlinie sollen »Interesse« und »intensiven Willen« darstellen. Die von ihrem Kopf ausgehenden geraden

Linien mit Pfeil erklärt sie als »Resignation«. Die Spirale rechts oben – die auf der Originalzeichnung ganz weit in der obersten rechten Ecke angebracht ist – beschreibt sie als »vollendete Meditation, somit Einklang zwischen Körper, Geist und Seele«.

Diese – zugegebenermaßen primitive – Zeichnung ist äußerst aufschluß-reich. Sie war für das Mädchen der Anfang einer Lockerung ihrer Kontaktsperre und ermöglichte ihr erst eine Beziehungsaufnahme zu ihrem Analytiker während der psychologischen Beratung. Wenig später kam die

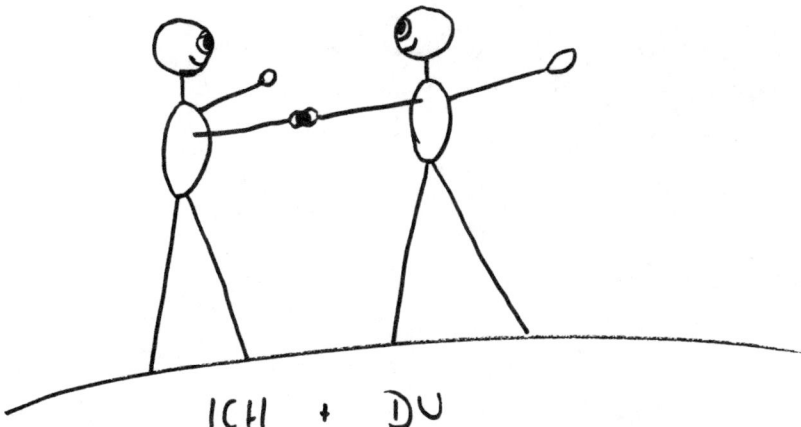

»Ich und du.« Zeichnung des an Kontaktschwäche leidenden 18jährigen Mädchens. Ein Beispiel, daß es für die Darstellung von Träumen keiner Malkunst bedarf.

zweite Zeichnung mit dem Titel »Ich und Du« (diese Seite). Auch das ist eine recht kindliche Männchenzeichnung. Sie illustriert einen Traum, in dem ihr ein junger Mann begegnet, der ihr die Hand reicht. Der erste Fortschritt, sich nicht nur mit dem »Ich«, sondern auch mit dem »Du« zu befassen.

Die dritte Zeichnung dieser Patientin (Seite 162) – drei Monate später – trägt die Überschrift »Mein Wunschtraum«. Sie gehört ebenfalls zu einem Traum. Interessant ist hier die Verselbständigung einzelner Körperteile, eine Malweise, die in der modernen Malerei seit *PICASSO* zu finden ist. *PICASSO* pflegte ja ebenfalls die Personen auf seinen Bildern gewissermaßen auseinan-derzureißen, um sie dann in ungewöhnlicher Weise wieder zusammenzu-montieren. Soweit ist die Träumerin allerdings noch nicht. Der Traum zeigt ihr, daß sie vorerst einmal einzelne seelische Bereiche »*analysieren*«, das heißt voneinander trennen muß, um bewußter zu werden.

Die Hand auf der schraffierten Fläche links bedeutet für sie: »Daß ich das, was in der Luft liegt, angreife und mich damit befasse.« Der Mund daneben, erklärt sie, versinnbildlicht eine gewisse »Selbstsicherheit«. Das Auge rechts oben beschreibt die Träumerin als symbolisches »Ausdrucksmittel« und ebenfalls als ein Symbol der »Selbstsicherheit«. Der Bogen mit den Strahlen darunter soll ihre »Ausstrahlung« bedeuten. Die Träumerin selber aber ist

»Mein Wunschtraum.« Dritte Zeichnung des kontaktgestörten 18jährigen Mädchens. Die Erläuterung dieser Zeichnung findet sich im Text auf den Seite 161 unten.

noch völlig kindlich und unfertig gezeichnet. Die Arme – die Möglichkeit, selbständig zu handeln – sind nur zwei dünne Striche ohne Hände. Doch immerhin, sie blickt nach rechts, in Richtung Bewußtheit, und sie hat sich mit den Strichen, auf denen die Figur steht, bereits einen Boden der Tatsachen gemalt. Beides ist in diesem sehr schwierigen Fall einer Kontaktschwäche und einer Beziehungsblockade gegenüber der Mitwelt positiv zu deuten und als Fortschritt anzusehen.

Wenn Sie von anderen Personen gebeten werden, Träume zu deuten, lassen Sie sich einen Baum malen. Sie wissen ja bereits, daß der Baum ein Symbol des *Lebensbaumes* ist. Es ist aufschlußreich, zu sehen, wie der Standort des Baumes beschaffen ist. Ob er Wurzeln hat oder ob diese fehlen. Wie ist

Baumzeichnung einer 24jährigen Studentin. Die linke Zeichnung drückt eine melancholische Stimmung im Traum aus. Der Baum rechts ist im Gefühl der Verliebtheit gemalt.

der Stamm beschaffen und wie die Baumkrone? Auf dieser Seite sehen Sie zwei Bäume gezeichnet. An dem linken, einer Art Kiefer, lehnt die Zeichnerin – eine Studentin von 24 Jahren – in trüber Stimmung. Rechts liegt sie unter dem Baum. Sie hat sich verliebt. Und der Baum sieht aus wie eine nach oben lodernde Flamme.

Die beiden Bäume auf den Seiten 164 und 165 stammen von einem dreißigjährigen Techniker, der durch eine gescheiterte Ehe in eine Depression geriet. Dies zeigt der erste Baum des Patienten sehr deutlich. Der Baum, der am Ufer eines breiten Stromes steht, hat einen kräftigen Stamm, der aber nach oben übermäßig an Umfang abnimmt und in kahle, wie klagend nach oben ragende Äste ausmündet. Der zweite Baum des Patienten, nachdem er sich drei Monate einer einfachen *Gesprächstherapie* unterzogen hatte, bei der auch seine Träume analysiert wurden, sieht anders aus. Er steht auf kräftigen Wurzeln, umgeben von sprießendem Gras. Der Stamm ist gleichmäßig und gerade. Er weist eine gutgeformte und dichtbelaubte Krone auf. Links unter dem Ansatz der Krone ist eine Stelle zu sehen, an der offenbar ein abgebrochener, dicker Ast abgelöst worden ist. Es ist das gut vernarbte Rückbleibsel seiner zerbrochenen Ehe.

Gezeichneter »Lebensbaum« eines 30jährigen Technikers während einer durch einen Ehekonflikt entstandenen Depression.

Der Baum im Traum des 30jährigen Technikers nach Analyse seiner Träume und der Anweisung, diese zu malen. Das Bild entstand etwa 3 Monate nach der ersten Baumzeichnung.

Das Bild auf Seite 166 stammt von demselben Patienten aus den ersten Wochen der Behandlung. Die Figur in der Mitte ist der Träumer selbst, umgeben von drei Frauenfiguren. Die Kopf- oder Bewußtseinsregion zeigt ein inneres Gespaltensein an. Das Gesicht ist nach links gerückt, in die Richtung des Unbewußten, mit dem er sich jetzt auseinandersetzt. Ein zweites, nach rechts gestelltes Gesicht besteht vorerst nur aus einem überdimensionalen Auge. Die Felsen rechts und links oben deuten auf die Schwere seines Konflikts, hart und schwer wie Felsbrocken. Rechts oben ein

»Die Entscheidung.« Zeichnung zu einem Traum des 30jährigen Technikers nach den ersten Wochen der Analyse seiner Depression.

Mond mit Kraterlöchern als Symbol des Weiblichen. Das kleine weibliche Wesen rechts vor seinem Körper bezeichnet der Patient als seine frühere Frau. Sie besteht nur noch aus Kopf und Beinen und den gestikulierenden Händen, mit denen sie auf ihn einredet. Der Körper, mit dem sie ihn betrog – wie er sagt, die Ursache seiner Depression –, ist nicht mehr vorhanden. Rechts unten ist – als Schlußbild dieses gezeichneten Traumes – ein Rosenzweig mit zwei Blüten zu sehen. Die *Rose* ist bekanntlich die Blume der Liebe. Sie ist aber auch ein Ganzheitssymbol. Hier ist die Rose – im Hinblick auf die innere Gespaltenheit – als Symbol des in Gang befindlichen Wandlungsprozesses zu deuten. Gegen Ende der Behandlung lernte der Patient eine junge Frau kennen, in der er später eine neue Gefährtin fand. Sie kann durch die unten von links kommende und auf die Rose zugehende Frauenfigur angedeutet sein.

Chaotisch mutet die Zeichnung auf Seite 169 an, die ein 22jähriger Soldat einer amerikanischen Einheit in Deutschland zu einem Traum gemalt hat. Er ist homosexuell, leidet unter Heimweh und – wie er angibt – aus diesem Grund unter zwanghaften Verfolgungsideen. Er träumte: *»Ich gehe durch die Stadt. Hinter mir wird die Straße überschwemmt. Eine Flutwelle droht mich zu verschlingen. Ich rette mich in ein Hochhaus und fahre mit dem Lift bis zum Dach. Wie ich oben bin, fällt eine Bombe wie eine riesige Kugel. Ich klammere mich an den Dachrand, versuche mich hochzuziehen. Da sehe ich unter mir einen Kraken, der mit seinen Fangarmen nach mir greift.«* Ein Simulant ist dieser Soldat gewiß nicht, wie ihm von seinen Vorgesetzten vorgeworfen wurde. Das Bild zeigt das Chaos in seiner Seele. Allein das Ausmalen dieses Traumes war für ihn beruhigend. Doch daß die Prognose dieses Traumes für den zwangsneurotischen Zustand des jungen Mannes äußerst ungünstig ist, muß nicht weiter erwähnt werden.

Hübsch ist die gezeichnete *Abenteuerreise* im Traum auf Seite 171 in acht Bildern. Der Träumer, ein zwanzigjähriger Student einer Kunstgewerbeschule, ist zeichnerisch vorgebildet. Er benutzt acht vorgegebene Felder, wie es auch bei Zeichentests üblich ist, um einzelne Traumszenen darin unterzubringen. Die Einleitung des Traumes beginnt in einer regenfeuchten Landschaft unter einem *Regenbogen*. Der Regenbogen spiegelt sich auf dem nassen Boden, so daß er zu einem Kreis wird. In dem Kreis befinden sich drei Personen. Das Bild zeigt besonders hübsch, daß sich in der Seele des Träumers ein Wandlungsprozeß vollzieht und etwas Neues im Entstehen ist. Der *Regenbogen* ist, da er mit seinem Spektrum alle Farben umfaßt, ein Symbol der *Ganzheit*. Dies wird durch die Spiegelung zum Kreis unterstrichen.

Die beiden Figuren rechts und links vom *Ich* des Träumers sind *Schatten*figuren. Denken Sie an die sprichwörtlichen »zwei Seelen in meiner Brust«. In diesem Zusammenhang hat der Regenbogen auch die Bedeutung eines *verbindenden* und *vereinigenden* Symbols, der eine *Brücke* zwischen den beiden auseinanderstrebenden seelischen Einstellungen schlägt. Im zweiten Bild befindet sich der Träumer im Wasser, wo *Fische* an ihm vorbeischwimmen. Die Fische im *Wasser* als einem Sinnbild des Unbewußten, in das der Träumer auf seiner Suchreise eintaucht, sind als noch unbewußte seelische Inhalte zu deuten. Der Fisch hat eine recht vielseitige Symbolik. In den Märchen und volkstümlichen Erzählungen hat der zappelnde Fisch, den die Fischerin im Netz fängt, stets eine erotische Bedeutung. Im Christentum wie im Buddhismus hat er in seiner Eigenschaft als innerster göttlicher Seelenkern und geistige Macht des Glaubens religiöse Bedeutung. Bei den alten Ägyptern galt der Fisch schlicht als ein Sinnbild der Seele. Unter Berücksichtigung des jugendlichen Alters dieses Träumers ist anzunehmen, daß es sich hier um erotische Vorstellungsinhalte handelt.

In der dritten Szene sieht sich der Träumer auf einem *Hochrad* durch eine Landschaft fahren, die von *Hochspannungs*masten durchzogen ist. Das *Rad* ist ein individuelles Fortbewegungsmittel, aber das Hochrad, welches eine gewisse artistische Balanceübung erfordert, zeigt, daß sich der Träumer im Bewußtsein zu viele Illusionen macht. Dies erschwert es ihm, das seelische Gleichgewicht zu halten. Die von links kommenden Hochspannungsleitungen deuten darauf hin, daß vom Unbewußten her ein Zustrom von psychischer Energie erfolgt. In bezug auf das Alter des Träumers kann es sich durchaus um sexuelle Triebströmungen handeln. Die *Vögel* in der Luft – denken Sie an die Vorstellung des Seelenvogels in den Mythen, Märchen und Sagen – haben hier die Bedeutung von Gedanken, von geistigen Inhalten, da die *Luft* den geistigen Bereich symbolisiert.

In der vierten Traumszene kommt der Träumer von links an ein Haus, zu dem ein Weg im *Schachbrettmuster* führt. Links davor ist eine kniende Frauengestalt zu sehen, die mit dem Arm auf den Eingang weist. Die Tür ist dunkel und verschlossen. Der Träumer, der hier auf der Zeichnung so dasteht wie ein »Hans Guckindieluft«, sagt in seinem Kontext, daß es sich um eine ältere Frau handelt. Das wäre ein Hinweis, daß er auf seiner Traumreise an den unbewußten Bereich gelangt, der in seiner Kindheit seelisch durch die Mutter geprägt ist. Sie deuten richtig, wenn sie hier einen unbewußten Mutterkomplex vermuten.

Das *Schachbrettmuster* versinnbildlicht die Gegensätze *schwarz* und *weiß*. Bereits der Dichter der »Odyssee«, der frühgriechische Sagendichter *HO-*

Ein chaotischer Angsttraum, gezeichnet von einem 22jährigen Soldaten, der an zwanghaften Verfolgungsideen leidet.

MER, teilte die Träume in zwei Gattungen ein. Die einen, die aus einem weißen Elfenbeintor kommen, und die anderen, die ihren Weg durch ein schwarzes Horntor nehmen. Bei den europäischen Minnedichtern zur Zeit der Kreuzzüge taucht das Schachbrettsymbol ebenfalls auf, hier in Verbindung mit der Gegensatzproblematik der »reinen« und der »weltlichen« Minne. Das Schachspiel fanden die Kreuzritter im Orient. Was ihnen dort ebenfalls begegnete, war die orientalische Lösung der sexuellen Probleme für den Mann: der *Harem.* Nur ist der Harem für einen europäischen jungen Mann eine zu primitive Lösung für die Auseinandersetzung mit dem Weiblichen. Mit anderen Worten, der Träumer stößt auf seiner Traumreise auf die Gegensatznatur seiner *Anima.* Die Bedeutung dieses inneren Seelenbildes der Frau im Mann haben wir Ihnen bereits erklärt. Eine Bewußtwerdung der *Anima* gehört zur seelischen Ausreifung eines jeden Mannes, wenn er in das Alter kommt, sich eine Lebensgefährtin zu suchen.

In das Haus mit der dunklen Tür scheint unser Träumer, trotz des einladenden hellen Bogens darüber, nicht eingetreten zu sein. Das fünfte Bild wirkt illusionär und luftig. Er sagt dazu, daß er sich anschließend im Traum in einem *Zirkus* befunden habe. Der Zirkus ist ein Ort der Illusionen und der Gaukelspiele. Die spielerischen Künste der Zirkusartisten beruhen in Wirklichkeit auf einem harten, zähen Training. Das sollte der Träumer bei diesem Bild auch bedenken. Doch der leichte Schmetterling vor dem Lippenpaar verrät, daß der Träumer an diese harte Wirklichkeitsseite des Zirkus nicht gedacht hat. Für den modernen Menschen gilt der Schmetterling als ein Zeichen für die Leichtigkeit, Flatterhaftigkeit und Unbeständigkeit der Frau. Das griechische Wort für Schmetterling heißt *psyche,* das ist auch die Seele. Auch bei den früheren Kulturvölkern des amerikanischen Kontinents galt der Schmetterling als ein Seelensymbol. Denken Sie daran, daß er biologisch eine Wandlung durchmacht – vom Ei über die Raupe zur Puppe. In der christlichen Symbolik wurde die Puppe in eine Analogie zum menschlichen Körper gesetzt, und der Schmetterling symbolisiert die von der Hülle des Körpers befreite Seele.

Doch da der Träumer ein junger Mann unserer Zeit ist, hat er die Szene im Zirkus mehr im Sinne einer spielerischen Sensation aufgefaßt. Prompt führt ihn der Traum in der nächsten Szene an ein Frauenhaus, das anders ist als das erste. Wie ein »Hans Guckindieluft« sieht er hier nicht mehr aus, sondern ernster. Der Zugang zu diesem Haus führt nicht auf-, sondern abwärts. Es ist eine *Treppe,* ein Übergangssymbol. Das Haus mutet irgendwie maurisch, orientalisch an. Im Eingang erwartet ihn eine nackte Frau. Der Träumer nennt dieses Bild auch »Die Erwartung«. Sein Traumabenteuer

führt ihn – infolge einer unterbliebenen Auseinandersetzung mit seinem
unbewußten Mutterkomplex – in einen Harem oder in ein Dirnenhaus. Was
der Träumer dort erlebt, darüber gibt das nächste und siebente Bild
Auskunft.

Der Träumer nennt für diese Zeichnung den Titel »Zeitmühle«. Wir
sehen eine Taschenuhr, die neben einer Windmühle oder einem Windrad

»Das Abenteuer mit der Zeitmühle.« Die gezeichnete Traumbildserie eines 20jäh-
rigen Kunststudenten, die die Auseinandersetzung des Träumers mit seinem Mutterkomplex verbildlicht.

steht. Sie ist durch die Kette mit einer Art Grabstein verbunden. Die Zeiger
der Uhr stehen auf der *Fünf,* der Zahl des natürlichen Menschen, und der
Sechs – hier wörtlich als Sex zu verstehen. Rechts oben ist ein Gebilde wie
ein *Sonnenauge* zu sehen. Das »Zeitmühlenerlebnis« im Dirnenhaus ist der
Höhepunkt des Traumes und zeigt die Konfliktsituation des Träumers. Die
spielerische Erotik, der »Sex, der Spaß macht« – wie ihn die Illustrierten-Zei-
tungen und sonstige Massenmedien unserer Zeit nur zu gern ihrem
Publikum bieten –, sind es, die auf den Träumer ihre Anziehungskraft

ausüben. Doch andrerseits steht er unter dem Ausbildungsstreß und der Sorge um einen Arbeitsplatz, wie jeder andere Student gegenwärtig auch. Die *Sonne,* normalerweise ein positives Symbol des *Bewußtseinslichts,* hat hier mehr den Charakter einer ständigen Beobachtung, der sich der Träumer ausgesetzt fühlt. Als eine Mahnung, seine Zeit nicht mit Liebe und Sex zu vertrödeln, erscheint auch die an den Grabstein gekettete Uhr. Und ebenso erinnert das Windmühlenrad daran, wie die Zeit verrinnt.

Das Bild der »*Zeitmühle*« im Zusammenhang mit dem »*Freudenhaus*« – unter der Betonung des Wortes *Freude* – könnte man bereits als ein allgemein verbindliches und damit *kollektives* Symbol unserer Zeit ansehen. Das »Unbehagen in der Kultur« – so eine der Schriften von *FREUD* – ist durch die Befreiung der Sexualität von ihren Tabus und die Verwirklichung des Lustprinzips in den letzten eineinhalb Jahrzehnten, wie *FREUD* es forderte, keineswegs geschwunden. Im Gegenteil. Die Popularisierung der Sexualität hat zu einer Vermarktung der Liebe geführt und zu Konsumzwängen auf diesem Gebiet, als deren Folge ein Ansteigen der Neurosen zu beobachten ist. Von »mehr Freude durch *FREUD*« kann keine Rede sein. Tabus haben den Sinn, die Wertschätzung einer Sache zu erhöhen. Und auch übertreten zu werden – wenn die nötige seelische Reife und Bewußtheit erlangt sind.

Vielleicht ist Ihnen an Bild sechs aufgefallen, daß die Treppe nicht zum Eingang des Freudenhauses führt, sondern links daran vorbei. Damit deutet das Traumbewußtsein dem Träumer an, daß seine – durch die nackte Frau vor dem Harem verkörperte – Einstellung zum weiblichen Geschlecht keine Lösung seiner Sexualprobleme darstellt, sondern am Problem vorbeiführt. Denn eine solche Einstellung zur Erotik verunmöglicht eine seelische Beziehungsaufnahme mit einer Frau. Was sie möglich macht, ist »Liebe auf Zeit« oder für Stunden.

Die Zeichnung acht ist die Lösung des Traumes. Sie läßt sich auf den ersten Anblick nicht leicht verstehen. Vor einem schwarzen »T« – oder einem T-förmigen Kreuz – steht ein Fernsehempfänger. Die Beine einer jungen Frau ragen aus dem Bildschirm heraus. Sie sitzt in einer Hängematte, ist aber nicht zu sehen, weil ein großer runder Hut ihren Körper verdeckt. Im Hintergrund ist auf dem Bildschirm eine weite Landschaft zu sehen mit einem pyramidenartigen Gebäude am Meer. Ein ähnlicher Pyramidenbau steht als Ferienzentrum an der französischen Mittelmeerküste bei Cannes. Die Füße der jungen Frau sind auf der Zeichnung schwarz und weiß. Rechts vom TV-Empfänger nochmals das Sonnenauge von Bild sieben und links ein großer schwarzer Ball.

Nun ist ja der Konflikt des Träumers, wie wir bereits wissen, der typische Konflikt eines jeden jungen Mannes unserer Zeit. Einerseits der Drang, sich sexuell auszuleben – nicht zuletzt, um sich die nötigen Erfahrungen im Umgang mit Frauen zu verschaffen –, andrerseits der zeitbedingte Streß, Examensängste, Berufssorgen für die Zeit danach und ähnliches mehr. Er sehnt sich nach einer Gefährtin, nach einer seelisch und körperlich befriedigenden Liebesbeziehung. Doch wie wissen, welche die Richtige ist? Da ist ja noch die *Anima* , diese unbekannte Sphinx, die ein Mann in sich als Seelenbild trägt und die jede Partnerwahl programmiert, solange ein Mann sich ihrer nicht bewußt ist. Sein Traum führt ihm diese Situation vor Augen. Er kommt auf seiner »Reise« an das Haus mit dem Schachbrettweg und dem dunklen Tor, er gerät in den Zirkus, und schließlich führt ihn der Traum in das Haremshaus mit dem Erlebnis der Zeitmühle. Sein ganzer Traum ist eine Suchreise nach seiner Anima. Das heißt nach einer Gefährtin in der Lebenswirklichkeit, die ihm – ganz simpel gesagt – seelisch entspricht.

Fangen wir also für die Deutung des letzten – und für die Bedeutung des Traumes wichtigsten – Bildes bei der Frau auf dem Bildschirm an. Das Ergebnis: Sie zeigt sich nicht! Nur die herausbaumelnden Beine und der Hintergrund deuten darauf, daß der Träumer von der Frau, die er sucht, die Vorstellung einer »Ferienfrau« hat. Das reicht für die Lebenswirklichkeit nicht aus. Sie verhüllt Oberkörper und Gesicht mit einem großen runden Hut. Der *Hut* im Traum ist ein Symbol der Persönlichkeit, wenn Sie an die verschiedenen Arten wie Künstlerhut, Arbeitgeberhut, Cowboyhut usw. denken, aber auch ein Schutzsymbol, das uns »behütet«. Zusammengefaßt: Der Träumer ist in seiner Persönlichkeitsentwicklung noch unfertig. Er ist noch nicht soweit, eine endgültige Wahl zu treffen. Um ihn vor einer voreiligen Entscheidung zu schützen, verhüllt der Traum dem Träumer vorerst noch seine Anima.

Der Bildschirm steht vor einem großen griechischen »T-Kreuz«, das im Traum ein Sinnbild des Lebens ist. Die Bewußtwerdung der Sexualität in ihrer Bedeutung für die Beziehungen zwischen Mann und Frau ist ein schwieriges Problem. Doch es gehört zu den Schwierigkeiten, die das Leben mit sich bringt. Das muß der Träumer überdenken. In einer ewigen Feriensituation kann ein junger Mensch weder seelisch reifen noch sich geistig entfalten. Die *Kugeln* auf dem Bild, teils noch im Hintergrund, teils außerhalb links vom Bildschirm, sind *Ganzheitssymbole,* stehen aber noch in keiner Beziehung zu der verhüllten Animafigur. Das Sonnenauge steht rechts vom Bildschirm. Der Träumer muß sich weiterhin um Bewußtheit bemühen.

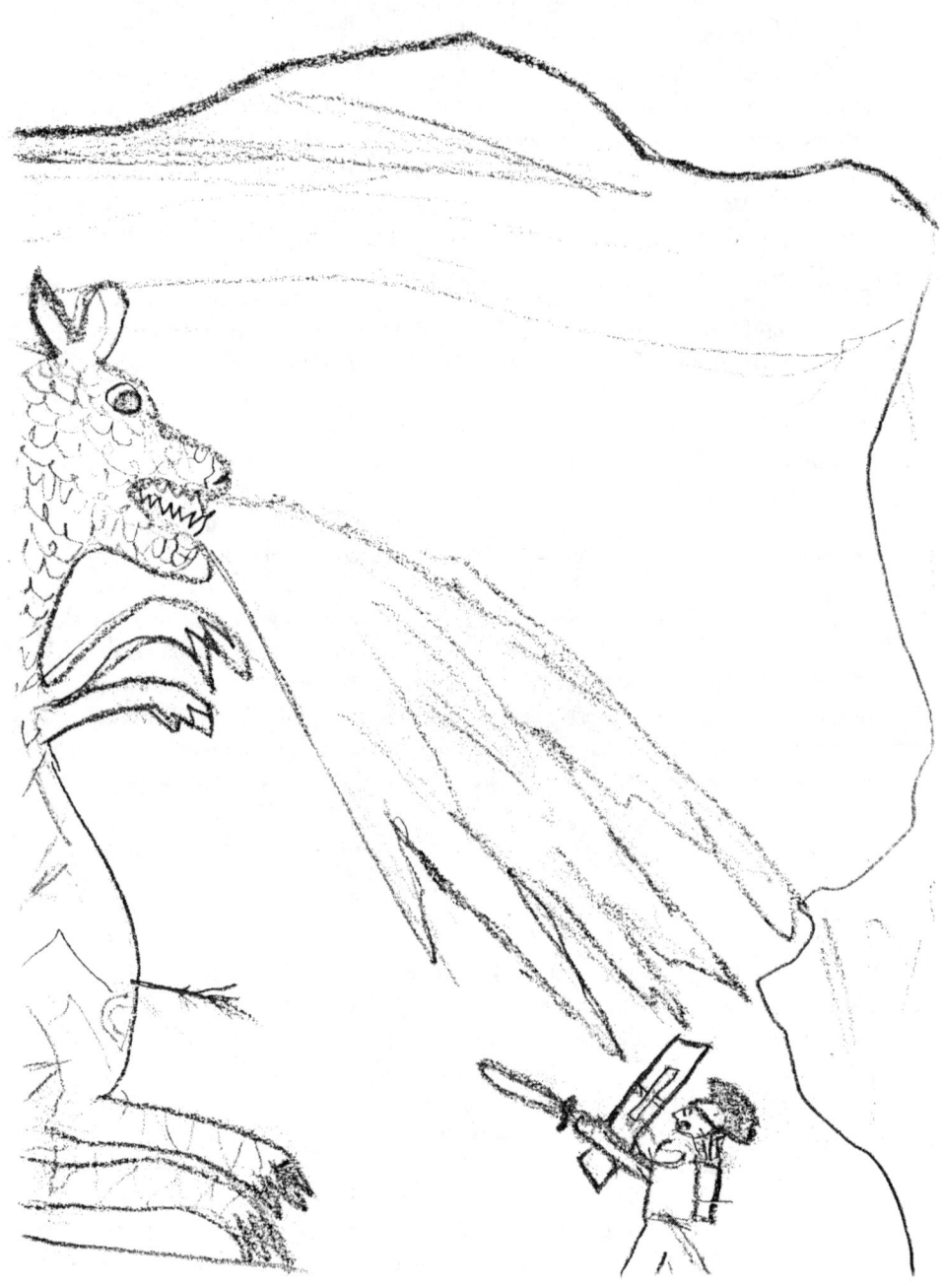

Kinderzeichnung »Der Kampf mit dem Drachen«. Ein achtjähriger Junge zeichnet seinen Traum, in dem er in einer Höhle den »verschlingenden Mutterdrachen« angreift und besiegt.

Es ließe sich zu dieser Bildserie mit ihrem Reichtum an Symbolen noch mehr sagen, wenn weitere zusätzliche Angaben und Einfälle des Träumers vorhanden wären. Für Sie ist es ein Beispiel, wieviel gemalte Träume auch bei einem geringen Kontext verraten.

Die Zeichnung auf Seite 174 »Der Kampf mit dem Drachen« zeigt, daß auch Kinder ihre Träume malen, wenn sie dazu angeregt werden. Die Zeichnung stammt von einem achtjährigen Jungen, dessen Mutter aus wohlüberlegten Gründen den Vater des Kindes nicht geheiratet hat. Sie ist künstlerisch und schriftstellerisch tätig und eine emanzipierte Frau. Emanzipiert in einem positiven Sinn. Doch da der Vater fehlt, ist sie die beherrschende Bezugsperson für ihr Kind.

Der Junge träumt: *Er befindet sich in einer Höhle. Da kommt aus dem Hintergrund der Drache auf ihn zu. Er schießt mit seinem Bogen einen Pfeil ab, der den Drachen auch trifft, aber nicht tötet. Da greift er mutig zu Schwert und Schild, geht dem Drachen entgegen, und es gelingt ihm, diesen zu besiegen.*

Der *Drache* bedeutet den negativen Aspekt der Mutter, die das Kind mit ihrer Fürsorge zu stark beherrscht und gewissermaßen zu verschlingen droht. Der Junge kennt die Siegfriedsage und Siegfrieds Kampf mit dem Drachen. Das archetypische Muster, das dieser Sage zugrunde liegt, ist uralt und findet sich in den Mythen und Sagen aller Völker und aller Zeiten. Es versinnbildlicht die Notwendigkeit für den jungen Helden, sich von der Mutter zu lösen – die als Symbol des »verschlingenden Mutterdrachens« dargestellt wird –, um eine selbständige Eigenpersönlichkeit zu entfalten. So auch hier. Der Junge soll die weitere Schulzeit in einem Landschulinternat verbringen. Der Traum zeigt ihm, daß das nicht ohne innere Kämpfe abgehen wird.

Wenn Kinder ihre Träume malen, so setzt dies einen kreativen Prozeß in Gang, der sich auf die seelische und geistige Entwicklung positiv auswirkt. Die Phantasie wird angeregt. Wichtiger aber ist, daß das Kind spielerisch lernt, seinen Einfällen Ausdruck zu verleihen und diese schöpferisch zu gestalten.

Zukunftsträume und ihre Deutung

Eine Traumbildserie und ihre Bestätigung im Verlauf von zwanzig Jahren

Zukunftsträume – jeder Psychotherapeut, Arzt oder Wissenschaftler, der sich mit einer Analyse menschlichen Verhaltens, menschlicher Geistes- und Seelentätigkeit befaßt, kennt sie. Doch keiner spricht gern darüber. Es ist die allgemein noch immer rätselhafte, doch wissenschaftlich einwandfrei belegte Tatsache, daß viele Menschen in ihren Träumen Dinge erleben, die in ihrer näheren Umgebung oder auch an einem räumlich weit entfernten Ort tatsächlich geschehen, jedoch erst zu einer späteren Zeit.

Die Literatur kennt viele Beispiele von Zukunftsträumen. Wir führten im zweiten Kapitel »Von Babylon bis zur Gegenwart« den *Traum des Pharao von den sieben fetten und sieben mageren Kühen* an. Ebenso den *Traum von den Getreidegarben und von Sonne, Mond und den elf Sternen,* der dem Traumdeuter *Joseph* seine spätere Karriere zum Vizekönig von Ägypten voraussagte. *GOETHE* berichtet in seinem Buch »Dichtung und Wahrheit«, wie sein Großvater seine Wahl zum Ratsschöffen träumte. Der Schriftsteller *DOSTO-JEWSKI* erzählt, wie er seine spätere Heirat mit seiner Stenographin Anna Grigorjewna vorausträumte. Der amerikanische Präsident *LINCOLN* träumte zehn Tage vor seiner Ermordung: »*Vor mir stand ein Katafalk, auf welchem in Sterbegewändern ein Leichnam aufgebahrt lag. Um den Katafalk waren Soldaten als Wachen postiert. Und dort standen zahllose Menschen. Einige schauten traurig auf den Leichnam, dessen Gesicht verhüllt war. Andere wieder weinten jämmerlich. ›Wer ist im Weißen Haus gestorben?‹, fragte ich einen der Posten. ›Der Präsident‹, war die Antwort, ›er wurde ermordet!‹ Hier erfolgte ein Schmerzensausbruch der Menge, so laut, daß ich davon aufwachte.*«

Die Ermordung des Präsidenten *KENNEDY* träumte eine bekannte New Yorker Hellseherin Tage zuvor. Nach glaubhaften Berichten wurden während des letzten Krieges der Untergang der »Bismarck« im Oslofjord, die Bombardierung von Dresden und die Tragödie von Stalingrad sowie andere tragische Ereignisse längere Zeit zuvor geträumt. Alle diese Träume werden als *prophetische Träume* bezeichnet. Die moderne Traumforschung verwendet diesen Begriff ungern. Er erinnert etwas an Okkultismus oder astrologische Horoskopie und andere – wissenschaftlich gesehen – äußerst zweifelhafte Gebiete.

Die Schwierigkeit, die Vorausschau in Träumen und Wach-Imaginationen wissenschaftlich zu verstehen und zu erklären, ist das *Rätsel der Zeit*. Nach seiner täglichen Erfahrung erlebt der Mensch die Zeit linear in einer Richtung und nicht umkehrbar. Noch ist unser Zeitverständnis eindimensional: Vergangenheit–Gegenwart–Zukunft. Nach den neuesten Forschungsergebnissen der Kernphysik und der Astrophysik wird diese allgemeine Erfahrungstatsache wissenschaftlich nicht mehr als unbedingt zwingend angesehen. Ich selber spreche statt von *prophetischen* Träumen lieber von Träumen im *Zeitfeld*. Zu diesem Denkmodell gehören wesentlich die Begriffe einer *Null-Zeit* und der Möglichkeit einer eventuellen *Zeitumkehr*.

Ob es mit den Bibelerzählungen über Prophezeiungen in den Träumen und den Literaturberichten über Zukunftsträume seine Richtigkeit hat, können wir nicht nachprüfen. Wir waren nicht dabei. Doch wenn Sie Ihr Traumtagebuch regelmäßig führen und Ihre Träume protokollieren, werden auch Sie nach einer gewissen Zeit zu Ihrer Verblüffung feststellen, daß einige der Trauminformationen zeitlich den Ereignissen vorausgeeilt sind.

Lehrreicher und beeindruckender als die geschichtlichen Überlieferungen von Zukunftsträumen ist das vieltausendfache Traummaterial aus der Praxis der Tiefenpsychologen, Psychotherapeuten und Traumforscher. Diese Träume sind nicht von oder über prominente historische Persönlichkeiten geträumt, sondern von Durchschnittsbürgern wie Sie und ich. Das Material besteht aus exakt datierten Traumaufzeichnungen und dem ebenfalls mit dem Datum versehenen Kontext. Zum Zeitpunkt der Traumanalyse weiß weder der Träumer noch der Analytiker, ob sich die Traumbotschaft auf ein zukünftiges Ereignis bezieht. Falls sich das später bewahrheitet, sind keine nachträglichen Veränderungen möglich, wie dies bei geschichtlichen Überlieferungen nur zu häufig der Fall ist.

Als Beispiel, wie durchschnittliche Zukunftsträume aussehen, mögen ein sogenannter *Initialtraum* und eine Traumbildserie von *dreizehn* Bildern dienen, die vor rund zwanzig Jahren geträumt wurden. Das Traummaterial stammt von einem heute etwa sechzigjährigen Mann, der seine Träume und eigenen Deutungen während zwei Jahrzehnten regelmäßig protokollierte. Während der ersten drei Jahre unterzog er sich einer Psychoanalyse. Und zwar zuerst bei einem als Neo-Freudianer bekannten Psychoanalytiker und für die restlichen zwei Jahre bei einem bedeutenden Analytiker der *JUNG*schen Schule. Das Traummaterial enthält somit auch die Deutungen dieser beiden Analytiker. Darüber hinaus Briefe und Tagebuchnotizen über Ereignisse von Wichtigkeit, die sich auf die Träume beziehen. Das gesamte Material umfaßt fast tausend Träume.

»Kaserne ... soll wieder zur Wehrmacht eingezogen werden. Ärzte lassen einen jungen Mann wegführen, der merkwürdige Geräte um den Hals hat. Er soll viviseziert werden. Ich protestiere. Sehe, daß der Arzt schielt, der sich mit mir befassen will. Renne davon und komme in einen Berg, in dem eine Schlange liegt. Sie strahlt grünliches Licht aus. Da sitzen drei Könige – Statuen – aus Gold, Silber und Ton. Sie fragen mich nach der Zeit. Ich sage Ihnen, die Zeit ist noch nicht reif.

Ich folge der Schlange durch einen langen Gang auf eine blumige Wiese – ein breiter Fluß – auf der anderen Seite eine junge Frau im weißen Kleid mit goldenen Haaren.

Am Fluß ein Fährmann mit Boot. Er weigert sich, mich überzusetzen. Das dürfe er nur nachts. Da legt sich die Schlange als Brücke über den Fluß. Die Frau weist mich zurück. Sagt: ›Rühr mich nicht an, sonst mußt Du sterben‹.

Nacht. Der Fährmann verweigert mir zum zweitenmal seinen Dienst. Er könne eine Person nur hin-, nie aber zurückfahren. Suche verzweifelt nach einem Ausweg. Da kommt wieder die Schlange und bildet die Brücke. Zuvor muß ich aber alles Geld – wohl von den Königen mitgenommen oder erhalten – in den Fluß werfen.

Am anderen Ufer steht ein alter Mann mit einer Lampe. Er leuchtet mir schweigend den Weg durch das Gebirge. Über den Gipfeln sind die ersten Strahlen der aufgehenden Sonne zu sehen.«

Der Text zu der Traumbildserie lautet wie folgt:

»Eine schwarze Wand – ein weißes Viereck wie eine Kinoleinwand – eine bläulich leuchtende Scheibe schiebt sich von links in das Bild – ein Mond? – eine Wolke davor aus Kinderköpfen – Scheibe schiebt sich weiter – die Köpfe sind Tausende von Menschenköpfen – sieht aus wie eine expressionistische Zeichnung von Kubin.

Die Köpfe sind verschwunden. Die Scheibe teilt sich. Eine Hälfte oben, eine unten. Die Halbkreise leuchten gelb, links alles dunkelblau, rechts orange und rot.

Die Kreise nähern sich – ein Funke springt über, wie bei einer Bogenlampe – in der unteren Scheibe bildet sich ein Krater – Rauch steigt auf wie Nebel.

Der Nebel verzieht sich – aus dem Krater ist ein Gebirgstal geworden – in der Mitte ein weißer Weg – rechts und links bewaldete Bergwände.

Die Bergwände verwandeln sich in weibliche Beine – aus dem Weg wird eine Vulva.

Der Weg wird zum Lichtband – dreht sich – kreist über der Vulva – ein silberner Leuchter erscheint – viereckiger Fuß, runder Schaft, wie ein schöner, antiker englischer Silberleuchter.

Der Leuchter beginnt sich ebenfalls zu drehen – dreht sich – verwandelt sich in den Eiffelturm – der Boden ist mit unzähligen Zeitungen bedeckt – auch der Eiffelturm steht auf Zeitungen.

»Der heilige Tanz.« Bei primitiven Völkern die symbolische Darstellung des ewigen Kreislaufs der kosmischen Naturordnung. Die kreisende Bewegung im Tanz findet sich als Sinnbild einer seelischen Entwicklung auch in den Träumen, beispielsweise in den Traumbildern 6 bis 8 des Herrn V. (siehe Text Seiten 180, 181).

Alles dreht sich – der Eiffelturm ist verschwunden – die Zeitungen wölben sich – ein Globus erscheint.

Bildwechsel – in der Mitte des Vierecks ein helles Licht – ein Edelstein erscheint – sieht aus wie ein Brillant auf den Inseraten der Firma . . . – seine Strahlen biegen die Seiten des Quadrats nach außen – Farben der Seiten grün, rot, gold, blau.

Es wird dunkel – ein schwarzes Tor aus Metall mit eigenartigen Ornamenten – es sind Sterne – das Tor rollt wie ein Schiebetor auseinander – in der Mitte ist ein Mann zu sehen – er hängt an einem Pfahl mit dem Kopf nach unten – Eindruck: wie ein nach unten hängender Christuskorpus ohne Arme.

Jetzt ist der Gehenkte von einem Baum verdeckt – kräftiger Stamm, mächtige Baumkrone, oberer Teil durch das Tor verdeckt, unten viele, starke Wurzeln – dazu heißt es: Unter den Wurzeln liegt ein Toter verborgen – ein Mann? Oder ist es eine Frau? – Das Tor rollt zu – ein großes Auto mit Antenne, ähnlich einem Rundfunkaufnahmewagen, fährt noch heraus – Tor schließt sich.

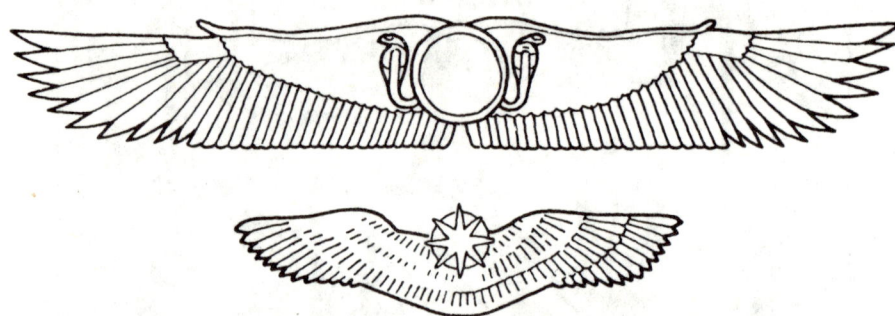

Die geflügelte Sonnenscheibe als Symbol der lichten Bewußtheit. Hier zwei antike Darstellungen, oben aus Altägypten und darunter aus Assyrien. Vergleichen Sie dazu Traumbild 12 der Traumbildserie des Herrn V. (siehe Text Seite 185).

Ein Skarabäus steht im Bild – ausgebreitete Flügel wie auf ägyptischen Pyramidenmalereien – dahinter ein riesiger leuchtender Kreis – wie eine Sonne ohne Strahlen.

Der Skarabäus fliegt nach links oben davon. Ihm folgt ein Hirschkopf mit Geweih, danach ein gehörnter Stierkopf. – Übrig bleibt die gelb-golden leuchtende Sonne und davor ein rotes Herz. – Erwache wie benommen – das Bild der Sonne mit dem Herzen wirkt noch einige Zeit nach.«

Die dreifache Deutung und das spätere Lebensgeschehen

Der Träumer, nennen wir ihn Herrn Venti, ist zur Zeit des ersten Traumes knapp vierzig Jahre alt. Er bekleidet eine leitende Position in der Wirtschaft. Seit drei Jahren geschieden, ein Kind, lebt aber des Kindes halber wieder mit seiner geschiedenen Frau zusammen. Er leidet an einem Emphysem – das ist eine Lungenblähung –, an Herzbeklemmungen, fürchtet einen Herzinfarkt. Berufliche Schwierigkeiten kommen hinzu. Sein Arzt führt die asthmatischen Herzbeschwerden auf seelische Ursachen zurück und rät zu einer psychoanalytischen Beratung.

Einige Zeit vor der Psychoanalyse hat Herr Venti eine angehende Akademikerin kennengelernt, eine etwas amazonenhafte junge Dame, aber noch unberührt. Sie studiert das gleiche Fach, in dem auch er ausgebildet ist. Er verliebt sich. Es entwickelt sich ein heftiger, romantischer Flirt. Die Mutter des Mädchens erhebt Einwendungen, führt gesellschaftliche Gründe an – den Altersunterschied und vor allem seine Scheidung. Sie bittet Herrn Venti, von einem eventuellen Heiratsantrag Abstand zu nehmen. Er fügt sich.

Das ist die Situation, mit der die Psychoanalyse beginnt. Zu seinem Traum hat er keine Einfälle. Er weiß nichts damit anzufangen. Die Sache mit der Schlange und den drei Königen glaubt er vielleicht während seiner Schulzeit einmal in einem Märchen gelesen zu haben.

Sein Psychoanalytiker deutet ihm die *Kaserne* und das erneute Eingezogen-werden als die von Herrn Venti erwogene neue Ehe. Der junge Mann mit den merkwürdigen Geräten um den Hals und die *Vivisektion* zielen auf den Träumer, der wegen der Atembeschwerden psychoanalysiert werden soll. Die Vivisektion – das ist das chirurgische Experiment am lebenden Tier – deute auf ein sexuelles *Triebproblem*. Seine *Flucht* im Traum wird als *Widerstand* gegen die Psychoanalyse erklärt. Die *Höhle* im Berg wird als mütterlicher Uterus gedeutet und die *Schlange* als Sexualsymbol. Die drei *Könige* im Berg sind als übermächtige Vaterfiguren anzusehen und die Reihenfolge – Gold, Silber und Ton – als frühkindlicher Wunsch, den Vater abzuwerten und zu überwinden. Kurzum: die *Ödipussituation*.

Da die Zeit noch nicht reif ist – die psychoanalytische Aufarbeitung des Ödipuskomplexes soll ja erst erfolgen –, folgt der Träumer der *Schlange* – seinem sexuellen Begehren – zu der jungen Frau im *weißen* Kleid. Diese bedeutet seine angeschwärmte Freundin. Dahinter verbirgt sich ein verkleide-ter *Inzestwunsch,* denn die Freundin ist ja jungfräulich, so wie sich ein Kind die Mutter vorstellt. Die Zurückweisung und die Todesdrohung der Jungfrau verweisen auf eine frühkindliche *Kastrationsangst*. Der *schielende* Arzt zu Traumbeginn bleibt ungedeutet.

Es folgen im Verlauf der Psychoanalyse eine Reihe von Träumen, in denen der Träumer in einem mit Wasser angefüllten Zimmer herumschwimmt und die Wände zu eng werden. Dann kommt er ins Trockene, es klopft, und eine Frau mit einem Kind steht vor der Tür. Das wird im *FREUD*schen Sinne als Geburtstraum gedeutet. Träume, in denen ein Schulfreund auftaucht, der ein *Schiff* hat, das Barmädchen in einem Lokal »verjubeln« wollen. Diese Träume werden Herrn Venti als Hinweis auf seine *latente Homosexualität* erklärt, das

Schiff als Symbol für das weibliche Genitalorgan. Den *alten Mann* mit der Lampe im ersten Traum, der am Ufer hinter der Schlangenbrücke steht, bezieht der Psychoanalytiker auf sich selbst im Sinne eines verständnisvollen, väterlichen Freundes. Die *Schlangenbrücke* ist die Brücke zu der latenten Homosexualität des Träumers, die einen Triebkonflikt verursacht und die es aufzudecken gilt.

Der Träumer soll sich bewußt werden, daß er sich der Frauen enthalte und seinen Wunsch, »mit Barmädchen ein Schiff zu verjubeln«, verdrängt habe. Dieser *Triebverzicht* werde teils durch seinen Ödipuskomplex, teils durch eine homoerotische Fehlbesetzung des natürlichen Triebstrebens bewirkt. Ihm wird geraten, sich eine unkomplizierte Freundin zu suchen, bei der er sich ohne Schuldgefühle sexuell betätigen könne.

Es erscheinen immer wieder Träume, in denen sich der Träumer als *Soldat im Krieg* sieht, an gefährlichen Späh- und *Stoßtrupp*unternehmen teilnehmen muß und ähnliches mehr. Diese Träume beginnen stets mit den Worten: »*Es ist wieder Krieg . . .*« Er selbst sagt dazu: »*Ich befinde mich in einem seelischen Konflikt, in einem Widerstreit meiner Gefühle.*« Die Kriegssituation wird ihm als versteckte sexuelle Aggressivität gedeutet. Da ihm eine *Sublimation* – eine Umwandlung – in seine berufliche geistige Betätigung nicht gelingt, wende sich die vagabundierende Libidoenergie gegen ihn selbst. Diese *Triebumkehr* von einer aggressiv-sadistischen in eine masochistische Tendenz erkläre seine körperlichen Krankheitssymptome.

Hatten sich die Atem- und Herzbeschwerden von Herrn Venti während der ersten Zeit der Psychoanalyse erheblich gebessert, so treten sie – meist im Zusammenhang mit den Kriegsträumen – um so heftiger wieder auf. Die Deutung, dies als seinen unbewußten Widerstand zu verstehen, nimmt er nicht an. Ein beruflich bedingter Wohnsitzwechsel nach einem Jahr ist für ihn ein willkommener Anlaß, die Psychoanalyse abzubrechen. Er fühlt sich wie befreit und ist auch in der Folgezeit gesundheitlich völlig beschwerdenfrei.

Nach einigen Monaten läßt er seine Frau nachkommen. Das Kind ist in einem Internat. Im Beruf hat er ungewöhnliche Erfolge zu verzeichnen, doch mit seiner Frau gibt es Schwierigkeiten. Er beklagt sich über grundlose Eifersuchtsszenen, Herrschsucht und »Liebesentzug«, mit dem sie ihren Willen durchzusetzen versucht. Der eheliche Verkehr unterbleibt. Erneute Herz- und Atembeschwerden. Herr Venti sucht einen Analytiker der *JUNG*schen Richtung auf, der ihm von einem ehemaligen Kriegskameraden empfohlen wird. Inzwischen hat Herr Venti einige Schriften von *JUNG* gelesen, über »Die Psychologie des Unbewußten«, »Die Psychologie der Übertragung« und die »Wirklichkeit der Seele«.

Vor der dritten Sitzung hat er den zuvor wiedergegebenen filmartigen Traum mit den *dreizehn* Bildszenen. Er bringt auch den Traum von der Schlange und den drei Königen aus der ersten Analyse mit. Wir wollen als erstes auf die erneute Besprechung dieses Traumes eingehen. Herr Venti selbst gibt diesem Traum jetzt folgende Deutung:

»*Die Kaserne ist die Psychoanalyse, die mich geistig in Beschlag nehmen und einengen will. Der schielende Arzt ist mein ehemaliger Analytiker, der nur auf die tierische Triebnatur schielt. Weil ich mich nicht wie ein Versuchskaninchen vivisezieren lassen will, renne ich davon – was ich ja auch ein Jahr später in Wirklichkeit tue. Der Berg mag mein Komplex sein. Die Könige – aus Gold und Silber – könnten die mich beherrschenden Eltern sein. Der König aus Ton – Ton ist ja Lehm, Erde – wäre der Mensch, das Menschliche. Die Schlange – die Paradiesschlange? – eine Lilith?– führt mich. Anstelle des Fährmanns – des Charon zur Unterwelt – baut die Schlange die Brücke zum Seelenreich. Die Frau mit dem weißen Kleid ist eine Kinderland-Wunschtraum-Fee, die zur Lebenswirklichkeit nicht paßt.*

Der alte Mann mit der Lampe ist der neue Analytiker oder vielleicht C. G. JUNG, der mir den Weg durch das Gebirge meiner Probleme, meiner Komplexe, weist. Die aufgehende Sonne zeigt mir, daß ich nun bewußter werden werde.«

Die Deutung des zweiten Analytikers beschränkt sich auf folgende Hinweise:

Der *Berg,* in den der Träumer kommt, symbolisiert auch einen – noch naturhaft kalten – mythologischen Mutterschoß. Das *grünliche Licht* der Schlange unterstreicht eine positive *Instinkthaftigkeit.* Die drei Könige können auch die Heiligen Drei Könige sein, die dem Christuskind Geschenke brachten. Dem Träumer unterläuft eine Fehlleistung. Er schreibt in bezug auf die Könige »... ich sage Ihnen, die Zeit ...« Das Wort »ihnen« groß. Das zeigt einen unbewußten Respekt vor diesen urtümlichen Persönlichkeiten. Durch diese Referenz vor den Königen zeigt sich die Schlange positiv. Sie wird nicht giftig. Das *Weitergeführtwerden* bedeutet, daß der Mensch auf seinem Lebensweg immer weiter gehen muß, durch viele Tode hindurch. Die Schlange ist hier eine *Psychopomposschlange,* ein Seelenführer. Wenn das bewußte »Ich« hilflos ist, erweist sich der Naturinstinkt als der richtige Führer.

Das *Geld wegwerfen* bedeutet, der Träumer muß wegwerfen, was er sich bei den faszinierenden Königen geholt hat. Der Träumer neigt dazu, sich durch Geld Machtpositionen zu verschaffen. Es wird ihm empfohlen, das Märchen »Der Goldene Topf« von *E. T. A. HOFFMANN* zu lesen und darüber nachzudenken. Dies auch im Hinblick auf die in den analytischen Sitzungen zuvor besprochenen *dreizehn Traumbilder.*

Dazu nur kurz: In seinem Märchen führt *HOFFMANN* in die beiden Welten von Traum und Wirklichkeit. Es schildert die seltsame Liebe des Studenten Anselmus zu einer grün-goldenen Schlange und die traumhafte Liebesgeschichte zwischen einer Lilie und einem Feuerjüngling sowie zwischen einem Salamander und einer Riesenschlange. Das Ganze enthält Traumbilder und Visionen – in *zwölf* Nachtwachen aufgeteilt – mit autobiographischen Zügen. Der Dichter nennt sein Märchen ein Symbol und will den Leser zum Nachdenken über das höhere Reich des Geistes in unserer Welt anregen, das uns »der Geist wenigstens im Traum aufschließt«.

Nun die Anmerkungen des zweiten Analytikers zu der Traumbildserie:

Die ersten vier Bilder deuten auf die gestaltende Kraft des Unbewußten. Sie zeigen eine Art »Weltentstehungsgeschichte«. Das *Chaos* in der Seele des Träumers muß in *Ordnung* verwandelt werden, damit er sein seelisches Gleichgewicht wiederfindet. Die Abertausende von Köpfen, die im zweiten Bild verschwinden, deuten darauf hin, daß das Unbewußte des stark verstandesbetonten Träumers zu seinem Ursprung, dem Kollektiven Unbewußten, zurückkehren muß, um dann erst auf die individuelle Situation einzugehen.

Zu den Farben im zweiten Bild und ihrer Symbolik ist zu sagen: Das *Dunkelblau* bedeutet Nacht, unbewußte Tiefe, Tod. *Rot* symbolisiert Lebensvitalität wie sexuelle Triebhaftigkeit, auch eine revolutionäre Haltung. *Rot-Orange* ist die Steigerung der Vitalität zu Leidenschaftlichkeit, zu einer kämpferischen Lebenseinstellung. Das *Gelb* ist eine kaiserliche Farbe – in China. Es symbolisiert Macht, Intelligenz, verstandesbetontes Denken. Die vierte Grundfarbe, das *Grün,* fehlt noch.

Das *Kreisen des Lichts* und das *Drehen* der Symbolobjekte deuten auf die innere Bewegung und Ergriffenheit des Träumers wie auch auf den in Bewegung geratenen Wandlungsvorgang unbewußter Inhalte in Richtung Bewußtsein. Vom Vulkankrater – unbeherrschter Gefühlsausbrüche – führt der Weg zu einer natur- und erdhaften Weiblichkeit, ein Symbolbild der *Großen Mutter.* Der *englische Leuchter* kann als Mondsymbol angesehen werden, der eine engelhaft kindliche Weiblichkeitsvorstellung des Träumers anzeigt. Der *Eiffelturm* und die *Zeitungen* verweisen auf die allgemeinen Meinungen, die *öffentliche Meinung,* die die Bewußtseinsvorstellungen des Träumers prägen. Der *Globus* symbolisiert das *Kollektive Bewußtsein.*

Der strahlende *Diamant* im *Viereck* erscheint als Symbol der Ganzheit und Selbstverwirklichung durch Bewußtheit. Aber lediglich als visionäres Bild, als erstrebenswertes Ziel. Jetzt sind alle vier Grundfarben beisammen. Das *Grün* bedeutet – wie in der Natur – Werden und Wachsen. Es ist auch ein Vermittler zwischen dem Dunkelblau und dem zum *Gold* überhöhten Gelb. Das Ausbiegen der Seiten in gerundete Linien versinnbildlicht aber die *»Quadratur des Kreises«* und weist auf das für den logischen Verstand so unendlich schwierige Problem der *Gegensatzvereinigung* hin.

Das Bild des *Gehenkten* deutet Herr Venti als *Mephisto,* den Schatten des *Faust,* den kritischen Intellekt. Er deutet das Bild auch als die Hölle der Zweifel, durch die er zu gehen hat. Der Analytiker widerspricht dieser Deutung nicht, äußert sich aber nicht weiter dazu.

Der *Tote* unter den Baumwurzeln wird als tief im Unbewußten verborgener Komplex gedeutet, als etwas, was der Träumer in sich abgetötet hat. Der vergrabene Tote könnte Christus sein, da der Glaube an ihn durch eine überstreng-religiöse Erziehung des Träumers im Elternhaus und in der Schule gewissermaßen »verschüttet« wurde. Die Frage, ob der Tote ein Mann oder eine Frau ist, läßt darauf schließen, daß eine *Contamination* – eine Vermischung – der religiösen Glaubensvorstellung mit dem Animabild vorliegt. Das Rundfunkauto zeigt, daß dieses geheime Problem des Träumers publik gemacht – bewußt – werden soll.

Der *Skarabäus* ist in der altägyptischen Religion der Sonnenkäfer, ein Symbol des zerstückelten und wiederauferstehenden *Osiris,* ein Wiedergeburtssymbol. *Osiris* ist aber auch der Sohn und Geliebte seiner Mutter *Isis,* der sich in der Großen Göttlichen Mutter immer wieder aufs neue zeugt – symbolisiert durch den *Stier* als Zeugungskraft.

Herr Venti fand zum Skarabäus in einem Buch über die ägyptische Hieroglyphenschrift, daß der Sonnenkäfer als Schriftzeichen die »Sonne am Morgen« bedeutet. So deutet er das zwölfte Traumbild als die Möglichkeit einer geistigen Wiedergeburt und Erneuerung seiner Kreativität.

Zum letzten und dreizehnten Bild sagt er: *»Der Sonnengott der altägyptischen Religion ist der schöpferische Geist. Das Herz ist ein Christussymbol. Der Traum sagt mir, daß der Sonnengott Rê und Christus eins sind, wie alle Gottesvorstellungen eins sind. Die von den nur äußerlich Frommen wie Fetische angebeteten Kultsymbole, der Skarabäus, der Stier und der Hirsch – im Mittelalter stets ein Christussymbol und Sinnbild der Taufgnade –, fliegen davon. Übrig bleibt das Herz vor der Sonne. Das ist meine Erleuchtung.«*

Wir sehen, Herr Venti ist durch seine Traumbilder, die für ihn zweifellos von tiefer und weittragender Bedeutung sind, in eine schwärmerische religiöse Erregung geraten. Er notierte zuvor in sein Tagebuch, er fühle sich depressiv gestimmt und voller grüblerischer Zweifel über die Richtigkeit seines Vorhabens, so tief in das Wesen der Dinge einzudringen. Gegen die Weiterarbeit in der Analyse verspürt er einen starken Widerstand.

Sein Analytiker macht ihn darauf aufmerksam, daß sein Traum zwar von der *Sonne* spricht, die vor dem Skarabäus steht. Auf seiner Zeichnung gleiche die Scheibe aber eher einem *Mond.* Der Skarabäus sei ebenso wie der Stier auch ein sexuelles Symbol. Der Träumer deute zu optimistisch. Das letzte Bild sei mehr als ein Hinweis auf die Aufarbeitung des Mutterproblems zu verstehen. Darauf weise bereits der Eiffelturm hin, der ein Phallussymbol darstellt. Denn er steht auf Zeitungen, dem Sinnbild der öffentlichen Meinung oder des Kollektiv-Bewußtseins.

Bei seiner Selbstdeutung des ersten Traumes in der zweiten Analyse hat Herr Venti ausgeführt, daß er sein Weglaufen vor dem schielenden Arzt als eine Vorwegnahme des Abbruchs der Psychoanalyse, der ein Jahr später tatsächlich erfolgte, ansehe. Ebenso habe ihn das Bild des alten Mannes mit der Lampe auf C. G. *JUNG* hingewiesen, zu einer Zeit, zu der er weder etwas über die die *JUNG*sche Psychologie wußte noch wissen konnte, daß er sich über ein Jahr später an einen Analytiker der *JUNG*schen Schule wenden würde.

Dieser bedeutete Herrn Venti, er möge das Wegrennen lieber als ein Ausweichen vor der Aufgabe ansehen, sich seine allzu akademisch und intellektuell orientierte Bewußtseinseinstellung klarzumachen. Diese rufe die negative Schattenfigur des schielenden Arztes auf den Plan, der eine schiefe Sicht der Probleme veranschauliche. Der alte Mann bedeute nicht *JUNG*, sondern sei bestenfalls als eine Verkörperung der *JUNG*schen Lehre anzusehen.

Noch während der Besprechung der Traumbildserie, die sich – bei einer Stunde Aussprache pro Woche – über viele Wochen hinzieht, hat Herr Venti mehrere Träume, die sich verwirklichen. *Er träumt von seinem Elternhaus, wo die Mutter ohnmächtig wird und ihm in die Arme fällt.* Zwei Tage später erhält er von der Schwester einen Brief mit der Mitteilung, die Mutter habe einen Schlaganfall gehabt und sei im Krankenhaus.

Er träumt von seinem Sohn, der in einer Spalte zwischen den Platten des Bürgersteigs steckenbleibt und ihm den einen Fuß ohne Schuh entgegenstreckt. Am nächsten Tag erhält er einen Brief der Internatsleitung, der Junge habe mit einem Schulfreund nachts das Internat verlassen wollen. Beim Übersteigen des hohen Parkgitters sei er hängengeblieben und habe sich den Fuß gebrochen.

Er träumt von einem entfernten Verwandten, zu dem er seit mehr als zehn Jahren keinerlei Verbindung hat, und sieht ihn mit dem Auto verunglücken. Eine Stimme sagt: »Der behandelnde Arzt heißt Dr. Hirschberg.« Acht Tage später erfährt Herr Venti von dritter Seite brieflich, daß der Betreffende tatsächlich einen schweren Autounfall hatte. Herr Venti fragt zurück und bittet um Angabe des Unfalldatums, der Unfallzeit und des Namens des Arztes. Ihm wird mitgeteilt, daß sich der Unfall in der Nacht vom . . . ereignete. Es ist die Nacht seines Traumes. Der Unfallort ist rund 800 km von seinem Wohnort entfernt. Der Name des Unfallarztes sei nicht bekannt. Aber der Verunglückte befindet sich in einem »Hirschberg-Krankenhaus«.

Der Analytiker sieht es nicht gern, daß Herr Venti seine Träume prognostisch deutet. Er erklärt, dies überschreite die Grenzen einer wissenschaftlich fundierten Traumanalyse und gehöre in den Bereich der Parapsychologie.

Prompt träumt Herr Venti: *»Ich sehe eine geflügelte Figur wie einen Skarabäus oder besser wie eine geflügelte Sonne. Aber in der Mitte ist der Kopf von Professor HEUSS. Und ich habe im Traum das Empfinden, er wird bald sterben. Er flog nach links oben.«*

Sein Kontext dazu: *»Der Skarabäus vor der Sonne in meiner Bilderserie wies auf den Osirismythos hin. Damals habe ich das Bild als Bild der Erneuerung gesehen. Aber hier ist es wohl anders. Noch während des Aufwachens kam mir in den Sinn, daß dieses kurze Bild einfach auf den Tod von Professor HEUSS hindeutet. Da ich sein Gesicht mit zwei Flügeln sehe, erscheint mir eine Analogie zum Seelenvogel richtiger als zum Skarabäus . . .«*

Der Analytiker meint dazu, der *Skarabäus* sei das Sonnensymbol und Professor *HEUSS* das Staatsoberhaupt, der König, und damit der Vertreter des Kollektiven Bewußtseins. Sein Auftauchen sei ein Hinweis für eine kritisch auflehnende Einstellung des Träumers gegenüber den Autoritäten des Kollektiven Bewußtseins. Selbstverständlich könne man einen derartigen Traum auch prophetisch deuten. Aber das besage nichts.

Nun, einen Monat später berichten die Zeitungen über den Tod des Königs U., eines orientalischen Potentaten, den Herr Venti früher einmal beruflich und auch privat kennengelernt hatte.

Nach Beendigung der Analyse führt Herr Venti seine Traumtagebücher weiter, ergänzt durch stichwortartige Notizen. Teilweise häufen sich die Träume, teilweise unterbleiben Eintragungen über Wochen und Monate. Er sucht bei der Deutung nicht mehr nach Zukunftshinweisen. Er überliest aber in ein- oder mehrjährigen Abständen seine Eintragungen und vermerkt es, wenn er glaubt, daß sich ein Traum auf ein späteres Ereignis bezogen haben könnte. Das sind meist recht harmlose Dinge. Eine neue beruflich oder privat wichtige Bekanntschaft, ein Reiseerlebnis oder ein Buchtitel, den er träumt. Wenn er das Buch dann wenig später in einer Buchhandlung oder einem Antiquariat findet, enthält es interessante Anregungen für ihn.

Öfters träumt er, daß er wieder zur *Schule* gehen und seine Reifeprüfung nachholen muß – obwohl er im Traum weiß, daß er sein Universitätsstudium und Staatsexamen längst hinter sich gebracht hat. Diese Träume stehen stets in einem Zusammenhang mit familiären oder privaten Konfliktsituationen. Die *Schule des Lebens* endet eben nie.

Träumt Herr Venti von der *Universität,* so verdankt er diesen Träumen in der Regel *schöpferische Einfälle.* So träumt er beispielsweise:

»Im Hörsaal – Prof. X hält ein Kolleg über ... Nach der Vorlesung kommt er zu mir und drückt mir einen Zettel in die Hand, auf dem gewisse Thesen von mir aufgeschrieben sind. Der Zettel hat die Form eines Ovals. Er bestätigt mir, daß meine Thesen richtig sind, aber ein Duell nach sich ziehen werden. Und tatsächlich stehen draußen drei Studenten, die mich fordern. Wir kommen in einen Pauksaal, doch es soll ein Pistolenduell stattfinden. Die drei sind unsicher, und ich muß ihnen erst die Regeln erklären. Sie können kaum mit der Waffe umgehen, und ich finde die Situation recht ungemütlich. Ich muß ja allen dreien den ersten Schuß lassen.*

*Der erste schießt zum Glück über mich hinweg. Bevor der zweite schießen kann, geht plötzlich von links ein Schuß auf meine Kontrahenten los. Bestürzung. Sie konnten ja denken, ich hätte wider die Regel zuerst geschossen. Da ertönt sofort eine Stimme: ›Das ist unmöglich, das kann Venti nicht gewesen sein, er ist nie unfair.‹ Versöhnung. Das Duell ist vorüber.«

Etwa vier Jahre später kommt Herr Venti auf die Idee, einem bestimmten Gegenstand, mit dem er beruflich zu tun hat, statt der üblichen Kreisform die Form eines Ovals zu geben. Die Idee bedeutet Arbeitseinsparung und Energiegewinn. Herr Venti erinnert sich an seinen Traum. Von einigen Theoretikern wird auch tatsächlich Protest erhoben, weil sie den neuartigen Denkansatz von Herrn Venti nicht verstehen. Im Verlauf der Kontroverse findet er unerwartete Hilfe von neutraler Seite. Seine Idee wird realisiert.

Auf der sogenannten *Subjektstufe* gedeutet – das ist die Beziehung der Personen, Handlungen und sonstigen Informationen eines Traumes *einzig* auf psychische Inhalte oder Funktionen des Träumers selbst –, würde dieser Traum ergeben: Der *Professor* ist eine positive, hilfreiche Schattenfigur. Die *Duellsituation* zeigt einen inneren seelischen Konflikt des Träumers. Die drei *Duellanten* sind die drei unbewußten Funktionen. Also, da der Träumer im Wachbewußtsein ein verstandesbetonter *Denktyp* ist, die drei restlichen seelischen Funktionen: *Empfindung, Gefühl und Intuition.* Das *Oval* bedeutet dann hier, daß Gegensätze verbunden werden.

Gewiß paßt auch diese *subjektstufige* Deutung zu dem Traum – aber nicht zur Zeit des Traumes. Zugegeben, in einem Widerstreit zwischen Denken und Fühlen mag sich Herr Venti auch zur Zeit des Traumes befunden haben. Wer fühlt sich nicht immer wieder zwischen Verstand und Gefühl hin und her gerissen? Nur hatte Herr Venti damals, also vier Jahre zuvor, keine beruflichen Auseinandersetzungen auf dem durch den Professor verkörperten Fachgebiet, noch hatte er eine entsprechende interessante Idee. Wenn der Traum auf das Problem der Gegensatzvereinigung hätte anspielen wollen, hätte er treffendere Symbole wählen können als das hierfür äußerst ungewöhnliche Oval. Das *Kreuz* beispielsweise, ein *vierblättriges Kleeblatt,* einen *Regenbogen,* ein *Zwillings*wesen oder einfach die Zahl *Zwei.*

Die Traumtagebücher des Herrn Venti enthalten eine Vielzahl von hilfreichen Eingebungen für berufliche Entscheidungen, auch für finanzielle Überlegungen bei privaten Vermögensanlagen. Doch geht es hierbei nie um Wesentliches. Erschütternd dagegen ist in der Rückschau die Bedeutung der Traumbildserie für die Lebenswirklichkeit und das Schicksal des Träumers in den darauf folgenden achtzehn Jahren.

Eine Andeutung dafür, daß diese Traumbilder neben der aktuellen Bedeutung auch Künftiges vorwegnehmen, findet sich bereits im zweiten Bild, und zwar in der Farbgebung. Das links im Bild befindliche und damit auf den Bereich des Unbewußten – oder eines Überbewußtseins – hinweisende *Dunkelblau* bedeutet nicht nur Ruhe, Tiefe und die Nacht, sondern ist vor allem auch ein traumsymbolischer Ausdruck für das überpersönliche Feld von Seele und Geist einschließlich des *Übersinnlichen* – wie man früher sagte. Es ist das Feld von »PSI«, mit welchem Begriff alle *außersinnlichen* Wahrnehmungen heutzutage bezeichnet werden. Und »PSI« wird jetzt mit exakten, naturwissenschaftlichen Methoden labormäßig untersucht.

Die nächste Andeutung findet sich in den Bildern fünf und sechs. Etwa drei Jahre nach dem Traum lernt Herr Venti in England eine Filmschauspielerin kennen. Eine rassige Schönheit, doch neurotisch bis zur Hysterie, karrieresüchtig und berechnend. Ihr Ehrgeiz ist es, möglichst häufig in den Zeitungen erwähnt zu werden. Sie tritt auch im Fernsehen auf. Herr Venti ist ihrethalber ständig auf Reisen. Das wäre eine Erklärung für die Bilder mit dem Eiffelturm, dem mit Zeitungen bedeckten Boden und dem Globus, zu dem sich die Zeitungen wölben.

Auch Bild neun fände so eine Erklärung. Herr Venti befindet sich in dem Alter, wo die zweite Lebenshälfte beginnt. Wie viele Männer in seinem Alter, erlebt er einen zweiten Frühling und glaubt, die Frau seines Lebens gefunden zu haben. Er verwöhnt sie, beschenkt sie mit kostbarem Schmuck und beginnt sich finanziell zu ruinieren. Die Liebesbeziehung ist heftig und intensiv, doch beide fallen abwechselnd von einem Extrem ins andere. Sie sind von zu gegensätzlicher Natur. Er gerät in eine Konfliktsituation, die sich tatsächlich als unlösbar erweist, wie die Quadratur des Kreises. Herr Venti hat seine Stellung aufgegeben und begibt sich in eine finanziell schwierige Lage.

Nach neun Monaten ist sein »Edelstein« mit einem anderen Liebhaber auf und davon.

Jetzt kommt Herr Venti in die Lage des Mannes auf Bild zehn, der mit dem Kopf nach unten hängt. Und ebenso gerät er in die »Hölle der Zweifel« – so seine eigene Interpretation drei Jahre zuvor. Es beginnt für ihn die Zeit der »Prüfung«. Das Bild des Gehenkten erinnert an ein mythologisches Muster aus der germanischen Sagenwelt. *Odin* hing neun Nächte im eiskalten Wind am Baum, um die Weisheit der Runen zu erfassen. Insofern wäre es ein positives Bild.

Die umgekehrte Lage aber bedeutet ein Verfallensein an einen kindlichen Selbstbetrug. Es zeigt den Zustand des Träumers, der sich seiner Handlungsfreiheit beraubt hat.

Das ungute Ende seiner Liebesbeziehung wurde Herrn Venti bereits Wochen zuvor durch Träume gezeigt. So träumte er: ». . . *auf einem viereckigen Platz steht ein heidnischer Altar. Daneben steht als Venuspriesterin E. F. Aus einer großen Metallschüssel loht eine Flamme hoch auf. Ein Mann wird zur Opferung herangeführt. Der Mann bin ich.*« In einem anderen Traum *steht seine Schauspielerin auf einer ländlichen Straße in einiger Entfernung vor ihm. Wie er auf sie zugeht, entfernt sie sich zunehmend und wird immer kleiner und kleiner, bis sie verschwunden ist.*

Es dauert weitere drei Jahre, bis die Zeit der Prüfung für Herrn Venti beendet ist. Er hat sich innerlich und äußerlich umgestellt. In die Wirtschaft kehrt er trotz guter Angebote nicht zurück. Er widmet sich jetzt der Forschung auf seinem naturwissenschaftlich-technischen Fachgebiet. Das ist eine Aufgabe, die im gewissen Sinne einen sozialen Charakter hat. Dadurch bedingte Einschränkungen des früher gewohnten Lebensstandards nimmt er in Kauf. Das wäre die Bedeutung des Baumes im ersten Teil der Beschreibung von Traumbild elf.

Doch auch der zweite Teil findet eine reale Bestätigung in der Lebenswirklichkeit. Der tote Mann, der unter den Wurzeln seines Lebensbaumes zur Zeit des Traumes verborgen ist, ist kein verschütteter Glaubensinhalt, wie es seinerzeit gedeutet wurde, sondern sein Sohn. Dieser kommt durch einen Unfall ums Leben. Knapp siebzehn Jahre nach dem Traum. Das Todesdatum findet sich bereits neun Monate nach der Traumbildserie exakt

Collage zu der Traumbildserie von Herrn V., die sein Traumerlebnis sozusagen »ver-
dichtet« wiedergeben soll. Der über dem »Lebensbaum« aufgehende Sonnenball enthält hier nicht ein Herz, sondern – zwischen Körper und Arm der weiblichen Gestalt
– ein Auge in seiner Mitte.

in Nummer und Datum eines diese Botschaft ergänzenden Traumes. Er lautet: »*Ich sehe einen steinernen viereckigen Opferaltar auf einem Berghügel. Auf dem Altar ein Holzstoß. Ich wußte, hier soll mein Sohn geopfert werden, wie Isaak im Alten Testament. Und ich träumte, die Lösung des Traumes sei, daß ich meine Jugend verbrennen solle.*«

Herr Venti notierte seinerzeit zum Kontext unter anderem, daß es sicher ungünstig sei, wenn die Lösung im Traum mitgeträumt wird. Ob dieser Traum nicht doch parapsychologisch zu deuten sei? Womit Herr V. sicher eine in die Zukunft weisende Bedeutung meinte. Er äußert Befürchtungen, seine erkrankte Mutter könnte sterben. Sein Analytiker erklärt diese Deutungsmöglichkeit für abwegig. Der Traum enthält keinerlei Hinweise auf die Mutter. Die *Jugend zu verbrennen* gehöre zur seelischen Entwicklung zur Zeit der Lebensmitte. Andrerseits ist der Sohn im Traum auch ein Symbol der *Zukunftsmöglichkeiten* des Träumers. Also auch im Hinblick auf die Zukunft sei eine Läuterung des Träumers angebracht.

Ganz so unrecht hatte Herr V. mit seiner Vorahnung aber nicht. Die Mutter starb zwar auch erst knapp siebzehn Jahre später, aber auf den Tag genau drei Monate vor dem Sohn. Die Summe der Zahlen des Traumdatums ergibt die Zahl *Drei*.

Sogar der Rundfunkwagen, der auf dem Traumbild aus dem Tor rollt, bevor sich dieses schließt, hat mit dem Tod des Sohnes von Herrn V. zu tun. Der Unfall wurde ihm aufgrund einer Nachricht über den Polizeifunk mitgeteilt. Die Frage, ob der Tote unter der Baumwurzel ein Mann oder eine Frau sei, löst sich ein weiteres Jahr danach. Es dürfte beides, ein Mann und eine Frau, gewesen sein. Wir erinnern uns an die junge Frau im weißen Kleid mit den goldenen Haaren im Initialtraum von den Königen und der Schlange. Der Psychoanalytiker bezog die Frau damals auf die Freundin von Herrn V. Doch weder von ihm noch vom Träumer und auch nicht vom zweiten Analytiker wurde berücksichtigt, daß die Frau an einem »anderen Ufer« steht. An einem Ufer, zu dem der Fährmann jemanden nur hin-, nicht aber zurückfahren kann. Aus den Mythen der Antike ist dieser Fährmann bekannt: *Charon,* der Fährmann zur Unterwelt, zum Reich der Seelen, der Toten.

Herr Venti hatte, wie wir wissen, vor diesem Traum die Beziehungen zu dieser jungen Akademikerin aufgegeben, weil deren Mutter Einspruch erhoben hatte. Durch den Wohnsitzwechsel von Herrn V. haben sie sich aus den Augen verloren. In seiner Erinnerung bleibt sie eine romantische Idealgestalt. Sie erscheint in mehreren Träumen, wo sie sich an den Träumer *herandrängt.* Zehn Jahre später begegnet er ihr in Wirklichkeit. Es kommt erneut zu einem romantischen Flirt zwischen den beiden. Dieser ist nur von kurzer Dauer, da die Dame in der Folge eine Stellung im Ausland annimmt.

Sieben Jahre später trifft er sie wieder. Sie wirkt jetzt auf Herrn V. sehr emanzipiert und aggressiv. Außerdem ist sie verlobt. Sie gibt Herrn V. ihre Telefonnummer, aber die beiden sehen einander nicht mehr wieder. Vier Wochen zuvor hat er einen *Traum, in dem sie ihm auf der Straße begegnet. Beide fallen sich in die Arme. Er vermerkt, daß sie im Traum Hosen anhat und einen breiten Ledergürtel trägt.*

Drei weitere Jahre später muß er zu seiner Bestürzung in der Zeitung lesen, daß sich seine Idealfrau in einem Anfall von Schwermut vom Dach eines Hochhauses gestürzt hat. Der Todessturz erfolgt ein Jahr nach dem Unfall seines Sohnes, und zwar im gleichen Monat. Drei Wochen zuvor träumt er von einer Zahlenreihe, mit der er nichts anfangen kann. Im nachhinein muß Herr V. feststellen, daß die Zahlenreihe die Telefonnummer der »Traum-Frau« war. Die letzte Ziffer ergibt mit sich selbst multipliziert den Todestag.

Der davonfliegende *Skarabäus* auf dem letzten Bild der Traumserie hängt mit einer religiösen Vereinigung zusammen, der sich Herr V. in England angeschlossen hatte und von der er sich später wieder trennt. Das Programm ist ihm zu unwissenschaftlich. Die beiden anderen davonfliegenden Symbolfiguren, der Hirsch und der Stier, zeigen eine Veränderung der Lebenseinstellung an, die der Privatsphäre des Träumers gilt. Übrig bleibt das Bild der *gelb-golden leuchtenden Sonne mit dem roten Herz* davor.

Es ist das *dreizehnte* Bild. In der Zahlensymbolik ist die *Dreizehn* eine doppeldeutige Zahl. Die allgemeine Meinung von der Dreizehn als Unglückszahl ist falsch. Diese Zahl kann ungünstig sein, wenn Sie an ihre Bedeutung beispielsweise beim »Letzten Abendmahl« denken. Dort ist Christus der Dreizehnte zusammen mit seinen zwölf Aposteln. Doch ebenso symbolisiert die Dreizehn in diesem Zusammenhang einen positiven *Neubeginn*. Den Anfang eines neuen Glaubens, der sich in den folgenden Jahrhunderten die Welt erobern wird. Auch im Zwölfer-Rechensystem beginnt mit der Dreizehn eine neue Zähleinheit, in der sie den Anfang bildet. Wie bei allen Symbolen, gilt auch für die Zahlen als Symbol die Regel: Ihre Bedeutung ist individuell und nur im Gesamtzusammenhang eines Traumes als einer persönlichen Botschaft für den Träumer richtig deutbar.

Mit diesem ausführlichen Bericht über einen *Initialtraum* und eine *Traumbildserie* als Lehrbeispiel haben Sie einen Einblick in die Werkstatt der modernen Traumforschung erhalten. Sie haben dabei dem Traumanalytiker sozusagen bei seiner Arbeit über die Schulter blicken können. Und sie haben eine vierfache Deutung erlebt: die Deutungen von zwei prominenten Psychoanalytikern verschiedener Schulrichtungen, die des Träumers und meine eigene Deutungsmethodik. Es ist ein überaus seltener Fall, daß einem Traumforscher die lückenlosen Traumaufzeichnungen einschließlich Kontext und Tagesnotizen aus einem Zeitraum von zwanzig Jahren zur Verfügung stehen. Deshalb habe ich dieses Beispiel für Sie gewählt.

Das Beispiel hat Ihnen gezeigt, daß außer den allgemeinen Symbolen auch die Symbolbedeutung der *Farben* und der *Zahlen* eine wesentliche Rolle für ein *richtiges Deuten* von Träumen spielt, jedenfalls soweit das möglich ist. Denn die Symbol- und Bildgestaltungen unseres Traumbewußtseins sind unerschöpflich. Sie finden im Anhang eine Aufzählung der wichtigsten Symbole und Symbolmuster, lexikalisch geordnet. Das soll Ihnen das Deuten von Träumen erleichtern. Die Überschrift »*Archetypen, Muster und Symbole*« ist der Titel eines Lexikons – nach dem neuesten wissenschaftlichen Stand –, das ich demnächst zu veröffentlichen hoffe. Die Grundlage bilden fast zehntausend Träume, Mythen und Märchen, Sagen und Legenden. Im anhängenden Literaturverzeichnis finden Sie Hinweise auf Spezialwerke über Symbole. Für das Malen von Träumen und als Hilfsmittel für das Deuten gezeichneter oder gemalter Träume empfehle ich Ihnen das hervorragende Buch von Jolande *JACOBI*, »Vom Bilderreich der Seele«.

An dem Beispiel der Traumbildserie von Herrn V. haben Sie weiterhin gesehen, wie wichtig die Grundregel ist, Träume so wörtlich wie möglich zu deuten. Das Rückspulen der Erlebnisse des Träumers auf seinem Lebensweg hat Ihnen gezeigt, wie deutlich die Sprache des Traumbewußtseins ist, wenn es sich um lebenswichtige und das Leben verändernde Ereignisse handelt. Sie konnten verfolgen, daß die Zahlen und Zahlenkombinationen mit ihrer Symbolbedeutung zum Verständnis der Trauminformation beitragen. Aber ebenso konnten Sie mitverfolgen, daß die Zahlen – und hierbei besonders auch die Zahlen der Traumnummern, des Traumdatums und der Seitenzahlen des Traumtagebuches – sich nachträglich als reale Telefonnummern oder als exakte Datumsangaben für die Zukunft herausstellen.

Das richtige Deuten von *Zukunftsträumen* wird für Sie stets eine schwierige Aufgabe sein. Und nicht nur für Sie. Die exakte wissenschaftliche Forschung auf diesem Gebiet befindet sich noch in den Anfängen. Lehrbücher werden Sie darüber nicht finden. Doch begonnen hat die Zukunftstraum-Forschung schon. Das Traumbewußtsein selber ist es, das sich für dieses Gebiet eine neue Wissenschaft erzwingt.

Wie hartnäckig das Traumbewußtsein sein kann, wenn eine zukunftweisende Botschaft bei der Deutung nicht verstanden wird, auch dafür bieten die Traumprotokolle des Herrn V. ein Beispiel. Der Ergänzungstraum mit dem alttestamentarischen Bild der »Opferung Isaaks durch Abraham« – neun Monate nach der Bildserie mit dem Bild des unter der Wurzel des Lebensbaumes verborgenen Toten geträumt – erschien dem Träumer als eine »parapsychologische« Information. Er bezog diese naheliegenderweise auf die Erkrankung seiner Mutter, von der er Kenntnis hatte. Wieso er aber zu der Auffassung kommt, der Traum bedeutet das Signal einer Lebensgefahr, sagt er nicht. Der Analytiker lehnt eine derartige Möglichkeit ab. Es ist der Traum, der in Nummer und Datum das exakte Unfallsdatum von Tag, Monat und Jahr des tödlich verunglückten Sohnes von Herrn V. anzeigt. Zwar gesteht der Analytiker dem Traum eine Zukunftsbedeutung zu, bezieht diese aber nur auf den Träumer.

Offensichtlich ist das Traumbewußtsein von Herrn V. damit nicht einverstanden. So enthält der nächste Traum wiederum eine Information über das spätere Schicksal des Sohnes. »*Ich träumte, Besuch sei angekommen. Meine Frau kam und sagte: ›Dr. X. ist aus Amerika gekommen und hat dir lauter dunkle Kleider mitgebracht.‹*« Dr. X., ein Bekannter, war nie in Amerika. Der Traum wird vom Analytiker und vom Träumer auf eine Alltagsbegegnung mit einer anderen Person bezogen. Auf einen reichen Amerikaner und die amerikanische Mentalität, die dem Träumer imponiert. Die dunklen Kleider werden mit dem gesellschaftlichen Ehrgeiz des Träumers in Verbindung gebracht. Im Kontext vermerkt Herr V. die Kürze des Traumes und das Fehlen einer Handlung von seiner Seite. Aber er geht nicht weiter darauf ein. Die wirkliche Zukunftsbedeutung dieses Traumes konnte er allerdings kaum erkennen. Zehn Jahre danach kommt der einzige Sohn von Dr. X. in den USA bei einem Autounfall ums Leben. Er hatte übrigens den gleichen Vornamen wie der Sohn von Herrn V. Dieser vermerkt den Vorfall in seinem Tagebuch in einer kurzen Notiz. An den Traum erinnert er sich dabei aber nicht.

Auf den »Amerikatraum« folgt als nächstes ein Traum, *in dem der Träumer mit drei anderen Personen eine Vierergruppe bildet. Im Schlußbild des Traumes sieht sich der Träumer auf einem kreisförmigen Weg, auf dem er linksherum – entgegen der Uhrzeigerbewegung – geht.* Der Traum wird bei der Deutung ausdrücklich in Beziehung zu dem vorhergehenden mit dem »Amerikabesuch« gesetzt. Die Wanderung auf dem *Kreisweg* wird als Notwendigkeit einer *Bewußtwerdung* gedeutet – aber für ein Gegenwartsproblem. Dabei wird übersehen, daß eine *linksläufige* Umkreisung im Traum eine üble Bedeutung hat. Nach den Vorschriften der tibetanischen Lamas zur Meditation würde das jedenfalls ein Unglück heraufbeschwören. Dort ist für die Meditation über ein Bild ausdrücklich die rechtsläufige Umkreisung vorgeschrieben. Doch abgesehen davon sagt der Traum klar, daß das Gesuchte nicht rechts im Wachbewußtsein, sondern links in der Dimension des Unbewußten zu finden ist. Die Bedeutung der *drei Personen,* die mit dem Träumer eine Vierergruppe bilden, ist: Dr. X. und die beiden Söhne, die ein gemeinsames Schicksal – zehn Jahre später – mit dem Träumer zu einem *Schicksalsviereck* verbinden wird.

Selbstverständlich konnte der Träumer die Bedeutung von Traumbotschaften, die über so weit in der Zukunft stattfindende Ereignisse informieren, nicht erfassen. Dazu ist unser Wachbewußtsein durch ein von Kindheit an anerzogenes logisches *Ursache-Wirkungs-Denken* zu sehr eingeengt worden. Anders formuliert: Die natürliche Wahrnehmungsfähigkeit des Menschen für die Botschaften aus der Dimension des Überbewußtseins ist uns abhanden gekommen. Durch eine forcierte Erziehung, alle Erscheinungen des Lebens mit dem Verstand zu erklären, haben wir uns die Kanäle zur *Evidenz,* zu einer unmittelbaren Programm-Erkenntnis, verschüttet.

Das Traumbewußtsein bleibt unermüdlich auf dem Versuch bestehen, mit seiner Botschaft durchzudringen. Es wiederholt den Inhalt seiner Nachrichtensendung. Im *dritten Traum* nach dem Traum von der »Opferung Isaaks«, *der in der Küche seiner alten Wohnung spielt, die an einen Schlachthauskeller angrenzt, nennt der Schlachthausbesitzer dem Träumer, Herrn V., eine eigenartige Hausnummer. »5 4 Pedro.« Der Träumer fragt zurück: »5 4 2?« – »Nein!«, heißt es, »nicht 5 4 2! – 5 4 Pedro.«*

Herr V. hat – wie seine Aufzeichnungen beweisen – dazu den Einfall, daß das spanische Pedro *Petrus* bedeutet. Er notiert dazu: *»Der oberste der Apostel. Christus und die 12 Jünger?«* Mit den Zahlen weiß er nichts anzufangen. Doch die Zahlen 5 und 4 sind die Zahlen von Tag und Monat des tödlichen Unfalls seines Sohnes – mehr als eineinhalb Jahrzehnte in der Zukunft. Der Apostel Petrus starb bekanntlich den Märtyrertod am Kreuz. Doch im Gegensatz zu Christus wurde er mit dem Kopf nach unten am umgekehrten Kreuz zur Schau gestellt. So wie der Gehenkte auf dem Bild 11 der Traumbildserie, vor dem dann der Baum mit dem unter der Wurzel verborgenen Toten erscheint.

Doch damit ist es nicht genug. Noch die nächsten vier Träume zeigen beim Rückblättern in die Vergangenheit, daß sie auf die verschiedenartigste Weise Informationen über das für den Träumer so schmerzliche Zukunftsgeschehen enthalten. Der vorletzte und siebente Traum dieser insgesamt acht

Träume umfassenden Serie verweist mit dem *Bild einer plötzlich aus dem friedlichen Herdfeuer – eines ländlich offenen Kamins – hoch aufschießenden Stichflamme* auf eine überraschend auftauchende Gefahr höchster Stufe. Erst nach dem achten Traum gibt das Traumbewußtsein seine Bemühungen auf. Von da ab befassen sich die Informationen der darauffolgenden Träume wieder mit den aktuellen Gegenwartsproblemen.

Das Traumbild des friedlich flackernden Feuers am heimischen Herd und die bedrohliche Gefahr, die sich hinter dem Bild der Stichflamme verbirgt, zeigt Ihnen die *Ambivalenz* (von lateinisch *ambo* = beide und *valere* = gelten) aller Symbole. Und noch mehr. Das Leben als solches besteht aus Gegensätzen. Wir treffen ständig auf Dinge und Erscheinungen, die in entgegengesetzte Richtungen streben oder weisen. Und trotzdem existieren sie nebeneinander. Sie wissen – ob von den Wahlkämpfen der Politiker oder vom Familienstreit –, wie hart da gegensätzliche Meinungen aufeinanderprallen und wie unversöhnlich die Kontrahenten erscheinen. Und dennoch leben alle gemeinsam miteinander, weil jeder den anderen braucht. Wenn Sie das *Geheimnis der Gegensätze* erfassen, aus denen unsere Welt besteht, wird es Ihnen leichtfallen, den Sinn der Träume zu verstehen.

Traumdeutung als Familienspiel und Training zur Erkenntnis

Das Deuten von Träumen ist ein lehrreiches »Familienspiel für Erwachsene und Kinder ab acht Jahren«. Diese Auffassung vertritt Erich *FROMM*. Er ist der Pionier einer »humanistischen Psychologie«, die ihr Ziel darin sieht, dem Menschen zu helfen, sich zu entwickeln und seine Fähigkeiten zu entfalten. Die *humanistische* Psychologie lehnt es ab, im Menschen nur ein meßbares Versuchsobjekt zu sehen, wie Plattwürmer, Ratten und Affen. Bekanntgeworden ist *FROMM* auch durch sein Buch »Märchen, Mythen, Träume«. Das US-Nachrichtenmagazin »Time« hält ihn für den bedeutendsten lebenden Psychoanalytiker unserer Zeit.

Seit Urzeiten haben sich die Menschen bemüht, ihre Träume richtig zu deuten. Vermutlich beginnen die Wissenschaft und die Technik mit schöpferischen Einfällen im Traum. Bereits vor fünftausend Jahren, so sagt eine auf Tontäfelchen aufgeschriebene Legende, empfing der König von Ur »Wissen« als Geschenk der Gottheit im Traum. Auch unsere Schrift ist aus den Bildern der Träume entstanden. Die Hieroglyphenschrift der alten Ägypter ist eine Bilderschrift. Sie setzt sich zusammen aus Symbolen. Das gleiche gilt für die Schriften im alten China wie im Reich der Inkas und

Azteken. Eine Bildzeichenschrift ist die Schrift in China und Japan noch heute. Galt anfänglich der Inhalt der Träume als göttliche Wissensinformation für Priesterkönige und ihre Gelehrten, so war auch das Deuten der Träume eine streng gehütete Geheimwissenschaft. Vor allem, weil sehr bald erkannt wurde, daß die Botschaften der Träume oft wichtige Voraussagen für die Zukunft enthalten.

Mit fortschreitender Entwicklung des Bewußtseins und wachsender Bewußtseinsklarheit begriffen die Menschen, daß der Traum eine Botschaft aus dem eigen »Innen« ist. So wurde das Deuten der Träume zu einem Weg zur *Selbsterkenntnis* und zum Verständnis der eigenen Seele. Doch wer Träume richtig zu deuten versteht, erkennt auch, was in den Köpfen und Herzen seiner Mitmenschen vor sich geht. Die griechischen Ärzte der Antike bedienten sich dieser Erkenntnis für die *Traumdiagnose*. Sie bauten ihre Heilstätten zu Schlafkliniken aus und nutzten den hilfreichen Charakter des Traumbewußtseins zur Behandlung ihrer Patienten.

In Indien entstand aus *BUDDHAS* Traum und seiner Deutung eine wissenschaftliche Erkenntnislehre. In den Weisheitsschulen der Brahmanen und in den Klöstern von Tibet, auf dem Dach der Welt, entwickelten Gurus und Lamas Traumtechniken eigener Art. Das Träumen wurde zu einem *Training der Erkenntnis*. Die Traumforschung erhielt den Rang eines Lehrfachs in den *Meisterschulen der Weisheit*. Aus dem Training zur Erkenntnis schöpfen die Meister im Fernen Osten eine erstaunliche Kraft: die Automatik des Körpers durch den Geist zu steuern und das autonome Nervensystem zu regeln und zu beherrschen. Und zudem noch sehr viel mehr. Sie trainieren durch die Methode des *bewußten Träumens* die Sinne der Seele. Für einen psychischen *Fernsehempfang* – sozusagen auf drei Kanälen: Kanal I für das Weltprogramm vom Heute, Kanal II für die Tagesschau des Gestern bis in eine ferne Vergangenheit, Kanal III für die Nachrichtensendung der Zukunft, über das Unbekannte, das in einem Morgen verborgen und noch nicht Wirklichkeit ist.

Im Westen geriet der Erkenntnisweg, der über das Medium *Traum* als Brücke in das Land der Seele und zu den Quellen des Bewußtseins führt, in Vergessenheit. Als ein Geheimpfad wurde er zwar nach wie vor benutzt – von Eingeweihten eines Ordens der Wissenschaft. Es blieb dem großen Arzt und Seelenforscher C. G. *CARUS* vorbehalten, die Vertreter der Wissenschaft seiner Zeit daran zu erinnern. »Der Schlüssel zur Erkenntnis vom Wesen des Bewußten liegt in der Region des Unbewußten«, schrieb er bereits vor über hundert Jahren. Denn die in einem grotesk materialistischen Denken befangene Wissenschaft des vorigen Jahrhunderts leugnete die

Existenz der Seele. Und die damaligen Psychologieprofessoren forderten für die Universität eine »Psychologie ohne Seele«.

Doch auch als *FREUD,* angeregt durch das Studium der Hypnose bei dem berühmten französischen Neurologen *CHARCOT* und die Hypnoseexperimente des Wiener Arztes *BREUER,* den Traum als Mittel, um »Der Seele dunkle Pfade« – so der Titel der Freud-Biographie von Irving *STONE* – aufzuspüren, wiederentdeckte, bedurfte es vieler Umstände, bis die Bedeutung der Träume als wichtiges Informationsmedium in der Öffentlichkeit bekannt und das Deuten von Träumen populär wurde. Mag sein, die längst veraltete Vorstellung von einem »Unter«-Bewußtsein – eine Art psychischer Unterwelt –, in dem perverse Lüste und barbarisch böse Triebe lauern und das Neurosen und geistige Verwirrungszustände erzeugt, hat eine Abwehrhaltung gegen die Träume bewirkt. Auch daß die Deutung von Träumen von Nervenärzten und Psychiatern zu einer Wissenschaft entwickelt wurde, hat in der Öffentlichkeit zu falschen Vorstellungen vom Wesen der Träume geführt.

Sie wissen es jetzt besser. Die zahlreichen Traumbeispiele haben Ihnen gezeigt, wie nützlich und hilfreich die Informationen sind, die wir im Traum erhalten. Gewiß, die Erkenntnis, daß das Traumbewußtsein des Menschen eine überaus positive und schöpferische Tätigkeit des seelischen Lebens darstellt, ist noch relativ neu. Zwar hat C. G. *JUNG* bereits vor rund fünfzig Jahren den positiven Charakter der Traumtätigkeit entdeckt, doch bis sich eine wissenschaftliche Entdeckung in der Praxis durchsetzt, vergeht stets eine lange Zeit.

»Traumdeutung als Familienspiel«, wie es Erich *FROMM* in seinem Interview mit einer deutschen Wochenzeitschrift fordert? Warum nicht? Das kann überaus heiter sein. Wenn Ihre Tochter beispielsweise von einer Katze und einem Löwen träumt und dazu meint, der Vater sei der Löwe und sie selbst die Katze. Sie zeichnet das Bild. Sie stellen dann fest, daß die kleine fauchende Katze eine gewaltige Löwenmähne hat. Der Kopf des Löwen dagegen sieht wie der Kopf eines Katers aus. Dann wissen Sie, daß sich Ihre kleine Tochter zwar gern als Schmeichelkätzchen gibt, in Wirklichkeit aber voll innerer Auflehnung ist. Doch auch Sie werden von der Tochter unbewußt nicht als die große Familienautorität angesehen, die Sie gern sein möchten. Das Traumbewußtsein der Tochter sieht Sie anders. Es weiß sehr wohl, daß sich hinter Ihrem autoritären Auftreten das Liebe- und Streichelbedürfnis der Katze versteckt.

Vielleicht wird die Traumdeutung als Spiel in den kommenden Jahrzehnten die Denksportaufgaben und Kreuzworträtsel verdrängen. Dann wird statt nach unbekannten Städten und Flüssen im Lexikon nach Traumsymbolen gesucht. Schulkinder werden dann vor dem Einschlafen über die Probleme ihrer Schulaufgaben imaginieren, damit ihnen ihr Traumbewußtsein zur richtigen Lösung verhilft.

Zeichnung eines jungen Mädchens zu einem Traum, in dem ihr eine väterliche Autorität als Löwe begegnet (links) und sie sich selbst als Katze sieht (rechts).

Die unglaubliche und an das Unmögliche grenzende Fähigkeit, die das Traumbewußtsein durch *Zukunftsträume* und *Wahrträume* beweist, ist bereits Gegenstand einer neuen wissenschaftlichen Forschung. Seit Professor *KLEITMAN* und sein Forschungsteam in fünfzehnjährigem Großversuch den Nachweis erbracht haben, daß jeder Mensch träumt, daß der Traum zur Kommunikation der menschlichen Lebensprozesse gehört und daß das Träumen eine lebenswichtige Funktion erfüllt, erhielt die Traumforschung einen entscheidenden Auftrieb. Denn damit gewinnt der Traum als Nachrichtenmedium ein besonderes Interesse.

In der Sowjetunion arbeiten acht große Institute an der Aufklärung dieser für die breite Öffentlichkeit teils als übersinnlich geltenden, teils bezweifelten Traumerscheinungen. Sie sind weder »übersinnlich«, noch stammen sie aus einer Geisterwelt. Auch die Fähigkeit, im Traum wirkliche Vorfälle über Entfernungen von Hunderten von Kilometern wahrzunehmen, gehört zur Natur des menschlichen Bewußtseins. Das gilt auch für die Zukunftsschau im Traum. Nur haben wir diese ungeahnten Fähigkeiten der menschlichen Psyche – und des Bewußtseins mit seinen vier unterschiedlichen Dimensionen – bislang nicht beachtet. In den Vereinigten Staaten beschäftigen sich mindestens drei große Universitäten mit der Erforschung der Wahrträume. In Rußland wie in Amerika werden diese Forschungen von der Armee finanziert. Daher sind ihre Ergebnisse vorerst noch geheim.

Sie sehen aber, in welche Richtung die Traumforschung von morgen zielt. Die Fragen, die die Nachrichtenübermittlung durch Träume aufwirft, sind derart gewichtig, daß sie in naher Zukunft vermutlich eine Revolution der *Humanwissenschaften* einleiten werden. Noch ist der Mensch, jedenfalls im Hinblick auf sein Seelenleben und seine Fähigkeiten zur Bewußtheit, das unbekannteste und unerforschteste Wesen.

Träume sind *verstehbare Nachrichten* der seelischen Wesenheit des Menschen. Diese Informationen zu entschlüsseln und zu deuten ist eine lehrreiche und interessante Beschäftigung. Diese Beschäftigung ist zugleich ein Training Ihrer Phantasie und Intuition, die Ihnen schöpferische Einfälle schenkt. Der Traum ist der Zugang zu Ihrer *inneren* Welt, die ebenso wirklich ist wie die Außenwelt. Was draußen ist, ist auch drinnen, was innen ist, ist auch außen. Das ist die Formel, um die Botschaft der Träume zu verstehen. Und mehr: Es ist die Formel, um die Zusammenhänge aller Lebenserscheinungen zu verstehen und den Sinn des Lebens zu erkennen. Wenn Sie mit diesem Ziel an die Deutung der Träume herangehen, dann ist der Zweck dieses Buches erfüllt.

ANHANG

Archetypen, Muster und Symbole
Eine kurzgefaßte Auswahl von A–Z

A, Aleph, Alpha

Das A ist der erste Buchstabe des Alphabets. Im griechischen Alphabet ist es das *Alpha* und im hebräischen das *Aleph*. Alpha und Aleph waren aber zu früherer Zeit das Zeichen für die erste Zahl, die *Eins*. Denn die Zahlen wurden noch in Buchstaben geschrieben. Die *Eins* ist die Zahl, aus der alle anderen hervorgehen. Sie bedeutet in der Zahlensymbolik den geheimen Namen Gottes, den Beginn der Schöpfung. Als Traumsymbol kann die *Eins* – oder die Buchstaben *A, Aleph* und *Alpha* – auf die Einmaligkeit des Göttlichen hindeuten. Die Buchstaben oder die Zahl *Eins* können aber auch lediglich das *Ich* versinnbildlichen. Die Anfangsbuchstaben wie die erste Zahl entsprechen in der Farbensymbolik der Farbe *Weiß*. (Siehe *Farben,* siehe *Zahlen)*

Abend

Der Abend im Traum, als Landschaftsbild der beginnenden Nacht oder als gefühlsmäßige Stimmungslage, erscheint oft in der Traumeinleitung. Es ist ein Hinweis für den Träumer, daß er sich im Traum dem Bereich des Unbewußten nähern wird. Bei Personen in der zweiten Lebenshälfte kann der Abend im Traum auch auf den Lebensabend hindeuten. (Siehe *Nacht)*

Abgrund

Das Bild eines Abgrundes im Traum ist ein *Gefahrensignal*. Es kommt jedoch stets auf den Zusammenhang an. Führt der Weg den Träumer an einen Abgrund und nicht weiter, ist Umkehr angezeigt. Andererseits kann

ein schmaler, steiniger, beschwerlicher Weg in einen Abgrund ein Hinweis
für den Träumer sein, die Beschwerlichkeit und Tiefe einer Situation, in der
er sich befindet, zu erkennen und anzunehmen. Findet der Träumer im
Traum eine Brücke, die ihn auf die andere Seite des Abgrundes führt, so ist
das ein positives Zeichen. Der Abgrund symbolisiert in diesem Falle
Lebensschwierigkeiten, die aber überbrückt werden können. (Siehe *Brücke)*

Abort

(Siehe *Toilette)*

Abstürzen

Das Abstürzen im Traum, ob einer Person oder einer Sache, bedeutet die
Information über einen Verlust. Aus der weiteren Traumhandlung ist zu
ersehen, ob es sich bei diesem Bild um eine Fehleinstellung des Träumers zu
einem bestimmten Menschen oder einer problematischen Situation handelt,
aus der er gewissermaßen herausfällt. Dies kann auf eine gewisse Überheblichkeit des Träumers hindeuten, aber auch allgemein einen zu großen
Optimismus anzeigen. Der Absturz aus einem Flugzeug im Traum würde
bedeuten, daß sich der Träumer allzusehr von der Lebenswirklichkeit entfernt
hat und nun sozusagen auf den harten Boden der Tatsachen fallen wird.
Stürzen andere Personen oder Dinge im Traum ab, so ergibt der Zusammenhang, von welcher Seite der Verlust droht. (Siehe *Fliegen, Flugzeug)*

Acht

Die Bedeutung der Zahl *Acht* im Traum geht aus der Zahlensymbolik
hervor. Nach der Lehre der analytischen Psychologie von C. G. *JUNG* sind
Zahlen nicht bewußt erfunden worden. Sie sind nach *JUNG* spontane
Erzeugnisse des Unbewußten und als solche archetypische Symbole. Die
modernen Naturwissenschaften kleiden die Erscheinungen des Lebendigen,
ob im Bereich des Allerkleinsten oder im Bereich des Kosmos, in
mathematische Formeln. Das heißt, sie setzen materielle Vorgänge in
Beziehungen zu Zahlen. Die Erforschung von Tausenden von Träumen
zeigt, daß zwischen psychischen Funktionen und bestimmten Zahlenverhält-

nissen vergleichbare Beziehungen bestehen. Die *Acht* oder ein achteckiger Körper, wie beispielsweise der Würfel, ein achtseitiger Raum, ein achtstrahliger Stern, acht Stufen u.a.m., deuten auf eine Ganzheit hin. In der Musik umfaßt die Skala der Töne eine Oktave. In der Kernchemie sind es acht Elektronen, die maximal eine Elektronenhülle füllen. Der Kompaß zeigt außer den vier Grundrichtungen noch vier weitere an, also insgesamt acht Himmelsrichtungen. Die indische Weisheitslehre spricht vom achtfachen Weg Buddhas. Für den indischen Yogi ist das Oktogon, ein achtstrahliger Stern, das Symbol für die schwer erreichbare, doch größte Kostbarkeit. So gesehen können die Acht, achteckige Flächen oder achtseitige Räume eine äußerst positive Bedeutung haben. Das Traumbewußtsein deutet auf eine Vollständigkeit hin.

Andererseits kann die *Acht* als ein Ganzheits- und Vollständigkeitssymbol auch darüber informieren, daß in einer bestimmten Situation keine weitere Möglichkeit mehr gegeben ist. Dann hätte die Acht u. U. die Bedeutung eines Achtungsignals. Das ist jedoch äußerst selten. Als Farbe entspricht der Acht das *Gold.* (Siehe *Farben,* siehe *Zahlen*)

Acker

Das Bild eines Ackers im Traum ist doppeldeutig. Der Acker kann ein Hinweis für den Träumer sein, daß eine fruchtbare Lebensphase beginnt. Ebenso kann der Acker ein Hinweis dafür sein, daß ein bestimmtes Problem noch zu bearbeiten ist. (Siehe *Garten,* siehe *Wiese*)

Adam

Nach der Bibel ist Adam der erste Mensch. Die Vorstellung eines Urmenschen findet sich in fast allen Religionen und Weltentstehungserzählungen. Es wechseln lediglich nach Ländern und Völkern die Namen des ersten Menschen. Wenn dem Träumer das Bild des Adam erscheint oder er sich als Adam fühlt, so ist eine Reihe von Bedeutungen möglich. In jedem Fall informiert das Traumbewußtsein mit diesem Symbol über eine Anfangssituation. Es kann sein, daß der weitere Trauminhalt den Träumer schlicht an die Paradiessituation und den Sündenfall erinnern will. In der Regel bedeutet die Symbolgestalt des Adam im Traum weitaus mehr. Was so versinnbildlicht wird, ist die Tatsache, daß mit dem Menschen eine neue

Organisation des Lebendigen in der Welt stattgefunden hat. Der Mensch ist das einzige Lebewesen, das Seelisches mit der Möglichkeit des Bewußtseins und Körperliches in sich vereint. So gesehen ist der Mensch keineswegs der Nachkomme einer »schmalnäsigen Äffin«, wie *DARWIN* annahm. Er gilt so zwar als die Krone, aber auch als das Ende der Schöpfung. Als ein bewußtseinsfähiges Wesen stellt der Mensch jedoch einen Neubeginn der Schöpfung dar. Mit dem Bild des Adam im Traum ist der Mensch in seiner Ganzheit als leibliches und seelisches Wesen gemeint. Kurzum, es handelt sich um ein Symbol des Menschlichen in allen seinen Aspekten. Wenn wir dabei an die Paradiessituation mit Eva denken, so gehören zur Gesamtpersönlichkeit des Menschen, die auch das seelisch Unbewußte umfaßt, sowohl männliche wie weibliche psychische Aspekte. Eine völlig andere Bedeutung kommt Adam als Traumsymbol zu, wenn sich der Träumer lediglich nackt wie Adam in einer paradiesischen Landschaft sieht. (Siehe *Nacktheit*)

Adler

Der Adler ist der König der Lüfte und ein Herrschaftssymbol. Als Traumsymbol verkörpert der Adler ein »archaisches Gottesbild«, so C. G. *JUNG* in »Von den Wurzeln des Bewußtseins«. Er steht auch für hohe, weitbeschwingte Gedanken wie für eine verzehrende Leidenschaft des Geistes.

In erster Linie deutet der Adler im Traum auf eine positive geistige Situation. *FREUD* sah im Adler ein übermächtiges Sexualsymbol. Das kann der Fall sein. Doch nicht, wie *FREUD* glaubte, weil der Adler ein großer Vogel ist und weil in der Vulgärsprache der Vogel die Nebenbedeutung von Penis hat (vgl. *FREUD*, »Eine Kindheitserinnerung Leonardo da Vincis«, Leipzig 1910). Eine Sexualbedeutung des Adlers ergibt sich aus dem älteren griechischen Mythos. Dort symbolisiert der Adler die Zeugungsfunktion des *Zeus*. Der Sternengöttin *Asteria* nahte sich Zeus als Adler. Auch mit *Europa* vereinigte sich Zeus ursprünglich in der Gestalt des Adlers und nicht des Stieres. Bei einer *Götterhochzeit* handelt es sich aber nicht um eine vulgäre sexuelle Vereinigung, sondern um einen geistigen Vereinigungsprozeß. Das Bild der Vereinigung von Adler und Sternengöttin symbolisiert im Traum die Vereinigung der *Gegensätze:* Psyche und Universum in seiner materiellen Erscheinung.

So gesehen ist der Adler ein Symbol der Bewußtheit. Was bewußt werden soll, ergibt sich aus der weiteren Trauminformation. Das Bild eines flugbehinderten Adlers beispielsweise deutet auf die Einengung der geistigen Freiheit oder auch auf eine Vernachlässigung geistiger Interessen. Zeigt die weitere Traumhandlung eine echte Sexualbedeutung, so kann der Adler auch ein Hinweis dafür sein, daß eine allzu starke sexuelle Bindung des Träumers seinen geistigen Interessen im Wege steht. Wenn eine Frau, deren sexuelles Leben nicht erfüllt ist, davon träumt, daß sich ein Adler ihrer bemächtigen will, dann kann dahinter das Muster des *Frauenraubes* vermutet werden. Besonders wenn eine infantile Einstellung zum männlichen Geschlecht und damit auch zur Sexualität vorliegt, häufen sich Träume dieser Art. Von einem Adler ergriffen und auf sein Nest auf hohem Bergesgipfel getragen zu werden hat eine ungünstige Bedeutung. Denn in der Lebenswirklichkeit wäre das eine tödliche Gefahr. Es ist auch im Traum ein Gefahrensignal.

Affe

Von einem Affen wird häufig geträumt. Nach der Abstammungstheorie von Charles *DARWIN* gilt der Affe – wörtlich: eine schmalnäsige Äffin – als Vorfahr des Menschen. Moderne Verhaltensforscher sprechen vom »nackten Affen«, um menschliche Primitivreaktionen zu erklären. Auf mittelalterlichen Bildern ist es der *Teufel*, der in der Gestalt eines Affen oder mit einem Affengesicht gezeigt wird. In seiner Menschenähnlichkeit symbolisiert der Affe im Traum die tierische Seite im Menschen. Da nach der religiösen Vorstellung des Mittelalters das *Animalische* des Menschen als sündhaft galt, wurde der Affe mit dem Teufel gleichgesetzt. Anders dagegen zur Zeit der Antike. In der altägyptischen Religion wurden dem Affen göttliche Ehren erwiesen. Er gehörte zum Todesgott *Thoth*. Für die alten Ägypter galt diese Symbolfigur als Mahnung, daß der Mensch in seiner Körperlichkeit sterblich ist, obwohl er sich durch seine Geistigkeit vom Tier unterscheidet.

Entscheidend für die Deutung ist es, was der Affe im Traum tut. Der Affe kann sexuelle Handlungen vornehmen. Er kann den Träumer nachahmen. Eine äffische Haltung bei Liebesbeziehungen oder ein zu starker Nachahmungsdrang des Träumers sind dann die Bedeutungen. Äußerst positiv ist es, wenn eine Wandlung geschieht und der Affe im Traum ein menschliches Gesicht erhält. Das würde bedeuten, daß sich der Träumer seines »äffischen« Verhaltens bewußt wird. Kommt dem Affen im Traum eine sexualsymbolische Bedeutung zu, so ist seine Vermenschlichung ein Signal, daß eine erotische Beziehung der seelischen Anreicherung bedarf. (Siehe *Tier*)

Alkohol

Der Alkohol ist eine Droge, die Hemmungen beseitigt, da sie das Bewußtsein absenkt. Alkohol bewirkt einen Rauschzustand, der eine Steigerung der Gefühle, aber auch der Affekte mit sich bringt. Das Trinken von Wein oder anderen Alkoholika im Traum hat mehrfache Bedeutung. Es kann eine Information sein, daß der Träumer seine Probleme zu sehr vom Verstand her betrachtet. Gemeinsames Trinken im Traum deutet auf die Notwendigkeit, eine Gefühlsbeziehung zum Mittrinker herzustellen. Ausgesprochene Trunkenheit ist ein Traumsignal für den Träumer, das Leben oder bestimmte Probleme nüchtern zu sehen.

Alte Frau, Ahnfrau

Bei allen Personen, die im Traum erscheinen, ist zu prüfen, ob sie dem Träumer bekannt sind oder nicht. Ältere Frauen, die die Züge der eigenen Mutter oder Großmutter tragen, verweisen in der Regel auf charakteristische Eigenschaften dieser Frauen oder auch auf Kindheitserlebnisse, die in einer Beziehung zu der weiteren Traumhandlung stehen. Das gilt für weibliche Erziehungspersonen (ältere Schwester, Tante, Lehrerin), die während der Kindheit des Träumers eine besondere Rolle spielten. – Eine unbekannte alte Frau im Traum symbolisiert nach C. G. *JUNG* den Archetyp der Großen Mutter.

Alter Mann, Alter Weiser

Der unbekannte alte Mann im Traum, ein gütiger Greis, verkörpert nach *JUNG* den Archetyp des *Alten Weisen.* Diese Figur ist ein zeitloses Ordnungssymbol. Die Informationsbedeutung dieses Archetyps ist für den Träumer stets positiv und enthält in der Regel hilfreiche, äußerst wichtige Hinweise. Gewiß wird zu unserer Zeit mit ihrem Jugendlichkeitswahn das Alter für etwas Tragisches, wenn nicht gar als eine unvermeidliche Krankheit angesehen. Doch dies ist eine Zeiterscheinung und hängt mit dem Verlust der Religiosität zusammen. Zu allen Zeiten und bei allen Völkern wurde das Alter mit Lebenserfahrung und Lebensweisheit gleichgesetzt. Diese Bedeutung hat auch das Bild des alten Mannes im Traum. Natürlich kann ein alter Mann in der Gesamthandlung des Traumes auch eine negative Rolle verkörpern, beispielsweise die der Altersstarrheit und Unverträglichkeit. Doch dann wird diese Traumperson meist die Züge einer dem Träumer bekannten Person tragen. Der Träumer muß dann die Verhaltensweisen dieser Person im Traum als Mahnung an sich selbst verstehen, das eigene Verhalten seinen Mitmenschen gegenüber zu überprüfen. (Siehe *Mann, unbekannter*)

Ameisen

Ameisen, auch Käfer oder andere Insekten, wenn sie *in Massen* erscheinen, sind ein *Gefahrensignal.* Ameisen besitzen kein Gehirn, sondern lediglich ein kleines Nervennetz für die Informationsübertragung. Sie sind gewissermaßen kleine Roboter, die nur im Staatsverband leben können und von ihrer Königin – die die Zentralseele verkörpert – programmiert und gesteuert werden. Die Ameisen, wie auch andere ähnlich organisierte Insekten, besitzen weder eine irgendwie erkenntliche eigene Persönlichkeit noch die geringste Spur von eigenem Bewußtsein. Ameisenträume können günstigstenfalls Störungen im sogenannten vegetativen Nervensystem signalisieren. Nach psychotherapeutischer Erfahrung tauchen Ameisen oder Käfer in Massen im Traum jedoch meist vor dem Ausbruch von Psychosen auf.

Mit derartigen Traumbildern zeigt das Traumbewußtsein *Rotlicht* an. Denken Sie in einem solchen Fall an die Grundregel für die Deutung: Keine Interpretation, sondern auf Rücksprache mit dem Hausarzt oder einem Psychotherapeuten hinweisen! (Siehe *Insekten*)

Amor

(Siehe *Eros,* siehe *Kind*)

Amputation

Die Amputation eines Körperteils im Traum ist ein *Warnsignal.* Mit dem Bild eines amputierten Gliedes informiert das Traumbewußtsein über den Verlust von Eigenschaften oder Verhaltensmöglichkeiten, die sich aus der

Symbolbedeutung des betreffenden Körperteils ergeben. Der Verlust eines oder beider Beine ist als Hinweis für eine Fortschrittsbehinderung oder den Verlust des bisherigen geistigen oder seelischen Standorts zu deuten. Die Amputation einer Hand symbolisiert den Verlust der Handlungsfreiheit. Die Abtrennung des Daumens würde auf eine Einbuße technischer Fähigkeiten oder gar der Kreativität schließen lassen, die Amputation der Finger den Verlust der Gefühlsfähigkeit anzeigen. Zu berücksichtigen ist bei der Deutung, durch welche Umstände oder durch welche Traumpersonen die Amputation erfolgt. Es kommt sogar vor, daß der Träumer im Traum geköpft wird. Das kann – wörtlich – die harmlose Bedeutung haben, daß er in einer bestimmten Situation »den Kopf verloren« hat, wie es im Volksmund heißt. Es kann ebenso eine ernste Warnung sein. Eine zutreffende Deutung derartiger Traumbilder ist nur im Gesamtzusammenhang möglich. (Siehe *Arzt,* siehe *Daumen,* siehe *Hand)*

Apfel

Nach der Bibel ist der Apfel die *Verbotene Frucht,* die Eva vom Baum der Erkenntnis pflückte. So steht es in der deutschen Übersetzung des Alten Testaments. Im Urtext der Bibel wird jedoch vom Apfel nicht gesprochen. Es heißt da lediglich »die Frucht«. Für die Mittelmeervölker ist die verbotene Frucht auch der Granatapfel, die Feige oder die Quitte. Alle diese Früchte einschließlich des Apfels sind uralte Fruchtbarkeitssymbole. Diese Bedeutung hat der Apfel bei unserer Landbevölkerung auch heute noch.

Die negative Bedeutung als ein Symbol des *Sündenfalls* der Ureltern Adam und Eva erhielt der Apfel erst in der christlichen Mythologie. Doch zeigen mittelalterliche Bilddarstellungen Christus, wie er von seiner Mutter Maria einen Apfel annimmt. So gesehen hat der Apfel die positive Bedeutung eines *Erlösungssymbols.*

Für die Psychoanalyse gilt der Apfel – wegen seiner Ähnlichkeit mit der Form der weiblichen Brust – als ein typisches Sexualsymbol (vgl. W. STEKEL, Die Sprache des Traumes, 1911). Das kann so sein, wenn der Apfel in den Träumen jüngerer Personen in einem erotischen Zusammenhang erscheint. Für die Deutung ist dann zu beachten, ob es sich um reife oder unreife Äpfel handelt und ähnliches mehr. In den Träumen reifer Menschen hat der Apfel jedoch die Symbolbedeutung für *geistige* Fruchtbarkeit. (Siehe *Feige)*

Arm

Der Arm ist die Basis der Hand. Symbolisch gesehen heißt das, er ist die Grundlage des Handelns. Entsprechend ist zu deuten. (Siehe *Amputation,* siehe *Arzt,* siehe *Krankenhaus*)

Arzt

Der Arzt im Traum ist stets eine wichtige und sorgfältig zu beachtende Symbolfigur. Erscheint ein Arzt im Traum, signalisiert das Traumbewußt-sein, daß sich seelische Störungen vorbereiten oder daß eine Konfliktsitua-tion bereits vorliegt, in der der Träumer der Hilfe bedarf. So kann der Arzt ein erstes Warnsignal sein. Oft verschreibt er eine Medizin oder nimmt gar eine Operation vor. Wie immer ergibt sich die Bedeutung im einzelnen dann aus der Gesamthandlung des Traums. Manchmal erscheint die Diagnose des Traumarztes unsinnig, und seine Behandlungsmethoden wirken auf den Träumer, als seien es magische Rituale. Doch verbergen sich dahinter archetypische Verhaltensmuster, die sich durch Überlegungen zur kulturge-schichtlichen Bedeutung der entsprechenden Symbole entschlüsseln lassen. Erfahrungsgemäß signalisiert die Figur des Arztes im Traum seelische Konflikte wie das Auftreten von körperlichen Erkrankungen oft *prospektiv.* Das heißt, daß in der Wirklichkeit die ersten Krankheitssymptome erst zu einer sehr viel späteren Zeit feststellbar sind. (Siehe *Krankenhaus,* siehe *Operation*)

Atombombe

Eine Bombe oder gar eine Atombombe im Traum bedeutet *Rotlicht.* Es ist das Signal für eine psychische und geistige Spaltung, für eine neurotische Dissoziation, im ernsten Fall für den Ausbruch einer Schizophrenie. Da die Atombombe in der Realität eine kollektive Gefahr für die gesamte Menschheit bedeutet, muß ihr Bild im Traum auch als symbolischer Hinweis für eine Gefährdung der mitmenschlichen Umgebung des Träumers verstan-den werden. Maßgeblich ist der Traum in seiner Gesamtheit. Besonders sorgfältig ist das Schlußbild des Traumes in allen seinen Aspekten zu untersuchen. Eine Entschärfung der Bombe, beispielsweise durch den Träumer oder durch eine hilfreiche Symbolfigur, könnte u. U. eine weniger ungünstige Deutung zulassen. Trotzdem ist ein solcher Traum ein *Gefahren-signal höchster Stufe*. Psychotherapeutische oder zumindest hausärztliche Beratung ist dringend angezeigt. (Siehe *Arzt*, siehe *Explosion*, siehe *Operation*)

Auge

Das Sehen gilt allgemein als der wichtigste Wahrnehmungssinn des Menschen. Der Volksmund bezeichnet die Augen als Spiegel der Seele. In der altägyptischen Religion galten Sonne und Mond als die Augen der Himmelsgottheiten. »Wär' nicht das Auge sonnenhaft, die Sonne könnt' es nie erblicken!« heißt es bei *GOETHE*. Der Dichter wollte damit zum Ausdruck bringen, daß das Auge und die Sonne zusammengehören. Die Sonne ist ein Symbol der Bewußtheit. Und das Auge hat im Traum die Symbolbedeutung eines Bewußtseinsorgans. Eine Behinderung der Sehfähig-keit beispielsweise informiert darüber, daß ein bestimmtes Problem, oder auch die Lebensgestaltung insgesamt, vom Träumer nicht richtig gesehen wird.

S. *FREUD* deutet das Auge als weibliches Sexualorgan, vermutlich seiner Form halber. Daß eine Gefühlslage, auch die Verliebtheit, häufig am Blick der Augen abzulesen ist, bedarf keiner sonderlichen Erwähnung. Ebenso selbstverständlich ist es, daß der Anblick des Partners in der Liebe Freude bereitet. Nur beschränkt sich der Sinn des Auges nicht auf Augensprache und Anblick als Mittel der Sexualität. (Siehe *Sonne*)

Auster

Die Auster ist als Muschel ein Fruchtbarkeitssymbol. In China heißt sie *Perlenbauch,* weil sie – schwanger von der Perle – dem eine Frucht tragenden Schoß einer Frau gleicht. Bei primitiven Volksstämmen tragen die Frauen zur Hochzeit Gürtel, die mit Austernschalen verziert sind. Wegen ihres Phosphor- und Nukleingehalts ist die Auster seit dem Altertum als potenzfördernde Speise geschätzt. So hat sie auch die Bedeutung eines Sexualsymbols. Ihre Symbolbedeutung im Traum ist jedoch allgemein die eines Fruchtbarkeitssymbols. Sie kommt in allen Meeren unserer Welt vor und stützt als archetypisches Symbol die Theorie, wonach der Ursprung des Lebens aus dem Wasser stammt. (Siehe *Muschel*)

Auto

War bis vor hundert Jahren das Pferd das wesentliche Fortbewegungsmittel des Menschen, so ist es zu unserer Zeit das Auto. Seine Symbolbedeutung im Traum ist die eines individuellen Transportmittels, denn im Gegensatz zur Eisenbahn und Straßenbahn ist es nicht an Schienen gebunden. Die Schienen haben die Bedeutung eines von der Gesellschaft vorgeschriebenen Weges. Das Auto symbolisiert auch die motorische Energie, die Lebenskraft seines Besitzers.

Nicht umsonst hat es inzwischen die Stellung eines *Statussymbols* erhalten, die früher das Pferd einnahm. Die Größe des Wagens und seine äußere Erscheinung im Traum lassen darauf schließen, wie der Träumer von seiner Umwelt gesehen werden will. Entscheidender aber ist, wie der Träumer mit seinem Auto umgeht und was während der Fahrt geschieht. Denn mit der Autofahrt versinnbildlicht das Traumbewußtsein ein Stück der Lebensreise.

Rasante Sportwagen im Traum haben eine sexuelle Symbolbedeutung. Die Freiheit der Bewegung sowie der Rausch der Geschwindigkeit erinnern an Sexualität, speziell an freie Liebe. Bekanntlich nutzen die Reklamefachleute diese Symbolbedeutung für die Werbung. Sie appellieren an das Unbewußte des Käufers und versuchen ihm das Auto als ein Potenzsymbol darzustellen. Das Traumbewußtsein informiert mit dem Bild des Autos oder des Autofahrens aber mehr über die allgemeine Lebensvitalität und nur in Ausnahmefällen über die sexuelle Potenz. (Siehe *Motorrad,* siehe *Schiff)*

Bäcker, Backofen

Der Bäcker sorgt für unser tägliches Brot. Er verwandelt im Backofen das Korn in eine dem Menschen zuträgliche Nahrung. Der Wandler, der das bewirkt, ist die Naturkraft Feuer. So war es jedenfalls früher. Doch das Traumbewußtsein verwendet derartige Bilder, wie sie über Jahrhunderte Gültigkeit hatten. So gesehen ist der Bäcker im Traum eine schöpferische, positive Symbolfigur. Als Magier, der im Backofen auf geheimnisvolle Weise etwas Neues schafft, hat der Bäcker im Traum auch mit den Naturvorgängen der Zeugung und der Geburt zu tun. Doch haben Traumbilder vom Bäcker und dem Backofen keineswegs eine sexuelle Bedeutung. Der Bäcker versinnbildlicht vielmehr eine schöpferische Seite im Träumer, auch die Funktion, die gewissermaßen für die »geistige Nahrung« zuständig ist. Sind es im Traum weibliche Figuren, die etwas im Backofen zubereiten, so ist die Bedeutung der nährenden und mütterlichen Eigenschaft des Weiblichen gegeben. (Siehe *Mutter)*

Bad

Das Bad im Traum hat, wie in fast allen Mythen und Märchen, die Bedeutung eines Reinigungssymbols. Ebenso gibt es bei allen Völkern rituelle Reinigungszeremonien. Dazu gehört das Baden in heiligen Flüssen und Quellen. Noch heute baden Millionen von Indern im Ganges, dem heiligen Fluß der Hindus, dessen Wasser von allen Sünden reinigt. Bei manchen christlichen Sekten ist die Erwachsenentaufe durch Untertauchen in einem Bad üblich.

Im Traum taucht das Bild eines Bades oder eines Baderaumes häufig vor entscheidenden Wendungen im Leben des Träumers auf. Meist hat das Traumbad eine kreisrunde oder quadratische Form, was als ein symbolischer Hinweis auf die Ganzheit des Lebens zu verstehen ist. Das Wasser im Traumbad ist kein gewöhnliches Wasser, sondern hat die Bedeutung von seelischer Energie.

Bei der Deutung ist zu beachten, wo sich das Bad befindet und was sich alles darin abspielt. Ob Schwierigkeiten auftauchen oder eventuell ein Bad verhindert wird. Eine äußerst positive Bedeutung hat das Bad in freier Natur, einem kleinen runden Teich beispielsweise. Ein moderner Swimming-pool als Traumbad ist eher als ein Hinweis auf Komplikationen zu verstehen, die dem Träumer durch die moderne Zivilisation entstehen und die sich einer seelischen Reinigung und Wandlung entgegenstellen. (Siehe *Grotte,* siehe *Taufe)*

Bagger

Ein Bagger, eine Planierraupe und ähnliche Maschinen von zerstörender Kraft haben eine destruktive Symbolbedeutung. Die Traumsymbole wandeln sich im Lauf der Zeit in ihrem Erscheinungsbild. Zu unserer Zeit kann ein Bagger oder eine Raupe im Traum auch die archetypische Bedeutung des *Drachens* haben, wie er aus Mythen, Märchen und Sagen bekannt ist. (Siehe *Drache,* siehe *Maschine)*

Bahnhof

Im realen Leben ist ein Bahnhof ein Ort, an dem Reisen beginnen oder enden, ganz gleich, ob es sich um einen Eisenbahn-, Bus-, Flugreisen- oder Schiffsbahnhof handelt. So zeigt der Bahnhof im Traum eine Veränderung der Lebenssituation des Träumers an. Bahnhofträume sind überaus häufig. Sie können situationsbedingte oder altersbedingte – reale, geistige oder seelische – Veränderungen signalisieren. Bei der Deutung sind die vielen Einzelheiten zu beachten, wie sie sich auch bei einer Reise in der Wirklichkeit ergeben. Zu spät zu kommen, in den falschen Zug einzusteigen, die Fahrkarte zu vergessen u. a. m. sind in der Regel wörtlich zu verstehen. Ein unbekannter Bahnhof an einem unbekannten Ort hat im Traum die Bedeutung einer nicht vom persönlichen Wollen abhängigen, schicksalhaften Veränderungssituation. Die Lebensumstände, die die Veränderung erzwingen, versinnbildlicht der Traum oft in der Gestalt des Bahnhofvorstehers oder des Mannes mit der roten Mütze, der die Abfahrt der Züge bestimmt. (Siehe *Auto*, siehe *Reise*)

Ball

Der Ball ist wie die Kugel ein Ganzheitssymbol. Wenn wir an die Begriffe Erdball und Sonnenball denken, so wird verständlich, daß der Ball im Traum auch ein Symbol konzentrierter psychischer Energie sein kann.

Da in Bewegung geratene psychische Energie Veränderungsvorgänge auslöst, kann der Ball auch die Bedeutung eines Wandlungshinweises haben. Ein bekanntes Beispiel dafür ist das Märchen vom Froschkönig der Gebrüder *GRIMM*. In dieser Erzählung ist der Prinzessin ihr goldener Ball in den Brunnen gefallen. Der Froschkönig erscheint und verspricht der Prinzessin, ihr den Ball aus dem Brunnen zu holen. Unter einer Bedingung: Die Prinzessin muß ihn von ihrem goldenen Tellerchen essen und in ihrem Bettchen schlafen lassen. Sie ist einverstanden und erhält den Ball zurück. Doch als sie ihr Versprechen einlösen soll, graust ihr vor dem Frosch, und sie weigert sich. Doch der Vater König besteht darauf, daß sie ihr Wort hält. Zu ihrer Überraschung verwandelt sich der kalte Frosch in ihrem Bett in einen strahlenden jungen Prinzen.

Mißverständlicherweise wird diesem Märchen, wie vielen anderen Märchen auch, im Sinne von *FREUD* eine sexuelle Bedeutung unterschoben. Damit aber hat das archetypische Verhaltensmuster des Märchens nichts zu tun.

Seine Bedeutung ist, daß die Prinzessin dem Frosch – als einem Symbol ihrer eigenen kalten und egozentrischen Schattennatur – mit Liebe und Wärme begegnen soll. So gelangt sie zu einer ganzheitlichen und selbstlosen Liebe und erlöst in dem häßlichen Frosch sich selbst zu warmer Weiblichkeit. (Siehe *Kugel*)

Banane

Die Banane hat für Eingeborenenvölker zwar die reale Bedeutung einer Nahrungsfrucht, doch für den Europäer hat sie eine erotische Nebenbedeutung. Taucht sie im Traum – in der Regel bei jüngeren Personen – auf, ist sie ein Sinnbild für das männliche Geschlechtsorgan. (Siehe *Sexualität*)

Bär

Im Norden Europas und Asiens ist der Bär der König der Tiere. Richtiger wäre es jedoch, ihn als Königin zu bezeichnen. Denn in der Mythologie und den Märchen nördlicher Völker hat der Bär als Tiersymbol stets weibliche Eigenschaften. Im Traum erscheint der Bär als ein mütterlich-erdhaftes Tier. Je nach dem Zusammenhang kann der Bär auch auf eine Vernachlässigung der mütterlichen Qualitäten hinweisen, wenn Frauen von ihm träumen. In manchen russischen Märchen verbirgt sich unter der Bärenhaut ein junger Prinz. Insofern verkörpert der Bär auch ein *Erlösungsmotiv*. Als männliches Tier, mit den sprichwörtlichen *Bärenkräften* ausgestattet, kann der Bär ebenso ein Signal für gewalttätige Kraft sein und damit eine negative Bedeutung haben. (Siehe *Tier*)

Bart

Der Bart im Traum symbolisiert männliche Kraft und Potenz. Ebenso ist der Bart ein Herrschaftssymbol. Er war im Altertum das Attribut der Könige und Propheten. Allgemein gesehen, war die Barttracht das Zeichen des freien und reifen Mannes. Jünglingen wie Sklaven war das Tragen von Bärten verboten. Im Traum signalisiert der Bart häufig *Aggressionstendenzen*. Das Abschneiden des Bartes als Traumbild deutet auf Kraftverlust, Unterwerfung und Impotenzerscheinungen. (Siehe *Haare*)

Bauer, Bauernhof

Der Bauer bedeutet im Traum die Naturseite des Träumers. Ein Bauernhof in der Traumlandschaft versinnbildlicht Naturbezogenheit oder eine Situation, die auf ein natürliches Leben anspielt. Lebt der Träumer selbst auf dem Lande, so sind diese Traumbilder natürlich auf seine Umwelt zu beziehen und mehr wörtlich zu deuten. Handelt es sich aber beim Träumer um einen der Natur entfremdeten Großstädter, so will das Traumbewußtsein den Träumer mit diesen Bildern wieder an die Natur heranführen. Bäuerliche Tätigkeiten, wie beispielsweise das *Ackern, Säen und Ernten,* haben in der Regel im übertragenen Sinne eine entsprechende Bedeutung für die berufliche Tätigkeit oder eine geistige Beschäftigung. (Siehe *Garten)*

Baum

Der Baum ist ein uraltes archetypisches Symbol des Lebens. Bei fast allen Völkern hat der Baum die Bedeutung des *Lebensbaumes.* Noch heute ist es auf dem Lande üblich, bei der Geburt eines Kindes einen Baum zu pflanzen. Da das Leben des Menschen aus der Mutter hervorgeht, kommt dem Baum auch der Aspekt eines *Muttersymbols* zu. In den Mythen vieler Völker findet sich auch das archetypische Muster der *Baumgeburt.* Als Traumsymbol kann der Baum auf die persönliche Entwicklung und das Wachstum des Träumers hindeuten, er kann aber auch auf die Familiensituation über mehrere Geschlechter hin anspielen, wie es aus dem Begriff des Stammbaumes hervorgeht. Zu beachten sind die Art des Baumes – Laubbaum oder immergrüner Nadelbaum u. a. m. –, die Gestaltung von Wurzeln, Stamm und Krone und die Beziehung der Traumhandlung auf den Baum. Trägt der Baum Früchte, wenn es sich um einen Obstbaum handelt? Sind Äste verdorrt oder gar abgebrochen? Alle diese Merkmale sind bei der Deutung als Informationen über vergleichbare Situationen im Leben des Träumers oder seiner Familie zu verstehen. Im einzelnen ist die Baumsymbolik so vielfältig und weitreichend, daß wir hierzu das Studium der Abhandlung »Der philosophische Baum« in »Von den Wurzeln des Bewußtseins« von C. G. *JUNG* (siehe Literaturhinweis) empfehlen. Ebenso empfehlen wir das Malen von Traumbildern, in denen einem Baum eine besondere Bedeutung zukommt. Das Malen von Bäumen ist nicht nur psychologisch aufschlußreich, sondern auch von besonderer therapeutischer Wirkung. (Siehe *Wald)*

Begräbnis

Nach statistischer Erfahrung stehen Träume von Begräbnissen, vom Sterben und von Toten in ihrer Häufigkeit an erster Stelle. Die Trauminformation bezieht sich hier auf die allgemeine Lebenserfahrung, daß es oft notwendig ist, einen Streit beispielsweise zu »begraben«. Das gilt ebenso für sonstige Konfliktursachen, auch für unerfüllbare Wünsche oder unzweckmäßige Gewohnheiten. Natürlich kann das Begräbnis im Traum auch auf ein schmerzliches Erlebnis hindeuten. Dieses Bild kann auch als Signal verstanden werden, daß die Beziehung zu einer bestimmten Person oder besondere Fähigkeiten und Talente durch das Verhalten des Träumers zum Sterben verurteilt sind. Entscheidend für die Deutung ist stets der Gesamtzusammenhang der Traumhandlung. Für die Psyche ist der Tod ein Wandlungsvorgang. An die Stelle dessen, was im Traum begraben wird oder begraben werden soll, tritt meist etwas Neues. So haben in der Regel diese Traumbilder eine positive Bedeutung. (Siehe *Leiche,* siehe *Tod)*

Bein

Das Bein hat als Traumsymbol die Bedeutung der Lebenseinstellung. Unsere Sprache verwendet im übertragenen Sinne die Begriffe Gehen, Stehen, Fort*schritt* und Rück*schritt* für entsprechende Lebenssituationen. So auch das Traumbewußtsein. Die Psychoanalyse schrieb dem Bein die Bedeutung eines Sexualsymbols zu. *W. STEKEL* begründete es damit, daß das Bein in den Schuh schlüpft wie das männliche Genitale in die Vagina. Ein *Beinbruch* im Traum wurde als Ehebruch angesehen. Derartig einseitige Deutungen gelten inzwischen als überholt. (Siehe *Amputation)*

Berg, Hügel

Tempel, Kirchen und Burgen wurden zu früherer Zeit auf Bergen angelegt. Die Lage auf einem Berg oder Hügel verschafft eine bessere Übersicht und hebt andrerseits das Gebäude als eine Besonderheit aus der Umwelt heraus. Der Weg auf einen Berg im Traum deutet auf die Annäherung an ein wichtiges Problem hin. Die Beschwerlichkeit des Weges versinnbildlicht entsprechende Schwierigkeiten in der Lebenswirklichkeit. Entscheidend ist, was der Träumer auf dem Berg vorfindet und was dort geschieht. Anders dagegen ist die Situation zu deuten, wenn es sich bei der Besteigung eines Berges um eine schroffe, wilde Felslandschaft handelt. Derartige Gipfelbesteigungen sind nicht ungefährlich. Vergleichbare Bilder im Traum können Gefahrensignale sein. (Siehe *Abgrund)*

Besen

Im Volksglauben hat der Besen mit der Hexe zu tun. Auf Bildern mittelalterlicher Maler reiten die Hexen auf einem Besen zur Walpurgisnacht. Bei einem vergleichbaren Traumbild hätte der Besen eine erotische Bedeutung. In der Regel drückt sich das Traumbewußtsein jedoch unverschlüsselt aus. Der Besen ist ein Reinigungsinstrument. Im Traum ist er als Signal zu verstehen, daß eine Situation bereinigt oder ein Problem fortgeräumt werden soll.

Bett

»Wie man sich bettet, so liegt man«, heißt es im Volksmund. Ähnlich ist auch das Bild des Bettes im Traum zu verstehen. Im engeren Sinne, als Ehebett oder Liebeslager, wird es auf eine erotische Situation hindeuten. Der Träumer wird so mit einem sexuellen Problem konfrontiert. Füllt das Bett beispielsweise das ganze Zimmer aus, wäre das ein Hinweis dafür, daß der Träumer der Sexualität eine übergroße Bedeutung beimißt. Das Umgekehrte wäre der Fall, wenn das Bett zu klein oder zu schmal ist. In den Träumen von Eheleuten informiert das Traumbewußtsein durch den Zustand des Bettes über die Situation der ehelichen Beziehungen.

Blau

Die Zuordnung der Farben zu seelischen Zuständen ist uralt. Sie findet sich im volkstümlichen Sprachgebrauch nach wie vor. Denken Sie an die »blaue Blume« der Romantik oder an den Begriff der »blauen Stunde«. Blau ist die Farbe des Himmels und drückt Ferne, Weite und Unendlichkeit aus. Auch das Wasser ist von blauer Farbe. Diese symbolisiert damit auch das Unbewußte oder die weibliche Naturseite.

Ein dunkles Blau im Traum signalisiert Ruhe, Tiefe, Nacht und u. U.

auch Tod. Ebenso kann eine Information bezüglich parapsychologischer Erscheinungen gegeben sein. (Siehe *Farben*)

Blumen, Blüten

Blumen und Blüten haben allgemein eine recht positive Bedeutung. Sie deuten auf Wachstum und Fortschritt hin. Der Vergleich des menschlichen Lebenslaufs mit dem Kreislauf der Vegetation, dem Wachsen, Knospen, Blühen und Verwelken der Blumen ist sprichwörtlich. Alle diese Zustände sind bei der Deutung zu beachten. Ebenso die Farben.

Von einer allgemeinen Blumensymbolik läßt sich nur für bestimmte Pflanzen sprechen, wie beispielsweise für die Rose, die Lilie, das Veilchen, das Schneeglöckchen, die Osterglocke und andere Blumen, die in den Mythen und Märchen wie als religiöse Symbole Bedeutung haben. Die persönliche Beziehung des Träumers zu bestimmten Blumen ist ebenfalls zu berücksichtigen. Allgemein sind Blumen und Blüten als Sinnbilder für den Gefühlsbereich zu verstehen. (Siehe *Rose*)

Blut

Das Blut symbolisiert die Lebenskraft. Für die Antike wie für die mittelalterliche Alchimie war es der Sitz der Seele. Allerdings im Sinne einer Körperseele und des Bereichs der Gefühle, Triebe und Affekte. Die Geistseele hatte anfänglich ihren Sitz in der Leber und später im Kopf. Auch im Volksglauben wird dem Blut eine magische Kraft zugeschrieben. So gesehen symbolisiert das Blut Liebe, Leidenschaft und Feuer. Das Trinken oder der Austausch von Blut im Traum signalisieren die Notwendigkeit einer seelischen Vereinigung, wie sie auch in dem Ritual der »Blutsbrüderschaft«, dem Ritzen der Haut und der Vereinigung von Blutstropfen, versinnbildlicht wird. Ein Blutverlust im Traum kann einen Liebesverlust signalisieren, doch ebenso die Notwendigkeit eines seelischen Opfers anzeigen. Eine Bluttransfusion würde umgekehrt auf eine seelische Bereicherung hinweisen. (Siehe *Arzt*, siehe *Operation*)

Bomben, Explosivgeschosse

(Siehe *Atombombe*, siehe *Explosion*, siehe *Krieg*)

Brand

(Siehe *Feuer, Flamme*)

Braun

Die Farbe *Braun* spielt in der Farbsymbolik der Träume eine wichtige Rolle. Im natürlichen Farbspektrum ist Braun als Farbe nicht enthalten. Sie symbolisiert die Erde und damit den mütterlichen Aspekt der Natur. Das *Braun* drückt Erdhaftigkeit und bäuerliche Naturverbundenheit aus. Es ist die Farbe der Baumstämme und Wurzeln und damit ein Symbol der Lebensvitalität. Das Pelzkleid vieler Tiere hat eine braune Farbe. Damit kommt dem *Braun* auch die Bedeutung einer Schutzfunktion zu. *Braun* ist auch die Farbe der menschlichen Exkremente. Für den zivilisierten Menschen hat der Kot eine minderwertige Bedeutung, doch in der Landwirtschaft gilt er als der beste Dünger. Auch diese positive Bedeutung kommt dem Kot zu. In der mittelalterlichen Alchimie wird in den verschlüsselten Anweisungen an die Adepten betont, daß die größte Kostbarkeit, der *Stein der Weisen* oder das *philosophische Gold,* überall zu finden ist. Und zwar auch im Geringsten und Minderwertigsten. Damit ist der Kot gemeint.

Im *Farbpyramidentest* von PFISTER (Verlag Huber, Bern) wird das *Braun* als eine *neurotische* Farbe erklärt. Neurotiker und Zwangsneurotiker neigen dazu, beim Farbtest das *Braun* zu bevorzugen. Die Ursache ist in einer übertriebenen Reinlichkeitserziehung im frühesten Kindesalter zu suchen. Gerade dann aber wirkt es für den Träumer befreiend, seine Traumbilder, in denen *Braun* vorherrscht, zu malen. Das »Ausmalen« von Bildern des Unbewußten hat nach psychotherapeutischer Erfahrung eine befreiende und heilende Wirkung. (Siehe *Kot, Exkremente*)

Brot

Das Brot gehört in unserem Kulturbereich zu den urtümlichsten Nahrungsmitteln. Doch wegen seiner Bedeutung als Grundnahrungsmittel ist das Brot auch eine göttliche Speise. So im christlichen Sakrament der Kommunion. Im Traum ist das Brot ein Bild der Lebensspeise. Es informiert über seelische Nahrungszufuhr und Stärkung. Es kann stets positiv gedeutet werden. (Siehe *Bäcker, Backofen,* siehe *Mahlzeit*)

Brücke

Die Brücke im Traum hat die Bedeutung der Überbrückung von Gegensätzen, Schwierigkeiten usw. Ebenso informiert das Bild einer Brücke über die Möglichkeit einer Kommunikation oder der Wiederaufnahme von Beziehungen. Sie ist ein recht positives Traumsymbol, das allgemein eine Vereinigung signalisiert. Zu berücksichtigen ist natürlich der Zustand der Brücke, ob sie begehbar oder befahrbar ist, ob das Geländer fehlt oder andere eventuelle Gefahrensignale erkennbar sind. (Siehe *Abgrund*)

Brunnen

Der Brunnen – wie auch die Quelle – ist ein archetypisches Symbol von vielschichtiger Bedeutung. Im Traum bergen Brunnen und Quelle Lebenswasser. In den Mythen und Märchen symbolisieren sie den Urschoß des Lebendigen. Sie haben damit einen weiblichen Aspekt und können im Zusammenhang mit Sexualproblemen auftauchen. Wenn nicht ausgesprochen negative Zusatzsignale das Bild von Brunnen und Quelle im Traum umgeben, ist die Bedeutung stets positiv. Denken Sie an die Begriffe Lebensquell und Jungbrunnen. (Siehe *Wasser*)

Brust

Die Brust ist das urtümliche Symbol des Mütterlichen, der Leben erhaltenden und nährenden Seite des Weiblichen. Eine sexuelle Bedeutung hat die Brust als Traumsymbol fast nie. In den vorchristlichen Religionen wurde die Große Mutter, die Verkörperung der göttlichen Natur, in Bildwerken stets mit vollen Brüsten dargestellt. In Kreta war die Enthüllung der Brüste eine zum religiösen Kult gehörende, heilige Handlung. In der Bildsprache der mittelalterlichen Alchimie stellte die Brust ein Symbol für die Zufuhr von geistiger Nahrung und von Erkenntnis dar.

Als Traumsymbol kann die Brust – bei männlichen Personen – außer den obigen archetypischen Bedeutungen auch schlicht eine zu starke Mutterbindung signalisieren. FREUD hat in seinen »Drei Abhandlungen zur Sexualtheorie« den Begriff der *Oralsexualität* geprägt. Er zeigte, daß die Versagung der Mutterbrust in der ersten Lebensphase des Kleinkindes als Ursache vieler Neurosen im späteren Erwachsenenalter anzusehen ist. Die klinische Erfahrung hat diese Vermutung bestätigt. Ein Irrtum von *FREUD* war es aber, dem Säugling sexuelle Gefühle der Mutter gegenüber zuzusprechen. Die Neurosen hervorrufende Ursache ist eine andere. Im Gegensatz zum Tier bedarf der Mensch einer längeren Zeit der Ausreifung. Er wird gewissermaßen zu früh geboren. Im ersten Lebensjahr besteht zwischen Säugling und Mutter noch eine *Dualunion,* so wie zuvor im Uterus. Der Säugling bildet mit der Mutter noch eine psychische Einheit. Wird diese Einheit zu früh zerstört, wirkt sich dies auf die spätere Entwicklung aus. Kinder, die in Säuglingsheimen aufwachsen, lernen sehr viel später erst laufen und sprechen, eine psychische Störungserscheinung, die als *Hospitalismus* bezeichnet wird. (Siehe *Mutter*)

Büffel

(Siehe *Stier*)

Burg

(Siehe *Schloß, Burg*)

Chaos

Chaotische Bilder im Traum sind wörtlich zu deuten. Das archetypische Muster des Chaos ist der Zustand *vor* dem Schöpfungsbeginn. Das können im Traum nach C. G. *JUNG* auch einfache geometrische Figuren sein, die eine gewisse Armut an Gestaltungskraft erkennen lassen. Die psychische Individualität des Träumers ist in diesem Fall noch zu stark durch ein allgemeines unbewußtes Begehren gehemmt. Normalerweise sollten auf ein anfängliches Chaos im Traum Ordnungssymbole erscheinen. (Siehe *Mandala*)

Christus

Träume mit einer religiösen Symbolik sind weitaus häufiger, als allgemein bekannt ist. Sie sind als eine Kompensationserscheinung der Psyche gegen die wachsende Glaubenslosigkeit in unserer Zeit anzusehen. Der allgemeine Trend, einen Ersatz für die christlichen Religionen durch Hinwendung zu fernöstlichen Glaubenslehren und Meditationspraktiken zu finden – wie auch das steigende Interesse an Astrologie, PSI-Forschung und mystischer Literatur –, wirkt sich selbstverständlicherweise auch auf die Trauminformation aus. Wenn das Bild von Christus im Traum erscheint, so ist das ein ernstes und wichtiges Signal. Natürlich sind bei der Deutung die Konfession wie die persönliche Einstellung des Träumers zu berücksichtigen. Doch sind Träume, die sich mit Christus und der christlichen Lehre befassen, in der Regel als Signal für einen seelischen Gleichgewichtsverlust zu verstehen. Die Psyche des Menschen kann sich nicht ohne Schaden mit der – ja unbewiesenen und philosophisch spekulativen – Ansicht abfinden, das Leben sei nur ein sinnloser Zufall. Derartige Träume tauchen meist erst in der zweiten Lebenshälfte auf. Sie sind ein Hinweis, daß sich der Träumer mit dem *Sinn* des Lebens auseinandersetzen muß. Ohne hier näher auf die religiöse Symbolik einzugehen, sei nur als Hinweis für das Verständnis der Traumbedeutung gesagt: Die menschliche Seele bedarf eines Glaubens als Ausgleich für alles Nicht- oder Unerklärbare, um störungsfrei ihre Funktionen zu erfüllen. Sonst wird der Mensch seelisch krank. (Siehe *Alter Mann, Alter Weiser*)

Dach

Viele Träume spielen sich im Bereich eines Hauses ab. Das Haus ist das »Seelengehäuse«, der Bereich der persönlichen Psyche oder des persönlich Unbewußten. Das Dach versinnbildlicht dabei die Region über der Gehirntätigkeit des Wachbewußtseins. Träume, in denen das Dach oder der Dachboden eine besondere Rolle spielen, sind sorgfältig zu beachten. Sie informieren oft über längst vergessene Situationen und Angelegenheiten, die wir gewissermaßen auf dem Dachspeicher abgestellt haben. Doch bricht auf dem Dach ein Feuer aus, so signalisiert das Traumbewußtsein *Rotlicht*. Es besteht die Gefahr schwerwiegender geistiger Störungen. (Siehe *Haus*)

Dämmerung

(Siehe *Abend,* siehe *Nacht*)

Daumen

Im Gegensatz zur Pfote oder Tatze des Tieres besitzt der Mensch als fünftes Glied den Daumen. Er ist es, der der Hand des Menschen ihre Beweglichkeit und Geschicklichkeit verleiht. Daher ist der Daumen kein Symbol sexueller Triebhaftigkeit, wie *FREUD* irrtümlich glaubte, sondern ein symbolischer Ausdruck für Kreativität. In den Mustern der Märchen sind die Däumlinge die ursprünglichen Erd- und Naturkräfte. Die gleiche Bedeutung haben die *Kabiren* in *GOETHES* »Faust II«. Diese sind daumengroße, den Zwergen vergleichbare Erdgeister. (Siehe *Zwerg*)

Diamant

Der Diamant ist ein besonders positives Traumsymbol. Als der wertvollste Edelstein, den er in der Realität darstellt, versinnbildlicht er auch im Traum eine höchste Kostbarkeit. Er ist ein Symbol der seelischen Ganzheit, die das Unbewußte und das Wachbewußtsein umfaßt. Entsprechend sind alle Vorkommnisse im Traum zu deuten. (Siehe *Gold*)

Diebstahl

Ein Diebstahl im Traum oder die Figuren von Einbrechern sind wörtlich zu verstehen. Sie signalisieren einen Verlust. Das können persönliche Eigenschaften, Fähigkeiten, Gefühlsbereiche sein, ebenso irgendwelche persönliche Umweltbeziehungen. (Siehe *Abstürzen*)

Direktor

Ein Direktor, ein Staatsoberhaupt sowie jede übergeordnete oder hochgestellte Persönlichkeit ist – im Traum – als eine dirigierende, leitende Funktion der Psyche des Träumers zu verstehen. Im Sinne von *FREUD* hätte eine solche Figur die Funktion des »Über-Ich«. Modern ausgedrückt: die seelisch unbewußte Zentralinstanz für die Steuerung und Regelung seelischer Prozesse. (Siehe *König*)

Dirne

Dirnen, Callgirls, Liebesdienerinnen, kurzum Frauen, die sich prostituieren und die Liebe zu einem Konsumartikel machen, informieren als Traumpersonen über entsprechende Seiten in der Psyche des Träumers oder über seine Einstellung zur Problematik von Liebe und Sexualität.

Die urtümliche Tempelprostitution war eine kultisch-rituelle Handlung von – bewußt oder unbewußt – vermutlich bevölkerungspolitisch wichtiger Bedeutung. Die Prostitution gegen Geld kam erst zur Zeit der griechischen Antike auf, als eine Folgeerscheinung des Überganges von der Matriarchats- zur Patriarchatsgesellschaft. In der patriarchalischen Gesellschaft mit ihren festen Ordnungsstrukturen und strengen Moralgesetzen erfüllte die Prostitution eine gewisse soziale Funktion. Sie erleichterte es dem Mann, bei der Wahl des Ehepartners die seelische Beziehung und sozial erwünschte Eigenschaften in den Vordergrund zu stellen.

Die gegenwärtige Aufwertung der Prostitution unter ideologischen Gesichtspunkten – und weil das materielle Leistungsstreben der sogenannten Liebesdienerinnen dem Zeitdenken entspricht – ist psychologisch gesehen nicht unbedenklich. Übersehen wird, daß es sich bei den Prostituierten um *anomale* Persönlichkeiten handelt, deren Gefühlsfähigkeit unentwickelt und defekt ist. Als Traumfigur signalisiert die Prostituierte seelische Gefühlsverarmung und Gefühlskälte. Besonders häufig sind Dirnenträume bei muttergebundenen Söhnen, den *ewigen Junggesellen.* (Siehe *Frau, unbekannte*)

Drache

Der *Drache* ist ein archetypisches Symbol. Der aus Mythen und Märchen bekannte »Kampf mit dem Drachen«, um eine Jungfrau zu befreien, enthält das Informationsmuster einer notwendigen Beherrschung der animalischen Triebnatur des Mannes. Als Traumsymbol kann sich der Drache gegenwärtig auch in der Gestalt von Baggern, Raupenfahrzeugen und Panzern zeigen.

Der Archetyp, der sich hinter dem Bild des Drachens verbirgt, ist das symbolische Muster der *schrecklichen Mutter,* die entweder ihr Kind ablehnt oder es mit der sprichwörtlichen »Affenliebe« verwöhnt und den erwachsenen Sohn nicht an eine andere Frau verlieren will. Allgemein symbolisiert der Drache die bedrohliche und verschlingende Seite des Weiblichen für den Mann. Der Drachenkampf aber bedeutet stets einen Kampf, den der Träumer mit sich selbst auszufechten hat. (Siehe *Mutter*)

Drei, Dreieck, Dreizack

Seit alters her gilt die *Drei* als eine magische Zahl. Wer abergläubisch ist, klopft dreimal auf Holz oder wiederholt ein bannendes Wort dreimal. Die Drei hat wie alle ungeraden Zahlen ein männliches Vorzeichen. Sie ist ein Symbol des Geistes und schöpferischer Dynamik. In der späten altägyptischen Religion inkarnierte sich Gott in dreifacher Gestalt, als göttliche Sonne, regierender Pharao und sein Sohn. Das Christentum kennt die Heilige Dreifaltigkeit als Gott Vater, Sohn und Heiliger Geist. In Indien sind Brahma, Vishnu und Shiva eine göttliche Dreiheit. Neptun, der Gott des Meeres, trägt einen Dreizack, den im Mittelalter der Teufel übernimmt. In den Märchen sind drei Rätselfragen zu lösen, drei Nornen spinnen den Lebensfaden.

Häufig taucht in den Träumen der Zahlenwert *Dreieinhalb* oder *Drei bis Vier* auf. Diese Unentschiedenheit zwischen 3 und 4 informiert über eine Unklarheit der Einstellung oder der Bewertung zwischen männlich und weiblich. Ebenso kann eine Unentschiedenheit zwischen seelischen und materiellen Werten gemeint sein. (Siehe *Zahlen*)

Edelstein

(Siehe *Diamant,* siehe *Smaragd*)

Ei

In den meisten mythologischen Erzählungen beginnt die Entstehung der Welt aus einem Weltei. Das Ei ist auch ein Wiedergeburtssymbol. Diese Bedeutung haben die Ostereier, die zu Ostern verschenkt werden. Als Traumsymbol hat das Ei stets eine positive Bedeutung. (Siehe *Chaos*)

Einbruch

Geschieht im Traum ein *Einbruch* oder tauchen *Einbrecher* auf, so informiert das Traumbewußtsein über einen drohenden oder bereits stattgefundenen Verlust. Es kann sich auch um einen Einbruch unbewußter Inhalte in die Vorstellungswelt des Träumers handeln, Inhalte, die im bewußten

Tagesleben übersehen oder verdrängt worden sind. Etwas anderes wäre ein Einbruch in den Boden oder auf einer *Eisdecke*. Ein derartiges Bild wäre ein *Gefahrensignal*, da es über den Verlust des Bodens der Wirklichkeit informiert. Ein Einbruch im Eis ist mit einem Einbruch in das Unbewußte gleichzusetzen. Damit zeigt das Traumbewußtsein *Rotlicht* an. (Siehe *Diebstahl*, siehe *Eis*)

Eins

(Siehe *A, Aleph, Alpha*)

Eis

Eine *Eisdecke* über einem Fluß oder See wie auch eine Vereisung der Straße innerhalb der Traumlandschaft sind ausgesprochene *Gefahrensignale*. Sie informieren über das Einfrieren von Beziehungen, über seelische Kälte und die Gefahr der Vereinsamung. Ein Einbruch im Eis oder das Bild des auf einer Eisscholle im Fluß oder Meer treibenden Träumers ist bereits ein *Rotlichtsignal*. (Siehe *Einbruch*, siehe *Gletscher*, siehe *Meer*)

Elektrizitätswerk

Ein Elektrizitätswerk, eine Transformatorenstation, ein Kernkraftwerk sind moderne Energiesymbole, wenn sie im Traum erscheinen. Je nach dem Traumzusammenhang können sie auf einen Zufluß von Energie hindeuten und eine positive Bedeutung haben. Nach allgemeiner Erfahrung sind diese Bilder – vor allem das Kernkraftwerk – als *Gefahrensignale* zu verstehen. Unkontrollierbare elektrische Ströme oder elektrische Aufladungen in einem Raum signalisieren *Rotlicht*. Ernsthafte psychische Störungen sind zu vermuten. (Siehe *Atombombe*)

Elf

Im Zehnersystem, mit dem wir zu rechnen gewohnt sind, ist die Elf die erste zweistellige Zahl. Sie leitet eine neue Zehnerreihe ein. In der

Zahlensymbolik des Traums informiert sie über einen Neuanfang oder über Neugeschehen. Die Elf ist die Zahl der treuen Jünger Christi ohne Judas. Für die moderne Zahlenmystik, die sich auf die Kabbala stützt, ist die Elf die Verbindung der Eins (= Gott) und der Zehn (= Welt). Daher wird sie als Zahl der Offenbarung und der Erkenntnis angesehen.

Die Elf ist aber auch die Zahl der ersten christlichen Märtyrer. Als eine Primzahl ist sie nicht weiter auflösbar und zeigt damit etwas In-sich-Abgeschlossenes an. J. *JACOBI* (siehe Literaturverzeichnis) schreibt ihr die Symbolbedeutung eines unauflösbaren Konflikts zu. (Siehe *Zahlen*)

Engel

Engel (von griech. *angelos* = Bote) sind Gottesboten, und zwar in der jüdischen, christlichen und mohammedanischen Religion. Als Symbolfigur im Traum hat der Engel die positive Bedeutung eines Seelenführers. (Siehe *Alter Mann, Alter Weiser,* siehe *Direktor,* siehe *Luzifer*)

Enthauptung

So gefährlich das Bild einer Enthauptung erscheint, im Traum hat es eine harmlosere Bedeutung. Mit dem Bild, daß der Träumer einer Enthauptung beiwohnen oder gar selbst seinen Kopf verlieren soll, signalisiert das Traumbewußtsein meist nur, daß eine Bewußtseinsverkrampfung stattgefunden hat, die beseitigt werden muß. Wenn dieser Bewußtseinskomplex abgeschlagen ist, erhält die entsprechende Traumperson in der Regel einen neuen Kopf aufgesetzt. (Siehe *Amputation*)

Erdbeere

Als Frucht im Traum deutet die Erdbeere auf Ehe und Mutterschaft hin. Ihrer Ähnlichkeit mit der weiblichen Brustwarze halber benutzt das Traumbewußtsein erfahrungsgemäß die Erdbeere als ein positives Sexualsymbol. (Siehe *Brust*)

Eros

Eros, der griechische Gott der Liebe, taucht in den Träumen häufig in der Gestalt eines schönen Jünglings oder auch eines vergnügten Kindes auf. Seine Attribute sind *Pfeil* und *Bogen* oder ein Stab mit *aufgespießten Herzen*. Seine Bedeutung als Traumfigur ist äußerst günstig. Er ist auch für das Traumbewußtsein ein Symbol der Liebe. (Siehe *Sexualität)*

Esel

In der griechisch-römischen Mythologie war der Esel ein Begleiter des Dionysos, des Gottes der unsterblichen Lebenskraft hinter der ewigen Natur, und auch des Sonnengottes. In der indischen Mythologie ist er dem sagenhaften Einhorn verwandt. Der Trunk aus seinem Horn verleiht Vitalität und Jugendlichkeit. Von dorther ist vermutlich die Sexualbedeutung zu erklären, die der Esel im Volksmund hat. Die sprichwörtliche Dummheit, die dem Esel später angedichtet wurde, hat er in der Bildsprache des Traumes nicht. (Siehe *Tier,* siehe *Traube, Weintraube)*

Eva

Das Bild der Eva mit dem Apfel gilt allgemein als ein Sinnbild der Verführung. Doch Eva reichte Adam ja die Frucht vom Baum der Erkenntnis, das heißt, sie verhalf ihm zur Bewußtheit. Als Traumfigur deutet das Bild der Eva auf den Aspekt der Gefühlsfähigkeit und Mütterlichkeit der Frau hin. (Siehe *Adam,* siehe *Luzifer)*

Exkremente

(Siehe *Kot, Exkremente)*

Explosion

Mit einer Explosion im Traum zeigt das Traumbewußtsein *Rotlicht* an. Die Explosion ist stets ein ernstes Gefahrensignal, besonders wenn Maschinen oder merkwürdige Stahlkonstruktionen plötzlich explodieren. In der Regel sind diese Traumbilder von Geräuschempfindungen begleitet: ein plötzlicher *Knall,* ein donnerartiges *Krachen* u. a. m. Das Bild der Explosion kann einen seelischen Zusammenbruch andeuten. Es kann aber auch die Gefahr bestehen, daß eine Psychose (= Geisteskrankheit) ausbricht.

Ertönen lediglich laute Geräusche, wie ein *Donner,* ohne daß eine sichtbare Explosion stattfindet, dann kann dies die Vorbedeutung eines *»Gewitters«* haben. Ein plötzlicher Streit ist im Anzug, ein Familienstreit, ein »Donnerwetter« des Vorgesetzten im Beruf oder eine sonstige Streitsituation. Bekanntlich hat das Gewitter in der Natur eine reinigende Wirkung. So kann dem *Donner* unter Umständen auch die positive Bedeutung eines plötzlich bereinigten Konflikts zukommen. Trotzdem ist für alle diese Bedeutungen die angezeigte Gefahrensituation zu beachten. (Siehe *Atombombe*)

Fackel

In alten Zeiten wurde das für die Entwicklung der menschlichen Kultur so wichtige Feuer durch Fackeln weitergereicht. Auch der eheliche Herd wurde nach der Hochzeit durch eine Fackel entzündet. So ist die Fackel ein archetypisches Symbol der Ehe. Die Fackel, die das Feuer zum Ort der Olympischen Spiele trägt, kann als ein Symbol psychischer Energie verstanden werden. (Siehe *Feuer, Flamme*)

Fahrrad

Als Fortbewegungsmittel wurde das Fahrrad vom Auto verdrangt. Wird es im Traum benutzt, so symbolisiert es Individualität und betonte Selbständigkeit, den Versuch, im Leben eigene Wege zu gehen. (Siehe *Auto,* siehe *Reise*)

Farben

Wie die moderne Kommunikationstechnik sich der Farben als Signalzeichen bedient, so verwendet auch das Traumbewußtsein Farben für seine Informationen. Die immer noch in der einschlägigen Fachliteratur zu findende Behauptung, die Mehrzahl der Träume würden nicht farbig, sondern schwarzweiß geträumt, ist irreführend. Mag sein, daß vor der Erfindung der Farbfotografie und des Farbfernsehens viele Träumer bei der Erinnerung an einen Traum im Wachbewußtsein glaubten, sie hätten gewissermaßen einen Schwarzweißfilm gesehen. Für unsere Zeit trifft diese Annahme jedenfalls nicht zu. Die Traumerinnerung ist stets ein psychischer Vorgang. Hebt der Träumer besonders hervor, daß er farbig geträumt hat, dann ist dies lediglich ein Zeichen dafür, daß er sich an bestimmte Farben besonders erinnert. Das bedeutet, daß das Traumbewußtsein neben anderen Symbolen Farbsymbole für die Information benutzt hat.

Die Bedeutung der Farben im einzelnen ist folgende:

Weiß enthält alle Spektralfarben ohne Unterscheidung. In unserem Kulturbereich gilt Weiß als Farbe der Reinheit und Unschuld. Im Fernen Osten dagegen ist Weiß die Farbe der Trauer und des Todes. Eine ähnliche Bedeutung kann es auch im Traum haben. Es kann ein Informationshinweis für *Nicht-Bewußtsein* sein, wie es vor oder nach Ende der Bewußtseinstätigkeit der Psyche gegeben ist.

Grün ist die Farbe der pflanzlichen Vegetation. Im Frühjahr, wenn Wiesen und Felder im frischen Grün leuchten, beginnt für die Natur neues Leben. Eine entsprechende positive Bedeutung hat das Grün im Traum. Es entsteht durch die Mischung von Blau und Gelb. Damit erhält es auch die Funktion eines Vermittlers zwischen zwei Gegensätzen. Vergessen Sie aber bei der Deutung nicht, daß das Grün in der Natur ein *Werden* anzeigt und noch keine Reife. Denken Sie an den sprichwörtlich *»grünen Jungen«*. Auch diese Bedeutung kann das Grün haben.

Das *Gelb* ähnelt der Farbe des Goldes. Es symbolisiert Reife und Ernte. Gelb ist eine Farbe dynamischer Aktivität, jedoch im Sinne einer geistig-intuitiven Betätigung.

Violett entsteht durch die Mischung von Rot und Blau zu etwa gleichen Teilen. Das ist – symbolisch verstanden – eine Mischung von triebhafter Lebensaktivität und reiner Geistigkeit. In der katholischen Kirche ist Violett die Farbe der Passion Christi und der Märtyrer, die Farbe des Leidens. In der Farbsymbolik des Traumbewußtseins informiert Violett über Konfliktsituationen, die sich aus dem Gegensatz Natur und Geist oder Sinnlichkeit und Vernunft ergeben. (Siehe *Blau,* siehe *Braun,* siehe *Rot,* siehe *Schwarz*)

Feige

In der jüdischen Heiligen Schrift der Frühzeit war nicht der Apfel, sondern die *Feige* die *verbotene Frucht*. In der griechischen Dionysos-Religion, die vor der Staatsreligion des Zeuskult entstand und bis in das erste christliche Jahrhundert hinein die eigentliche Volksreligion war, spielte die Feige ebenfalls eine kultische Rolle. Der Phallus, den die Frauen bei den Dionysosfesten in einem Korb trugen, war aus Feigenholz geschnitzt. Doch was sich dahinter verbirgt, hat nichts mit Sexualität in unserem Sinne zu tun. Dionysos symbolisierte die schöpferische männliche Kraft, die in der Natur das Weibliche erweckt und belebt. Der Gott symbolisiert – vereinfacht gesagt – die Kraft des Lebendigen. In allen südlichen Ländern ist der *Feigenbaum* der Paradiesesbaum und ein Lebensbaum. In diesem erweiterten Sinne kommt der Feige auch eine Sexualbedeutung mit weiblichen Vorzeichen zu. (Siehe *Apfel,* siehe *Baum,* siehe *Pflaume*)

Fessel

Eine Fessel im Traum ist das Sinnbild einer Bindung. Ihre Bedeutung im einzelnen ergibt sich aus dem Zusammenhang. Die Fessel kann im positiven wie im negativen Sinne ein Hinweis auf die Ehe oder andere Gebundenheiten sein. Eine Fußfessel war zur Zeit der Antike das Zeichen der Sklaven. Erscheint das bekannte modische goldene Kettchen um das Fußgelenk im Traum, ist es als Information über eine masochistische Veranlagung zu deuten. (Siehe *Kette,* siehe *Kreis*)

Feuer, Flamme

Das Feuer wie die Flamme sind archetypische und mehrdeutige Traumsymbole. Mit der Beherrschung des Feuers beginnt die menschliche Kultur. Das Feuer ist von höchstem Nutzen. Andererseits birgt es in sich eine zerstörende Gewalt. Allgemein gesehen ist das Feuer ein Symbol psychischer Energie. Es kann auch als Symbol für eine seelische Reinigung auftauchen und ebenso als ein Erneuerungs- und Wiedergeburtssymbol. Diese Bedeutung hat das Feuer in vielen nichtchristlichen Religionen. Die Wiedergeburt ist auch der Sinn der Feuerbestattung. Denn das Feuer wie die Flamme symbolisieren ebenso die Kraft des Geistes und einer geistigen Welt. Die

Reinigungssymbolik übernahm die christliche Religion beispielsweise in der Vorstellung des Fegefeuers wie der Strafe des Feuertodes auf dem Scheiterhaufen. Die positive lebenserhaltende Bedeutung des Feuers finden wir schlicht auch in der Gleichsetzung des Lebens mit dem Bild der Lebensflamme.

Ein zerstörender Brand dagegen signalisiert stets eine Gefahr. Das kann eine *verzehrende* Leidenschaft sein und der Traum will auf eine sexuelle Hörigkeit hinweisen. Ebenso kann der Ausbruch eines Brandes starke und fanatische Ideen anzeigen. (Siehe *Fackel*)

Fisch

In Altägypten und Kleinasien galt der Fisch als Symbol der Seele. Im Buddhismus ist der Fisch ein Sinnbild geistiger Macht. In der analytischen Psychologie von C. G. *JUNG* gilt der Fisch als Symbol des *Selbst*. Mit diesem Begriff umfaßt *Jung* die psychische Gesamtpersönlichkeit des Menschen, die das Unbewußte einschließt.

Sofern es der Gesamtzusammenhang der Trauminformation ergibt, kann der Fisch auch sexuelle Bedeutung haben. Da der Fisch im Wasser lebt – dem Sinnbild des Unbewußten –, wird es sich um unbewußte Inhalte handeln. Die *Nixe,* ein weibliches Fabelwesen mit einem Fischschwanz, veranschaulicht die Fischnatur, die kalte, gefühlsunbezogene Seite der Sexualität. Haifische, die bedrohlich im Wasser umherschwimmen, zeigen die Gefahr besitzergreifender unbewußter Komplexe. (Siehe *Nymphe,* siehe *Wasser*)

Fliegen, Flugzeug

Flugträume sind überaus häufig. Das Flugzeug ist das schnellste Verkehrsmittel unserer Zeit, doch sind Flugreisen nicht ungefährlich. Auch das Traumbewußtsein signalisiert mit dem Reisen im Flugzeug häufig Gefahr. Das Flugzeug kann aber unter Umständen als Übermittler weitreichender Gedanken und Ideen auftauchen oder allgemein auf einen Freiheitsdrang hinweisen.

Das *Fliegen* im Traum ohne ein Flugzeug oder sonstiges Fluggerät – also das Dahinschweben des Träumers über einer Landschaft – ist eine Information darüber, daß sich der Träumer mit seinen Gedanken und Vorstellungen im wachen Alltagsleben über die Lebensrealität hinaushebt. Er macht es sich zu leicht, wenn er über gewisse Probleme oder Konflikte einfach hinwegfliegt. Dieses Traumbild ist eine Warnung. Der Träumer sollte auf dem Boden der Tatsachen stehen.

S. *FREUD* erklärt in seinem Buch »Die Traumdeutung« (Wien 1900) Flugträume als sexuelle Wunschvorstellungen. Richtig ist ohne Zweifel der Zusammenhang zwischen einem Fliegen ohne Fluggerät und einem unerfüllbaren Wunsch. Flugzeuge gab es im Jahre 1900 noch nicht. Auch gehört das Gefühl des Fliegens und Schwebens zum Rauscherleben, wozu auch der Liebesrausch zählt. Die erotische Nebenbedeutung des rauschhaften Fliegens ist uralt und findet sich in fast allen mythologischen Vorstellungen. Die *FREUD*sche Erklärung kann durchaus zutreffen. Nur ist sie zu einseitig. Zu unserer Zeit ist das Fliegen durch den technischen Fortschritt eine alltägliche Wirklichkeit geworden. So symbolisiert nach unserer Erfahrung das Fliegen im Traum weit mehr eine gedankliche Übersteigerung der Möglichkeiten des Träumers. (Siehe *Adler*)

Fluß

Die Umgangssprache kennt das Wortbild vom »Strom des Lebens«. Eine vergleichbare Informationsbedeutung haben auch Flüsse und Ströme im Traum. Allgemein symbolisieren sie den Strom psychischer Energie. Die Fahrt auf ihnen – in einem Boot oder Schiff – ist als Vergleich mit der Fahrt der Lebensreise zu verstehen. Andrerseits ist das Wasser auch ein Symbol des Unbewußten. Ausufernde Flüsse oder reißende Ströme wie Bäche, die sich dem Träumer als Hindernisse entgegenstellen, bedeuten Hindernisse durch Vorstellungen oder Verhaltensweisen, die unbewußt motiviert sind. Zu beachten ist bei derartigen Traumbildern die Gestaltung des Ufers. Ist es unzugänglich, ist ein tief im Unbewußten verankerter Komplex zu vermuten. Ist das Ufer kultiviert, durch Stein- oder Betonmauern eingefaßt, so wäre dies ein Hinweis auf eine Einengung des Träumers durch die Nebenerscheinungen der modernen Zivilisation. Wichtig ist, ob im Traum eine *Brücke* erscheint, die das Hindernis – Fluß, Strom oder reißender Bach – überbrückt. Dann ist auch eine Überbrückung der Schwierigkeiten im Leben angezeigt. (Siehe *Brücke,* siehe *Wasser*)

Frau, unbekannte

Die Person einer unbekannten Frau im Traum, in welcher Gestalt auch immer sie erscheint, ist ein Symbol der unbewußten weiblichen Seite in der Seele des Träumers. C. G. *JUNG* hat für diese psychische Funktion den Begriff des *Schattens* geprägt, sofern die unbekannte Frau im Traum einer Frau oder eines Mädchens auftaucht. Die Traumhandlungen der unbekannten Frau sind als Hinweise für unbewußte Eigenschaften oder Verhaltensweisen der Träumerin zu deuten.

Im Traum von Männern symbolisiert die unbekannte Frau die in jedem Mann vorhandene weibliche Komponente. Diese weibliche Persönlichkeitsseite in der Psyche des Mannes bezeichnet *JUNG* als *Anima*. Die Figur der Anima im Traum verkörpert gewissermaßen die weiblichen Seeleneigenschaften eines Mannes, seine Gefühle, Stimmungen, Ahnungen wie auch den Charakter seiner Liebesbeziehungen mit einer Frau in der Lebenswirklichkeit. In seiner Entwicklung und Festlegung wird dieses »innere Seelenbild« von den Frauen im Mann naturgemäß durch das Verhalten der Mutter geprägt. Es handelt sich dabei um ein *unbewußtes* Bild oder auch Verhaltensmuster, das sich von den Vorstellungen des Wachbewußtseins erheblich unterscheidet. Im Traum wird dieses unbewußte Bild der *Anima* in den verschiedenartigsten Gestalten sichtbar. Die Möglichkeiten reichen von der Heiligen bis zur Dirne und von der Märchenprinzessin bis zum emanzipierten Blaustrumpf. Ihre Traumhandlungen informieren über die Vorstellungen, die der Träumer in der Realität des Lebens auf seine Partnerin überträgt. Erfahrungsgemäß entstehen die meisten Partnerschaftskonflikte dadurch, daß die Frau in der Realität nur selten mit dem auf sie projizierten Animabild übereinstimmt. (Siehe *Mutter,* siehe *Mutterkomplex*)

Frosch

Männer träumen selten von Fröschen, eher von Kröten. In den Träumen von Frauen und Mädchen dagegen taucht der Frosch öfter als Symboltier auf. Seine Bedeutung ist ähnlich der Bedeutung in dem bekannten Märchen der Gebrüder *GRIMM* vom *Froschkönig.* In diesem Märchen verwandelt sich der Frosch in einen strahlenden Prinzen. Aber erst, nachdem die verwöhnte Prinzessin dem Frosch, auf Befehl ihres Vaters – des Königs –, Nahrung gegeben und ihn in ihrem Bett gewärmt hat.

In der Natur ist der Frosch ein Tier, das teils auf dem Lande und teils im

Wasser lebt. Entwicklungsgeschichtlich ist damit eine Übergangsstufe des tierischen Lebens angezeigt. So erhält der Frosch im Traum die Bedeutung eines *Wandlungssymbols*. Seine Wasserseite deutet auf die kalte, noch unpersönliche Urnatur hin, seine Landseite auf eine höhere Stufe der Entwicklung. Das Gleichnis im Märchen sagt, daß diese unpersönliche Naturseite, die auch zur Sexualität in ihrer Triebhaftigkeit gehört, nur durch seelische Nahrung und durch die Einbettung in das menschliche Gefühl in den Bereich einer tragbaren menschlichen Beziehung gehoben werden kann.

Die Beziehung des modernen Menschen zur *Natürlichkeit* der Natur ist bereits soweit gestört, daß Frauen häufig gegen Frösche, auch gegen Schlangen und ähnliche kaltblütige Tiere einen unüberwindbaren Widerwillen empfinden. Dies kann sich bis zu einer *Phobie* – das ist eine zwanghafte Angst – steigern. Als Traumsymbol hat der Frosch jedoch eine positive Bedeutung, sofern sein Wandlungscharakter verstanden wird. Das Gleichnis des Märchens gilt auch heute noch. Die Flucht der Prinzessin vor dem Frosch ist keine Lösung des Problems. Der König, ein Symbol der Autorität und der seelischen Ordnung, zwingt die Prinzessin, den Frosch anzunehmen. Für das Traumbewußtsein stellt das die Aufforderung dar, sich der kalten und gefühlsunbezogenen Natur- oder Triebseite der männlichen Sexualität bewußt zu werden. Nur durch Bewußtheit und Annahme der von der Natur gesetzten Gegebenheit kann die Sexualität zu einer Bereicherung der persönlichen und seelischen Beziehung zwischen Mann und Frau werden. Die Sexualität zu kultivieren ist Aufgabe der Frau. (Siehe *Kröte*, siehe *Schlange*)

Fünf

In der Zahlensymbolik esoterischer Lehren bedeuten die *Funf*, das *Fünfeck*, der *fünfzackige Stern* und das *Pentagramm* die Zahl des natürlichen Menschen. Sie ergibt sich aus dem Bild eines Menschen mit ausgestreckten Armen und gespreizten Beinen, die zusammen mit dem Kopf ein Fünfeck bilden. Das Pentagramm, ein regelmäßiges Fünfeck, läßt sich mit Hilfe des aus der Geometrie bekannten *Goldenen Schnittes* konstruieren. Nach alchimistischer Erklärung erhält die Fünf ihre Symbolbedeutung von den fünf Sinnen des Menschen. Ein umgekehrtes Pentagramm, also ein regelmäßiges Fünfeck, das mit der Spitze nach unten zeigt, hat nach der Geheimlehre der jüdischen *Kabbala* die Symbolbedeutung des *gefallenen Engels*. (Siehe *Engel*, siehe *Luzifer*, siehe *Zahlen*)

Fuß

(Siehe *Bein*)

Garten

Ein Garten als Traumort hat in der Regel eine positive Bedeutung. Er gehörte in früherer Zeit zu jedem Haus, wurde meist von den Eheleuten gemeinsam kultiviert und lieferte einen Großteil der täglichen Nahrung. Ebenso wurden Blumen im Garten gepflanzt, zur Freude und um das Haus zu schmücken. So ist auch der Garten als Symbol ein Sinnbild der ehelichen Beziehungen. Er zeigt Wachstum, Fruchtbarkeit und Lebensfreude an.

Die gleiche positive Informationsbedeutung hat auch der *Gärtner,* der den Garten hegt und pflegt. (Siehe *Baum,* siehe *Blumen, Blüten,* siehe *Farben*)

Geburt

Mit dem Bild einer Geburt zeigt der Traum die Entstehung von etwas Neuem an. Diese Trauminformation bezieht sich jedoch nur in den seltensten Fällen auf eine reale Geburt. In der Regel deutet ein solches Bild im Traum auf neue Möglichkeiten. Welcher Art diese sind, läßt sich nur aus den zusätzlichen Symbolen und Traumbildern erschließen. (Siehe *Kind,* siehe *Tod*)

Gefängnis

Mit dem Bild des Gefängnisses als Traumort informiert das Traumbewußtsein über geistige, seelische oder sonstige Einschränkungen oder Behinderungen. Oft signalisiert der Traum mit dem Gefängnis oder der Situation des Gefangenseins, daß der Träumer in Bewußtseinsvorstellungen gefangen ist, die mit der Lebenswirklichkeit nicht übereinstimmen. (Siehe *Fessel*)

Geier

Mit dem Bild eines Geiers signalisiert das Traumbewußtsein Gefahr. In der altägyptischen Mythologie ist der Geier ein Tier der Todesgöttin. Die mittelalterliche Alchimie schreibt ihm eine andere Bedeutung zu. Hier gilt er als ein Symbol der unbefleckten Empfängnis, weil das Geierweibchen der Legende nach vom Ostwind befruchtet wird (vgl. K. *LIPPFERT*, Symbolfibel, 1956). Diese mythologische Symbolbedeutung des Geiers als eines sich selbst befruchtenden Tieres, einer gewissermaßen *phallischen Mutter*, nutzte S. *FREUD*, um dem genialen *Leonardo da Vinci* eine latente Homosexualität zu unterstellen. *FREUD*s Schlußfolgerung gründet sich auf das berühmte Gemälde von der »*Heiligen Anna selbdritt*«. In diesem Bild fand *FREUD*, sozusagen als ein Vexierrätsel, einen Geier zwischen den Personen, an denen das Kind saugt. Diese gesucht sexuelle Deutung gehört zu den Irrtümern *FREUD*s. Die Psyche bedient sich keiner Vexierrätsel, sondern einer verständlichen Bildersprache, wie sie die moderne Symbolforschung nachgewiesen hat.

Als Symboltier im Traum ist der Geier insofern ein Gefahrensignal, als er auf einen *Autismus* hinweist. Autismus darf nicht mit Egoismus verwechselt werden. Autismus ist eine Selbstversponnenheit, die sich in einer mangelnden sozialen Kontaktfähigkeit äußert. Zum Autismus gehören auch übertrieben selbstsüchtige Forderungen. Schließlich wird der Geier als *Aasgeier* auch in der Sprache zur Kennzeichnung einer ausbeutenden Einstellung verwandt. (Siehe *Mutter*, siehe *Vogel*)

Geige

Volkstümlich ist es, die Geige wie auch das Cello oder die Flöte in eine Analogie zur Erotik zu setzen. Geige wie Cello werden mit dem weiblichen Körper verglichen, weil die Einbuchtung in der Mitte einen Vergleich mit der weiblichen Taille erlaubt. In dem Volkslied »Mein Herz ist eine Fidel, auf der dein Bogen geigt« findet sich diese Bedeutung. Die Musik ist die Ausdrucksweise der Gefühle und in ihren Anfängen vermutlich ebenso alt wie die Sprache. »Musik ist Liebe, die man hören kann« lautet der Titel eines modernen Chansons von Suzanne *DOUCET*. Eine entsprechende Information vermittelt das Traumbewußtsein mit dem Bild der Geige oder anderer Musikinstrumente. (Siehe *Musik*)

Geld

Geld oder Geldstücke als Traumsymbole sind Sinnbilder seelischer Energie. Sie repräsentieren im Traum ebenso Werte wie das Geld im Alltagsleben. Besonders positiv ist es, im Traum Geld zu finden. Natürlich kommt es auf die näheren Umstände an, unter denen ein – in der Traumsprache – *psychischer* Wert gefunden wird. Der Verlust von Geld im Traum informiert andrerseits über den Verlust gewisser Eigenschaften oder Fähigkeiten, eventuell auch darüber, daß der Träumer seine »Talente« nicht genügend nutzt. *Silbermünzen* haben – wegen der weiblichen Mondfarbe Silber – einen weiblichen Aspekt. (Siehe *Mond*, siehe *Sparkasse*)

Gewalt

Gewalttätigkeiten im Traum sind als eine Information über die Notwendigkeit zur Disziplin zu verstehen. Wenn dem Träumer Gewalt angetan wird, so kann dies unter Umständen auf *Minderwertigkeitsgefühle* hindeuten. Ergibt der Gesamtzusammenhang der Traumhandlung eine erotische Bedeutung, so kann Gewaltanwendung, je nachdem, ob sich der Träumer gewalttätig verhält oder ob er Gewalt erleidet, die Information des Traumbewußtseins über eine sadistische oder masochistische Veranlagung sein (vgl. »Sadismus und Masochismus« von F. W. *DOUCET*, München 1967). (Siehe *Säbel*, siehe *Vampir, Fledermaus*)

Gewehr

Das Gewehr wie auch alle anderen Schußwaffen sind Traumsignale für Aggressionstendenzen. Die Psychoanalyse deutet die Waffen als Sexualsymbole. Das ist nur bedingt richtig. In den modernen Märchen unserer Zeit, den *Western*, ist der *Gunman* der typische Held. Er trifft sein Ziel mit Unfehlbarkeit und hat stets die letzte Kugel. Er verkörpert damit die Vorstellung vom *Supermann*, dessen männliche Potenz ebenfalls unerschöpflich ist. (Siehe *Supermann*)

Gitarre

(Siehe *Geige*)

Glas

Denken Sie an das Sprichwort »Glück und Glas, wie leicht bricht das«. So gesehen kann *Glas* im Traum auf die Zerbrechlichkeit einer Beziehung oder auf eine Überempfindlichkeit des Träumers hindeuten. Eine Glaswand, die zwischen dem Träumer und anderen Personen steht, hat eine ungünstige Bedeutung. Der Träumer kommt an die Person und das, was sie verkörpert, nicht heran. Glasgefäße dagegen können eine positive Symbolbedeutung haben. Gefäße in der Art von chemischen *Retorten* beispielsweise deuten auf einen Bewußtwerdungsprozeß. Auch ein kostbarer *Kristallkelch* hat eine ähnlich positive Bedeutung. Es kommt darauf an, was sich in dem Glasgefäß befindet. Ein *Glasfenster,* aus dem der Träumer hinaussehen kann oder das plötzlich in einer Mauer erscheint, symbolisiert einen Ausblick auf etwas Neues. Im Fall der Mauer oder Wand: den Ausblick auf eine befreiende Situation. Die Auffassung von *FREUD* und seiner Schule, ein Glasgefäß oder ein Gefäß allgemein sei ein Symbol für das weibliche Geschlechtsorgan, ist falsch. (Siehe *Eis,* siehe *Sexualität*)

Gletscher

Ein Gletscher in der Traumlandschaft oder gar als Standort des Träumers ist ein Signal für Gefühlskälte. Das Versinken in einer Gletscherspalte wäre das Versinken in eine geistige oder emotionale Erstarrung. Bei einem solchen Bild ist besonders der Schlußteil des Traumes zu beachten. Die Überwindung des Gletschers oder die Rettung aus der tödlichen Gletscherspalte wären ein positives Signal. (Siehe *Eis*)

Gold

In grauer Vorzeit galt das Gold als eine Botschaft der Götter. Sein kosmischer Vater ist die Sonne. Das Gold war heilig, sein Besitz dem gewöhnlichen Menschen verboten. Zur Frühzeit menschlicher Kultur durfte Gold nur für die Herstellung von Tempelgeräten und für Trink-, Speise- oder Schmuckgegenstände des Königs verwendet werden. Die Könige der Frühzeit aber waren göttlicher Abkunft und Priesterkönige.

Das Gold widersteht allen Natureinflüssen. In die Erde vergraben, behält es über Jahrhunderte und Jahrtausende seinen Glanz. So galt das Gold als ein archetypisches Symbol der Unsterblichkeit. Seine magische Bedeutung hat es bis in unser Jahrhundert hinein behalten. Sie haftet ihm auch heute noch an.

Das Gold, das die mittelalterlichen Alchimisten suchten, war nicht das Edelmetall, wie irrtümlicherweise geglaubt wird, sondern das *philosophische Gold.* Anders ausgedrückt: Die wahren Alchimisten suchten die *Seele im Stoff,* die Energie im Kern der Materie. Sie waren sozusagen Vorläufer der heutigen Kernphysiker, nur daß sie noch eindeutiger, als es aus den Schriften von *HEISENBERG, PAULI, SCHRÖDINGER* und anderen großen Physikern unseres Jahrhunderts hervorgeht, hinter der Kernenergie ein psychisches oder geistiges Agens vermuteten. Ihre Versuche, künstliches Gold herzustellen, waren eine vorwissenschaftliche Atomphysik und Atompsychologie zugleich.

Für das Traumbewußtsein ist das Gold ein Archetyp der höchsten Kostbarkeit, der Ganzheit und Vollständigkeit. Entsprechend ist seine Bedeutung für den Träumer. *Goldfunde* und *Goldgeschenke* im Traum haben die äußerst positive Bedeutung des Gewinns von großen Erkenntnissen und einer Bewußtseinserweiterung. (Siehe *Diamant*)

Gorilla

Im Gegensatz zum Affen ist der Gorilla ein ungünstiges Traumsymbol. Er ist weniger intelligent als andere Affenarten und verkörpert brutale Gewalt. Diese Rolle spielt er auch in den modernen Schauermärchen und Horrorfilmen. Hier erscheint er als *King-Kong,* der – wie in vielen alten Sagen der Drache – eine Frau durch Gewalt an sich bindet und gefangenhält. Das Märchenmuster von *La Belle et la Bête* (Die Schöne und das Untier) spielt hier ebenfalls herein. (Siehe *Affe,* siehe *Drache*)

Grab

(Siehe *Begräbnis,* siehe *Tod*)

Granatapfel

(Siehe *Apfel*)

Grenze

Zwar wurde die europäische Staatengemeinschaft bereits vor einem Vierteljahrhundert gegründet, und der moderne Tourismus ist zu einer globalen Angelegenheit geworden, doch bestehen die Grenzen, selbst innerhalb der EG, nach wie vor. So tauchen auch im Traum immer wieder die bekannten Bilder der Grenze, der Zollstation und der Zöllner auf. Diese Bilder der Wegbehinderung durch Grenzen, Schranken und Barrieren sind Traumsignale für eine Begrenzung und Einschränkung der Möglichkeiten des Träumers, wie sie aus dem Zusammenhang ersichtlich sind. Mit dem Bild des Grenzüberganges versinnbildlicht der Traum den Wechsel bisheriger Situationen. (Siehe *Fluß*, siehe *Straße, Weg*)

Grotte

Eine Grotte, besonders wenn sich in ihr eine Quelle befindet, war zu alten Zeiten meist ein heiliger Ort. Sie war der *Göttin Natur* geweiht und von *Nymphen* – weiblichen Naturgeistern – bewohnt. In den Märchen haftet Grotten und Höhlen stets etwas Magisches an. Die Analogie zum weiblichen Uterus ist naheliegend, denn Grotten sind in ihrem Innern dunkel, moosig und feucht. Als Traumsymbol deutet die Grotte auf eine Problematik des Ur-Weiblichen hin. (Siehe *Mutter*, siehe *Mutterkomplex*)

Grün

(Siehe *Farben*)

Gürtel

Der Gürtel des Mannes ist ein Symbol männlicher Kraft und Potenz. Der Gürtel der Frau gilt als Symbol der Tugend und Reinheit. Zur Zeit der Antike wurde der Sitz der Lebenskraft in den Lenden und Nieren vermutet. Der *Keuschheitsgürtel,* der im Orient in Gebrauch war und zur Zeit der Kreuzzüge auch nach Europa gelangte, ist ein männliches Besitz- und Herrschaftssymbol. (Siehe *Kleider*)

Haare

Seit Jahrtausenden gilt im europäischen Kulturbereich das lange Haar des Mannes als ein Zeichen seiner Freiheit. Das lange Haar der Frauen unterstreicht ihre Weiblichkeit. Dem Haar wurde bei allen Völkern eine magische Bedeutung zugemessen. Denn das Haar »stirbt« nicht. Es wächst auch nach dem Tode noch weiter. So symbolisiert das Haar die Lebensvitalität, wozu auch die sexuelle Potenz gehört.

Im Volksglauben wird das *weiße Haar* der alten Leute als ein Zeichen der Weisheit angesehen, denn das hohe Alter wurde mit entsprechender Lebenserfahrung gleichgesetzt. *Schwarzes* Haar wird mit Leidenschaftlichkeit in Verbindung gebracht, während *blondes* Haar als ein Zeichen für Unbeständigkeit gilt. Die *Rothaarigen* werden als Hexen angesehen.

Der Verlust des Haarschmucks im Traum, auch Haaroperationen, sind erfahrungsgemäß ungünstige Traumsignale. (Siehe *Bart,* siehe *Hexe)*

Hakenkreuz

(Siehe *Kreuz*)

Hand

Die Hand ist das körperliche Instrument des Handelns. Entsprechend sind alle Vorgänge mit der Hand im Traum zu deuten. Eine Verwundung oder gar der Verlust der Hand stellen Signale für eine Einschränkung oder den Verlust der Handlungsmöglichkeit dar. (Siehe *Amputation,* siehe *Arm,* siehe *Daumen*)

Hase

Der Hase ist ein Tiersymbol der Fruchtbarkeit. Seine rasche Vermehrung ist sprichwörtlich. Im Mittelalter galt der Hase als ein Christussymbol. Drei Hasen in einem Kreis sind ein Symbol der *göttlichen Dreieinigkeit,* die alles sieht, alles hört und zu allen Zeiten wacht. In China ist der Hase das *Tier im Mond,* dem Mann im Mond der europäischen Märchen vergleichbar. In den ältesten Zeiten war der Mond die oberste Himmelsgottheit, die noch weiblich vorgestellt wurde. Die gegenwärtige Abwertung des Hasen als Fruchtbarkeitssymbol zum Sex-*Häschen* ist jüngsten Datums und zeitbedingt. (Siehe *Mond*)

Hauptstadt

Die Stadt im Traum ist als Information für den seelischen »Wohnbereich« des Träumers zu verstehen. Mit dem Bild der Hauptstadt wird weniger die Größe als die Wichtigkeit unterstrichen. Sie symbolisiert den Zentralort der Seele. (Siehe *Haus*, siehe *Stadt*)

Haus

Auf manchen alten Bildern ist der Mensch in der Gestalt eines Hauses dargestellt. Mit dem Haus wird gewissermaßen das Gehäuse der Seele versinnbildlicht. Diese Symbolbedeutung hat das Haus auch im Traum. Entsprechend informieren die einzelnen Räume über einzelne seelische Funktionen. Der *Keller* verweist auf das Unbewußte. Die *Küche* bedeutet den Bereich des Weiblich-Mütterlichen, auch einen Ort seelischer Informationsverarbeitung und Wandlungsvorgänge. Denken Sie an die *Alchimistenküche.* Der *Schlafraum* wäre der Ort des ehelichen Sexuallebens. Die *Wohn- und Arbeitsräume* deuten auf seelische Alltagssituationen wie auf geistige Tätigkeit. Die Räume in den *obersten Stockwerken,* die den weitesten Blick bieten, sind symbolische Bezirke der Hirntätigkeit und des Verstandes. Der *Dachboden* ist der Ort vergessener oder verdrängter Gedächtnisinhalte. Das *Dach* selbst kann als die das Gehirn schützende Schädeldecke verstanden werden. (Siehe *Dach,* siehe *Hauptstadt,* siehe *Stadt*)

Haustier

Die Haustiere – seit Urzeiten Nutz- und Hilfstiere des Menschen – haben als Traumsymbole eine hilfreiche und positive Bedeutung. Allerdings ist die persönliche Beziehung des Träumers zu dem jeweiligen Tier und sein Kontext bei der Deutung zu beachten. Denn die selbstverständliche Rolle wie zu früheren Zeiten spielen die von Großstadtbewohnern gehaltenen Tiere, Hunde, Katzen und Pferde beispielsweise, keineswegs. Sie sind zu einem Ersatz für mangelnde Zärtlichkeit geworden und bedeuten für den modernen Menschen einen Schutz gegen die Gefühlsarmut und Vereinsamung in der Massengesellschaft unserer Zeit. Häufig identifizieren sich die Besitzer mit ihren tierischen Lieblingen. Die Aufmerksamkeiten und Zärtlichkeiten, die sie ihren Haustieren erweisen, haben häufig einen unbewußt erotischen Charakter. (Siehe *Hund,* siehe *Katze,* siehe *Pferd)*

Herd

Der häusliche Herd war bis vor noch kurzer Zeit der Zentralbereich des Familiengeschehens. Er ist seit altersher und auch im Traum ein Symbol der Ehe und der Mütterlichkeit der Frau. Auf dem Herd wird die Nahrung für die Familie zubereitet. Das heißt: wenig genießbare Naturprodukte werden auf dem Herd mit Hilfe des Feuers in genießbare Speisen verwandelt. So hat der Herd auch die Bedeutung eines Wandlungssymbols. Erlischt die Herdflamme im Traum, so ist dies ein ernstes Gefahrensignal und kann *Rotlicht* signalisieren. Derartige Traumsignale gehören zu den Vorahnungen vom Tod eines Familienangehörigen. (Siehe *Feuer, Flamme,* siehe *Haus)*

Herz

Das Herz ist der Sitz der physischen Lebensenergie. Zu früheren Zeiten galt das Herz auch als Sitz der Seele. So wurde es zum Symbol der Liebe, das heißt der Gefühlsfähigkeit. Wo die Seele ihren Sitz hat oder das, was wir als eine nichtmaterielle Steuerungsinstanz des Gehirns bezeichnen, ist unbekannt. Interessanterweise zeigt jedoch die Nachbeobachtung von Patienten mit einer Herzverpflanzung – nach den Berichten amerikanischer Psychiater –, daß diese in mehreren Fällen eine Schizophrenie nach sich zog. Die Ursache dieser Persönlichkeitsspaltung ist noch nicht geklärt. Die Theorie früherer Ärzte, wonach zwischen dem Nervengeflecht der Herzregion und der seelischen Gefühlsfähigkeit ein Zusammenhang besteht, erscheint so unter Umständen begründet.

Für die alchimistische Symbolik des Mittelalters war das Herz das Abbild der Sonne im Menschen. Daher auch der Name *Sonnengeflecht* für den Brustbereich des vegetativen Nervensystems, dessen Fehlfunktion in unmittelbarem Zusammenhang mit psychogenen Erkrankungen steht. Ebenso treten bei Liebeskonflikten häufig Herzneurosen auf. Je nach dem Zusammenhang kann das Bild des Herzens im Traum eine positive Bedeutung haben oder eine Warnung signalisieren. (Siehe *Sonne*)

Hexe

Ursprünglich waren Hexen Frauen mit magischen Kräften. Die Medizinfrauen und Schamaninnen der primitiven Völker wie die Dienerinnen der großen göttlichen Mutter Natur zählten dazu. Verteufelt wurde die Hexe erst im christlichen Mittelalter. Erfahrungsgemäß benutzt das Traumbewußtsein für die Hexe die mittelalterliche Symbolbedeutung. Die Hexe erscheint als ein negatives Muttersymbol. Sie verkörpert das Zauberische, Bedrohliche und Zerstörende des Weiblichen. In nichtchristlichen Ländern gelten Hexen als weibliche Todesdämonen. In einem sexuellen Zusammenhang symbolisieren sie eine verzehrende und zerstörende Leidenschaft sowie sexuelle Hörigkeit. (Siehe *Haare*, siehe *Nixe*)

Himmel

Der *Himmel* hat als Symbol eine weitläufige und im allgemeinen positive Bedeutung. In den Mythologien aller Völker ist er der Wohnsitz der Götter. Im Traum bedeutet er das Reich des Geistes, hochfliegender Gedanken und den Ort, aus dem die schöpferischen Einfälle stammen.

Freudige Erlebnisse und Glücksempfindungen werden in der Alltagssprache als »himmlisch« bezeichnet. Insofern informiert das Bild des Himmels bei der Traumlandschaft über den Stimmungsgehalt des Traumes. Ein trüber, mit Wolken verhangener Himmel würde in diesem Fall auf eine trübe, depressive Stimmungslage hindeuten.

Erhält der Himmel im Traum gar die Bedeutung des Kosmos, in den der Träumer eine Weltraumfahrt unternimmt oder aus dem ihm ein Raumschiff erscheint, dann wäre dies ein ernstes Gefahrensignal, auch wenn der Träumer vielleicht ein eifriger Leser von Science-fiction-Romanen ist. Es sei denn, er befaßt sich ernsthaft und wissenschaftlich mit der buddhistischen Erkenntnislehre und entsprechenden Meditationsübungen. Dann hätte der Kosmos die Bedeutung eines *Ganzheitssymbols*. Aber nur dann.

Hindernis

Das Bild eines *Hindernisses* im Traum ist wörtlich zu verstehen. Das Hindernis bedeutet eine Behinderung. Für die richtige Deutung kommt es darauf an, welcher Art die Behinderung ist und wobei sich dem Träumer ein Hindernis in den Weg stellt. Sieht sich der Träumer beispielsweise eine *Einbahnstraße* in der falschen Richtung befahren, so ist der Hinweis für eine falsche Richtung in irgendeiner Lebenslage gegeben. Entsprechend wäre ein *Zollschranken* eine Situation der Prüfung. (Siehe *Abgrund*, siehe *Auto*, siehe *Berg, Hügel*, siehe *Hinken*)

Hinken

Das Hinken im Traum signalisiert eine psychische Behinderung. Der *Hinkefuß* ist in vielen Märchen ein Attribut des Teufels. Diese Zutat hat er von *Hephaistos*, dem göttlichen Schmied der alten Griechen und einem Sohn des *Zeus*. Der Schmied wäre ein positives Symbol der Kreativität. Auch der Teufel im Märchen erweist sich – wenn auch unfreiwillig – stets als hilfreich. Im Sinne der Psychologie von Alfred *ADLER* verhilft die Psyche bei körperlichen Behinderungen durch ihr Ausgleichsstreben zu besonderen Leistungen auf geistigem Gebiet. Das Beispiel des Hinkens zeigt, wie subtil bei der Deutung von Traumsymbolen vorzugehen ist. (Siehe *Luzifer*)

Hinrichtung

Eine Hinrichtung im Traum signalisiert keine Lebensgefahr. Das Traumbewußtsein weist mit einem solchen Bild auf die Notwendigkeit einer seelischen und geistigen Neuausrichtung hin. Die bisherige Lebenseinstellung oder die Gestaltung bestimmter Beziehungen hat sich als unrichtig herausgestellt und ist revisionsbedürftig geworden. Besonders zur Zeit der Nachpubertät und der Lebensmitte erscheinen Träume dieser Art. (Siehe *Enthauptung*)

Hirsch

In der christlichen Symbolik ist der Hirsch ein Christussymbol und ein Sinnbild der Erlösung. Bei den nördlichen Völkern gilt er als Himmelstier.

Sein Geweih stellt die Himmelsleiter dar. In der Mythologie tritt der Hirsch auch als Partner des sagenhaften Einhorns auf. Beide zusammen symbolisieren Seele und Geist. Wegen seiner Brunftkämpfe kommt dem Hirsch im Volksglauben auch eine erotische Bedeutung zu. Das Hirschhornpulver galt früher als ein Aphrodisiakum. (Siehe *Tier*)

Hitler

Diktatoren wie Hitler, Stalin, Napoleon u. a. im Traum sind entweder *Schatten*figuren oder symbolisieren in den Träumen von Frauen ihren *Animus*. Sie verweisen damit auf die entsprechende persönliche Problematik des Träumers. Je nach dem Zusammenhang verkörpern diese Figuren entweder ein übertriebenes Macht- und Geltungsstreben, oder sie informieren über eine zu starke Abhängigkeit von der sogenannten *öffentlichen Meinung*. (Siehe *Direktor,* siehe *Mann, unbekannter*)

Hochzeit

Mit dem Bild einer Hochzeit erscheint der Archetyp der Vereinigung. Derartige Träume sind stets bedeutungsvoll, daher sorgfältig zu untersuchen. In der Regel tauchen sie bei Ehe- oder Partnerschaftskonflikten auf. Zeigt der Traum in der weiteren Handlung ein Opferritual, so ist dieses als Hinweis zu verstehen, was vom Träumer im Hinblick auf eine zufriedenstellende Zweisamkeit an Gewohnheiten und Verhaltensweisen unter Umständen zu opfern ist. (Siehe *Hinrichtung,* siehe *Opfer*)

Höhle

(Siehe *Grotte*)

Hotel

Das Hotel als Traumort symbolisiert eine Übergangssituation. Eine Veränderung, welcher Art auch immer, ist zu erwarten. Die fremden Personen, denen der Träumer im Hotel begegnet, zeigen je nach ihrem

Verhalten unbewußte psychische Inhalte an, deren sich der Träumer bewußt werden soll. (Siehe *Bahnhof*)

Hund

Der Hund im Traum ist ein doppeldeutiges Symboltier. Er gehört zu den ältesten Haustieren des Menschen und gilt als Wächter für den Besitz, als Schutz gegen Angriffe sowie als treuer und verständiger Freund. Alle diese Eigenschaften können gemeint sein. Andrerseits kann der Hund auch im negativen Sinn ein Signal für Aggressionen darstellen. In der antiken Mythologie ist der Hund ein Begleiter der Todesgöttin, als Zerberus steht er am Eingang zur Unterwelt. (Siehe *Haustier,* siehe *Tier*)

Hut

(Siehe *Kopfbedeckung*)

Insekten

Insekten besitzen kein Gehirn, sondern lediglich ein nervales Netz mit Nervenknoten. Sie werden wie kleine Roboter von einem ihrer Art entsprechenden Verhaltensmuster gesteuert. Im Traum verkörpern sie zutiefst verankerte unbewußte Inhalte. Treten Insekten in Massen auf, so ist ihr Bild ein *Gefahrensignal* höchster Stufe. Dies gilt besonders für *Ameisen, Termiten, Spinnen und Küchenschaben.* Die Untersuchung von Zehntausenden von Träumen ergab, daß das Traumbewußtsein mit derartigen Bildern den Ausbruch von Geisteskrankheiten signalisiert. In jedem Fall sind Störungen des autonomen Nervensystems zu erwarten.

Dieses *Rotlicht*signal gilt aber nicht für die nützlichen *Bienen.* Diese sind in der antiken Mythologie Begleittiere der Liebesgöttin. Allerdings nicht wegen des süßen Honigs, den sie produzieren, sondern weil das Bienenvolk von einer Königin regiert wird. Die Biene symbolisiert damit ein Matriarchatssystem, eine Frauenherrschaft.

Als besonders positive Symbole sind der *Mistkäfer, Goldkäfer, Rosenkäfer* und alle Abarten des *Skarabäus* anzusehen, der im alten Ägypten ein Symbol des Sonnengottes war. Der Skarabäus ist unser Mistkäfer. Wegen der Kugel, die er formt, und der grün-goldenen Farbe seiner Flügel galt er auch als ein Symbol der Ganzheit und Unsterblichkeit. (Siehe *Ameisen*)

Insel

Eine Insel liegt isoliert im Meer, dem Symbol des Unbewußten. Entsprechend deutet die Insel als Traumlandschaft auf unbewußte Komplexe hin. Das können auch Phantasien und Wunschvorstellungen sein, die wenig Bezug zur Lebenswirklichkeit haben. (Siehe *Fliegen, Flugzeug*)

Jugend

Träume, die den Träumer in die Zeit seiner Kindheit und Jugend zurückführen, sind typisch für die zweite Lebenshälfte und die Übergangszeit davor. Die Erlebnisse aus dieser Zeit, die das Traumbewußtsein in Erinnerung bringt, sollen gewissermaßen einer Lebensbilanz dienen. So werden häufig verhaltensprägende Ereignisse durch die Trauminformation in das Bewußtsein gehoben, die später zum Anlaß für ein neurotisches Fehlverhalten wurden.

Besonders häufig sind *Schulträume*, die dem Träumer zeigen, daß die Schule des Lebens nie endet. Sie tauchen bei Konflikten mit den eigenen Kindern und Enkelkindern auf, um den Träumer an seine längst vergessenen Dummheiten und Streiche zu erinnern und ihm das Verständnis der jungen Generation zu erleichtern.

Erlebt sich der Träumer dagegen im Traum als ein kleines *Kind,* so ist dies als Warnung, unter Umständen auch als *Rotlicht* zu verstehen. Es muß nicht, aber es kann als Signal anzusehen sein, daß sich der Träumer auf sein Lebensende vorzubereiten hat. Als Todesbotschaft ist das Kind im Traum in der Regel dann zu verstehen, wenn ein naher Familienangehöriger im Traum sehr viel jünger oder als Kind erscheint. Ein Kind zu bekommen oder ein unbekanntes Kind im Traum sind dagegen ein positives Signal, das neue Möglichkeiten anzeigt. (Siehe *Kind*)

Jungfrau

Wie alle unbekannten Frauen im Traum, ist auch die Jungfrau eine Verkörperung der *Anima,* wenn ein Mann von ihr träumt. In den Träumen einer Frau verkörpert sie den *Schatten.* Die Jungfrau symbolisiert verständlicherweise Unberührtheit und Reinheit. Im Traum junger Menschen kann sie auch ein Symbolbild der Seele sein.

Wenn Frauen von einer Jungfrau träumen, dann ist dieses Symbol in der Regel der Hinwies auf *Vatergebundenheit.* Es zeigt ebenso ein aggressiv emanzipiertes Verhalten gegenüber dem Mann, Egozentrik in der Liebe, unter Umständen auch Frigidität an. Dem Mann signalisiert das Traumbewußtsein mit dem Bild der Jungfrau meist einen *Mutterkomplex* mit all seinen Auswirkungen. Die Jungfrau ist ein Hinweis dafür, daß der Träumer sich scheut oder nicht in der Lage ist, in der Wirklichkeit des Lebens die Frau in ihrer vollen Weiblichkeit anzunehmen und zu verstehen. (Siehe *Frau, unbekannte,* siehe *Mutterkomplex*)

Käfer

(Siehe *Ameisen,* siehe *Insekten*)

Kälte

(Siehe *Eis,* siehe *Gletscher*)

Kaninchen

(Siehe *Hase*)

Kannibalismus

Kannibalische Akte im Traum sind nicht ungewöhnlich. Bereits in den uralten babylonischen und assyrischen Traumbüchern wird die Symbolbedeutung des Kannibalismus angeführt. Dort bedeutet im Traum »*Menschenfleisch essen:* zu großem Reichtum kommen«. Der echte Kannibalismus gehört in den frühen Kulturen und bei primitiven Volksstämmen zu den kultisch-rituellen Handlungen. Sein Sinn ist es, sich der Kraft des gefangenen Feindes zu bemächtigen. Nach Mircea *ELIADE,* einem der bedeutendsten Religions- und Mythenforscher unserer Zeit, wurde Kannibalismus auch praktiziert, um die Ernte sicherzustellen.

FREUD sah im Kannibalismus die Tendenz eines ursprünglichen trieb-haften Sadismus. Denn Liebende bekennen häufig, sie hätten einander zum *Fressen gern.* Gewiß können derartige Vorstellungen bei Neurotikern sadistische Tendenzen auslösen. Doch allgemein informiert das Traumbe-wußtsein mit einem kannibalischen Akt über die Notwendigkeit, mit einer anderen Person eine innige Beziehung aufzunehmen. Dabei kann es sich durchaus nur um die Einverleibung von Geist und Wissen handeln. (Siehe *Kuß,* siehe *Sexualität*)

Kanone

(Siehe *Gewehr*)

Karneval

Der Karneval hat seinen Ursprung in den antiken Dionysosfeiern. Bei diesen kultisch-religiösen Festen kam es zu konkreten sexuellen Orgien. Was hier erlebt wurde, war die Rauschhaftigkeit der Sexualität. Doch die ungehinderte sexuelle Vereinigung, die bei der Kultfeier erlaubt war, war im Alltag streng verboten. Diese Feste finden eine Erklärung in der ursprünglich matriarchalischen Gesellschaftsstruktur. Sie hatten biologisch-bevölkerungs-politische Gründe, um eine Inzucht zu vermeiden. Mit dem heute üblichen Partnertausch und Gruppensex hatten diese antiken Orgien nichts zu tun. Es ging dabei um die religiöse Erfahrung der Sexualität als einer göttlichen Kraft.

Ihre Fortsetzung finden diese antiken Mysterienkulte im Mittelalter in den bekannten Karnevalsfeiern. Hier hat der Karneval mehr die Bedeutung eines Ausgleichs gegen die im Alltag geltende kirchliche Moral und staatlichen Gebote. Zu unserer Zeit ist der Karneval völlig verweltlicht und seine ursprüngliche Bedeutung verlorengegangen. Tauchen Karnevalsszenen im Traum auf, geht ihre Bedeutung aus der persönlichen Einstellung des Träumers und der Gesamthandlung hervor. (Siehe *Dirne,* siehe *Esel,* siehe *Fliegen, Flugzeug,* siehe *Maske*)

Katze

Die Katze war im alten Ägypten ein heiliges Tier und genoß göttliche Verehrung. Die Katzen der Pharaonen wurden nach dem Tode ebenso einbalsamiert wie der Pharao selbst. Die Katze ist das Symboltier der ägyptischen Mondgöttin *Bastet,* die stets mit einem Katzenkopf dargestellt wurde.

Eine Katze ist ein überaus sensibles Tier. Im Traum informiert sie über die Gefühlsseite des Träumers. Das Spielerische und Katzenhafte kann sich auch auf das sexuelle Verhalten der Träumer beziehen. Im Mittelalter wurde sie zum Hexentier und erhielt eine negative Bedeutung. Die sprichwörtliche Falschheit und Treulosigkeit der Katze beruht auf einem Irrtum. Diese falsche Auffassung erklärt sich aus der Tatsache, daß die Katze ein kleines Raubtier und somit ein Einzelgänger ist. Sie unterwirft sich dem Menschen nicht sklavisch wie ein Hund. Der Hund ist ein Rudeltier, der im Menschen sein Leittier sieht. Die Katze sucht von sich aus die Freundschaft eines Menschen. So gesehen, deutet die Katze als Traumtier auf Individualität, aber auch auf eine gewisse Egozentrik des Träumers hin. Im Traum von neurotischen Frauen kann ein Kater beispielsweise einen *Vaterkomplex* signalisieren. (Siehe *Haustier,* siehe *Hexe*)

Keller

(Siehe *Haus*)

Kerze

Im Volksmund wird das Licht der Kerze mit dem Lebenslicht gleichgesetzt. In den Kirchen südlicher Länder wird alljährlich zur Mitternacht vor dem Osterfeiertag eine Osterkerze angezündet. Oft ist sie meterhoch und von enormem Umfang. Sie symbolisiert als Wiedergeburtssymbol die Auferstehung Christi. Für die Deutung des Bildes einer Kerze im Traum ist der Gesamtzusammenhang zu beachten. (Siehe *Feuer, Flamme*)

Kette

Die Kette symbolisiert eine *Bindung* wie eine Gebundenheit. Das Nähere kann nur der Traumzusammenhang ergeben. (Siehe *Fessel,* siehe *Kreis*)

Keuschheitsgürtel

(Siehe *Gürtel*)

Kind

Das Kind im Traum ist ein Symbol neuer Möglichkeiten. Es ist auch ein Erlösungssymbol, wenn wir an die überragende Rolle des *göttlichen Kindes* in allen Religionen der Menschheit denken. Ein Kind ist in der Regel ein äußerst positives Traumsymbol, doch sind bei der Deutung alle Begleitumstände sorgfältig zu beachten. Ein krankes oder gebrechliches Kind stellt ein entsprechendes Warnsignal für seelische Störungen dar. Der Begründer der *analytischen Psychologie* C. G. JUNG sagt zu der Symbolbedeutung des Kindes: »Indem das Symbol des ›Kindes‹ das Bewußtsein fasziniert und ergreift, tritt die erlösende Wirkung ins Bewußtsein über und vollführt jene Abtrennung von der Konfliktsituation, deren das Bewußtsein nicht fähig war. Das Symbol ist die Antizipation einer erst werdenden Bewußtseinslage.« (Siehe *Jugend*)

Kirche

Kirchenträume sind Hinweise des Traumbewußtseins, sich mit dem Sinn des Lebens zu beschäftigen. Gerade bei Menschen, die keine religiöse Erziehung genossen haben oder die sich bewußt zu einer atheistischen Ideologie oder Lebenseinstellung bekennen, tauchen erfahrungsgemäß Kirchenträume häufig auf. Die Erklärung ist einfach. Die Psyche bedarf des Glaubens, um sich für alles, was der Mensch sich im Bewußtsein nicht erklären kann, eine Begründung zu schaffen. Es handelt sich um ein natürliches Ausgleichsstreben der Psyche. Ebenso können mit dem Bild der Kirche im Traum Kindheitserlebnisse verbunden sein, denen bei der Deutung im einzelnen nachzugehen ist. (Siehe *Karneval*)

Kirsche

Für den Volksmund ist die Kirsche ein Sinnbild der Lippen und ein Liebeszeichen. Als Traumfrucht weist die Kirsche so auf den Gefühlsbereich und auf Liebesbeziehungen hin. In manchen Ländern gilt der Kirschbaum als der Baum der Erkenntnis. Diese Bedeutung als Paradiesbaum hat er beispielsweise in der französischen Picardie. Von dem Maler *Tizian* gibt es ein berühmtes Bild »Die Madonna mit den Kirschen«. In seltenen Fällen kann die Kirsche so auch die Bedeutung einer Erkenntnisfrucht wie eines Erlösungssymbols haben. (Siehe *Apfel*, siehe *Baum*, siehe *Feige*)

Kleider

Die Kleider im Traum symbolisieren die *Persona* des Träumers. Dieser Begriff stammt von C. G. *JUNG*. Er versteht darunter die – in der Regel unbewußt geprägte – Persönlichkeit eines Menschen, die er seiner Umwelt gegenüber hervorkehrt, auch das Persönlichkeitsbild, von dem eine Person glaubt, daß sie von ihren Mitmenschen so gesehen wird. Die Art der Kleidung im Traum, ihr Zustand, ihre Farben, ihre Zweckmäßigkeit im Zusammenhang mit einer bestimmten Traumhandlung u. ä. m. ergeben eine Vielfalt von Deutungsmöglichkeiten, die leicht aus vergleichbaren Alltagssituationen zu verstehen sind. (Siehe *Farben*, siehe *Nacktheit*)

Knäuel

(Siehe *Labyrinth*)

Knoten, gordischer

Ein unlösbarer Knoten, eine verknotete Schnur oder ein vielfach verschlungenes Seil, das sich der Träumer vergeblich aufzulösen bemüht, signalisieren ein scheinbar unlösbares Problem. Alexander dem Großen wurde der Sage nach im Tempel des Zeus der sogenannte *Gordische Knoten* gezeigt. Wem es gelang, ihn zu lösen, der sollte – so ein uralter Orakelspruch – die Herrschaft über Asien erhalten. Alexander löste diese Aufgabe, indem er den Knoten einfach mit seinem Schwert durchhieb. Er gewann daraufhin die Schlacht bei Issus.

Oft will das Traumbewußtsein mit dem Bild des gordischen Knotens signalisieren, ein neurotischer Konflikt sei auf die gleiche Weise zu lösen. (Siehe *Labyrinth*)

Koffer

Koffer oder andere schwere Gepäckstücke im Traum sind Sinnbilder für Lasten und Probleme, die der Träumer im Leben mit sich trägt. Ein Verlust der Koffer im Traum bedeutet nicht, daß der Träumer seine Belastungen los wird. Im Gegenteil. Der Traum informiert darüber, daß er sich in der Wirklichkeit zuwenig Gedanken darüber macht. (Siehe *Bahnhof*)

König

Der König erscheint im Traum als ein überpersönliches Vatersymbol, als Archetyp des Vaters. Er verkörpert eine oberste seelische Instanz, die in der Regel hilfreiche Hinweise vermittelt. Auch wenn die Figur des Königs im Traum bedrohliche oder dämonische Züge trägt, die eine starke, noch kindliche Abhängigkeit verraten, so zeigt sie doch an, daß die Vaterproblematik sich dem Bewußtsein annähert. In den Träumen von Männern kann der König auch die Verkörperung des innersten Kerns der Gesamtpersönlichkeit des Träumers bedeuten. Alles Nähere kann nur der Zusammenhang ergeben. (Siehe *Alter Mann, Alter Weiser,* siehe *Direktor,* siehe *Hitler*)

Kopfbedeckung

Die Kopfbedeckung im Traum ist nach C. G. *JUNG* ein *Personasymbol.* Die Persona ist das durch Beruf und Umwelt geprägte Persönlichkeitsverhalten. Wir sprechen im Alltag von der Arzt- oder Richterpersönlichkeit, von der Beamtenperson, vom Typ des Sportlers und ähnlichem mehr. Entsprechend vielfältig können die Kopfbedeckungen sein. Das Barett des Richters, die rote Mütze des Bahnbeamten, die Bäckermütze, der Zylinder des Schornsteinfegers usw. als Standeszeichen haben entsprechende Bedeutungen im Traum. *FREUD* sah im Hut ein männliches Sexualsymbol. Diese

Deutung ist zu naiv und einseitig. Es kann, muß aber nicht so sein. Eine erotische Bedeutung kommt vielmehr der Kapuze der Zwerge zu. (Siehe *Kleider*)

Korb

Der Korb ist ein Symbol des Weiblichen und deutet auf die Ehe hin. In früherer Zeit wurde der Braut ein Brautkorb überreicht. Daher das Sprachbild *»jemandem einen Korb geben«*. Das heißt, den Brautkorb zurückzugeben oder nicht anzunehmen. Der Korb kann eine erotische Nebenbedeutung haben, jedoch nicht, wie *FREUD* und *STEKEL* glaubten, weil es sich um einen vertieften Gegenstand und damit um ein weibliches Genitalzeichen handelt, sondern weil der Korb im Zusammenhang mit dem archetypischen Muster des Dionysoskultes benutzt wurde. (Siehe *Feige*)

Korn, Kornfeld

Korn und Kornfeld sind äußerst positive Traumsymbole. Sie gelten seit Urzeiten als Fruchtbarkeitssymbole, die in fast allen Mythologien als Attribute der Großen Muttergöttin Natur erscheinen. Ein wogendes, gelb-goldenes Kornfeld ist verständlicherweise ein äußerst günstiges Traumbild. Zu beachten sind für die Deutung der Zustand und alle sonstigen Begleitumstände. Das Wachsen und Reifen der Saat und eine reiche Ernte bedürfen zuvor der harten Arbeit des Bauern. Dies darf nicht übersehen werden und gilt für jeden Erfolg. Auch die seelische und geistige Entwicklung wie die Reifung der Persönlichkeit bedürfen der Arbeit an sich selbst. Wie stark die Faszination von Symbolen ist, beweist der kometenhafte Aufstieg des Amerikaners Bernhard *CORNFELD* und seiner IOS, dem vor einigen Jahren Hunderttausende von deutschen Sparern zum Opfer fielen. Obwohl die rechtliche Sicherheit des IOS-Fonds äußerst fragwürdig war, vertrauten allein in Deutschland die Sparer *CORNFELD* fast acht Milliarden DM an, die sie verloren. Selbst Juristen, Bankfachleute und diplomierte Volkswirte erkannten den voraussehbaren Sturz der IOS nicht rechtzeitig. Die vielfachen und komplexen Ursachen des Glaubens an den Geldmagier Bernie *CORNFELD* sollen hier nicht allein aus der Symbolwirkung seines Namens erklärt werden, doch der unerklärbare Rest der Massensuggestion, die von der IOS seinerzeit ausging, ist ohne Zweifel auf die positive Symbolwirkung des »Kornfelds« zurückzuführen. (Siehe *Insel*, siehe *Symbole*)

Kosmos

(Siehe *Himmel,* siehe *Rakete*)

Kot, Exkremente

Nach den Glaubensvorstellungen der frühen Kulturvölker sind die menschlichen Exkremente – auch der *Urin,* der *Speichel* und der *Schweiß* – magische Substanzen. Bei den Primitiven wie auch im Volksglauben haben die Körpersekrete diese Bedeutung nach wie vor. Für den Landwirt sind nicht nur die tierischen Exkremente, sondern ist auch der menschliche Kot bester Dünger. Diese positive Bedeutung als wachstumsförderndes Mittel hat der Kot auch als Symbol im Traum.

Für die Psychoanalyse gilt eine Kotabgabe im Traum als ein *Kastrationssymbol.* FREUD nahm an, das Kind erlebe die Kotabgabe als Verlust. Er fand, daß eine übertriebene Reinlichkeitserziehung beim Kleinkind die Wurzeln für spätere Neurosen und sexuelle Verirrungen setzt. Die psychotherapeutische Erfahrung hat diese Annahme bestätigt. Nur dürfte die Ursache nicht in einer *Analerotik* des Kleinkindes zu suchen sein, sondern in einem *Liebesverlust,* den es durch eine übertrieben strenge Reinlichkeitserziehung empfindet. (Siehe *Gold*)

Krankenhaus

Erscheint im Traum ein Krankenhaus, so ist es als eine Information über die Hilfsbedürftigkeit des Träumers oder der Person, die ein Krankenhaus aufsuchen soll, zu verstehen. Die Krankheiten, die dort behandelt werden sollen, sind seelischer Natur. Die einzelnen Abteilungen des Traumkrankenhauses informieren über die spezifischen Funktionen der Psyche, die einer Störung unterliegen. So signalisieren Herzkrankheiten eine Störung im Gefühlsbereich, Augenleiden im Traum weisen auf den Mangel, ein Problem oder die Beziehung zu einem Mitmenschen richtig zu sehen. Ein Magenleiden kann das Signal dafür sein, daß eine Konfliktsituation unverdaulich erscheint und daher krank macht. Die Anweisungen des Arztes im Traumkrankenhaus sind entsprechend hilfreiche Hinweise für den Träumer. (Siehe *Arzt*)

Kreis

Der Kreis ist eine unendliche Linie und eine vollkommene geometrische Figur. Das erklärt seine Bedeutung als *Ganzheitssymbol*. Seit Urzeiten wird dem Kreis eine magische Wirkung zugeschrieben. Bereits die Steinzeitmenschen legten ihre Heiligtümer in Kreisform an. In den Mythen und Märchen hat der *magische Kreis* die Bedeutung eines Schutz- und Abwehrzaubers. Eine vergleichbare Symbolbedeutung hat der Kreis auch im Traum. Alles, was sich in einem Kreis abspielt, hat eine besondere Bedeutung. Allgemein signalisiert das Traumbewußtsein mit dem Kreis eine Konzentration psychischer Energie. (Siehe *Ball,* siehe *Kugel,* siehe *Tanz*)

Kreuz

Das Kreuz ist ein archetypisches *Richtungssymbol* und *Ordnungsmuster.* Es zeigt die vier Himmelsrichtungen an und hilft, eine Landschaft oder auch Länder in die Gebiete von Ost und West, Nord und Süd einzuordnen. Ebenso vereinigt das Kreuz in seinem Zentrum die Gegensätze. Auch im Traum ist das Kreuz als Richtungs- und Ordnungssymbol zu deuten. Natürlich bedarf es gewisser Opfer, um eine Ordnung herzustellen, sei es in der Realität, sei es in der eigenen Seele. Bei Personen des christlichen Kulturbereichs überwiegt bei der Kreuzsymbolik häufig der Opfergedanke.

Das *Hakenkreuz* dagegen symbolisiert das Sonnenrad. Es versinnbildlicht die Ordnung, die sich aus dem Lauf der Sonne ergibt. Das Hakenkreuz oder die *Swastika* gehört zu den Ursymbolen, die bereits zur Steinzeit bekannt waren. In seiner rückläufigen Form, wie es das Hoheitszeichen des Nationalsozialismus war, hat es eine destruktive Bedeutung und zeigt einen Bewußtseinsrückschritt an. Das ist hier als eine rein psychologische Tatsache zu verstehen. Bewußtseinsregressionen tauchen geschichtlich stets vor einem Kulturumbruch auf, der ein neues Zeitalter einleitet. (Siehe *Chaos,* siehe *Christus,* siehe *Kreis*)

Krieg

Kriegssituationen erscheinen häufig im Traum. Das Traumbewußtsein signalisiert mit derartigen Bildern eine unbewußte Auseinandersetzung widerstreitender Persönlichkeitsseiten des Träumers. Mit realen Kriegsbildern, wie sie Frontsoldaten in der Wirklichkeit erlebten, informiert das Traumbewußtsein über unbewältigte Probleme aus der Vergangenheit, die sich aber erfahrungsgemäß selten auf das tatsächliche Kriegserlebnis beziehen. Häufig handelt es sich bei *Kriegsverwundungen* im Traum um seelische Verwundungen, die nur oberflächlich vernarbt sind und einer Bewußtwerdung bedürfen. (Siehe *Amputation,* siehe *Verfolgung*)

Krokodil

(Siehe *Drache*)

Kröte

Die Kröte ist – als Tier im Traum – ein archetypisches Symbol der Erdmutter. Bei den Ureinwohnern Mittelamerikas, den *Azteken,* war die Erdgottheit ein krötenartiges Ungeheuer. Mit diesem archetypischen Vorstellungsmuster war die *Große Mutter* in ihrem bedrohlichen und verschlingenden Aspekt als Todesmutter gemeint. Dieses Muster findet sich in den verschiedensten Gestaltungen bei allen Völkern unserer Erde. Im Traum einer männlichen Person kann die Kröte ein sorgfältig zu beachtendes *Warnsignal* sein.

Im Traum einer weiblichen Person symbolisiert die Kröte einen *Mutterarchetyp.* Im Mittelalter wurde die Kröte den Hexentieren zugerechnet. Getrocknete Kröten wurden als Rohsubstanz für *Liebestränke* verwendet. Die Wirkung ist aus dem Krötengift *Bufotenin* erklärbar, das eine potenzsteigernde Wirkung hat. (Siehe *Drache,* siehe *Frosch*)

Krug, Gefäß

Krüge und Gefäße sind vieldeutige Traumsymbole. Sie haben aus naheliegenden Gründen einen weiblichen Aspekt. Der Krug kann im Traum das *Lebenswasser* enthalten. Der Milchtopf und der Honigtopf, die in vielen Märchen eine Rolle spielen, haben im Traum meist eine erotische Bedeutung. Hinter dem sprichwörtlichen Krug, der zum Brunnen geht, bis er bricht, verbirgt sich eine symbolische Anspielung auf die Defloration. Was immer auch im Traum mit dem Krug geschieht – alle Hinweise deuten auf persönliche Probleme des Träumers. Sein Gegenstück als archetypisches Symbol des *Kollektiven Unbewußten* ist der Brunnen. Er ist in der altgriechischen Mythologie der Eingang zur Unterwelt. Doch hat der Brunnen damit keine negative Bedeutung, etwa die eines Todessymbols, sondern signalisiert notwendige psychische Wandlungsvorgänge. Auch der Krug ist – in seiner Eigenschaft als Mischgefäß – je nach dem Zusammenhang u. U. ein Wandlungssymbol. (Siehe *Brunnen,* siehe *Quelle*)

Küche

Die Küche ist der Ort der Hausfrau und der Raum, wo die tägliche Nahrung der Familie zubereitet wird. Diese positive Bedeutung hat sie auch in der Sprache der Träume. Die negative Einstellung der gegenwärtigen weiblichen Emanzipationsbewegung gegenüber den drei »K« – Küche, Kinder, Kirche – kennt die Psyche nicht. Sie ist – psychologisch gesehen – das Ergebnis einer Bewußtseinsverkrampfung.

Als Ort der Nahrungsumwandlung symbolisiert die Traumküche einen seelischen Bereich der Umwandlung von psychischer Energie. In ihrer Symbolbedeutung läßt sich die Küche am besten mit einem chemischen Labor vergleichen. Was dort im Traum geschieht, sind Hinweise für Ehe- und Familienprobleme. (Siehe *Haus,* siehe *Herd*)

Kugel

Die Kugel ist in der Realität der vollkommenste geometrische Körper. Sie hat nur eine endlose Seite, und die Entfernung aller Punkte zum Zentrum ist gleich. So ist die Kugel seit Urzeiten ein archetypisches Symbol der Vollständigkeit und Ganzheit. Die Erde, die Sonne, das Universum, aber auch das Atom haben in der menschlichen Vorstellung Kugelgestalt. Die Kugel, wie alle kugelförmigen Gebilde im Traum, hat stets eine positive Informationsbedeutung. Sie versinnbildlicht je nach dem Zusammenhang auch eine psychische Dynamik in Richtung auf ein gemeinsames Zentrum. Dies ist als ein Streben der Psyche nach einer Vereinigung der Gegensätze im Leben und der Herstellung des psychischen Gleichgewichts zu verstehen. (Siehe *Ball,* siehe *Kreis*)

Kuh

In den vorchristlichen Religionen ist die Kuh das Symbol der Muttergottheit. Der sprichwörtliche Begriff der »heiligen Kühe« stammt aus der indischen Religion des Hinduismus. Für die Hindus ist die Kuh das zentrale Symbol des Mütterlichen. Sie ist heilig und darf nicht getötet werden.

Im Traum erscheint die Kuh als Sinnbild umsorgender, mütterlicher Weiblichkeit. In den Träumen von Frauen signalisiert sie häufig der Träumerin die Notwendigkeit, eine vernachlässigte mütterliche Seite zu beachten. In den Träumen von männlichen Personen deutet die Kuh meist auf eine zu starke *Mutterbindung* hin. (Siehe *Haustier,* siehe *Mutterkomplex*)

Kuß

Mit dem Kuß verbildlicht der Traum eine innige Annäherung. Natürlich kann der Kuß im Traum auch eine erotische Bedeutung haben, besonders bei jugendlichen Personen. Erfahrungsgemäß kommt dies jedoch weitaus seltener vor, als angenommen wird. Der Mund ist – psychisch gesehen – das Organ der Sprache. Und mit dem Kuß meint das Traumbewußtsein in der Regel eine geistige Kommunikation. Diese Bedeutung einer geistigen Verbundenheit haben ja auch die *Bruderschaftsküsse,* wie sie in Rußland und Frankreich beispielsweise üblich sind und bekanntlich zum Zeichen einer friedlichen Vereinigung ihrer Völker von Staatsmännern ausgetauscht werden.

Mit dem Kuß weist das Traumbewußtsein den Träumer meist darauf hin, daß er mit einer bestimmten Person eine engere Beziehung aufnehmen oder sich – im Falle eines Streits – mit ihr versöhnen soll. Selbst Zungenküsse im Traum haben kein sexuelles Motiv. Sie unterstreichen vielmehr den Hinweis auf eine geistige oder seelische Verbindung mit der betreffenden Person. (Siehe *Kannibalismus*)

Labyrinth

Das Verirren in den Straßen einer unbekannten nächtlichen Großstadt und das endlose Wandern durch Straßen, die einander gleichen und weder Namens- noch Richtungsschilder tragen, gehören zu den unangenehmen

Traumerlebnissen, die wohl jeder kennt. Oder der Träumer irrt durch endlose und verwinkelte Kellergänge eines riesigen Gebäudes. Die Bedeutung derartiger Traumsituationen ergibt sich aus dem Symbolbegriff des Labyrinths.

Das archetypische Muster des Labyrinths ist uralt. Im Urmythos ist das Labyrinth Sinnbild für den Leib der Erdmutter. Das Eindringen in das Labyrinth kommt einer mystischen Rückkehr in den Mutterschoß gleich. Im Labyrinth fanden nach vielen Mythen Götterhochzeiten statt, die meist eine inzestuöse Vereinigung darstellten. So kann das Labyrinth im Traum das Signal für einen *Mutterkomplex* sein. In der griechischen Mythologie ist das Labyrinth von König *Minos* für den *Minotauros* erbaut worden. Minotauros, halb Stier, halb Mensch, war der Sohn der Königin *Pasiphae* und des Meergottes *Poseidon,* der sich mit der Königin in der Gestalt eines weißen Stieres vereinigte. Der griechische Held *Theseus* besiegte das Ungeheuer, nachdem er von dessen Schwester *Ariadne* ein Wollknäuel erhalten hatte. Sie riet ihm, den Wollfaden – den bekannten *Ariadnefaden* – am Eingang zu befestigen, damit er jederzeit den Rückweg aus dem Labyrinth finden könne. Die List gelang, *Theseus* erschlug das Untier und fand glücklich den Ausgang.

Worüber informiert dieses archetypische Muster? Der Stiermensch im Labyrinth symbolisiert die sexuelle Triebhaftigkeit in ihrer Unergründlichkeit für das Bewußtsein. *Ariadne,* die auf die List mit dem Wollknäuel verfiel, ist hier ein Sinnbild für die intuitive Intelligenz des Weiblichen. Die geistig-seelische Verbindung zwischen Mann und Frau – hier symbolisiert durch den *Ariadnefaden* – ermöglicht es dem Helden, das gefährliche Abenteuer im Labyrinth zu bestehen und den Stier in sich selbst zu besiegen. Der Mythos nimmt allerdings die Konfliktlösung vorweg. Was der Traum mit dem Bild des Labyrinths signalisiert, ist in der Regel die *Gefahrensituation.* (Siehe *Mutterkomplex,* siehe *Spinne,* siehe *Stier*)

Lähmung

Das Bild einer Lähmung im Traum ist wörtlich zu verstehen. Es ist das Signal für eine Behinderung seelischer oder geistiger Art, die sich im einzelnen aus dem Fortgang der Traumhandlung ergibt. (Siehe *Amputation,* siehe *Arm,* siehe *Bein*)

Lampe, Laterne

Das Licht einer Lampe oder einer Laterne im Traum deutet auf die Annäherung eines unbewußten Problems an das Bewußtsein hin. Die Bedeutung der Lampe als ein *Bewußtseinslicht* findet sich auch im Märchen. Sie erscheint dort stets, wenn die Märchenhandlung darauf zielt, daß dem Helden ein *Licht aufgehen* soll oder wird. (Siehe *Fackel*, siehe *Feuer*, *Flamme*)

Lanze

Für die Psychoanalyse ist die Lanze ein *Phallussymbol*, weil *FREUD* und *STEKEL* glaubten, daß jede Waffe und jeder längliche Gegenstand ein phallisches Sexualsymbol seien. Diese Erklärung ist zu naiv. Das Bild einer Lanze im Traum kann bei jugendlichen Personen durchaus eine körperliche sexuelle Spannung andeuten. In den Träumen von Personen in der zweiten Lebenshälfte hat die Lanze jedoch eine völlig andere Symbolbedeutung.

In der griechischen Mythologie ist sie ein Attribut des Sonnengottes *Apollo*. In der mittelalterlichen Gralssage ist die Lanze des *Gralsritters* ebenfalls ein Lichtsymbol und – in Anlehnung an die Lanze, mit der Christus am Kreuz die Seite geöffnet wurde – ein Heilssymbol. Bei älteren Personen ist eine Deutung in Richtung einer religiösen Problematik richtiger. U. U. kann die Lanze auch – als Leidenslanze – körperliche Krankheitssymptome signalisieren. (Siehe *Christus*, siehe *Sonne*)

Leder

Lederkleidung, lederne Peitschen u. ä. sind Traumsignale für Aggressionstendenzen. Für *Sadomasochisten* besitzt das Leder eine fetischistische Bedeutung. Das heißt, daß das sexuelle Begehren auf das Leder als Objekt neurotisch fixiert ist. Entsprechend ist beim Auftauchen von Lederkleidung und Ledergegenständen im Traum bei der Deutung auf sadomasochistische Neigungen des Träumers zu achten. (Siehe *Pelz*)

Lehrer

Oft taucht in den Träumen das Bild eines aus der Schulzeit bekannten Lehrers oder auch ein unbekannter Lehrer auf. Diese Personen verkörpern erfahrungsgemäß eine hilfreiche innerseelische Funktion des Träumers selbst. Die Lehren, die der Lehrer dem Träumer erteilt, sind Hinweise des Traumbewußtseins auf Lebenssituationen im Alltag. Die Person des Lehrers im Traum ist nur zu oft eine Mahnung, daß die Schule des Lebens nie endet. In vielen Fällen verdanken Träumer dem Lehrer im Traum schöpferische Anregungen. (Siehe *Direktor,* siehe *Mann, unbekannter,* siehe *Schule*)

Leiche

Die sprichwörtliche *Leiche im Keller* ist auch im Traum ein äußerst ungünstiges Bild. Während *Begräbnisse* und *Tote* im Traum seelische Veränderungen und Wandlungen symbolisieren und häufig als positive Informationsbilder anzusehen sind, zeigt der Traum mit dem Bild einer Leiche *Rotlicht* an. Die Leiche ist das Überbleibsel eines Toten, das der Verwesung anheimfällt. Im Traum ist sie das Signal für eine *seelische Vergiftung.* Die Leiche erscheint als Symbol einer abgestorbenen, unbeseelten Seite der Persönlichkeit, eines zutiefst im Unbewußten vergrabenen Komplexes, der von der Psyche wie ein zersetzender Fremdkörper mitgeschleppt wird. Falls sich Leichenträume häufen, ist unbedingt psychotherapeutische Beratung angezeigt. (Siehe *Begräbnis,* siehe *Tod*)

Leiter

Die Leiter symbolisiert im Traum eine Übergangssituation. Das kann ein Abstieg oder ein Aufstieg sein. Bereits die Bibel benutzt die Symbolbedeutung der Leiter, so in *Jakobs* Traum von der Himmelsleiter. Die alten Ägypter gaben den Toten kleine Leitern ins Grab, damit der *Ka* zur Sonne zurückkehren kann. In der mittelalterlichen Alchimie ist die Leiter ein *Wandlungssymbol.*

FREUD leitete von dem Auf- und Absteigen auf einer Leiter eine Zeichenbedeutung der Leiter für den Geschlechtsakt ab. Eine derartig einseitige Deutung ist irreführend. Die Leiter ist weder ein Sexualsymbol, noch versteckt sich dahinter ein unerfüllter Wunsch nach Sexualbetätigung, wie *FREUD* glaubte. Es verhält sich vielmehr umgekehrt. Wenn im Traum einer jugendlichen Person im Zusammenhang mit sexuellen Vorgängen die Leiter als Symbolbild erscheint, dann signalisiert sie einen Wandel des Träumers hinsichtlich seiner Einstellung zur sexuellen Problematik der Reifezeit. (Siehe *Hirsch,* siehe *Treppe*)

Leuchtturm

Der Leuchtturm signalisiert im Traum hilfreiche Orientierung in schwierigen Lebenssituationen. Er hat stets eine positive Bedeutung. Oft informiert ein Leuchtturm über die Bewußtwerdung unbewußter Inhalte. (Siehe *Lampe, Laterne*)

Licht

(Siehe *Fackel*, siehe *Feuer, Flamme*, siehe *Kerze*, siehe *Lampe, Laterne*)

Lift

Mit dem Liftfahren informiert das Traumbewußtsein über seelische Übergangs- und Wandlungsvorgänge. Nur stellt im Gegensatz zum Auf- oder Absteigen auf einer Treppe das Fahren im Lift keine entsprechende Richtungsänderung aus eigener Kraft dar. Die Verwicklungen, die bei einer Liftfahrt im Traum auftreten können, beispielsweise ein Steckenbleiben zwischen Stockwerken u. ä. m., entstehen vergleichsweise durch eine dem Willen des Träumers entzogene Bewegungsautomatik des Unbewußten. Hierauf ist zu achten. (Siehe *Leiter*, siehe *Treppe*)

Links

Die Symbolbedeutung von *links* und *rechts* im Traum ist keine politische. Es handelt sich um ein uraltes archetypisches Orientierungsmuster. *Links* ist die Seite des Herzens und verweist auf den Gefühlsbereich des Träumers. Es symbolisiert auch den Bereich des Unbewußten. *Rechts* zeigt die Richtung für Bewußtheit, Aktivität im Handeln, geistige Interessen an. In älteren Zeiten war der Platz der Frau an der *linken* Seite des Mannes. So können *links* und *rechts* auch Hinweise für weibliche und männliche Aspekte sein. (Siehe *Zahlen*)

Lokomotive

Eine Lokomotive ist das Antriebsaggregat für Reisen im Zug und damit ein Massenfortbewegungsmittel. Für das Traumbewußtsein ist die Lokomotive ein Symbol kollektiver psychischer Energie. Die Reise im Zug als Sinnbild der Lebensreise informiert gewissermaßen über einen Weitergang im Leben durch gesellschaftliche Kräfte. Die Lokomotive stellt dabei das Energiesymbol dar. Die Bedeutung läßt sich nur aus dem Zusammenhang ersehen. Sie kann positiv sein. Doch ebenso kann die Lokomotive als ernstes *Gefahrensignal* erscheinen. Wenn der Träumer zu stark der Kollektivmeinung unterliegt, gerät er in die Gefahr, seine individuelle Persönlichkeit zu verlieren. In seltenen Fällen erscheint die Lokomotive im Traum als reales Todessignal, doch dann als Signal für den Tod von Angehörigen. Taucht dieses Symbol auf, ist auf Depressionen zu achten. (Siehe *Bahnhof,* siehe *Reise*)

Löwe

Wie die meisten Traumtiere, ist der Löwe ein mehrdeutiges Symbol. Als archetypische Tiergottheit und König der Tiere im Märchen stellt er ein Herrschaftssymbol und ein Sinnbild physischer Lebenskraft dar. Der Löwe kann schöpferische geistige Kräfte und Kreativität signalisieren. Doch ebenso kann er in heutiger Zeit ein Symbolbild für Aggressionen und Unbeherrschtheit sein. (Siehe *Adler,* siehe *Tier*)

Luzifer

In christlicher Vorstellung ist Luzifer der Fürst der Hölle und damit die Inkarnation des Bösen. Doch sein Name (von lateinisch *lux* = das Licht) bedeutet *Lichtbringer.* Er ist der *gefallene Erzengel.* Im frühen jüdischen Mythos erscheint er als Bruder Gottes und ist dort – psychologisch gesehen – die dunkle Schattenseite des alttestamentarischen Gottes. Nach der Genesis verführte Luzifer Eva in der Gestalt der Schlange. Doch was er den ersten Menschen bot, war die Frucht vom Baum der *Erkenntnis.* Das rechtfertigt seinen Namen. Er brachte dem Menschen das Licht der Bewußtheit, das es ihm ermöglichte, sich durch eine selbstschöpferische Gestaltung über das Tier zu erheben. Als eine archetypische Symbolfigur verkörpert Luzifer bei den Juden die gleiche Vorstellung wie *Prometheus* in der altgriechischen Mythologie. Dieser stahl den Göttern das Feuer und brachte es den Menschen. Bei den Griechen wurde Prometheus für seinen Frevel bestraft. Nach der Bibel traf die Strafe die Menschen selbst. Sie wurden aus dem Paradies vertrieben.

Das Muster, das diesen mythologischen Erzählungen zugrunde liegt – es findet sich in vielen anderen Religionen ebenso –, deutet auf die urmenschliche Problematik des Bewußtseins oder besser der Bewußtheit hin. Das Bewußtsein ist es, das den Menschen erst zum Menschen macht. Und damit Gott ähnlich. »... und werdet sein wie Gott... « heißt es in der Genesis, 1. Mose 3,5. Doch mit dem Bewußtsein seiner selbst wurde sich der Mensch auch seiner Sterblichkeit bewußt. Er wurde aus dem Paradies der Unbewußtheit vertrieben. Das Tier verendet. Nur der Mensch stirbt bewußt. Das ist sein Urproblem und die andere Seite der Bewußtheit. Mit der Erkenntnisfähigkeit und dem Bewußtsein, so entscheidend sie auch für die menschliche Entwicklung sind, beginnt der Gegensatz zwischen Mensch und Natur und damit der Verlust der ursprünglichen Ganzheit. Doch andrerseits ist es – nachweisbar – das Ziel der menschlichen Psyche, nun durch eine Erweiterung des Bewußtseins die Gegensätzlichkeit des Lebens in sich zu vereinen und auf einer höheren Entwicklungsstufe in die ursprüngliche Ganzheit zurückzukehren. Die Verwirklichung dieses Zielstrebens ist der Sinn des menschlichen Lebens.

Die Figur des Luzifer kann, wie wir sehen, eine äußerst positive Traumbedeutung haben. Für Menschen, die mit einer übertriebenen puritanischen Moral alles Natürliche verteufeln, hat Luzifer die schlichte Informationsbedeutung, darüber nachzudenken, daß die Natur natürlich ist. Doch ebenso signalisiert das Traumbewußtsein mit diesem Archetyp einem verstandesbesessenen und bewußtseinsverkrampften Träumer den teuflischen Aspekt, der jedem einseitig intellektuellen Denken innewohnt. (Siehe *Adam*, siehe *Apfel*, siehe *Feuer, Flamme*, siehe *Sonne*)

Mahlzeit

Die Mahlzeit im Traum symbolisiert die Zufuhr von seelischer Energie. Eine gemeinsame Mahlzeit mit anderen Personen ist das Sinnbild einer seelischen oder geistigen Kommunikation. Die Speisen, die bei der Traummahlzeit auf den Tisch kommen, weisen auf entsprechende seelische Funktionen oder Problemstellungen hin. Zu beachten sind auch die Zahl der anwesenden Personen und die Form des Tisches. In den Träumen zur Zeit der zweiten Lebenshälfte besteht zwischen der Mahlzeit im Traum und religiösen Problemen häufig ein unmittelbarer Zusammenhang. Je nach der religiösen Einstellung des Träumers sind die christliche Abendmahlsymbolik oder entsprechende Rituale bei der Deutung zu berücksichtigen. (Siehe *Bäcker, Backofen,* siehe *Herd,* siehe *Küche*)

Mandala

Das *Mandala* ist ein im tibetischen Lamaismus und chinesischen Taoismus verwendetes kultisches Meditationsbild. Aus Quadrat, Kreisen, Dreiecken bestehend, mit einer winzigen Buddhafigur oder auch nur einem Punkt in der Mitte, stellt das *Mandala* ein Kosmogramm dar, Symbol der göttlichen Weltordnung und Harmonie. Das archetypische Muster der Mandalastruktur findet sich auch in den tibetanischen *Thangkas,* das sind kultische Rollbilder mit der Darstellung der Inkarnationen Buddhas oder anderer heiliger Persönlichkeiten. Es findet sich ebenso auf frühchristlichen Kirchenmalereien wie den Rundfenstern gotischer Kathedralen.

Mandalaähnliche Bilder im Traum sind als Ordnungssymbole zu deuten. Ihnen kommt – wenn verstanden – eine äußerst positive Bedeutung zu. Ebenso hat das Malen von Mandalas eine positive therapeutische Wirkung bei seelischen Störungen. (Siehe *Acht,* siehe *Rose*)

Mann, unbekannter

Ein unbekannter Mann im Traum, in welcher Gestalt auch immer, ist ein Symbol der unbewußten männlichen Seite des Träumers. Er bedeutet nach C. G. *JUNG* eine nicht bewußte *Schatten*seite, die zur Persönlichkeit des Träumers gehört. Entsprechend ist diese Figur zu deuten.

Taucht der unbekannte Mann in den Träumen einer Frau auf, so handelt es sich um ihren *Animus.* Das ist nach *JUNG* die unbewußte Männlichkeit in der Seele der Frau. Anders ausgedrückt: das innere *Seelenbild* vom Mann und dessen Verhalten. Dieses Bild oder Erwartungsmuster wird beim Mädchen in der Regel durch den Vater geprägt. Zur Zeit der Pubertät und im heiratsfähigen Alter erscheint der *Animus* im Traum häufig als Lehrer, Wissenschaftler, Dichter, aber auch als Filmschauspieler, Olympiasieger, Jazz- und Rockidol oder als ein sonstiges Vorbild. Der Animus kann auch als *archetypische* Figur des *Helden* erscheinen, ebenso als der *Prinz* eines Märchens. Dem Traumsymbol des *Animus* kommt eine besondere Bedeutung zu, da dieses Persönlichkeitsmuster in der Lebenswirklichkeit auf den Mann der Wahl projiziert wird. Entspricht der Ehemann oder Geliebte dann in der Realität dem unbewußten Animusbild der Frau nicht, so sind Enttäuschungen und Ehekonflikte die Folge. Die unbewußte Projektionstätigkeit erklärt die häufig zu beobachtende Wahl eines unpassenden Partners. (Siehe *Frau, unbekannte*)

Mantel

Der Mantel hat eine schützende Traumbedeutung. Als Standeszeichen – Königsmantel, Priestergewand, Richtertalar – symbolisiert der Mantel im Traum entsprechende Funktionen. (Siehe *Kleider*)

Maschine

Nach psychotherapeutischer Erfahrung sind Maschinen wie technische Konstruktionen aller Art, wenn sie im Traum erscheinen, als *Warnsignale* anzusehen. Sie signalisieren meistens psychische Störungen. Dies gilt jedoch nur für fremdartige, in ihrem Sinn nicht recht verständliche Maschinen. Die vertrauten Alltagsmaschinen des Haushalts dagegen ersetzen im Traum oft entsprechende Natursymbole. So kann die Haushaltswaschmaschine beispielsweise als Reinigungssymbol erscheinen. Trotzdem ist vorsorglich auf eventuelle ungünstige Nebenerscheinungen zu achten. (Siehe *Elektrizitätswerk*)

Maschinenpistole

Die Maschinenpistole symbolisiert Aggressivität. Je nach dem Zusammenhang kann es sich dabei um eine sexuelle Triebaggressivität handeln. Eine Maschinenpistole ist im Gegensatz zum Gewehr eine automatische Waffe. Diese Automatik verleiht ihr den Charakter einer gefährlichen, weil unbewußten Triebautomatik. Achtung! Der Traum signalisiert mit diesem Symbol *Rotlicht*. (Siehe *Gewehr*)

Maske

Eine Maske verhüllt die Individualität des Trägers. Sie ist bei allen primitiven Völkern ein Mittel, um im kultischen Tanz Symbole darzustellen. In der antiken griechischen Tragödie trugen die Schauspieler Masken. Denn die Tragödienspiele sind eine Fortsetzung der früheren Dionysosfeiern. Und der Gott Dionysos wurde nie ohne Maske gezeigt. Der Gott hinter der Maske ist das Symbol für die hinter der Natur stehende, verborgene Lebenskraft. Der Karneval als eine Fortsetzung der ursprünglichen Dionysosfeiern hat den Gebrauch der Maske übernommen. Sie verbirgt die wahre Persönlichkeit und erleichtert es dem Träger, sich ungehemmt der allgemeinen kollektiven Stimmung hinzugeben. Durch die Anonymität, die die Maske dem Träger verleiht, wird er zum Teil der Masse. Er nimmt an der allgemeinen Bewußtseinsabsenkung und Erhöhung der Emotionalität teil. Dies erleichtert die Abfuhr aufgestauter psychischer Spannungen.

Die Maske des Verbrechers im Fernsehspiel oder Krimi erleichtert dem Zuschauer oder Leser eine Identifikation. Auch hier ist der erhoffte Zweck ein Abbau aufgestauter Aggressionen. Im Traum signalisiert die Maske ebenfalls eine Identifikation, meist mit archetypischen Figuren des Kollektiven Unbewußten, die Gewalttätigkeit verkörpern. Günstig ist die Traumbedeutung der Maske nicht. Nur zu oft weist sie auf Größenwahnvorstellungen hin – wenn sich der Träumer außerhalb der Faschingszeit mit einer Maske agieren sieht. Als Ursache sind Minderwertigkeitsgefühle oder Potenzstörungen zu vermuten. (Siehe *Karneval*)

Maus

Im Volksmund wie in den Märchen hat die Maus eine erotische Symbolbedeutung. Die Maus ist ein kluges Tier, das sich nur selten mit dem Speck in der Falle fangen läßt. Wird ihr ein Mauseloch verstopft, so nagt sie sich verblüffenderweise an den unerwartetsten Stellen wieder durch. So ist es mit den Gedanken, die um die körperliche Befriedigung in der Liebe kreisen, ja auch.

Der Erfolg der weltbekannten *Mickymaus* des Amerikaners Walt *DISNEY* beruht auf dem Paradoxon, daß die *Mickymaus* im Film listiger und intelligenter ist als ihr Gegenspieler, die Katze. Die Maus verkörpert die gesamte Skala der menschlichen Schwächen. Doch trickreich findet sie stets einen Ausweg. Darauf beruht ihr Erfolg. Eine ungünstige Bedeutung haben

Mäuse im Traum nur dann, wenn sie in größerer Anzahl oder gar in Massen auftreten. Dann versinnbildlichen sie nagende Gedanken. (Siehe *Haustier,* siehe *Tier*)

Meer

Das Meer ist ein archetypisches Sinnbild für den Ursprung des Lebens. Nicht des persönlichen Lebens eines Träumers, sondern des Lebendigen insgesamt. Das Meer ist in den Weltentstehungsmythen das weibliche Gegenstück zum männlich gedachten Himmel. In der Unergründlichkeit seiner Tiefe und mit seiner endlosen Weite ist es im Traum ein Symbol des Unbewußten, und zwar des *Kollektiven Unbewußten.* Die Bedeutung ist äußerst vielfältig. Sie kann von einem Aufbruch zu neuen Ufern, in seelisches Neuland, bis zu den gefährlichen Situationen reichen, die eine Fahrt über das Meer in sich birgt. Spielt sich der Traum am *Meeresufer* ab, informiert er über eine Problematik im Grenzbereich zwischen dem persönlichen und dem Kollektiven Unbewußten. (Siehe *Fluß,* siehe *Reise,* siehe *Schiff*)

Messer

Ein Messer ist ein Werkzeug, um etwas zu zerschneiden oder zu zerteilen. Die übertragene Bedeutung des gedanklichen Zerteilens – also eines *Analysierens* und *Differenzierens* – kommt dem Messer als Traumsymbol zu. Wird es als Angriffswaffe verwendet, signalisiert der Traum mit dem Messer eine Aggressionstendenz. Eine phallisch-sexuelle Bedeutung, wie *FREUD* es sich vorstellte, hat das Messer fast nie. Der Mann, der eine Träumerin beispielsweise mit einem gezückten Messer verfolgt, will sie weder töten noch vergewaltigen. Das Traumbewußtsein will in der Regel mit diesem Informationsbild erreichen, daß sich die Träumerin dieser Traumfigur mutig zuwendet und mit dem Messer die Probleme, die der Mann für sie verkörpert, zerteilt, das heißt sich bewußt macht. (Siehe *Gewehr,* siehe *Säbel*)

Milch

Die Muttermilch ist die erste Nahrung, die der Mensch nach seiner Geburt erhält. So deutet Milch im Traum auf den nährenden und sorgenden

Aspekt des Weiblichen hin. Als eine Nahrung symbolisiert die Milch, die ein Mann erhält, im übertragenen Sinne eine Zufuhr von Wissen und Erkenntnis. So wurde früher die Universität als *Alma mater,* das ist lateinisch »die Nährmutter«, bezeichnet. (Siehe *Mutter*)

Mittag

In den südlichen Ländern, im antiken Griechenland beispielsweise, galt die Mittagszeit als die Geisterstunde. Wie alle Tageszeiten im Traum, ist auch die Mittagsstunde ein Orientierungshinweis für die Traumsituation. Es ist die Zeit, wo die Sonne ihren höchsten Stand erreicht hat. Damit kann eine starke Annäherung der Traumproblematik an das Bewußtsein gemeint sein. Wenn es der Zusammenhang ergibt, kann der Mittag auch die Lebensmitte des Träumers symbolisieren. (Siehe *Abend,* siehe *Nacht*)

Mond

Mond und Sonne sind die kosmischen Entsprechungen der obersten weiblichen und männlichen Gottheiten. Nur in den Primitivkulturen des hohen Nordens – Sibirien, Alaska, Grönland – gilt der Mond als eine männliche Naturgottheit. Er wird als Sohn der Himmelsmutter aufgefaßt. Allgemein hat der Mond jedoch eine weibliche Symbolbedeutung. In Ausnahmefällen kann er das Signal für eine latente Homosexualität sein. Das archetypische Muster dafür findet sich in dem Werk des griechischen Philosophen *PLATO* »Das Gastmahl«. *PLATO* erzählt dort, daß es anfänglich drei menschliche Geschlechter gab: das weibliche, das männliche und das hermaphroditische. Das weibliche Geschlecht stammt von der Erde ab. Der Mann von der Sonne. Und das »dritte Geschlecht« vom Mond, dem Ort der Seelen. (Siehe *Sonne*)

Mord

Ein Mord im Traum bedeutet keine reale Lebensgefahr. Doch es handelt sich um ein *Warnsignal.* Ein Mord bedeutet – ob ihn der Träumer begeht oder ob er selbst ermordet werden soll – stets eine gewaltsame Abtrennung eines unbewußten psychischen Inhalts. Das können ungenutzte Fähigkeiten und Talente sein oder die seelische Beziehung zu einer bestimmten Person. Bei einem solchen Traumbild ist auch auf Depressionen zu achten. (Siehe *Begräbnis,* siehe *Leiche*)

Morgen

Der Morgen, die Morgendämmerung, die Morgenröte haben als Zeitangabe im Traum eine recht günstige Bedeutung. Diese Tageszeit deutet auf Bewußtwerdung hin. (Siehe *Abend,* siehe *Mittag*)

Motorrad

Das Motorrad gehört wie das Auto oder das Pferd zu den individuellen Fortbewegungsmitteln auf der sinnbildlichen Lebensreise im Traum. Es verkörpert jedoch stärkere psychische Energie als das Auto. Gegenwärtig gehört das Motorrad zu den *Statussymbolen* der Jugend, doch taucht es im Traum weniger als ein positives Symbol sexueller Potenz auf, sondern meist als Warnsignal. In der Regel informiert die weitere Traumhandlung über die Notwendigkeit, die eigene Triebhaftigkeit zu zügeln. (Siehe *Auto,* siehe *Pferd*)

Muschel

Die Muschel ist ein Symbol weiblicher Sexualität. Doch im Gegensatz zur Auster tritt bei der Muschel die Bedeutung der Fruchtbarkeit in den Hintergrund. Die *geschlossene* Muschel symbolisiert die weibliche Unberührtheit. Dies kann ein Hinweis des Traumbewußtseins auf fehlende seelische Reife sein und damit auch ein Signal für Frigidität. (Siehe *Auster*)

Musik

Musik im Traum ist – wie in der Lebenswirklichkeit auch – der Ausdruck von Gefühlserlebnissen. Vermutlich ist Musik ebenso alt wie die menschliche Sprache. In den frühen und besonders den asiatischen Kulturen wurde weniger der Melodie als vor allem den Klängen eine magische Bedeutung beigemessen. *PYTHAGORAS* entdeckte den unmittelbaren Zusammenhang zwischen den – physikalisch meßbaren – Tonschwingungen und der Gesetzmäßigkeit der Zahlen, die ein Produkt des Geistes sind. So ist Musik gewissermaßen Mathematik, die man hören kann. Diesen Zusammenhang zwischen Natur und Seele/Geist über die Musik als Medium nutzten die Gelehrten des indischen *Buddhismus* wie des arabischen *Sufismus* für die Entwicklung gewisser magischer Praktiken. So beruht beispielsweise die Wirkung der *Mantras* – das sind bestimmte geheime Worte für die Meditationsübungen der *Yogis* – nicht auf der *Bedeutung* der Worte, wie allgemein geglaubt wird. Es ist vielmehr der magische *Klang* der Vokale der Mantras, der eine nachweisbare Wirkung auf das Bewußtsein ausübt. Für die Deutung sind entsprechend die Wirkungen auf die Gefühlsstimmung des Träumers zu untersuchen. (Siehe *Geige*)

Mutter

Mit der Figur der eigenen Mutter oder mütterlichen Frauen aus dem Bekanntenkreis des Träumers zeigt ihm das Traumbewußtsein die Bereiche der eigenen Seele, die durch das Vorbild der Mutter während der Kindheit für das Erleben und Verhalten geformt und geprägt wurden. Die bewußten wie die unbewußten Erfahrungen mit der Mutter prägen in jedem Menschen ein unauslöschliches Vorstellungsbild, das seine Beziehungen zum Partner des Gegengeschlechts im späteren Leben bestimmt. Das Mutterbild wirkt auf die Psyche wie ein Muster, das nicht nur das bewußte Denken und Handeln eines Menschen beeinflußt, sondern vor allem vom Unbewußten her das Erleben und Verhalten gewissermaßen *programmiert.*

Erscheinen unbekannte Mutterfiguren im Traum, so symbolisieren sie oft die mütterlichen Funktionen oder Institutionen der Gesellschaft, Sozialeinrichtungen, Ansprüche auf Versorgung, kurzum den *Wohlfahrtsstaat.* Auch die *Mutter Kirche* kann gemeint sein. Als Archetyp, das heißt als eine menschliche Urerfahrung, hat die Mutter als Traumsymbol neben der lebenspendenden, ernährenden und schützenden Bedeutung aber auch den negativen Aspekt der bedrohlichen, fordernden und verschlingenden Mutter. (Siehe *Drache*, siehe *Frau, unbekannte*, siehe *Mutterkomplex*)

Mutterkomplex

Der vielzitierte psychologische Begriff *Komplex* wurde von C. G. *JUNG* geprägt. Darunter versteht man ein Bündel von unbewußten Vorstellungen, Gedankenverbindungen und Erfahrungsinhalten, die – gewissermaßen verkapselt – eine geballte Ladung psychischer Energie enthalten. Wie alle vom Bewußtsein abgeschnittenen Inhalte können Komplexe in der Psyche als Störfaktoren wirken. Der am häufigsten bei Neurosen zu beobachtende Komplex ist der Mutterkomplex.

Biologisch gesehen, wird der Mensch zu früh geboren. Mag auch die körperliche Entwicklung bei der Geburt für die Lebensfähigkeit des Säuglings bereits ausreichen, für den Lernprozeß in bezug auf die Umwelt benötigt der Säugling noch ungefähr ein weiteres Jahr. Während dieser Zeit lebt das Kleinkind gewissermaßen in einer *Dualunion* mit der Mutter. Es empfindet die Mutter als einen Teil der eigenen Person. Diese Beziehung ist ihm nicht bewußt. Um so einprägsamer sind, wie die moderne Neurosenforschung nachgewiesen hat, alle Erlebnisse im Zusammenhang mit der Mutter.

S. *FREUD* entwickelte aufgrund der Bedeutung der Mutter für das Kleinkind seine bekannte Theorie vom *Ödipuskomplex*. Er nahm an, daß bereits das männliche Kleinkind die Mutter sexuell begehrt. Diese Theorie hat sich als Irrtum herausgestellt. Dieser Irrtum ist entschuldbar, weil *FREUD* zufolge des zeitbedingten Materialismus in der damaligen Wissenschaft auch für seelische Erscheinungen das Primat eines biologischen *Lustprinzips als Lebenszweck* annehmen mußte.

Eine Störung in der Mutter-Kind-Beziehung im frühen Lebensalter legt stets die Wurzeln für Neurosen und Fehlhaltungen allgemeiner Art im späteren Leben, wenn z. B. ein Kind mutterlos in einem Heim aufwächst oder von der Mutter übertrieben verzärtelt wird. Diese sogenannte *Affenliebe* entwickeln Mütter besonders häufig, wenn der Vater fehlt. Auch bei Mädchen kann sich ein Mutterkomplex mit allen negativen Auswirkungen ausbilden, wenn die Mutter in der Ehe dominiert und der Vater zu schwach ist, um sich durchzusetzen. (Siehe *Frau, unbekannte,* siehe *Mutter,* siehe *Vater*)

Nabel

Der Nabel symbolisiert – als archetypisches Muster – die Mitte, und zwar die Mitte des Leibes der Erdmutter. Als *Weltnabel* ist er ein universales kosmisches Symbol. Im Traum eines Mannes informiert der Nabel meist über einen Mutterkomplex. Im Traum junger Frauen deutet das Bild des Nabels oft auf eine latente lesbische Neigung. (Siehe *Mutterkomplex*)

Nacht

Die Nacht symbolisiert im Traum einen seelischen Bereich, der im Dunkeln liegt. Gemeint ist damit das Unbewußte. (Siehe *Abend,* siehe *Mittag,* siehe *Morgen*)

Nacktheit

In der Symbolsprache des Traumbewußtseins bedeutet die Nacktheit den ursprünglichen *Naturzustand* des Menschen. Wenn sich der Träumer plötzlich im Traum splitternackt sieht, so hat das fast nie sexuelle Bedeutung. Die Peinlichkeit, die der Träumer empfindet, hat ihre Ursache in einer seelischen Entblößung, die ihm der Traum signalisiert. (Siehe *Kleider*)

Nase

Die Nase gilt nicht nur im Volksmund, sondern auch für die Traumsprache als Entsprechung für das männliche Glied. Der Geruch ist ebenso ein Kommunikationskanal für die Wahrnehmung wie Licht und Schall für Auge und Ohr. Nach modernen biologischen Erkenntnissen findet die Nachrichtenübermittlung durch Düfte und Gerüche mittels der sogenannten *Phermone* statt. Das sind Geruchspartikelchen, mit denen beispielsweise Insekten, Schmetterlinge usw. die Geschlechtsreife signalisieren. Bekannt ist auch die erotische Wirkung gewisser Parfums. (Siehe *Sexualität*)

Neger, Afrikaner

Für den Europäer symbolisiert ein Neger im Traum Lebensvitalität auf einer noch primitiven Bewußtseinsstufe. Die weitaus stärkere Unbewußtheit, der Glaube an magische Kräfte, die betont rhythmische Musik wie der besonders rhythmisierende und damit auch erotisierende Tanz sind es, die dem Neger diese Symbolbedeutung verleihen. Als Land der Hitze und der tropischen Vegetation galt Afrika bereits zur Zeit der klassischen Antike als ein symbolischer Ort dunkler und animalischer Leidenschaften. So verkörpert der Afrikaner im Traum auch die triebhaft unbewußte Schattenseite des Träumers. (Siehe *Kreuz*)

Neubau

Ein neues Haus, ein Neubau, informiert über eine seelische *Neuorientierung* des Träumers. (Siehe *Haus*)

Neun, Neunzahl

Wie alle ungeraden Zahlen, hat die *Neun* in der Zahlensymbolik einen männlichen Aspekt. Die Neun ist das Produkt von drei mal drei. Damit erhält sie eine betont männliche Bedeutung und symbolisiert eine potenzierte *psychische Aktivität*. Als Zahl der Planeten – Sonne, Mond und die früher bekannten sieben Planeten – hat sie die Bedeutung der obersten kosmischen Zahl und weist auf eine höchstmögliche »Vergeistigung« hin. In Analogie zur neunmonatigen Schwangerschaft der Frau gilt die Neun auch als Symbol für eine Neugeburt. (Siehe *Zahlen*)

Nixe

In der Mythologie gehört die Nixe zu den Naturgeistern und Dienerinnen der Großen Mutter. In den Märchen wird sie als Frau mit einem Fischunterleib geschildert. Sie verkörpert im Traum die weibliche Sexualität auf einer kalten, noch gefühlsunbezogenen Stufe. So informiert sie über eine noch unentwickelte sexuelle Reife. Die Nixe ist häufig das Signal für weibliche Frigidität. (Siehe *Nymphe*)

Nuß

Die Nuß hat als Frucht im Traum die Bedeutung eines *Ganzheitssymbols*. Die harte Schale, die den weichen Kern umgibt, versinnbildlicht den innerseelischen Kern der Persönlichkeit: das *Selbst*. (Siehe *Baum*)

Nymphe

Die Nymphen – Baumnymphen, Wassernymphen und Quellnymphen – zählen zum Gefolge der Großen Göttin Natur. Ihr männliches Gegenstück ist *Pan,* der bockfüßige und behaarte Naturkobold. In der griechischen Mythologie gehören Nymphen und Pan auch zu den Begleitern des *Dionysos,* des Gottes hinter der Maske. Dieser ist der Archetyp der unvergänglichen Lebenskraft, der die Natur aktiviert. Im Altertum hatte die Nymphe als ein Teil der *beseelten* Natur positive Bedeutung. Erst durch den christlichen Einfluß erfährt die Nymphe als Symbol einen Bedeutungswandel und erhält die negative Bedeutung der Nixe. (Siehe *Nixe*)

Ofen

Der Ofen symbolisiert im Traum den Bereich der menschlichen Gefühlswärme. Für die Wärme im Haus zu sorgen gehörte in früherer Zeit zu den Obliegenheiten der Frau. So erscheint er auch häufiger in den Träumen von Frauen und ist als eine Information über Eheprobleme zu verstehen. (Siehe *Haus,* siehe *Herd*)

Offizier

(Siehe *Direktor,* siehe *Mann, unbekannter*)

Operation

Mit dem Bild einer Operation weist das Traumbewußtsein auf psychische Erkrankungen hin. Die Art der vorzunehmenden Operation enthält die Hinweise auf entsprechende seelische Funktionen, die behandlungsbedürftig sind. So deuten Herzoperationen auf Gefühlskonflikte hin. Eine Beinoperation beispielsweise wäre ein Signal, daß die Lebenseinstellung des Träumers falsch ist und einer neuen Ausrichtung bedarf. Eine Magenoperation würde die Unverdaulichkeit der Umweltsituation anzeigen u. ä. m. (Siehe *Arzt,* siehe *Krankenhaus*)

Opfer

Die Bedeutung eines Opfers im Traum ist eine ähnliche wie die der Opferhandlungen in den Religionen, Mythen und Märchen. Das kultische Opfer stellt ja eine symbolische Handlung dar. Die Vorstellung, die – seit Urzeiten – dahinter steht, ist, daß die Früchte und Werte, die der Mensch der Natur abringt, als Ausgleich eines Opfers bedürfen. Diesen Ausgleichsgedanken kann auch die Traumhandlung enthalten. Das Traumopfer muß keine ungünstige Bedeutung haben. Es kann das Signal sein, gewisse Gewohnheiten zu opfern oder eine unvorteilhafte Beziehung abzubrechen. Trotzdem sind alle Einzelheiten des Traumes sorgfältig zu beachten. Denn das Traumbild des Opfers ist stets auch ein *Warnsignal.* (Siehe *Amputation,* siehe *Operation*)

Pelz

Der Pelz ist das Kleid eines Tieres. Bei den primitiven Volksstämmen gehört er zur Maskenkleidung bei kultischen Festen. Er symbolisiert die Eigenschaften des Tieres, von dem er stammt. Eine entsprechende Bedeutung hat der Pelz auch in der Traumsprache. Als ein modernes *Statussymbol* kann der Pelz auch ein Sinnbild der *Persona* sein. (Siehe *Kleider,* siehe *Kopfbedeckung*)

Pfarrer, Pastor

Der Pfarrer wie der Pastor sind *Seelsorger.* Dahinter kann sich die hilfreiche Figur des Seelenarztes verbergen. Bei Personen in der zweiten Lebenshälfte taucht der Pfarrer oft als ein Traumsignal auf, das auf die Notwendigkeit hinweist, sich mit dem Sinn des Lebens auseinanderzusetzen. (Siehe *Arzt,* siehe *Krankenhaus*)

Pfau

Der Pfau ist ein äußerst günstiges Traumbild. Der Pfauenschwanz enthält alle Farben. Das bedeutet eine Vereinigung der Gegensätze und seelische Vollständigkeit. In der Symbolsprache der mittelalterlichen Kunst wird der

Pfau dem sagenhaften Vogel *Phönix* gleichgestellt. Nach dem Mythos wird der Phönix fünfhundert Jahre alt. Dann verbrennt er sich selbst und wird aus der Asche wiedergeboren. Er ist das klassische *Wiedergeburtssymbol.* Eine entsprechende Informationsbedeutung können auch der Pfau oder seine Schwanzfedern haben. (Siehe *Feuer, Flamme,* siehe *Tier*)

Pferd

In den antiken Mythen, Sagen und den Märchen verkörpert das Pferd die biologische *Lebenskraft.* Es gehört zu den ältesten Haustieren des Menschen. Bei den alten Germanen war das Pferd ein heiliges Tier. Bei den Nomadenvölkern der nordasiatischen Steppengebiete war es nicht nur Reittier. Seine Milch war Nahrungsmittel und wurde sogar zu einem berauschenden Getränk vergoren. Es wärmte und schützte den Reiter, wenn er sich nachts zum Schlafen an den Pferdeleib legte.

Die Beziehung zwischen dem Pferd und seinem Herrn dürfte zu früheren Zeiten die persönlichste zwischen dem Menschen und einem Tier gewesen sein. So wurde der *Hengst* mit seiner Kraft und Schnelligkeit zum Symbol männlicher Vitalität und Potenz. Die *Stute* erhielt die Bedeutung eines Muttersymbols. Erst im christlichen Mittelalter wurde das Pferd zu einem Sinnbild dunkler und bedrohlicher Mächte. Das *schwarze* Pferd galt nun als Reittier des Teufels.

Ein gewisses übersinnliches Ahnungsvermögen des Pferdes ist bekannt. Pferdeträume sind sorgfältig auf alle Einzelheiten zu untersuchen. Die vergleichende wissenschaftliche Traumforschung hat die Auffassung des Volksglaubens bestätigt, der dem Pferd die Bedeutung eines *Todesboten* zuschreibt. Ein durchgehendes Pferd beispielsweise, das sich zu Tode stürzt, signalisiert *Rotlicht.* (Siehe *Explosion,* siehe *Lokomotive*)

Pflaume

In den Ländern des Fernen Ostens, in China und Japan, gilt der Pflaumenbaum als Lebensbaum und Baum der Erkenntnis. Er hat dort die Bedeutung eines Glückssymbols. Im nahen Orient ist der Pflaumenbaum Sinnbild des Frühlings und der Unberührtheit. Der Volksmund bei uns sieht in der Pflaume ein Symbol des weiblichen Genitales. Die Bedeutung des

Pflaumenbaumes – wie seiner Frucht – in der Landschaft des Traumes kann im einzelnen nur der Gesamtzusammenhang ergeben. (Siehe *Apfel,* siehe *Baum*)

Pilz

Pilze symbolisieren rauschhafte und ekstatische Zustände. Das können – wenn wir an den kultischen Gebrauch der »heiligen Pilze« bei den mittel- und nordamerikanischen Indianern und bei den Nomadenvölkern des hohen Nordens denken – religiöse Ekstasen sein. Der Pilz kann ebenso einen Hinweis für eine sexuelle Rauschhaftigkeit darstellen. In den Träumen von Drogensüchtigen kann er natürlich einen Hinweis auf die Rauschgifte *Psilocybin* und *Muskarin* enthalten. (Siehe *Alkohol*)

Platz

Spielt sich die Traumhandlung auf einem runden oder quadratischen Platz ab, so ist dieser als Sinnbild des Zentrums der Psyche zu verstehen. Derartige Träume haben stets eine besondere Bedeutung. Sie sind Signale, die auf die Notwendigkeit von Bewußtwerdungsproblemen hinweisen. (Siehe *Hauptstadt,* siehe *Kreis*)

Polizist

In der Lebensrealität ist der Polizist die sichtbare Verkörperung der Staatsgewalt. Diese Bedeutung kann er auch im Traum haben. In der Regel symbolisiert der Polizist im Traum mehr eine hilfreiche psychische Ordnungsfunktion. Seine Bedeutung ist in etwa die, die unter dem Begriff des *Gewissens* verstanden wird. (Siehe *Direktor*)

Quadrat

Das Quadrat ist als ideales, gleichseitiges, rechtwinkeliges Viereck ein Symbol seelischer *Ausgewogenheit* und *Ganzheit.* Zusammen mit kreisförmigen Gebilden kann es aber auf die »Quadratur des Kreises« und damit auf unlösbare Konflikte hinweisen. Ein Rechteck ist in diesem Sinne ein gestörtes Quadrat. Es signalisiert eine zu starke Ich-Haftigkeit des Träumers. Ist es horizontal, also in die Breite gedehnt, so fehlt es der Persönlichkeit an Höhe und Tiefe. (Siehe *Kreis,* siehe *Platz,* siehe *Vier, Viereck*)

Quelle

Die Quelle ist primär ein *Fruchtbarkeitssymbol.* Im Alten Testament – Hohelied IV, 12 – wird die Jungfrau mit einer versiegelten Quelle verglichen. Auch in den Märchen hat die Quelle die Bedeutung eines Symbols der Jungfräulichkeit und der Reinheit. Allgemein gesehen, hat die Quelle im Traum eine positive Bedeutung. Sie ist ein Signal für die Zufuhr von seelischer Energie. (Siehe *Grotte*)

Quitte

Die Quitte und die Aprikose (Marille) haben als Symbolfrüchte die gleiche Sexualbedeutung wie die Pflaume. In den mittelalterlichen Apotheken wurden Quittenkerne für die Herstellung von Lebenselixieren und potenzsteigernden Mitteln verwendet. (Siehe *Pflaume*)

Rabe

In der germanischen Mythologie hat der Rabe die Bedeutung eines *Wotan*tieres und eines *Todesvogels.* Der Rabe ist ein kluges Tier, das sprechen lernen kann. Dies hat ihm im Volksmund die Bedeutung eines *Seelenvogels* eingetragen. Wie die meisten Symboltiere heidnischer Gottheiten, wurde auch der Rabe unter dem Einfluß des Christentums zu einem Teufels- und Hexentier, nicht zuletzt wegen seiner Intelligenz. Aus seiner Abwertung im Mittelalter erklärt sich die sprichwörtliche Bedeutung des *Unglücksraben.* In den Träumen signalisiert der Rabe unglückliche Gedanken und Überlegungen des Träumers. (Siehe *Vogel*)

Rakete

Die Rakete ist – vor allem auch durch die Weltraumrakete – zum Zeichen des technischen Fortschritts der zweiten Hälfte unseres Jahrhunderts geworden. Im Traum erscheint sie jedoch erfahrungsgemäß fast immer als ein *Gefahrensignal*. Die Weltraumrakete hat der Menschheit den Aufbruch in den Kosmos ermöglicht. Damit ist ein uralter Menschheitstraum Wirklichkeit geworden: die Rückkehr zur Heimat der göttlichen Vorfahren – nach fast allen kosmogonischen Mythen. Die Mythen jedoch sind die *Kollektivträume* der Völker. Die persönliche Psyche eines Menschen sieht die Situation nüchterner. Die *Fahrt im Raumschiff* stellt eine totale Entfernung aus dem natürlichen Lebensbereich des Menschen dar. So ist eine Weltraumfahrt im Traum ein Signal *höchster Lebensgefahr*. Auf Selbstmordtendenzen ist zu achten! Auch wenn der Träumer ein begeisterter Science-fiction-Leser ist, zeigt der Traum mit einem derartigen Bild *Rotlicht* an. (Siehe *Atombombe*, siehe *Explosion*)

Ratte

Ratten im Traum sind ernst zu nehmende *Warnsignale*. Die Ratten können nagende, unfruchtbare Zweifel des Träumers verkörpern, welche eine positive Lebensführung verhindern. Ebenso können Ratten im Traum früheste Signale für den Ausbruch von organischen Erkrankungen sein, lange bevor die ersten körperlichen Symptome feststellbar sind. (Siehe *Maus*)

Räuber

(Siehe *Einbruch*)

Raubtier

Ein Raubtier im Traum signalisiert *Aggressionstendenzen*. Das gilt jedoch nicht für den Löwen, der als König der Tiere eine spezielle Symbolbedeutung hat. In der Mythologie gehören die Raubkatzen und andere Raubtiere zum Gefolge der weiblichen Naturgottheit. Sie verkörpern den bedrohlichen und negativen Aspekt der sexuellen Triebhaftigkeit. Eine männlich-sexuelle Aggressivität im Traum von Frauen erscheint erfahrungsgemäß eher im Bild kleiner Raubtiere, wie Wildkatzen, Iltis, Marder u. ä. (Siehe *Löwe*)

Rechts, Rechtsläufigkeit

(Siehe *Links*, siehe *Uhr*)

Regen

Der Regen im Traum ist ein *Fruchtbarkeitssymbol*. In der Mythologie ist der Regen der Same des Himmels, der die Erde befruchtet. Die Fruchtbarkeit, über die der Traum mit dem Bild des Regens informiert, hat vorwiegend die Bedeutung einer *geistigen Befruchtung* im Sinne von neuen und schöpferischen Ideen. (Siehe *Himmel*)

Regenbogen

Der Regenbogen in der Natur enthält alle Farben des Lichtspektrums. Damit ist er ein Symbol seelischer *Ganzheit*. In der Mythologie ist der Regenbogen die Götterbrücke zwischen Himmel und Erde. Dieses mythologische Muster, wie auch die Vereinigung aller Farben in sich, verleiht dem Regenbogen auch den Charakter einer symbolischen *Vereinigung* der Gegensätze. (Siehe *Farben*, siehe *Regen*)

Reise

Die Reise im Traum ist der symbolische Ausdruck für die Lebensreise des Träumers. Ganz gleich, ob es sich um eine Reise mit dem Auto, der Eisenbahn, dem Schiff oder dem Flugzeug handelt. Die Bedeutung im einzelnen zeigt das Traumbewußtsein durch die jeweiligen Fahrzeuge und die mehr oder weniger abenteuerlichen Ereignisse während der Traumreise an. (Siehe *Auto*, siehe *Bahnhof*, siehe *Fahrrad*, siehe *Fliegen, Flugzeug*, siehe *Schiff*)

Reiten

Das Reiten im Traum kann eine sexuelle Symbolbedeutung haben. Dann ist es der Hinweis für eine beherrschte und gezügelte Erotik. Dem muß aber nicht so sein. Allgemein bedeutet das Reiten einen Teil der biologischen Lebensentwicklung. Das Pferd verkörpert in diesem Fall häufig den Komplex des sogenannten vegetativen Nervensystems. Scheut das Pferd beim Reiten, oder will es sich nicht von der Stelle bewegen u. ä. m., so können das u. U. Hinweise für sogenannte funktionelle Störungen oder psychogene Symptome – das sind seelisch verursachte Krankheitssymptome – sein. (Siehe *Pferd*)

Revolver

Der Revolver ist ein Symbol männlicher *Aggressivität*. In den Westernfilmen und Krimis stellt er das typische Attribut des *harten Mannes* dar. Das unerschöpfliche Magazin des Revolvers, über das der Western-Held verfügt, symbolisiert dessen unerschöpfliche Potenz. (Siehe *Gewehr,* siehe *Supermann*)

Riese

In den Mythen, Märchen und Sagen ist der Riese eine bedrohliche und gewalttätige Figur. Im Traum symbolisiert er eine übermächtige, archetypische *Vaterfigur.* Eigenartigerweise ist es in den meisten Märchen nicht der Held, der den Riesen besiegt, sondern der einfältige jüngere Bruder, der in der Familie als der Ofenhocker gilt. Das Symbolmuster, das hinter diesen Märchenerzählungen steht, besagt, daß im Kampf mit Riesen und Ungeheuern ein wacher Verstand nicht ausreicht. Der Ofenhocker verkörpert den introvertierten Grübler, der Kontakt mit seinem Unbewußten hat. Das bedeutet, daß das Wachbewußtsein der *Intuition,* das heißt der schöpferischen Einfälle des Traumbewußtseins bedarf, um die richtige Lösung zu finden. (Siehe *Engel*)

Rose

Die Rose gilt seit Urzeiten als Blume der *Liebe.* Sie gehört zur griechischen Liebesgöttin *Aphrodite,* die auf der Roseninsel *Rhodos* geboren wurde. Im

Traum verkörpert die Rose das Weibliche in seiner Gefühlsfunktion. Im Mittelalter wurde die Rose zu einem Mariensymbol und einem Sinnbild der *himmlischen* Liebe. In der mittelalterlichen Alchimie zeigt die Rose die *Rubedo,* die letzte Stufe des alchimistischen Wandlungsprozesses zur Erlangung des *Lebenselixiers* an. Dieses Lebens- und Verjüngungselixier verkörpert die Rose ebenfalls. Ihr Bild im Traum kann als ein positiver Hinweis für eine seelische Bereicherung angesehen werden. In der Gestalt des *Rosenkreuzes* symbolisiert die Rose eine volle, blütenhafte Entfaltung der seelischen und geistigen Entwicklung. (Siehe *Blumen, Blüten,* siehe *Farben,* siehe *Rot*)

Rot

Die Farbe Rot drückt als Farbe des Blutes Leidenschaft, Sinnlichkeit, Feuer und gesteigerte Lebensvitalität aus. In den ägyptischen und griechischen Mysterienkulten war das Rot die Farbe der Priestergewänder, in der katholischen Kirche ist es die Farbe der Kardinäle.

Andrerseits ist Rot aber auch die Farbe der Revolution und der blutigen Unterdrückung. Nicht umsonst waren die Jakobinermützen grellrot, und ebenso sind die Fahnen der Sowjetunion und der sozialistischen Länder rot. Rot ist die Farbe des Kriegsgottes *Mars.* So stellt die Farbe Rot auch ein *Gefahrensignal* dar, wie es die Verkehrsampel mit dem Rotlicht anzeigt. Im Traum symbolisiert Rot Leidenschaftlichkeit, Fanatismus und Unbewußtheit bezüglich der sexuellen Triebhaftigkeit. Bei der Deutung ist stets der Doppelaspekt zu berücksichtigen. So positiv das Rot in seiner Bedeutung für Aktivität sein kann, sosehr ist es in seiner negativen Bedeutung als Gefahr zu berücksichtigen. (Siehe *Farben,* siehe *Rose*)

Rund

(Siehe *Kreis*)

Rußland

In den Träumen von Männern, die während des letzten Krieges als Soldaten in Rußland waren, tauchen oft russische Landschaften auf. Dieser Umstand wurde in der tiefenpsychologischen Literatur bisher nicht berücksichtigt. Allgemein gesehen ist Rußland in der Traumlandschaft als Hinweis für ein Traumthema anzusehen, das sich mit Kriegs- und Gefangenschaftserlebnissen befaßt, um diese seelisch aufzuarbeiten. Abgesehen davon symbolisiert *Rußland* im Traum die affektive Gefühlsseite des Träumers. Im Gegensatz dazu ist *Frankreich* ein Hinweis für die gefühlsbetonte Verstandesseite. Und *Amerika* (die USA) bedeutet, so gesehen, als Landschaft im Traum eine betont materielle Lebenseinstellung. (Siehe *Neger, Afrikaner*)

Säbel

Der Säbel symbolisiert im Traum ein gewaltsames Abtrennen und Abschneiden. Doch ist das Säbelfechten eine Kampfart, die nicht nur Mut, sondern ein hohes Maß an geistiger Konzentration erfordert, die durch hartes und ausdauerndes Training erworben wird. In Japan ist das gekrümmte Schwert – unser Säbel – die »Seele des Samurai«, wie es heißt. So gesehen hat der Säbel auch die Bedeutung des Instrumentes eines scharfen Geistes. Wie alle Hieb- und Stichwaffen, kann der Säbel auch eine erotische Nebenbedeutung haben, jedoch sehr viel seltener, als allgemein geglaubt wird. (Siehe *Messer*)

Salz

Salz und Brot wurden auf dem Lande früher dem Gastfreund überreicht, ebenso der Braut bei der Hochzeit. Das war eine symbolische Handlung, die eine Gemeinsamkeit der Interessen und ein glückliches Zusammenleben veranschaulichen sollte. Das Brot gehört zur täglichen Nahrung, und das Salz ist es, das die Speisen erst schmackhaft macht.

Ist das Brot im Traum ein Symbol für die seelische Nahrung, so ist unter dem Salz gewissermaßen die *geistige Würze* zu verstehen. Hat der Träumer im Traum eine versalzene Suppe auszulöffeln, so ist dies ein Hinweis dafür, daß er die Probleme zu sehr intellektualisiert. (Siehe *Brot*)

Samen

Der Samen, ob als Samenkorn oder als menschlicher Samen, ist ein Symbol *psychischer Energie*. Befruchtungsvorgänge im Traum, auch wenn sie deutlich als Bild einer sexuellen Vereinigung erscheinen, dürfen in keinem Fall sexuell gedeutet werden, wie es zur Zeit der *FREUD*schen Psychoanalyse üblich war. Der Samen ist das dingliche Symbol für die Entstehung und Entfaltung des Lebendigen. In den antiken Mysterienkulten galt er als Symbol göttlichen Geistes, des *Pneumas.* Eine entsprechende Bedeutung ist zutreffender. (Siehe *Sexualität*)

Sarg

(Siehe *Begräbnis*)

Schatz

Ein Schatzfund im Traum symbolisiert unerwartete Möglichkeiten. Meist ist es der Hinweis für den Träumer, vernachlässigte Fähigkeiten und Talente zu fördern. (Siehe *Geld,* siehe *Gold*)

Schiff

Das Schiff im Traum entspricht der Sprachbedeutung des *Lebensschiffes.* Die Fahrt mit dem Schiff über große Gewässer symbolisiert den unbewußten Lebensprozeß der *Lebensreise.* Wie das Unbewußte, hat auch das Schiff einen weiblichen Aspekt. Schiffe tragen ja auch meistens weibliche Namen. Alte Segelschiffe führen an ihrem Bug eine weibliche Galionsfigur. Dies weist auf die Bedeutung des Schiffs als eines *Seelen*schiffs in der antiken Mythologie. (Siehe *Fluß,* siehe *Meer,* siehe *Reise*)

Schirm

Im Altertum – und bei primitiven Völkerstämmen auch heute noch – ist der Schirm ein Attribut der Herrscher. So gesehen ist er ein *Herrschaftssymbol.* In der Regel drückt auch das Traumbewußtsein mit dem Schirm eine beschirmende und beschützende seelische Funktion aus, besonders wenn es sich um einen aufgespannten Schirm handelt. Der Schirm kann ebenso als Hinweis auf die *Persona* erscheinen und auf entsprechende äußere Eigenschaften seines Trägers verweisen. (Siehe *Kleider,* siehe *Kopfbedeckung*)

Schlafzimmer

Das Schlafzimmer als Ort der Traumhandlung kann lediglich auf die Unbewußtheit des Träumers bestimmten Problemen gegenüber hindeuten. Meist ist jedoch der seelische Bezirk, den das Traumbewußtsein der Gestaltung der ehelichen Beziehungen einräumt, gemeint. (Siehe *Haus*)

Schlange

Die Schlange gehört zu den archetypischen Symboltieren. Sie hat den Doppelaspekt der *Giftschlange* und der *Heilschlange*. Daher auch das Bild zweier Schlangen, die sich als Arztsymbol um den Äskulapstab winden. Diese gegensätzliche Bedeutung hat die Schlange auch in den Träumen. Als Kaltblütler und gefährliches Naturwesen, das keine persönliche Beziehung zum Menschen kennt, ist die Schlange ein Sinnbild der bedrohlichen Natur in ihrer Unpersönlichkeit. In der antiken Mythologie wird die Todesgöttin stets mit Schlangen dargestellt.

Als Paradiesesschlange verkörpert sie *Luzifer*. Auf mittelalterlichen Bildern ist die Schlange aber auch zusammen mit der Gottesmutter und mit Christus zu sehen. Dies erklärt die positive Bedeutung der Schlange als *Wandlungs-* und *Erlösungssymbol.*

Für die Bedeutung der Schlange im Traum kann nur die Gesamthandlung eine richtige Information ergeben. Sie kann die instinkthafte Triebnatur des Träumers verkörpern. In den Träumen von Jugendlichen kann sie eine vordergründige Sexualbedeutung haben. In den Träumen von Personen im Alter der Lebensmitte und bei älteren Personen steht die Wandlungs- und Wiedergeburtssymbolik der Schlange im Vordergrund. Als ein *Warnsignal* erscheint sie, wenn ein Mann dem bekannten *Johannestrieb* verfällt und im gesetzten Alter den Verführungskünsten einer kalt-berechnenden »Schlange« erliegt, wie es im Volksmund heißt. (Siehe *Apfel,* siehe *Luzifer,* siehe *Raubtier*)

Schleier

Der Schleier symbolisiert das *Geheimnis*. Sein Bild im Traum hat vielfältige Bedeutung. Die verschleierte *Maya* der Inder wie die verschleierte *Isis* der altägyptischen Religion sind Sinnbilder der verführerischen Illusion der materiellen Welt. Den Schleier dieser göttlichen Frauen zu lüften gehört zu den Heldenaufgaben. Wer das Wagnis unternimmt, erlangt das geheime Offenbarungswissen über die wirkliche Realität des Lebens.

Das Geheimnis der Sexualität wird bei allen Völkern durch den *Schleier der Braut* versinnbildlicht. Hier symbolisiert das Zerreißen des Schleiers den Akt der Defloration. Eine vergleichbare Bedeutung hat der Schleier in den Träumen jugendlicher Personen. Als Bild der Jungfräulichkeit weist er auf die damit zusammenhängende Problematik hin, für das Mädchen wie für den jungen Mann. Ganz allgemein kann mit dem Schleier auch eine Gefahr signalisiert sein. Für das seelische Leben des Menschen haben Geheimnisse oft den Charakter einer Schutzfunktion. Die gewaltsame Entschleierung der Intimsphäre eines Menschen, die Aufdeckung seiner Privatgeheimnisse stört das seelische Gleichgewicht. Fast jeder Mensch reagiert in einem solchen Falle affektiv oder neurotisch. (Siehe *Amputation,* siehe *Nacktheit*)

Schloß, Burg

Ein Schloß oder eine Burg als Ort der Traumhandlung symbolisieren einen Bereich des seelischen Lebens, der mit altertümlichen, märchenhaften und abenteuerlichen Vorstellungen sowie phantasievollen Ideen verknüpft ist. Oft erscheint das Schloß als *archetypisches Muttersymbol.* Denn Schloß und Burg waren der Wohnsitz von *Königinnen* und *Landesmüttern.* Sie sind es in Ländern, die die Monarchie beibehalten haben, auch heute noch. In den meisten Fällen informiert das Traumbewußtsein mit dem Schloß über einen *Mutterkomplex.* (Siehe *Mutter,* siehe *Mutterkomplex*)

Schloß, Schlüssel

In den Märchen wie auch in den Träumen haben Schloß und Schlüssel sexuelle Bedeutung. Der Bildvergleich für die Vereinigung von Mann und Frau ist sprichwörtlich. Doch ist das nicht alles. Das Schloß kann ebenso der Traumhinweis für die *Verschlossenheit* einer Person oder für die *Unzugänglichkeit* eines seelischen Komplexes wie einer Problemlösung sein. Der Schlüssel – als männliches Gegenstück zum Schloß – ist auch ein *Herrschaftssymbol.* Die Sitte, dem Landesherrn oder auch im Kriegsfall dem Sieger den Stadtschlüssel zu überreichen, hat sich beispielsweise im Karneval bis in unsere Zeit erhalten. Darüber hinaus hat der Schlüssel auch die Bedeutung eines

Offenbarungssymbols, sowohl in den Märchen wie auch im allgemeinen Sprachgebrauch. Mit dem »Schlüssel zum Erfolg« oder zur »Erkenntnis« sind für gewöhnlich die Anweisungen, Lehren oder Methoden gemeint, die den Zugang zum Erfolg öffnen. (Siehe *Hauptstadt,* siehe *König,* siehe *Labyrinth*)

Schmetterling

Der griechische Name des Schmetterlings lautet *Psyche.* Es ist dies auch das griechische Wort für *Seele.* Diese Doppelbedeutung erklärt sich aus der biologischen Entwicklung des Schmetterlings. Er macht bekanntlich eine Reihe von Verwandlungen durch. Aus dem Ei entwickelt sich die Raupe. Diese verpuppt sich nach einer gewissen Zeit. Aus der Puppe erscheint dann der Schmetterling. Dies hat ihm die Bedeutung eines *Auferstehungs-* und *Wiedergeburtssymbols* eingetragen. Die Möglichkeit der Auferstehung und Wiedergeburt wird ja der Seele in fast allen Religionen der Menschheit zuerkannt. Auf Bildern der Ureinwohner Nordamerikas beispielsweise wird die dem Körper entfliehende Seele durch einen Schmetterling auf dem Mund eines Verstorbenen dargestellt.

Die negative Bedeutung des Schmetterlings als Symbolbild der Unbeständigkeit und Flatterhaftigkeit einer Frau kam erst im 19. Jahrhundert auf. Der materialistischen Einstellung der damaligen Wissenschaft zufolge wurde die Existenz der Seele geleugnet. Selbst die Psychologie – wörtlich die *Seelenlehre* – sollte nur noch eine Verhaltensforschung sein. Doch die Psyche in ihrer Wirklichkeit kümmert sich gewissermaßen nicht um den Streit der Wissenschaftler. Es ist ihr gleichgültig, ob man ihre Existenz leugnet oder nicht. Das Traumbewußtsein symbolisiert mit dem Bild des Schmetterlings nach wie vor die *Seele.* Dabei ist das Flattern des Schmetterlings in seinem Flug als Bildausdruck für Umherirren und *Suchen* der Seele zu verstehen. (Siehe *Eros*)

Schmied, Schmiede

Zu früherer Zeit hatte der Schmied den Charakter eines Künstlers und Magiers, der im Feuer die Eigenschaften der Metalle verwandelt. Aus dem spröden Eisen schmiedet er den federnden, aber harten Stahl. Für das Traumbewußtsein hat der Schmied als Symbol seine Bedeutung beibehalten.

Der *Schmiede* kommt als Traumort eine ähnliche Bedeutung wie der Küche zu. Sie ist ein sinnbildlicher Ort der Wandlung und Verwandlung. (Siehe *Feuer, Flamme,* siehe *Herd,* siehe *Küche*)

Schmutz

(Siehe *Kot, Exkremente*)

Schnecke

Die Langsamkeit der Schnecke ist sprichwörtlich. Diese Informationsbedeutung hat die Schnecke auch im Traum. Sie ist ein Hinweis für *Langsamkeit* und *Unentschlossenheit,* doch auch für eine gewisse *Überempfindlichkeit* im Umgang mit den Mitmenschen. Denken Sie an die Schnecke, die sich bei der geringsten Berührung in ihr Schneckenhaus zurückzieht. Die Anspiegelung des Volksmundes auf das weibliche Genitale übernimmt gelegentlich auch das Traumbewußtsein, doch dann stets im Sinne einer gewissen Zurückhaltung und *Sprödigkeit.* So galt die Schnecke im Mittelalter auch als Symbol der *Jungfräulichkeit.* (Siehe *Muschel,* siehe *Schleier*)

Schnee

(Siehe *Eis,* siehe *Gletscher*)

Schuh

Der Schuh gehört zur Kleidung, Fällt er im Traum durch Besonderheiten auf, so ist er als *Personasymbol* zu deuten. Der Reitstiefel kann als *Statussymbol* erscheinen, der klobige *Soldatenschuh* signalisiert unter Umständen militärische *Brutalität.* Der *Pantoffel* ist das sprichwörtliche Symbol weiblicher Herrschsucht und männlicher Abhängigkeit von der Frau. Mit dem Bild des Mannes, der *unter dem Pantoffel* steht – ein bekanntes Witzblattmotiv –, würde der Traum auf *masochistische* Tendenzen hinweisen bis zum Extrem der sexuellen *Hörigkeit.* Der spitze *Damenschuh* oder *Stiefel* mit übertrieben hohem und dünnem Absatz signalisiert sexuelle weibliche Aggressivität. Für den echten Masochisten hat dieser Stiefel die Bedeutung eines *Fetischs*, das heißt, seine Sexualität ist an das Objekt fixiert. Er kann nur lieben, wenn seine Partnerin ihn mit ihren Stiefeln traktiert.

Allgemein deutet der Schuh – als normaler Alltagsschuh – auf die geistige oder seelische Einstellung des Träumers hin. Kurzum: der Schuh zeigt den *Standort* an. Zu beachten sind bei der Deutung der Zustand der Schuhe und ihre Eignung für den jeweiligen Zweck. Diese Beobachtungen sind besonders aufschlußreich. Das wissen auch die erfahrenen Portiers großer Hotels. Sie pflegen ihrem Gast als erstes auf die Schuhe zu sehen. Für sie ist das ein Persönlichkeitstest, der ihnen mehr verrät als der Paß, die übrige Kleidung und zur Schau getragene Statussymbole. (Siehe *Bein,* siehe *Kleider*)

Schule

Mit dem Bild der *Schule* im Traum, den *Schulaufgaben* und den *Schulexamen* informiert das Traumbewußtsein über vergleichbare Situationen im Leben. Denn das Leben selbst ist ein Lernprozeß, der für jeden Menschen bis an sein Lebensende dauert. Nur sind sich die meisten Menschen dieser Tatsache kaum bewußt. Das Traumbewußtsein erinnert sie mit diesen Schulbildern daran. (Siehe *Lehrer*)

Schwarz

Physikalisch gesehen ist *Schwarz* keine Farbe, sondern eine *Nicht-Farbe*. Denn ein schwarzer Körper strahlt weder Licht aus noch reflektiert er dieses. In der Physik wie im Traum hat Schwarz die Bedeutung für *Nicht-Licht*. Es ist das Signal für einen seelischen *Stillstand*. So ist Schwarz auch die Farbe der *Trauer* und des *Todes*. Es symbolisiert das *Nichts*. Seine negative Symbolbedeutung hat das Schwarz erst durch den Aufstieg des Materialismus zur abendländischen Weltanschauung und den gleichlaufenden Verlust der Religiosität der Massen der Bevölkerung erhalten. In den Ländern des Fernen Ostens, für die der Tod nur einen Übergang zu einer anderen Bewußtseinsdimension darstellt, ist *Weiß* die Farbe des Todes. Das war zur Zeit der Antike, während des Mittelalters und noch zu Beginn der sogenannten Neuzeit auch in Europa der Fall. Die Trauerfarbe war hier das *Grau*. Denn nach christlicher Vorstellung stirbt nur der Körper, was dem Eingehen in die Dunkelheit (= Schwarz) entspricht. Die Seele dagegen kehrt in das ewige

Licht, versinnbildlicht durch das Weiß, zurück. Demnach konnte die Farbe der Trauer nur eine Mischfarbe aus beidem sein: das *Grau.*

Schwarz-Weiß hat keine so ungünstige Symbolbedeutung wie das Schwarz. Es symbolisiert die *Gegensätzlichkeit,* wie sie auch in der Umgangssprache durch das Begriffspaar von schwarz-weiß für hell-dunkel, gut-böse, richtig-falsch u. ä. m. üblich ist. (Siehe *Farben*)

Schwein

Im Volksmund hat das Schwein die Bedeutung eines *Glückssymbols.* In grauer Vorzeit war es das Reittier der *Großen Göttin,* der Herrin der Tiere. Sie war auch Schutzgöttin der natürlichen Geschlechtlichkeit des Menschen und damit der Zeugungsvorgänge sowie der weiblichen Fruchtbarkeit. Eine entsprechende Bedeutung hat das Schwein auch im Traum. Nur in seltenen Fällen ist es ein Sexualsymbol, überwiegend aber Traumbotschaft für eine seelische Bereicherung oder geistige Potenz. (Siehe *Bauer, Bauernhof,* siehe *Haustier*)

Schwert

Das Schwert verkörpert als Symbol weltliche *Herrschgewalt* und *Gerichtsbarkeit.* Das Bild der Justitia mit Schwert und Waage und auch der Begriff des Richtschwertes sind bekannt. Im Traum hat das Schwert meist die Bedeutung eines Instruments des Teilens und Unterscheidens psychischer Inhalte oder eines Aufspaltens von Komplexen mit dem Ziel einer Bewußtwerdung. Der Kampf mit dem Schwert, wie er unter Rittern früher üblich war, erforderte hartes Training, ein Höchstmaß an Körperbeherrschung und geistiger Konzentration. Im Fernen Osten galt das Schwert als die Seele des *Samurai.* Das ist der Ritter in Japan. Das Schmieden eines Schwertes war ein kultisch-sakraler Vorgang, dem rituelle Reinigungszeremonien vorausgingen. Die berühmten Schwerter der Helden in den mittelalterlichen Rittersagen trugen besondere Namen. Es wurde ihnen ein Eigenleben zugeschrieben. Meist waren diese Schwerter Geschenke der Götter oder der Schicksalsmächte. Den Auserwählten machten sie unbesiegbar, dem Unwürdigen wurden sie zum Verhängnis.

In den Träumen von Menschen unserer Zeit ist es selten, daß der Träumer ein Schwert erhält oder in einen Schwertkampf verwickelt wird. Doch wenn ein solches Bild erscheint, so ist es der Hinweis auf ein archetypisches

Verhaltensmuster. Für eine richtige Deutung ist es erforderlich, sich über dieses Muster in der einschlägigen Literatur zu informieren. (Siehe *Messer*, siehe *Säbel*, siehe *Symbole*)

Schwester

Die leibliche Schwester symbolisiert im Traum von Frauen in der Regel unbewußte *Schatten*eigenschaften. Im Traum eines Mannes verkörpert die Schwester seine *Anima*. Sie informiert über die männlichen Empfindungen und über seine Gefühlswelt. Eine *Krankenschwester* signalisiert Störungen und Hilfsbedürftigkeit in diesem Bereich. (Siehe *Arzt*, siehe *Krankenhaus*)

Sechs

Die Symbolbedeutung der Zahl *Sechs* ergibt sich aus der Multiplikation von *Zwei* (= Weiblichkeit) mit der männlichen *Drei*. In der Gestalt des *Sechsecks* oder eines sechsstrahligen *Sterns* erhält die Sechs ihre Bedeutung durch die Addition des weiblichen Dreiecks mit der Spitze nach unten und des männlichen Dreiecks mit der Spitze nach oben. So ist die *Sechs* das Symbol der ehelichen Harmonie und einer harmonischen Ausgeglichenheit innerhalb einer Partnerschaftsgemeinschaft. In den Träumen jüngerer Personen kann die Sechs durchaus mit dem gleichklingenden *Sex* gleichzusetzen sein. (Siehe *Zahlen*)

Sexualität

Sexuelle Handlungen im Traum müssen keineswegs auch eine sexuelle Bedeutung haben. Selbstverständlich hat ein normaler und vor allem ein junger Mensch nach einer Zeit der Enthaltsamkeit natürliche geschlechtliche Bedürfnisse. Diese können entsprechende stimulierende Phantasiebilder entstehen lassen, und dies auch im Traum. Diese Vorstellungen als Zeichen eines körperlichen Mangels sind ebenso natürlich wie das Glas klaren Wassers oder der sprudelnde Quell, von denen der Durstige träumt. Sie bedürfen keiner eingehenden Erklärung. Es handelt sich hierbei, wie Alfred *ADLER* nachgewiesen hat, um das normale Ausgleichsstreben der Psyche. Man kann in diesen sexuellen Traumszenen Wunschvorstellungen sehen, so wie S. *FREUD* vor achtzig Jahren. Denn damals waren weder die Hormone entdeckt noch gab es eine wissenschaftliche *Endokrinologie* (Lehre von den Drüsensekreten und Hormonen). Streng genommen handelt es sich hier auch nicht um Wünsche, sondern um Reflexe. Denn die Ursachen sind nicht seelischer, sondern in diesem Fall biologischer Natur.

Der große Irrtum von *FREUD* war es, aus dem Auftauchen dieser normalen reflektorischen Sexvorstellungen im Traum die Schlußfolgerung zu ziehen, alle Träume seien unerfüllte Wunschvorstellungen. Und zwar fast ausschließlich sexuelle Wunschträume. Denn – so *FREUD* wörtlich –: »*Es ist das Programm des Lustprinzips, das den Lebenszweck setzt.*« Da eindeutig sexuelle Traumbilder aber recht selten sind, spekulierte *FREUD*, der Traum verdecke, verstecke und verschlüssele diese anstößigen Trauminhalte. Für heutige Begriffe erscheint dies alles reichlich naiv. Alfred *ADLER,* einer der bedeutendsten Schüler von *FREUD,* hat das Bemühen des Meisters, den Inhalt der Träume und darüber hinaus jegliche Leistung menschlicher Kultur auf sexuelle Ursachen zu reduzieren, aus *FREUDs* eigener Sexualneurose erklärt. Dies hat ihm lebenslängliche Feindschaft und Verfolgung eingetragen. Doch ist diese Erklärung gar nicht nötig. Der Irrtum von *FREUD* wird aus der Prüderie und der antiquierten Moralvorstellung, die vor fast hundert Jahren herrschte, durchaus erklärbar und verständlich. Fatalerweise geistern die wissenschaftlichen Irrtümer von *FREUDs* Sexual- und Traumtheorie noch immer durch die psychologische Literatur. Sie werden inzwischen – mit achtzigjähriger Verspätung als »Konzession an den Fortschritt« des Bildungswesens – unseren Schulkindern gelehrt. *FREUDs* Irrtümer mindern seine Bedeutung nicht. Sie liegt auf anderem Gebiet. Doch die wissenschaftliche Traumforschung haben die Irrtümer von *FREUD* rund fünfzig Jahre lang blockiert. Vielleicht hilft der Hinweis auf *ARISTOTELES.* Dessen Lehre, daß sich die Sonne um die Erde dreht, weil die Erde der Mittelpunkt des Weltalls ist, war für die offizielle Wissenschaft zwei Jahrtausende lang tabu. Als Galileo *GALILEI* (1564–1642) mit Hilfe des Fernrohres diesen Irrtum aufdeckte, wurde er von der Kirche vor dem Inquisitionstribunal zum Widerruf gezwungen. Es dauerte immerhin zweihundert Jahre, bis *GALILEIs* Buch 1823 von der Liste der verbotenen Bücher gestrichen wurde und die Kirche den Irrtum des *ARISTOTELES* eingestand.

Die meisten Träume sexuellen Inhalts haben ihre Ursache nicht in mangelnder Befriedigung, sondern signalisieren eine falsche Einstellung des Träumers zur Sexualität als solcher. Erfahrungsgemäß bedeutet eine sexuelle Vereinigung im Traum keinen konkreten sexuellen Akt, sondern den

Hinweis auf eine seelische Kontaktaufnahme. Bei allen sexuell gefärbten Traumbildern sind die allgemeinen Lebensumstände des Träumers für eine sinnrichtige Deutung zu berücksichtigen.

Sieben

Die Zahl *Sieben* signalisiert Aktivität und Fortschritt im Sinne eines rhythmischen Geschehens. Die Woche hat sieben Tage. Der Regenbogen zeigt sieben Farben. Der Mondwechsel findet im Turnus von vier mal sieben Tagen statt. In der Antike war die Sieben die Symbolzahl des Kosmos und eine heilige Zahl. Denn außer Sonne und Mond waren nur die fünf Planeten von Merkur bis Saturn bekannt. (Siehe *Zahlen*)

Silber

Als Edelmetall galt das Silber im Altertum als Botschaft der Mondgottheit. Seine Farbe gleicht der des Mondlichts. Als Mondmetall und Schwester des Goldes hat das Silber eine weibliche Symbolbedeutung. Silberne Münzen im Traum zeigen positive weibliche Werte an. (Siehe *Geld,* siehe *Gold*)

Skarabäus

(Siehe *Insekten*)

Smaragd

Der Smaragd gehört neben dem Diamanten und dem Rubin zu den kostbarsten Edelsteinen. So symbolisiert er im Traum einen Bereich höchster seelischer Werte. Seine *grüne* Farbe verleiht ihm auch die Signalbedeutung für einen *geistigen Fortschritt.* (Siehe *Diamant,* siehe *Farben*)

Sommer

Die Zeit des Sommers im Traum ist als Hinweis für eine Reifezeit und die Zeit der Lebensmitte zu verstehen. (Siehe *Mittag*)

Sonne

In den vorchristlichen Religionen der Kulturvölker war die Sonne der oberste Himmelsgott. Die Sonnenstrahlen symbolisierten den göttlichen Samen, dem die Erde ihre Fruchtbarkeit verdankt. Fast alle Trauminformationen, die sich auf die Sonne beziehen, entsprechen dem Sprachgebrauch und sind leicht zu deuten. Die Sonne ist eines der positivsten Traumsymbole. Sie versinnbildlicht stets produktive schöpferische Energie, die geistige, künstlerische oder Bewußtseinsprozesse in Gang bringt. Den bedrohlichen Charakter der sengenden Sonne in Wüstengebieten hat sie für die Bewohner unserer Breitengrade nicht. (Siehe *Fackel*, siehe *Feuer, Flamme*, siehe *Kerze*, siehe *König*, siehe *Lampe, Laterne*)

Sparkasse

Sparkassen und Banken haben als Handlungsort im Traum die Symbolbedeutung eines Bereichs seelischer Werte und gespeicherter psychischer Energie. Mit dem Bild einer *öffentlichen* Sparkasse oder einer Großbank kann eine seelisch-geistige Bereicherung durch die soziale Stellung des Träumers in der Gesellschaft gemeint sein. Das *Sparen* von hohen Beträgen im Traum kann ein *Warnsignal* darstellen. Der Träumer hält seine Talente zurück. Der *Einbruch* in eine Sparkasse signalisiert naheliegenderweise Verluste. (Siehe *Einbruch*, siehe *Geld*)

Speichel

Wie alle Körpersekrete, hat der Speichel im Volksglauben und bei den Primitiven die Bedeutung einer *magischen* Substanz. Er enthält psychische Energie. Mit dem dreimaligen Anspucken – dem bekannten toi, toi, toi – wird dem Betreffenden Kraft zugeführt. Das dreimalige Ausspucken ist als Abwehrzauber zu verstehen. (Siehe *Kot, Exkremente*, siehe *Urin*)

Speise

(Siehe *Mahlzeit*)

Spiegel

In den Märchen hat der Spiegel eine magische Bedeutung. Er zeigt Verborgenes und zukünftiges Geschehen. Im Traum erscheint er als *Achtungssignal.* Er hat die Bedeutung eines *Seelenspiegels* und zeigt dem Träumer seine unbewußten Schattenseiten. Dies kann unter Umständen erschreckend sein. Spiegelträume sind sorgfältig auf alle Einzelheiten zu untersuchen. (Siehe *Schleier*)

Spinne

Eine Spinne im Traum und auch das Spinnennetz sind meist *Gefahrensignale.* Diese Bedeutung geht aus der Art der Nahrungssuche der Spinne hervor. Für die Insekten, die in ihr Netz geraten, ist sie tödlich. Der Volksmund vergleicht die Tätigkeit der Spinne mit dem Spinnen von Intrigen. (Siehe *Insekten,* siehe *Labyrinth*)

Spirale

Die Spirale ist ein Symbol *psychischer Dynamik.* Ihre kreisförmige Bewegung zeigt ein Umkreisen von Problemen von allen Seiten an. Doch im Gegensatz zur Kreisbewegung, die immer wieder zum Ausgangspunkt zurückkehrt, führt die Spirale – einwärts gerichtet – zum *Zentrum.*

Das Bild der Spirale im Traum gehört zu den positivsten Signalen. Nach Situationen eines seelischen, geistigen oder sonstigen Stillstandes zeigt sie stets einen Fortschritt an. (Siehe *Kreis,* siehe *Kreuz*)

Stadt

Die Stadt verkörpert im Traum den seelischen Umweltbereich des Träumers. Sie hat als Symbol einen weiblichen Aspekt und kann als ein kollektives *Muttersymbol* erscheinen. (Siehe *Hauptstadt,* siehe *Haus*)

Stein

(Siehe *Diamant,* siehe *Smaragd*)

Stier

Im Altertum gehörte der Stier zu den heiligen Tieren. In Ägypten und auf Kreta galt er als Symbol des Sonnengottes. Im Traum erscheint der Stier als Sinnbild männlicher *Kraft* und *Potenz*. Eine vergleichbare Symbolbedeutung kommt in den USA dem *Büffel* zu. Die *Stierkämpfe* in Spanien und Südfrankreich haben ihren Ursprung im archaischen Stierkult. Auf Kreta war es üblich, daß bei den kultischen Stierfesten nackte Jünglinge den Stier bei den Hörnern packten und sich auf dessen Rücken schwangen. Der Symbolsinn dieser kultischen Spiele ist eindeutig. Der Jüngling muß lernen, seine animalische Triebkraft zu meistern. Erst dann gilt er als Mann. Entsprechende Hinweise enthält in der Regel auch der Stier als Traumsymbol. (Siehe *Labyrinth*, siehe *Tier*)

Straße, Weg

Die Straße oder der Weg erscheinen im Traum als Symbolbild des *Lebensweges. Kreuzwege* signalisieren eine notwendige Entscheidung. Das gilt auch, wenn sich ein Weg *gabelt. Wegweiser* und *Straßenschilder* sind Richtungshinweise für eine psychische oder geistige Orientierung. Infolge der Wichtigkeit dieser Traumbilder für die psychisch-geistige Entwicklung des Träumers sind alle Besonderheiten und auch die Art des Fortkommens auf der Traumstraße und des verwendeten Fahrzeugs von Bedeutung. (Siehe *Abgrund*, siehe *Auto*)

Stufe

(Siehe *Leiter*, siehe *Treppe*)

Supermann

In den modernen Märchen unserer Zeit, den Comic strips, Krimis, Science-fiction-Romanen, Western und entsprechenden Filmen und TV-Sendungen, erscheint der Supermann als Symbol des *Helden*. Auch in den Träumen tauchen Personen auf, die über übermenschliche Kräfte verfügen und Unmögliches vollbringen. Diese Symbolfiguren können auf das Ausgleichsstreben der Psyche zurückgehen und in ausweglos erscheinenden Situationen Hinweise für verblüffende Problemlösungen anbieten. Trotzdem ist der Supermann im Traum – im Gegensatz zur Heldenfigur aus Sagen und Märchen – weitaus häufiger ein *Gefahrensignal.* Er zeigt eine Überbewertung logischer Vernunftschlüsse oder eines materiell orientierten Denkens an, eine Einstellung, die – psychologisch gesehen – als *Bewußtseinsinflation* bezeichnet wird. Mit der Figur des Supermanns kann das Traumbewußtsein auch *Größenwahnvorstellungen* signalisieren. (Siehe *Maschinenpistole*)

Symbole

Die Bedeutung der Symbole für das menschliche Bewußtsein – das persönliche Bewußtsein des einzelnen wie das Kollektiv-Bewußtsein von Gruppen, Massen, Völkern und Nationen, kurzum der menschlichen Gesellschaft insgesamt – ist in der Öffentlichkeit viel zu wenig bekannt. Ebenso kaum bekannt ist die verblüffende Tatsache, daß das menschliche Verhalten, Erleben und Denken zu 90 Prozent durch symbolische Muster und Archetypen unbewußt motiviert wird.

Die moderne Hirnforschung faßt das Gehirn im Sinne der Kybernetik als ein hochkompliziertes Regel- und Steuerungssystem auf. Stellen Sie sich die Psyche als Nachrichtenverwertungs- und Kommandozentrale des Verbundsystems »Mensch« vor, dessen Arbeitsvorgänge größtenteils automatisch ablaufen wie bei einer automatisierten Großfabrik. Dann sitzt in der Psyche gewissermaßen auch ein Team von EDV-Technikern. Sie *programmieren* das Gehirn und Nervensystem ebenso mittels Symbolen, wie Computerspezialisten die Elektronengehirne mit mathematischen Symbolen füttern. Die symbolischen Muster sind in diesem Fall mit den bekannten Lochkarten zu vergleichen, die ein kurzes Steuerungs*programm* enthalten. Diese *programmierende* Wirkung kommt allen echten Symbolen zu. Doch was ist ein echtes Symbol?

Ein Symbol ist ein Informationsträger. Doch im Gegensatz zu den Zeichen, Allegorien und Idolen ein Informationsträger besonderer Art. Es besitzt eine gewisse *Autonomie.* Sozusagen ein Eigenleben. Das Symbol, ob als Bild, Gegenstand, sprachliches Zeichen, musikalische Tonfolge, Körpergeste usw., besitzt einmal einen *eidetischen* Sinn. Das heißt, es informiert bildlich über eine Idee. Zum anderen aber besitzt das Symbol noch einen *operativen* Sinn. Das heißt, seine Information löst eine Wirkung aus. Je weniger sich ein Mensch dieses operativen Sinnes bewußt ist, um so *zwingender* ist die Wirkung.

»*Die große Bedeutung der Symbole besteht darin, daß in einem nach wissenschaftlichen Gesichtspunkten aufgebauten System von Symbolen das Operieren mit den wirklichen Dingen und ihren Zusammenhängen ersetzt werden kann. Wissenschaftliche Systeme von Symbolen vergrößern unsere Macht über die Wirklichkeit.*« So heißt es im »Wörterbuch der Kybernetik« von Georg KLAUS. »*Wissen ist Macht*«, lautet ein bekanntes Wort. Doch was damit gemeint ist, ist das Wissen um die Zusammenhänge und Handlungsabläufe der Lebenserscheinungen, der Muster und Strukturen für künftige Aktionen und Reaktionen, wie es das Verständnis der Symbole verschafft. So gesehen muß es heißen: *Symbole sind die Schlüssel zur Macht.*

Ein *Zeichen,* wie ein Verkehrszeichen, ist ein bildlicher Hinweis. Wir können die Information beachten, müssen aber nicht. Eine Allegorie, wie die Darstellung der Quelle etwa durch eine nackte Frauenfigur mit einem Krug, ist ein vom Künstler konstruierter Vergleich. Unmittelbar geht die Bedeutung aus dem Bildwerk nicht hervor. Doch das Bild der *Spirale* dagegen ist ein *echtes* Symbol. Wenn es im Traum auftaucht, *weiß* der Analytiker, daß in der Psyche des Träumers ein Weiterentwicklungsprozeß in Gang gekommen ist. Ganz gleich, ob sich der Träumer dieser Bedeutung bewußt ist oder nicht. Ein anderes Beipiel: Das geflügelte Eisenrad ist nur ein Bildzeichen der Eisenbahn. Das *Rad* als solches aber, vermutlich der Beobachtung der über den Himmel rollenden Sonne vor Urzeiten entnommen, ist ebenfalls ein echtes Symbol. Jeder weiß unmittelbar, daß es eine Drehbewegung anzeigt.

Diese natürlichen Ur-Symbole nennt C. G. *JUNG Archetypen.* Den Begriff *Archetyp* (vom griechischen *archein* = herrschen und *typos* = Prägung) hat *JUNG* aus einem Werk der Alchimie, dem »Corpus Hermeticum«, entnommen. Es sind die Ur-Muster, Bilder, Ideen oder Verhaltensmotive, die vor aller menschlichen Erfindung bereits da waren und sind. Sie gehören zu dem überpersönlichen Feld des Seelischen und Geistigen, das in seiner Wirklichkeit nicht zu bezweifeln ist, woher es auch immer kommen mag. Sie können diese Ur-Muster auch mit dem Verhaltensmuster der Tiere vergleichen, die durch die Art geprägt und biologisch festgelegt sind. Eine Biene weiß, wie sie ihre Wabe bauen muß. Sie muß es nicht lernen. Ebenso weiß ein Vogel, ob er seinem Nest zweckmäßigerweise Kugelgestalt geben muß oder nicht. Konrad *LORENZ* spricht beim Tier von »angeborenen Schemata«. Der große Biologe Adolf *PORTMANN* vergleicht die im Tier angelegte Gestaltungsordnung direkt mit der Wirkungsweise, die »die menschliche

Psychologie im Archetypischen findet«. Vermutlich wird auch die Disposition für die Wirkung von Archetypen auf die menschliche Psyche vererbt. Doch nehmen Sie die obigen Beispiele nur als Vergleich. In Wirklichkeit sind die Vorgänge bei der Wirkung von Archetypen und Symbolen auf die menschliche Psyche sehr viel komplizierter, als es hier dargestellt wird. Von Symbolen sprechen wir im Gegensatz zu den Archetypen dann, wenn es sich um Symbole handelt, die sich erst im Verlauf der menschlichen Kultur ausgebildet haben. Denn auch die menschliche Psyche ihrerseits »produziert« Symbole, wie es die Träume beweisen.

Infolge ihrer programmierenden Wirkung gehört die Erforschung der Archetypen, Muster und Symbole zu den wichtigsten Anliegen einer im Aufbau befindlichen neuen »Wissenschaft vom Bewußtsein«. Wer sich für diese Forschungen interessiert – auch für die Veröffentlichung eines umfassenden *Symbol-Lexikons* –, wende sich an das Forschungsinstitut des Verfassers, D-8 München 40, Hesseloherstr. 7 (*bitte nur schriftlich!*). Wir nehmen auch gern interessante Traumbeiträge entgegen.

Tag

Der *Tag* als Traumzeit oder Stimmungslage deutet auf eine Bewußtseinsnähe der Traumhandlung oder auf eine Annäherung der Trauminformation an das Wachbewußtsein. Von positiver Bedeutung ist besonders die Zeit des beginnenden Tags am Morgen. (Siehe *Abend,* siehe *Nacht*)

Tanz

Der Tanz gehört zu den ältesten symbolischen Ausdrucksweisen des Menschen. Er stellt gewissermaßen eine *Körpersprache* dar. Bereits in der Steinzeit war der Tanz ein Informationsmedium für magische und rituelle Vorgänge. Vor einer Jagd auf Mammut, Bison oder Büffel wurde der Vorgang der Jagd unter Leitung des Schamanen symbolisch getanzt. Dieser rituelle Tanz war eine Art Generalprobe. Für unsere heutigen Begriffe war dies ein Durchspielen der Modellsituation, so wie heute die Wissenschaftler Modellsituationen mit Hilfe eines Computers durchspielen. Selbstverständlich wurden – und werden bei primitiven Volksstämmen noch heute – auch andere bedeutsame Ereignisse rituell getanzt. Die Einweihung der jungen

Mädchen und Männer in den Zustand des Erwachsenseins zur Zeit der Geschlechtsreife beispielsweise. Oder ein Kriegszug gegen Nachbarstämme.

Eine vergleichbare Bedeutung hat der Tanz als Traumgeschehen. Er signalisiert, daß psychische Energie in Bewegung geraten ist und bestimmte psychische Inhalte mit »seelischer Kraft« aufgeladen werden. Worum es sich im einzelnen handelt, geht meist aus der Mimik und den Gesten beim Tanz hervor. (Siehe *Karneval*)

Taube

Die Taube hat gegenwärtig die Bedeutung eines *Friedenssymbols.* Doch ist die bekannte *Friedenstaube* streng genommen nur noch ein Zeichen. Denn eine Symbolwirkung übt sie nicht mehr aus. Die Taube mit dem Ölzweig, die nach der Bibel *Noah* erschien, um ihm das Ende der Sintflut zu verkünden, war ein *Wiedererneuerungs-* und ein *Glückssymbol.* Diese Symbolbedeutung hat auch die Taube, die in der christlichen Religion den *Heiligen Geist* verkörpert.

In der antiken Mythologie war die Taube eine Begleiterin der Liebesgöttin *Aphrodite.* Dort hatte sie die Bedeutung eines Friedenssymbols im Sinne einer persönlichen, friedlichen Vereinigung durch die Liebe. Im Traum signalisiert die Taube schöpferische Gedanken, die aus einer geistigen Verbundenheit zweier Menschen entstehen. (Siehe *Adler,* siehe *Symbole,* siehe *Vogel*)

Taufe

Die Taufe ist das Symbol einer seelischen *Reinigung* und geistigen *Erneuerung.* Sie hat auch die Bedeutung einer *Initiation.* Das ist die Einweihung in ein Mysterium, in geheimes Wissen und Erkenntnisse. In den Träumen ist das Bild der Taufe ein äußerst positives Bild.

Das Taufwasser ist als *Lebenswasser* zu verstehen. Das Bad symbolisiert die Befreiung von Fehleinstellungen und weist auf eine seelische *Wandlung* hin. Es informiert über eine *seelische Neuorientierung.* (Siehe *Bad*)

Teufel

(Siehe *Luzifer*)

Tier

Die Tiere im Traum sind Sinnbilder der Naturseite des Menschen. Sie verkörpern gewissermaßen die *Instinkte* und *Ahnungen*. Menschliche Eigenschaften werden auch heute noch im Sprachgebrauch wie in der Karikatur und in den Comic strips durch Tiere und Tierverhaltensweisen dargestellt und beschrieben. Soweit es sich um archetypische Symbole handelt, sind die Tiere einzeln unter dem jeweiligen Stichwort beschrieben.

Tiger

Als Tier im Traum signalisiert der Tiger meist *Gefahr*. Er symbolisiert einen Trieb, der sich gleichsam selbständig gemacht hat. Das kann eine mit dem Willen nicht zu beherrschende sexuelle Triebneigung sein. In der Regel erscheint der Tiger jedoch als Bild allgemeiner Aggressionen, die den Träumer sozusagen zu zerreißen drohen. Erfahrungsgemäß verkörpert der Tiger im Traum häufig eine kriminelle Aggressivität. Für die Deutung heißt das: *Rotlicht!* (Siehe *Tier*)

Tod

Für das Traumbewußtsein ist der Tod nicht ein Signal für das Lebensende, sondern für einen *Wandlungsvorgang*. An die Stelle dessen, was im Traum stirbt oder sterben soll, tritt erfahrungsgemäß etwas Neues. (Siehe *Begräbnis*, siehe *Feuer, Flamme*, siehe *Leiche*)

Toilette, Abort

Die Toilette im Traum deutet – selbst bei jugendlichen Personen – nur selten auf sexuelle Probleme. In der altertümlichen Art der Holzaborte, wie sie gelegentlich noch auf dem Lande zu finden sind, hat dieses Bild eine äußerst *positive* Bedeutung. Es zeigt eine Entlastung von unverdaulichen Resten seelisch bereits verarbeiteter Probleme an. (Siehe *Kot, Exkremente*)

Traube, Weintraube

In der antiken griechischen Mythologie ist die Traube ein Symbol des *Dionysos,* des Gottes der unvergänglichen Lebenskraft. Der Gärungsprozeß der Traube wurde als ein *Wandlungsprozeß* verstanden und in eine Analogie zu der Verwandlung der Natur vom Herbst über den Winter zum Frühjahr, der Zeit der ewigen Wiedererneuerung der Natur, gesetzt. Eine vergleichbare Symbolbedeutung hat die Weintraube auch im Traum. (Siehe *Alkohol,* siehe *Karneval*)

Treppe

Die Treppe verbindet in der Lebenswirklichkeit die verschiedenen Etagen und Räume eines Hauses. Eine entsprechende Symbolbedeutung als Hinweis für *Übergangssituationen* hat die Treppe auch im Traum. Es kann sich dabei um einen Aufstieg oder einen Abstieg handeln. Aufstiegsbilder deuten auf eine Bewußtwerdung hin. (Siehe *Leiter*)

Tür, Tor

Mit dem Bild von Tür und Tor zeigt das Traumbewußtsein *Zugangsmöglichkeiten* an, die im einzelnen nur aus der weiteren Traumhandlung ersichtlich sind. Entsprechend sind auch verschlossene oder fehlende Türen zu deuten. (Siehe *Haus,* siehe *Stadt*)

Übermensch

(Siehe *Supermann*)

Überschwemmung

Eine Überschwemmung im Traum ist ein *Rotlichtsignal.* Dieses Bild kann der Hinweis für eine Überflutung des Träumers durch Gefühle und Affekte sein. Doch es kann auch eine Überschwemmung des Bewußtseins durch das Unbewußte angezeigt werden. Dies aber bedeutet die Gefahr einer Psychose. Ärztliche oder psychotherapeutische Beratung ist erforderlich! (Siehe *Meer*)

Ufo

(Siehe *Rakete*)

Uhr

Die *Uhr* als Traumbild ist als eine Mahnung an die verrinnende Zeit zu verstehen. Besonders zu beachten ist die Uhrzeit, die die Ziffern anzeigen. Denken Sie an den bekannten Begriff der »Lebensuhr«. Die Zeitangabe kann eine prognostische Bedeutung für das reale Leben haben. Ebenso können die angezeigten Ziffern ein Hinweis auf Tages-, Monats- oder Jahresdatum eines Ereignisses in der Zukunft sein.

Uniform

(Siehe *Kleider,* siehe *Schuh*)

Urin

Der Urin gilt wie auch andere Körpersekrete bei allen primitiven Völkern als eine *magische* Substanz. Er wird von den Medizinmännern und Schamanen als natürliches Heilmittel verwendet. Das Urinieren im Traum kann u. U. sexuelle Spannungen signalisieren. Doch in der Regel hat ein solcher Vorgang im Traum die Bedeutung einer seelischen oder geistigen Befruchtung. (Siehe *Kot, Exkremente,* siehe *Speichel*)

Vampir, Fledermaus

Fledermäuse oder vampirähnliche Flugtiere verkörpern im Traum dunkle, schwermütige oder bedrohliche Gedanken und Vorstellungen. Die aus Legenden und Sagen bekannte Gestalt des *Vampirs* hat ihren Ursprung in der religiösen Vorstellung, daß eine unerlöste Seele im Grab keine Ruhe findet. So kann der Vampir im Traum auch einen *Schuldkomplex* signalisieren. (Siehe *Vogel*)

Vater

Der Vater verkörpert als Traumsymbol *traditionelle Ordnung* und *natürliche Autorität*. Im Traum Erwachsener erscheint der eigene Vater meist als hilfreiche Figur. Im Traum von Frauen bedeutet der Vater das durch ihn im Verlauf der Kindheit geprägte Bild des Männlichen, das jede Frau als inneres Seelenbild in sich trägt. Im Traum jüngerer Personen erscheint der Vater häufig als Gegenspieler und Hinweis für den bekannten Generationenkonflikt. Verblüffenderweise zeigt sich dann der Vater im Traum meist völlig anders, als ihn der Träumer kennt. Damit will das Traumbewußtsein dem Träumer helfen, das *kindliche Vaterbild* zu überwinden und den Vater als den Menschen zu sehen, der er in der Lebenswirklichkeit ist. Die Problematik des Vaters ist jedoch so vielfältig und seine Erscheinungsbilder im Traum sind so mannigfaltig, daß nur der Gesamtzusammenhang eine sinnvolle Deutung ermöglicht. (Siehe *Direktor,* siehe *König,* siehe *Mann, unbekannter*)

Verfolgung

Das Bild der Verfolgung gehört zu den häufigsten Traumszenen. Das Traumbewußtsein weist mit diesen Bildern auf unbewußte Inhalte hin, die in das Bewußtsein drängen. (Siehe *Einbruch,* siehe *Krieg*)

Verkleinerung

Die *Verkleinerung* einer Person oder Sache im Traum deutet auf eine unwissentliche oder ungerechtfertigte Geringschätzung durch den Träumer. Sieht sich der Träumer selbst *kleiner* als in Wirklichkeit, so ist dieses Bild doppeldeutig. Es kann das Traumsignal für einen Minderwertigkeitskomplex sein. Es kann ebenso die Informationsbedeutung haben, daß sich der Träumer überschätzt. Nur im Gesamtzusammenhang läßt sich eine *Verkleinerung* – oder sonstige Veränderung der wirklichen Größenverhältnisse – im Traum richtig deuten. Das Klein- und Kleinerwerden einer Person im Traum ist wörtlich zu verstehen. Sie wird aus dem Leben des Träumers verschwinden – auf welche Art und Weise auch immer. Insofern signalisiert ein solches Bild Gefahr.

Ausgesprochenes *Rotlicht* signalisiert das Traumbewußtsein bei der Verkleinerung des Lebensalters einer Person. Wenn diese also im Traum wesentlich jünger ist als in Wirklichkeit, dann bedeutet dieses Bild eine *Todesbotschaft.* Dies gilt aber nie für den Träumer selbst. Wenn sich der Träumer im Traum als Kind erlebt, so ist das eine Trauminformation über eine Kindheitssituation. Ebenso ist es unbedenklich, wenn sich der Träumer älter sieht. Das Altwerden gehört zum Ablauf des menschlichen Lebens und ist normal. (Siehe *Pferd,* siehe *Uhr*)

Vier, Viereck

Die Vier und das Viereck sind *Ganzheitssymbole.* Die Vierzahl ist eine Grundzahl der Naturordnung: vier Jahreszeiten, vier Himmelsrichtungen, vier Mondphasen, vier Elemente zu früherer Zeit usw. Entsprechend hat die Vier meist eine positive Bedeutung. (Siehe *Zahlen*)

Vogel

Seit Urzeiten und in allen frühen Religionen hat der Vogel die archetypische Bedeutung eines *Seelenvogels.* In der antiken Mythologie gehörte der Vogel zu *Eros,* dem Gott der Liebe. Daher auch die erotische Nebenbedeutung im Volksmund. Im Traum symbolisieren Vögel *geistige Inhalte* des Unbewußten. (Siehe *Adler,* siehe *Geier*)

Wagen

(Siehe *Auto*)

Wald

Der Wald ist ein Symbol des *Unbewußten.* In den Märchen hat er noch den Charakter des Geheimnisvollen, Abenteuerlichen, des Wohnortes von Hexen, Riesen und Dämonen. So weisen die Traumhandlungen im Wald auch meist auf archetypische Muster des *Kollektiven Unbewußten* hin. (Siehe *Baum,* siehe *Hexe*)

Wasser

Das Wasser symbolisiert im Traum unbewußte *psychische Energie*. Es ist ein archetypisches Sinnbild des *Lebenswassers*. Denn das Wasser ist die Grundvoraussetzung für jegliches Leben auf unserer Erde. In der Auffassung der modernen Wissenschaft wie in fast allen mythologischen Schöpfungserzählungen hat das irdische Leben seinen Ursprung im Wasser der Meere. Dies verleiht dem Wasser als Symbol auch einen weiblich-mütterlichen Aspekt. (Siehe *Meer*)

Wein

(Siehe *Alkohol*, siehe *Traube, Weintraube*)

Wespe

(Siehe *Insekten*)

Wiese

Die grüne Wiese gehört zu den positiven Traumsymbolen, die – dem Vergleich mit dem Bild in der Natur entnommen – *neues Wachstum* und *Fortschritt* symbolisieren. Doch ist bei der Deutung zu berücksichtigen, daß das *Grün* einen Zustand des Werdens anzeigt und noch nicht die Reife. (Siehe *Blumen, Blüten*, siehe *Farben*)

Wirt, Wirtshaus

Ein Wirtshaus oder ein Restaurant als Ort des Traumgeschehens deutet auf *Veränderungen* hin. Denn allgemein wird zu Hause gegessen, das Speisen im Wirtshaus ist nur in Ausnahmefällen und auf Reisen üblich. In den meisten Märchen ist das Wirtshaus ein abenteuerlicher Ort, an dem der Wirt die Rolle einer zwielichtigen Figur spielt. Auch im Traum signalisiert ein Besuch im Wirtshaus oft unerwartete Überraschungen. (Siehe *Hotel*)

Wolke

(Siehe *Regen*)

Wüste

Das Bild einer Wüste als Landschaft im Traum signalisiert eine Warnung an den Träumer. In seltenen Fällen kann die Wüste die Bedeutung einer notwendigen *Askese* haben. In der Regel verbildlicht das Traumbewußtsein mit der Wüste jedoch die Gefahr seelischer *Vereinsamung.* Es ist ein Bild der Unfruchtbarkeit und eines seelisch-geistigen Stillstandes. (Siehe *Eis,* siehe *Gletscher*)

Zahlen

Mit der symbolischen Bedeutung der Zahlen beschäftigen sich die Menschen seit Urzeiten. Zahlen sind *Ordnungsfaktoren.* PYTHAGORAS hat den Zusammenhang zwischen den Zahlenreihen und den musikalischen Schwingungsintervallen entdeckt. Diese Entdeckung bedeutet den Nachweis einer Verbindung zwischen meßbaren physikalischen Erscheinungen und psychischen Vorgängen. Denn Musik vermittelt Gefühle, Empfindungen, kurzum: seelische Erlebnisse. Die Zahl selbst ist ein abstrakter, rein geistiger Begriff, den es in der Natur nicht gibt. Die Zahlen dienen dazu, die Dinge in der Natur zu zählen oder eine Menge in einzelne Elemente aufzuteilen. Das Rechnen aber ist ein geistiger Vorgang und die Mathematik die geistigste aller Wissenschaften. Für die griechischen Naturphilosophen war die Welt noch eine Einheit. Sie erblickten in der Entdeckung der Zahlenverhältnisse einen Beweis für die uralte Vorstellung, daß alle Dinge des Universums in einem Zusammenhang miteinander stehen. So verdankt in gewissem Sinne die Mathematik ihre Entstehung der Zahlenmagie.

Zähne

Die Funktion der Zähne ist es, die Nahrung zu ergreifen und zu zerkleinern. Das ist ein aggressiver, doch lebensnotwendiger Vorgang. Auf eine *positive Aggressivität* im Sinne der Lebensvitalität deuten auch Zahnträume. Mit dem Ausfallen der Zähne im Alter verbindet sich das Bild eines *Potenzverlustes*. Dieser Hinweis kann sich auf alle Bereiche erstrecken, auch auf die Sexualität. (Siehe *Amputation*)

Zehn

Die *Zehn* symbolisiert *Ganzheit* und *Vollständigkeit*. Sie schließt die Zahlenreihe eins bis zehn ab. Es sind dies die wichtigsten Zahlen, die jeder an den Fingern abzählen kann, und die Grundzahlen, mit denen jede weitere Rechnung möglich ist. (Siehe *Zahlen*)

Zunge

Die Zunge ist das Organ der menschlichen Sprache. Im Traum signalisiert sie den befruchtenden und schöpferischen Aspekt des *Geistigen. Zungenküsse* im Traum haben keine sexuelle Bedeutung. Mit einem solchen Bild signalisiert das Traumbewußtsein dem Träumer die Notwendigkeit einer Vereinigung mit der betreffenden Traumperson oder der Annahme des durch diese Person verkörperten Problems. (Siehe *Kuß*)

Zwei

Die *Zwei* ist die Zahl des Paares, der Zwillinge, der Verdoppelung. Als erste gerade Zahl hat sie in der Zahlensymbolik das Vorzeichen des Weiblichen und Empfangenden. Sie kann je nach dem Zusammenhang auf den *Doppelaspekt* von Erscheinungen hinweisen, wie positiv-negativ, Vergangenheit-Zukunft usw. So gesehen kann die Zwei auch als Bild für *Zwei-fel* und *Zwist* stehen. (Siehe *Zahlen*)

Zwerg

In den meisten Märchen – wie beispielsweise dem von den Heinzelmännchen – tauchen die Zwerge als Helfer des Menschen auf. Diese hilfreiche Symbolbedeutung haben Zwerge auch im Traum. Der Zwerg mit der *Kapuze* hat eine erotische Bedeutung. (Siehe *Daumen*, siehe *Schatz*)

Zwölf

Wie die Zahl *Zehn,* so symbolisiert auch die Zahl Zwölf *Vollständigkeit* und *Geschlossenheit.* Bis vor etwa fünfzig Jahren wurde auch in Europa noch nach dem Zwölfersystem gerechnet. In der Zahlenmystik ist die Zwölf eine *heilige* Zahl. Denken Sie an die Zwölf Apostel, die zwölf Tore des Neuen Jerusalem als Stadt des mystischen 1000jährigen Reiches, die zwölf Tierkreiszeichen als Symbole der früheren Sternengottheiten. Besonders günstig ist es, wenn der Zwölf oder einer Zwölfzahl von Personen die *Eins* als belebendes Element gegenübertritt. Dann symbolisiert die *Eins* einen schöpferischen Neubeginn oder für die entsprechende Person die Qualität des *Führers* der Gruppe. (Siehe *Zahlen*)

LITERATURHINWEISE

Aeppli, Ernst: Der Traum und seine Deutung, Zürich 1943
Arguelles, J. und M.: Das große Mandala-Buch, Freiburg 1974
Beit, Hedwig von: Symbolik des Märchens, Bern 1952
Bonin, Werner F.: Lexikon der Parapsychologie, München 1976
Carus, C. G.: Symbolik der menschlichen Gestalt, Celle 1925
Cassierer, E.: Wesen und Wirkung des Symbolbegriffs, Oxford 1956
Colerus, Egmont: Von Pythagoras bis Hilbert, Berlin 1937
Coxhead, D. – Hiller, Susan: Träume, Frankfurt/M. 1976
Doucet, Friedrich W.: Psychologie der Partnerwahl, München 1970
    Lexikon der Sexualsymbole, München 1971
    Forschungsobjekt Seele – Eine Geschichte der Psychologie, München,
    2. Aufl. 1972
    Mensch und Psychologie, München 1973
Drever, James – Fröhlich, W. D.: Wörterbuch zur Psychologie, München
    1971
Elhardt, Siegfried: Tiefenpsychologie, Stuttgart 1976
Eliade, Mircea: Ewige Bilder und Sinnbilder, Freiburg 1958
    Mythen, Träume und Mysterien, Salzburg 1961
Eranos-Jahrbücher, Zürich 1933–1968
Evola, Julius: Das Mysterium des Grals, München 1955
Franz, Marie Louise von: Der Traum des Descartes, Zürich 1952
Freud, Sigmund: Die Traumdeutung, Frankfurt/M. o. J.
    Drei Abhandlungen zur Sexualtheorie, Frankfurt/M. 1961
Fromm, Erich: Märchen, Mythen, Träume, Zürich 1957
    Die Rätsel unserer Träume. Interview in der Zeitschrift »Der Stern«,
    Hamburg, Nr. 48/1977
Gebser, Jean: Ursprung und Gegenwart, Stuttgart 1949
Golovin, Sergius: Die Welt des Tarot, Basel 1975
Jacobi, Jolande: Vom Bilderreich der Seele, Olten 1969
Jacobsohn, H.: Das Gespräch eines Lebensmüden mit seinem Ba, Zürich
    1952
Jaffe, Aniela: Erinnerungen, Träume, Gedanken von C. G. Jung, Zürich
    1962
Jezower, Ignaz: Das Buch der Träume, Berlin 1928
Jung, Carl Gustav: Psychologie und Alchemie, Zürich 1944
    Gestaltungen des Unbewußten, Zürich 1950

Von den Wurzeln des Bewußtseins, Zürich 1954
Der Mensch und seine Symbole, Olten 1968
Jung, C. G. – Pauli, W.: Naturerklärung und Psyche, Zürich 1952
Kerenyi, K.: Labyrinth-Studien, Amsterdam 1941
Die Mythologie der Griechen, Zürich 1951
Lauf, Detlev I.: Symbole, Frankfurt/M. 1976
Lippfert, K.: Symbol-Fibel, Kassel 1955
Lorenzer, A.: Kritik des Psychoanalytischen Symbolbegriffs, Frankfurt/M.
1970
Maeterlinck, M.: Die vierte Dimension, Berlin 1929
Meier, C.A.: Der Traum im alten Griechenland, Zürich 1963
Nell, Renée: Traumdeutung in der Ehepaar-Therapie, München 1976
Neudecker, Ottfried: Wappen. Ursprung, Sinn und Wert, Frankfurt/M.
1977
Neumann, Erich: Kunst und schöpferisches Unbewußtes, Zürich 1954
Die große Mutter, Zürich 1956
Ornstein, Robert: Die Psychologie des Bewußtseins, Frankfurt/M. 1976
Paneth, L.: Zahlensymbolik im Unbewußtsein, Zürich 1952
Prutz, Hans: Die Geistlichen Ritterorden, Berlin 1977
Scholem, G.: Zur Kabbala und ihrer Symbolik, Zürich 1960
Seifert, F.: Seele und Bewußtsein, München 1965
Siebenthal, W. von: Die Wissenschaft vom Traum, Berlin 1953
Silberer, H.: Probleme der Mystik und ihrer Symbolik, Darmstadt 1961
Stekel, W.: Die Sprache des Traumes, Berlin 1927
Teillard, Ania: Traumsymbolik, Bern 1944
Touchard, Michel: Nostradamus, Paris 1972
Toynbee, Arnold: Der Gang der Weltgeschichte, München 1970
Weil, Andrew: Das erweiterte Bewußtsein, Stuttgart 1974
Wittgenstein, Ottokar Graf von: Märchen, Träume, Schicksale, München
1975
Wittlich, B.: Symbole und Zeichen, Bonn 1965
Zimmer, H.: Indische Mythen und Symbole, Düsseldorf 1972

STICHWORTVERZEICHNIS